工业和信息
规划教材立

21 世纪高

微课版 | 第 2 版

西方经济学

WESTERN ECONOMICS

◆ 张忠德 主编

◆ 潘新兴 麻元元 副主编

PLANNED
TEXTBOOKS OF
ECONOMICS

人民邮电出版社

北京

图书在版编目（CIP）数据

西方经济学：微课版 / 张忠德主编. -- 2版. --
北京：人民邮电出版社，2017.8
21世纪高等学校经济学系列规划教材
ISBN 978-7-115-45342-6

Ⅰ．①西… Ⅱ．①张… Ⅲ．①西方经济学－高等学校
－教材 Ⅳ．①F091.3

中国版本图书馆CIP数据核字(2017)第117960号

内 容 提 要

本书介绍西方主流经济学的基本原理，第1章从整体上介绍西方经济学，第2章到第8章是微观经济学部分，第9章到第12章是宏观经济学部分。本书简明扼要、通俗易懂，对日益庞杂的西方经济学体系内容和结构删繁就简，做到以实用为纲，以够用为度，借力微课程，力争使读者上手快，看得懂、易领会。

本书适合作为应用型本科经管类相关专业的教材，还可供经济管理人员在职培训、经济学爱好者自学使用。

◆ 主　编　张忠德
　　副 主 编　潘新兴　麻元元
　　责任编辑　武恩玉
　　执行编辑　韩　琰
　　责任印制　周昇亮

◆ 人民邮电出版社出版发行　　北京市丰台区成寿寺路 11 号
　　邮编　100164　电子邮件　315@ptpress.com.cn
　　网址　http://www.ptpress.com.cn
　　廊坊市印艺阁数字科技有限公司印刷

◆ 开本：787×1092　1/16
　　印张：20.5　　　　　　　　　2017 年 8 月第 2 版
　　字数：526 千字　　　　　　2025 年 1 月河北第 12 次印刷

定价：54.00 元

读者服务热线：(010)81055256　印装质量热线：(010)81055316
反盗版热线：(010)81055315
广告经营许可证：京东市监广登字 20170147 号

经济学是建立在经济实践基础上用于解释经济现象、预测经济趋势、提供决策依据的理论。西方经济学是指流行于西欧、北美资本主义发达国家的经济理论和经济政策主张。它是关于当代资本主义市场经济运行和国家调节的重要理论。

西方经济学是我国高等院校财经类和管理类专业必开的一门专业基础课。它主要介绍流行于西方市场经济国家的现代经济理论与经济政策，其主要内容被归结为两部分——微观经济学和宏观经济学。微观经济学是研究家庭、厂商和市场合理配置经济资源的科学，以单个经济单位的经济行为为对象；以资源的合理配置为需要解决的主要问题；以价格理论为中心理论；以个量分析为方法。其基本假设是市场出清、完全理性和充分信息。宏观经济学是研究国民经济的整体运行中充分利用经济资源的科学，以国民经济整体的运行行为为对象；以资源的充分利用为需要解决的主要问题；以收入理论为中心理论；以总量分析为方法。其基本假设为市场失灵、政府有效。

本书为省级精品课程配套教材，融合了精品课程建设的成果，以简明扼要、通俗易懂的形式阐明西方主流经济学的基本原理，对日益庞杂的西方经济学体系、内容和结构删繁就简，做到以使用为纲，以够用为度，力争使读者上手快，看得懂、易领会。本书特别适合作为应用型本科经管类相关专业的教材，还可作为经济管理人员在职培训用书、经济学爱好者的自学用书。

本书共分为 12 章。第 1 章对西方经济学进行了整体、初步的介绍。第 2 章到第 8 章是微观经济学部分，通过学习，可以了解微观经济个体如何在追求自利过程中，自动实现价格机制对资源的有效配置。由于第 1 章至第 6 章是在没有考虑经济人之间决策相互影响的简单环境下进行的，因此本书将第 1 版第 5 章中博弈论初步内容改编为独立的第 7 章，讨论经济人之间决策相互依从的复杂环境下的决策问题——博弈论，使我们在分析经济现象和协调经济利益时，能够利用策略互动思维来统领，以保证决策更加合理、更加贴近经济事实。第 9 章到第 12 章是宏观经济学部分，通过这 4 章的学习，可以了解国家如何通过经济政策调控宏观经济运行，以达到经济增长、充分就业等政策目标。

本书作者为西安邮电大学等一线从事西方经济学教学的骨干教师，其中西安邮电大学张忠德教授担任主编，西安邮电大学潘新兴教授、麻元元老师担任副主编。具体分工为：潘新兴编写第 1 章、第 3 章；张忠德编写第 2 章、第 7 章、第 9 章、第 10 章；冯晓莉编写第 11 章、第 12 章；麻元元编写第 4 章；刘娜编写第 5 章；王轶颖编写第 6 章、第 8 章。在各章作者编写的基础上，由张忠德、潘新兴、麻元元审核、修纂定稿。

本书的编写、出版得益于人民邮电出版社和西安邮电大学的大力支持，也得到了陕西省重点学科产业经济学基金、陕西信息产业发展中心重点研究基地基金的支持，在此表示最衷心地感谢！

由于编者水平所限，错误和不妥之处在所难免，诚望各位同仁批评指正，以便编者进行进一步的修改、完善。

编者

2016 年 12 月 16 日

目 录 Contents

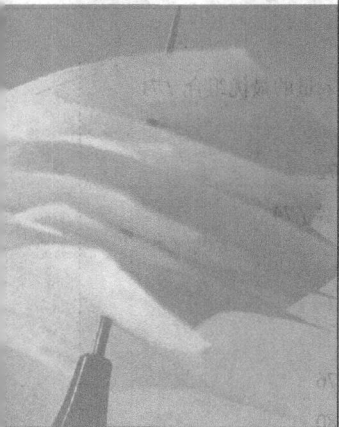

　　学习"西方经济学"之前，先应该理清"经济学"的理论内涵。近年来，经济学已逐渐成为社会科学中的"显学"，受到越来越多的关注，这主要有两个方面的原因：第一，经济学作为经世济邦的实用理论，在发展中国家强国富民过程中，在发达国家经济平稳增长过程中均起到了重要作用；第二，经济学作为一门社会科学，研究的"触角"已经渗透到社会科学研究的很多领域，并在不断扩展。

　　那么，经济学到底研究什么，理论核心和研究范畴是什么？对此，经济学界至今还没有一个统一完备的定义。因为随着时代的发展，人们的经济活动在不断发生变化，认识也在不断改变，人们的研究范畴呈现出多角度、多维度、多层次的特征，研究方法也一直处于不断的创新与完善之中，这样人们对经济学就有很多理解。我们则采用经济学界广泛认同的基础概念：即经济学是研究资源有效配置与利用的一门社会科学。

　　本章主要阐明经济学的定义、假设前提、研究方法、主要内容及其发展演变过程等。通过学习能了解西方经济学的内涵与外延，明确学习西方经济学的作用，并能以客观的态度对待西方经济学。

1.1　经济学的研究内容

　　把握经济学的理论内涵，需要先了解下面两个先导性的概念。

1.1.1　经济人假设

　　经济学家在研究社会经济问题的过程中，有一个基本的认识前提，就是参与经济活动的个体（个人或企业）都是"经济人"，都具有"经济人"特征，即人的欲望是无穷的，人都是利己的，人的经济活动是在追求自身利益的最大化。"经济人"与我们通常讲的"经纪人"不同，"经纪人"是在经济交易过程中充当中间人的角色，而所有参与经济活动的个体都具有"经济人"特性。

经济人假设

　　欲望是人的心理感觉，是一种"短缺的感觉"，这种短缺的感觉永远不可能消除。也就是说，人的欲望是永远不能得到最终满足的。想想自己，看看身边的人，我们会发现，原有的欲望满足之后，马上会产生新的欲望，欲望永远不能彻底满足；人是利己的，是指人从事所有经济行为的目的都是为了自己打算，在各种可能的选择中，寻求对自己最有利的一种方式。

　　经济人的这种属性在初学者看来好像不正确，可能有两个方面的疑惑。一是，如果人都是自私自利的，那整个社会不就会产生混乱吗？二是，在现实生活中，往往可以看到大公无私、公而忘私的现象，这如何解释呢？

　　认为人自私自利整个社会就会乱套，是将自私自利理解为"损人利己"。经济人的自利与"损人利己"有很大的不同，损人利己是通过损害别人的利益达到增进自己利益的目的。而经济人的自利是什么样的呢？古典经济学的奠基人亚当·斯密曾对经济人的自利行为做过这样的描述："给我所需要的吧，因为你将得到你所需要的。"这个过程实际上是"交换"。亚当·斯密讲到，人想得到所需的东西有三种途径，即抢夺、乞讨和交换。经济人的自私自利是以提供别人所需要的东西为途径，以满足自己的需要为目的。这种基于交换的自利行为可以使所有参与交易的人都得到自己想要的东西，整个社会的福利提升，社会很有序地运行。

经济学认为，人们所追求的"利益"有两种情形，一个是"物质利益"，另一个是"非物质利益"。物质利益在此不用做过多说明，非物质利益指的是社会认同感、荣誉感、众人的尊敬、爱心付出等内容。社会上那些大公无私、公而忘私的人，实际上追求的是一种非物质利益。因此，所有的人都在追求利益，这利益可能是物质利益，也可能是非物质利益。

1.1.2　资源稀缺性假设

前面讲到，人都是自利的，人的欲望是无穷的。那么，凡是能用来满足人的不同欲望的东西，我们都可以称为资源。资源包括自然资源（如矿产、森林、田地等）、资金、时间、信息等很多内容。各类资源的绝对数量可能很大，但是相对于人无穷的欲望来讲，总是短缺的，总是不足的，这就是资源的稀缺性。资源的稀缺性是个相对性概念，例如，国家一年的钢铁产量是个天文数字，达到数亿吨（如2015年我国粗钢产量约8.04亿吨，世界排名第一）。但是人们总是希望能有更多的钢铁来生产民用的轮船、汽车；同时，人们也希望有更多的钢铁来生产军用的飞机、大炮。民用的钢铁多了，军用的就少了，反之亦然。这种情况下，就需要对既定资源的使用进行安排、选择。

1.1.3　经济学的理论内涵

上面讲到，人是自利的，人的欲望是无穷的，而用来满足人的欲望的各种资源又是相对短缺的。经济学研究如何利用有限的资源，使人的欲望达到最大限度的满足。人的欲望永远不能得到彻底满足，但是，人们注意到，不同的资源利用方式给人的欲望带来满足的程度不同，经济学就是寻找那种能够让人的欲望得到最大限度满足的资源利用方式。简而言之，经济学是研究资源配置与资源利用的科学。

研究资源配置是主流经济学对经济学研究范畴的最基础界定，但是经济学的理论内涵在不断发展与扩充，很多学者已经将经济学研究的范畴确定为"研究社会经济生活中人与人的经济关系"，这是从更广泛的角度来研究人们经济活动所产生的问题，并从中找出规律。本教材作为经济学的入门基础性教材，将经济学界定为研究资源配置与利用的科学。

1.1.4　经济学的基本问题

资源配置是对一个社会利用资源来满足人们需求的高度概括，可以将资源配置具体化为三个问题，即"生产什么、如何生产、为谁生产"。"生产什么"是指利用现有的资源生产什么东西以满足人们各种需求欲望；"如何生产"是指在确定了生产什么产品的情况下，怎样有效率地将产品生产出来；"为谁

6分钟读懂经济学

生产"是指当各类产品被生产出来之后，如何将这些产品在参与生产的社会成员之间进行分配，也就是社会收入的分配问题。上述三个问题是任何一个人类社会都面临和必须解决的基本问题，不同的社会在解决这三个问题的时候采用的方式是不同的。

在人类历史上，存在过两种典型的经济制度，即计划经济制度和市场经济制度。改革开放前的中国基本实行计划经济制度，英、美等国家主要实行市场经济制度。

在计划经济体制下，"生产什么、如何生产、为谁生产"这三个问题是靠"计划"解决的。生产什么，企业并不自己决定，而是接受国家的集中计划安排；如何生产，也是靠国家通过计划的方式为企业调配各种资源，完成生产过程的；为谁生产，即社会收入分配问题，也是靠国家计划的办法解决的，社会成员按照国家认定的福利待遇级别获得自己相应的收入。总之，计划经济制度解决三个基本问题都是通过国家的集中决策完成的。

市场经济制度解决三个基本问题靠的是"价格"。国家不会要求企业生产什么，企业要自己决定生产什么。什么产品的价格高，在市场中好销售，获得的利润多，企业就生产什么产品；如何生产也是靠价格解决的，当生产的产品确定之后，什么样的生产方式支付的价格低、成本低，企业就用那种方式生产；社会收入分配问题则是靠生产要素的价格高低来解决的，社会成员得到的收入多少取决于其提供的生产要素在市场中的售价高低，生产要素售价的高低与商品售价的高低一样，是由市场供求关系决定的。收入水平高的人，一般提供价格更高的生产要素；收入水平低的人，提供的生产要素价格比较低。总之，市场经济制度解决三个基本问题通过个体的分散决策，靠价格机制引导完成的。价格机制被亚当·斯密称之为"看不见的手"，正是这只看不见的手，引领参与经济活动的个体来做出对自己有利的行为决策，解决社会基本经济问题。

从理论上讲，无论是计划经济制度还是市场经济制度都可以解决人类社会面临资源配置的三大经济问题。在人类的经济实践中，并没有纯粹的计划经济制度和市场经济制度。现代社会，大部分经济制度呈现出混合的状态，有的是计划经济起基础和主导性作用，有的是市场经济起基础和主导性作用。人们通过经济实践逐渐认识到，在现有的技术条件约束下，市场机制发挥配置资源的基础和主导性作用可能更有可操作性，更具有效率。

1.2　经济学的产生与演变

目前，经济学已经形成了相对完整的理论体系，并处于不断的发展中。那么，经济学的理论体系是如何产生、发展、演变的？不同的理论体系之间是什么关系？马克思主义政治经济学与西方经济学之间是什么关系？我们学习的"西方经济学"主要包括哪些内容？下面对这些问题进行说明。

1.2.1　经济学的产生

经济学作为一门社会科学，其产生的源头与其他社会科学以及自然科学产生的源头是一样的，都是缘于人们的"好奇心"。在自然科学领域中，人们观察到很多自然现象，如早期人们看到打雷、闪电等现象感觉很奇怪，那么就需要理论来解释它，并能够对将来可能发生的同类现象进行预测，于是就出现了各种关于雷电的自然理论。人们在社会活动中也会观察到很多经济现象，如商品的价格起伏不定，社会成员贫富有一定差异，国家经济增长各异等。对这些现象，人们也需要理论来解释，于是就出现了各种经济思想、经济理论和经济学。经济学的产生大概经过了这样的过程：最早是人们的经济行为引起各种经济现象，思想家对这些经济现象进行观察之后，从中找到了规律性的经验，进而形成一些零散的经济思想。在早期，这些零散的经济思想一般散见于哲学家或其他思想家的著作中。随后，零散的经济思想被归纳整理之后，形成对经济活动中某一方面，或某一领域比较系统的规律性认识，这就是经济理论。各种不同的经济理论被结构化，构建了对整个经济运行的整体认识体系之后就形成了经济学。因此，经济学大体有以下产生路径：经济现象——经济思想——经济理论——经济学。

通过对经济学产生的分析，可以看到，经济学的源头在于人们经济活动引起的经济现象。在经济学产生之前很久，人们的经济活动就已经达到了非常复杂和高级的程度，经济学家做的事情是对这些经济活动所引起的经济现象进行观察研究，从中找出规律，并对所发生的经济现象进行解释。因此，经济学的首要作用是解释经济现象，回答现实经济问题。能够对经济现象与经济问题做出合理解释和回答的经济学和经济理论才是有生命力的。

1.2.2 经济学的发展演变

我们已经知道，经济学产生的源头在于人类经济活动产生的经济现象。那么，随着时代的发展，人们的经济活动在不断变化，由此产生的经济现象同样也在不断改变。这样，经济理论与经济学也就呈现出不断发展与变化的状态，新的经济理论总是在批判旧的经济理论中得以发展的。在人类历史上，存在过的经济理论和经济学浩若烟海，我们从中选择最具代表性的经济学理论体系进行简单介绍，以便勾勒出经济学发展的主要线索，看清经济学发展的主要方向。

在西方15世纪之前，存在过大量的经济思想或者经济理论，但还未形成完整的理论体系。人类历史上最早出现的比较完整的经济学理论体系是"重商主义"经济学，这个学派开始对经济社会具有相对完整的理论认识框架，并提出明确的理论主张。重商主义经济学存在于15～18世纪的欧洲，在英国其代表人物为托马斯·孟，在法国其代表人物是孟克·列钦。重商主义的主要理论认识是："货币是财富的唯一形式""财富的增进来自于流通领域的贱买贵卖，其他生产领域不能产生财富"。基于这样的理论认识，重商主义主张，一个国家要从整体上增进其财富水平，必须与外国进行贸易，而且国家对贸易要有一定干预，帮助本国在国际贸易过程中保持顺差。今天来看，重商主义的理论认识有很大的局限性，因为我们知道在货币之外还有很多形式的财富，既有有形的，也有无形的。从宏观经济角度来讲，重商主义是较早主张国家对经济进行干预的理论体系。

在18世纪中期，法国出现了另外一种很有影响力的经济学理论体系"重农学派"，其代表人物是魁奈[①]。和重商主义一样，从字面上就可以看出该学派的理论内容。重农学派认为，财富不是来自于流通领域，也不是来自于其他行业，财富来自于农业生产。例如，今年拿一碗豌豆种到地里，明年收割的时候，就可以获得十碗豌豆，物质的总量增加了。其他任何行业都无法像农业一样做到这一点，因此，只有农业才能创造财富。我们今天看来，重农学派对财富创造的认识也有很大的局限性。因为，农业、商业、交通运输、通信、金融等各行各业都可以创造财富。

在18世纪末期，形成了经济学历史上极具影响力的经济学理论体系"古典经济学"。这一经济

[①] 魁奈的名著《经济表》曾对马克思的《资本论》社会再生产过程表产生过重要影响，马克思对其给予了很高的评价。

学理论体系研究的核心经济问题是：什么是财富？财富的源泉是什么？通过什么样的方式可以增进社会的财富？这些是人类社会必须思考的最基本问题。围绕这些问题，一大批经济学家做出了贡献，其中最具有代表性的是英国经济学家亚当·斯密，他在 1776 年发表了名著《国民财富的性质和原因的研究》（即《国富论》），这部著作在对重商主义和重农主义批判的基础上，构建起了相对完整的基础经济理论框架，其理论研究涉及经济社会活动的方方面面，提出的理论观点以及采用的研究方法对后世的经济学研究产生了巨大的影响，至今仍在产生着重要影响，很多当代最新的研究领域如现代企业理论等都可以在《国富论》中找到其雏形，因此，有经济学家把亚当·斯密称为经济学研究的鼻祖。亚当·斯密的思想体系对后世影响最大的有两点：第一是劳动价值理论；第二是自由放任思想。

　　"劳动创造价值，劳动是财富的源泉"这一思想最早来源于英国经济学家威廉·配第，在亚当·斯密的《国富论》中得到了更细致、清楚的表述，并初步形成了理论体系。后来这一思想经过大卫·李嘉图等经济学家的发展，最后由卡尔·马克思完成了"剩余价值学说"，成为"马克思主义政治经济学"的主体。

　　亚当·斯密的自由放任思想源于对自利人经济行为的认识。亚当·斯密认为，"人都是自利的，他受到一只'看不见的手'的指引从事经济活动，每个社会成员在追求自身利益的过程中，实现了自己也意想不到的结果，那就是社会福利的增进"。前面已经提到，亚当·斯密所说的自利是基于交换的一种自利，经过交换，每个自利的人都得到了自己想要的东西，结果是皆大欢喜，社会福利增进。因此，亚当·斯密认为，既然追求自身利益的个体行为最后带来了社会福利的增进，那么国家和政府就不要干预人们的经济行为，简单讲，就是无为而治。这就是亚当·斯密的"自由放任"思想。这一思想后来经过萨伊、穆勒、马尔萨斯，以及奥地利的边际学派等经济学家的发展，最终在 19 世纪末期，由英国剑桥大学的经济学家马歇尔集研究之大成形成了著名的"新古典经济学"理论体系，这一理论体系体现在马歇尔的名著《经济学原理》之中。新古典经济学用堪称完美的理论逻辑框架证明了市场机制在资源配置中是最有效率的，证明了亚当·斯密提出的"自由放任"思想以及"看不见的手"的原理的正确性。

应用实例：看不见的手如何调节经济

扩展阅读：亚当·斯密

　　自从 19 世纪末期"新古典经济学"出现以后，它就成为解释和指导经济社会活动的主要理论体系，几乎没有人怀疑该理论的正确性，这种状况一直持续到 20 世纪 20 年代末 30 年代初。随后，西方国家出现了经济大危机。经济大危机的直观表现为供给相对过剩，大量的产品卖不出去，大量的工厂因此倒闭，大量的工人失业在家，整个经济社会一片萧条。这种供给过剩的现象在危机的初期并没有引起经济学家的重视，当时普遍认为，这种现象是暂时的，很快市场机制会平衡供求关系。但是随着时间的推移，危机越来越严重，持续的时间越来越长，似乎没有好转的迹象。在这一背景下，经济学研究领域产生了著名的"凯恩斯革命"。凯恩斯是英国剑桥大学的经济学者，早年曾师从马歇尔，是"新古典经济学"的信奉者。在大危机这种经济问题出现之后，新古典经济学缺乏应有的解释力，陷入了困境，正是这一困境推动了凯恩斯革命。凯恩斯革命以 1936 年凯恩斯出版的巨著《就业、货币与利息通论》（即《通论》）为标志。之所以称其为"革命"，是因为凯恩斯对新古典经济学两个最基本的理论支撑进行了革命性的变革。第一，新古典经济学认为市场机制是最优的，市场可以解决资源配置中的一切问题；而凯恩斯认为，市场是有缺陷的，有些经济问题单靠市场机制是无法解决的。第二，新古典经济学信奉自由放任思想，不主张国家与政府对经济活动进行干预；而凯恩斯认为，要解决当时的经济危机，必须由政府出面进行宏观调控与有力干预，采用积极的经济政策，实施需求管理，才能从根本上解决供给相对过剩的问题。这一思想，成为现代经济学主张国家对宏观经济进行干预和调控的依据。凯恩斯的经济理论给西方国家治理经济危机开出了一剂良药，在经济实践中，凯恩斯主张的扩张性宏观经济政策的确起了重要作用。在凯恩斯之后，有大量学者追随其理论主张，这些追随者后来形成了意见分歧的两派。一派以英国剑桥大学的琼·罗宾逊夫人为代表，主张通过收入再分配的方式解决经济危机，被学界称为的"凯恩斯左派"；另一派以美国经济学家萨缪尔森为代表，他认为，当今社会是一种混合经济体制，国家的宏观调控和自由的市场机制都应该起作用，主张将新古典经济学与凯恩斯宏观调控理论结合起来，从而形成了"新古典综合派"。凯恩斯及后来的继承者们所建立起来的经济学统称为"凯恩斯主义经济学"，其核心是强调国家和政府对于宏观经济的强有力干预。

在凯恩斯的经济理论大行其道之后，西方国家的经济危机基本上得到了有效的治理，这使得凯恩斯主义经济学备受推崇。但是，到了20世纪六七十年代，凯恩斯主义经济学遭遇了前所未有的危机。当时，西方国家出现了奇怪的经济现象"滞胀"，即经济发展停滞不前，同时通货膨胀严重。这种经济现象在凯恩斯主义经济学家看来是不可能出现的，因为在经济危机时期，经济发展停滞，国家通过扩张性的经济政策刺激总需求，从而带动经济的不断增长，而在经济不断增长的过程中，往往伴随着一定程度的通货膨胀。也就是说，经济增长与通货膨胀是相伴的。当出现了经济发展停滞与通货膨胀相伴的经济现象之后，凯恩斯主义经济学无法给出合理的解释。在这一背景下，就出现了新的经济学流派，如米尔顿·弗里德曼为代表的货币主义、罗伯特·F·卢卡斯为代表的理性预期学派等，这些学派的理论观点各异，但其共同之处是认为，出现"滞胀"这种情况的根本原因是凯恩斯主义经济学指导下的国家宏观经济政策，过多地干预了经济社会的自然运行。要解决"滞胀"问题应该让市场机制在资源的配置过程中起到基础性作用，政府宏观调控只应该起到辅助性作用，政府为市场经济的运行创造良好的外部环境即可。因为这些学派的思想与新古典经济学的理论核心很类似，属于对新古典经济学的回归，被称为"新古典主义"。

扩展阅读：凯恩斯革命

以马歇尔为代表的新古典经济学主要研究经济个体如何通过自利的经济行为，最终实现社会福利的增进，其研究内容构成了本教材中《微观经济学》的主要内容；以凯恩斯为代表的凯恩斯主义经济学以及后来的新古典主义经济学将研究的视角转移到了国家对经济发展的宏观管理与调控上，其研究内容构成了本教材《宏观经济学》的主要内容。

可以用图1-1概括表示经济学的发展演变过程。

由图1-1可以看出，随着时代的发展，经济学在批判中不断发展与更新，新的经济现象出现之后，原有的经济理论无法做出合理的解释，就会有新的经济理论出现，新的经济理论是在对原有理论批判与继承的基础上不断获得发展的。可以说，没有怀疑与批判就没有理论的进步与发展。任何经济学理论都不是绝对真理，都是在一定历史条件下或者在一定的经济区域内适用，没有万能的经济理论。从宏观经济学角度看，凯恩斯之后出现了新古典主义等经济理论体系；从微观经济学角度看，新古典经济学之后，出现了新制度经济学、交易费用经济学、企业经济学等经济理论，这些理论在新古典经济学的研究范式下对原有理论做了有益的扩充与完善。

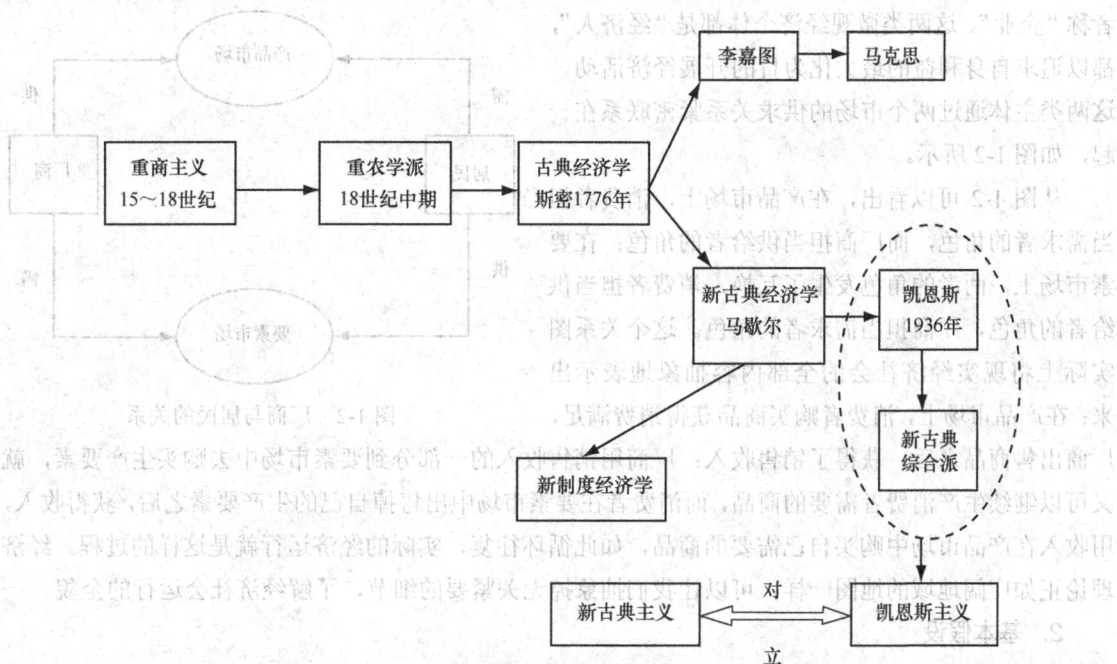

图 1-1　经济学发展演变过程

通过经济学的发展演变过程还可以看出，我们通常所讲的"西方经济学"实际上是马克思剩余价值理论以外的其他经济理论的统称，这个名词是为了与马克思主义政治经济学相对应的。现在越来越多的学者认为，马克思主义政治经济学与"西方经济学"实际上是人类在探索社会经济运行规律过程中不同的理论分支，它们同属于人类智慧的结晶，都是向真理迈进的探索。因此，两者不能相互排斥与否定，而应该相互借鉴与融合。从这个意义上讲，将"西方经济学"称为"经济学"更为合适，不过本教材仍然沿用了国内这种为大家所习惯的称谓。

1.3 经济学的理论框架

经济学主要包括两部分内容，即微观经济学与宏观经济学。下面对两个构成部分的基本内容进行简要介绍。

1.3.1 微观经济学

1. 研究对象

微观经济学的英文名称为 Micro-economics，其前缀为 Micro，表示微小的意思。前面已经讲到，微观经济学是以新古典经济学为主体的。之所以称为"微观"，是因为其研究对象是微观的"经济个体"，微观经济学研究经济个体的行为。

亚财商学院：微观经济学究竟在讲什么？

微观经济学研究的经济个体有两类：一类是"消费者"，或者称"居民"；另一类是"厂商"或者称"企业"。这两类微观经济个体都是"经济人"，都以追求自身利益的最大化为目的开展经济活动。这两类主体通过两个市场的供求关系紧密联系在一起，如图1-2所示。

从图1-2可以看出，在产品市场上，消费者担当需求者的角色，而厂商担当供给者的角色；在要素市场上，两者的角色发生了互换，消费者担当供给者的角色，厂商担当需求者的角色。这个关系图实际上将现实经济社会的全部内容抽象地表示出来：在产品市场上，消费者购买商品获得消费满足，

图1-2　厂商与居民的关系

厂商出售商品之后，获得了销售收入；厂商用销售收入的一部分到要素市场中去购买生产要素，就又可以继续生产消费者需要的商品，而消费者在要素市场中出售掉自己的生产要素之后，获得收入，用收入在产品市场中购买自己需要的商品，如此循环往复，实际的经济运行就是这样的过程。经济理论正如广阔地域的地图一样，可以让我们抽象掉无关紧要的细节，了解经济社会运行的全貌。

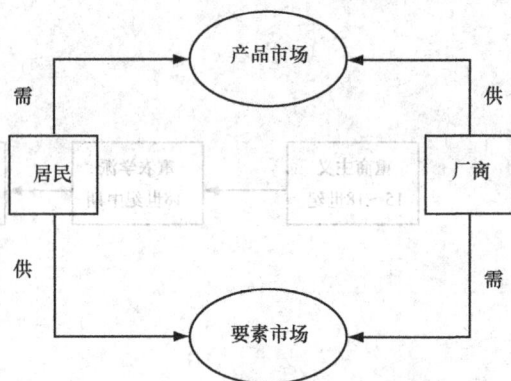

2. 基本假设

"假设"是经济理论成立的前提条件。任何理论都有适应的条件和范围，在这一点上，社会科学与自然科学是一致的。离开了前提条件，经济理论可能就不成立。在了解经济学的基本概念之前，我们先介绍了"经济人"与"资源稀缺性"两个概念，实际上，这两个概念是整个经济学成立的前提条件。如果两者同时不成立，或者其中一个不成立，那么整个经济学就失去了意义。可见，在经济学的研究中，基本假设是极为重要的研究基础与前提。

微观经济学的基本假设有两个：完全理性、完全信息。

完全理性是指参与经济活动的主体（包括消费者与厂商）在任何时候，在做任何选择的情况下都是理性的，都是完全按以最小付出获得最大利益的原则行事的，无一例外。

完全信息是指参与经济活动的主体对所有信息都了如指掌。与完全信息相关的另一个概念是"信息对称"，即发生经济关系的两个主体之间，一方完全掌握另一方的全部信息。"完全信息"与"信息对称"概念的反面是"不完全信息"与"信息不对称"。

应用实例：占座的经济学

我们的实践经验表明，完全理性是不可能的，人总会在某些事情上"犯糊涂"，做出错误的选择；完全信息也是不可能的，每个人掌握的信息总是有限的。同时，总有些"私人信息"不为他人所知。因为任何理论研究总是要对现实进行高度概括与抽象，然后再不断放宽假设，逼近现实。我们学习的微观经济学以完全理性、完全信息为基本前提，先研究在完全理性、完全信息条件下经济个体的经济行为，掌握最基本的经济规律与研究范式。然后，再去探索不完全信息条件下经济个体的经济行为，这些研究内容可以在"信息经济学"中学到。

扩展阅读：信息经济学

3. 研究内容

微观经济学的基本内容包括：供求理论（价格决定理论）、消费者行为理

论、生产者行为理论、市场理论、收入分配理论、博弈论、福利经济学及市场失灵等部分，这些内容是相互关联、有机地集合在一起的一个整体理论框架。可以用图 1-3 表示微观经济学的研究框架。

供求理论也称为价格决定理论，是贯穿整个微观经济学的一条主线。因为微观经济学的理论核心是对市场机制资源配置效率的诠释，而市场机制的核心是价格。在市场经济条件下，三大基本经济问题都是靠价格来解决的，而价格又是通过供求关系决定的，因此供求理论成为微观经济学的核心。美国新古典综合派的代表人物萨缪尔森在其名著《经济学》中风趣地谈到，供求如此重要，你教会一只鹦鹉说"供求"，这只鹦鹉也成为一名经济学家了。

需求方与供给方分别由消费者与厂商担当，因此需要研究消费者与厂商的行为。通过研究消费者的行为，可以得到在产品市场中对产品的需求曲线，在要素市场中对要素的供给曲线。对消费者行为的研究分为基数效用论与序数效用论两种方法。通过研究厂商（生产者）行为，可以得到在产品市场中对产品的供给曲线，在要素市场中对要素的需求曲线，对生产者行为的研究包括生产理论与成本收益理论两种方法。当产品市场、要素市场的供给与需求曲线得到之后，供求关系就可以自动确定产品与要素的价格。价格确定了，资源配置的问题（生产什么、如何生产、为谁生产）就自动解决了。

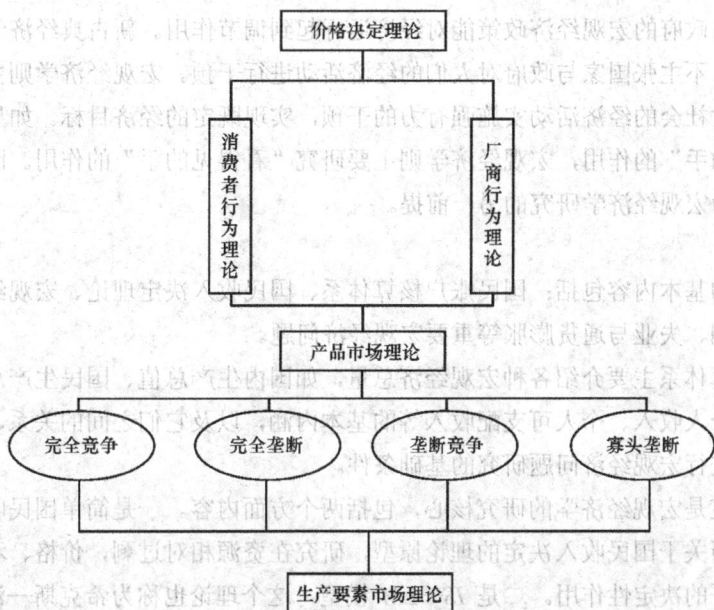

图 1-3 微观经济理论结构

新古典经济学的市场原型是完全竞争的市场，不过后来学者对市场形态进行了补充，因此本教材也介绍完全垄断、垄断竞争、寡头垄断市场的基本情况。同时，博弈论作为一种重要的经济学研究方法已经渗透到主流经济学研究的方方面面，因此，单设一章介绍博弈论的基本内容。

福利经济学主要是用形式逻辑的方式证明（完全竞争）市场机制是最有效率的。其推理逻辑概括如下：首先设定一个最有效率的标准，然后提出满足这一标准的几个完备条件，最后证明完全竞争的市场满足这几个条件，从而得出完全竞争的市场是最有效率的基本结论。

最后，为了树立"任何理论都不是绝对真理"的观念，本教材介绍了市场失灵，说明市场机制并不是万能的，是存在缺陷的，这些市场缺陷有的可以通过微观经济政策消除，但是有的却难以消除。

1.3.2 宏观经济学

1. 研究对象

宏观经济学的英文名称为 Macro-economics，其前缀为 Macro，表示宏大的意思。前面已经讲到，宏观经济学是以凯恩斯主义经济学及新古典主义经济学为主体的。之所以称为"宏观"，因为宏观经济学是以国民经济的总体为研究对象的，通过研究社会经济中宏观经济总量的决定及其变化，说明资源如何得到充分利用，并说明国家与政府如何通过宏观经济政策来调控经济的整体运行。

2. 基本假设

宏观经济学以凯恩斯主义经济学为主体，而凯恩斯主义经济学是在大危机背景下建立起来的，所以，基础宏观经济学有两个基本假设。

第一，市场机制是有缺陷的。新古典经济学认为市场机制是最优的，可以解决资源配置中的所有问题。但人类的经济实践证明市场机制是有缺陷的，单凭市场机制解决一切经济问题是不可能的。在大危机中，市场机制就无法解决供给相对过剩的问题。因此，宏观经济学就是在市场机制有缺陷的前提下来研究经济问题的。

第二，国家与政府的宏观经济政策能对经济运行起到调节作用。新古典经济学信奉亚当·斯密的自由放任思想，不主张国家与政府对人们的经济活动进行干预。宏观经济学则主张国家与政府通过宏观经济政策对社会的经济活动实施强有力的干预，实现既定的经济目标。如果说微观经济学主要研究"看不见的手"的作用，宏观经济学则主要研究"看得见的手"的作用。因此，宏观经济政策能够起作用成为宏观经济学研究的另一前提。

3. 研究内容

宏观经济学的基本内容包括：国民账户核算体系、国民收入决定理论、宏观经济政策，以及经济增长与经济周期、失业与通货膨胀等重要宏观经济问题。

国民账户核算体系主要介绍各种宏观经济总量，如国内生产总值、国民生产总值、国内生产净值、国民收入、个人收入、个人可支配收入等的基本内涵，以及它们之间的关系，掌握了宏观经济总量，就具备了进行宏观经济问题研究的基础条件。

国民收入决定是宏观经济学的研究核心，包括两个方面内容。一是简单国民收入决定。这部分理论基本是凯恩斯关于国民收入决定的理论原型，研究在资源相对过剩，价格、利率既定条件下需求对国民收入水平的决定性作用。二是 *IS—LM* 模型，这个理论也称为希克斯—汉森模型，是凯恩斯的继承者对简单国民收入决定理论的发展。该理论同时考虑产品市场与货币市场的均衡情况，将两个市场联合起来研究国民收入水平的决定。*IS—LM* 模型的重要意义在于，该模型成为现代国家制定宏观经济政策的最基本理论分析工具。

宏观经济政策部分与国民收入的决定内容紧密相连，介绍现代国家制定宏观经济政策的目标、政策类型、政策工具，以及各种政策工具的作用原理。这部分内容具有很强的现实意义，可以使我们理解很多经济政策制定与变化的原因，并评价其实施效果。

最后，介绍经济增长与经济周期、失业与通货膨胀等基本宏观经济问题，这些宏观经济问题也是建立在对国民收入决定理论理解的基础之上的，分析导致一个国家经济增长的各种要素，理解不同的经济增长模型；了解经济增长与经济发展过程中产生周期性现象的原因；分析失业、通货膨胀的理论内涵、产生原因、经济影响，以及失业与通货膨胀之间的关系等问题。

1.3.3　微观经济学与宏观经济学的关系

我们已经了解，微观经济学的主体是新古典经济学，而宏观经济学是从凯恩斯开始开创的，凯恩斯推动了一场针对新古典经济学的革命，因此，两者是有明显区别的。微观经济学与宏观经济学在假设前提、研究对象、研究内容等方面都有重大差别，国内的经济学教材基本上都分成微观与宏观两个部分来讲授。

近年来很多国内外学者提出，微观经济学与宏观经济学是紧密联系的，因为微观经济个体的经济行为叠加起来，就成了宏观经济学研究领域的宏观经济变量；同时，宏观经济政策的作用效果是通过改变微观经济个体的经济行为最终体现出来的。因此，不能将微观经济学与宏观经济学割裂开来，微观经济学是宏观经济学的基础。美国著名经济学家斯蒂格利茨在出版其名著《经济学》时宣称，这本书将是继约翰·穆勒的《政治经济学原理》、马歇尔的《经济学原理》以及萨缪尔森的《经济学》之后的第四本具有里程碑意义的经典经济学教科书，在他的《经济学》中，要打破传统的微观经济学与宏观经济学的界限，还原经济学作为整体的本来面目。

的确，微观经济学与宏观经济学是紧密联系的。但是，从知识讲授的角度，两者都有相对完整而独立的理论体系。同时，很多在微观经济领域正确的理论在宏观经济领域则是不正确的。例如，"节约"，在微观经济领域，对每个消费者或者厂商来讲都无疑是正确的选择；但是，在宏观经济领域，从总需求的角度讲，"节约"则可能不利于一国经济的发展。之所以会出现这种情况，是因为两种理论的研究前提不同。基于此，我们还是将两种理论体系分开，分别进行介绍。

1.4　经济学研究方法

任何一门学科都有其独特的研究方法，经济学也不例外。经济学有两种重要的研究方法，即实证经济研究方法与规范经济研究方法。我们先分别对两种方法进行介绍，接着重点说明实证研究方法的研究要素、研究过程，以及研究结论的表述。最后，对实证经济研究方法与规范经济研究方法的关系进行说明。

1.4.1　两种重要的研究方法

1．实证经济研究方法

实证研究方法是对经济现象进行分析，从中找出客观经济规律，并依据经济规律对经济运行状态进行分析与预测的研究方法。实证研究方法是对客观经济规律的解释，可以简单地表述为回答"是什么"的问题，具有客观性特点。例如，国家统计局发布的数据显示，2015 年全国居民收入基尼系数[②]为 0.462。通过统计分析与计算得到这一结果，是典型的实证研究过程。

2．规范经济研究方法

规范经济研究方法是依据一定的标准（如伦理道德、经济效率等标准）对现有的经济运行状态

---

② 基尼系数在收入分配理论中会讲到，是衡量社会收入分配差距程度的指标，介于 0~1 之间，数值越大表示收入差距越大。

进行判断，说明其有效率还是无效率，应该这样，还是应该那样。规范研究方法可以简单地表述为回答"应该怎么样"的问题。由于对同一经济问题进行判断的时候，不同的人采用的判断标准可能不同，所得的结论会有很大差异，甚至截然相反。因此，规范经济研究具有很强的主观性特点。仍沿用上面的例子来说明，针对我国的基尼系数为 0.462 这一事实，不同的经济学家做出了不同的判断。有的经济学家认为，国际上公认的贫富分化差距警戒线为 0.4，我国的基尼系数已经超过了这一警戒线，社会成员之间的贫富分化太严重了，应该尽快采取措施对此进行干预；而有的经济学家则认为，这种贫富差距是很正常的，是经济迅速发展中不可避免的，没有必要恐慌。这两种截然不同的判断是依据不同的标准得来的，前者依据的标准是"公平"标准，后者依据的则是"效率"标准。

实证研究与规范研究是两种重要的经济研究方法，而实证研究更为基础，经济学作为一门社会科学，其研究方法的基础必须具有客观性特点，否则就不能称其为科学；规范经济研究的结论可以为决策者对经济运行状况的判断以及做出经济决策提供参考。经济研究中存在的很多分歧、争论，大部分都属于规范研究领域。实证研究领域的争论并不多，我们重点介绍实证经济研究方法。

1.4.2　实证研究方法介绍

1. 研究要素与研究程序

要完成对客观经济规律的描述工作需要几个基本研究要素：概念、假设、假说、检验。

（1）概念，是对经济变量下定义。实证经济研究是对客观经济规律的描述，规律是事物之间所固有的联系，经济规律就是要反映不同经济变量之间固有的联系。要揭示这种联系，就要对所研究的经济变量确立明确的理论内涵，即下定义，否则研究将无法展开。例如，要研究商品的价格与商品的需求量之间的关系，必须明确界定什么是商品的价格，什么是商品的需求量，然后才可以开展研究。概念在经济研究中具有极其重要的基础性作用，所有经济理论都是建立在基本的概念基础上的。例如，马克思就是从"商品"这一概念出发，发现了"剩余价值"的创造过程，最终揭示出资本主义内在的冲突；而科斯提出"交易费用"这一思想并被概念化之后，经济学者们才开创了新制度经济学、企业经济学等重要的理论研究体系。

（2）假设，是在研究经济变量之间所具有的关系之前，所设定的前提条件。例如，在研究商品的价格与商品的需求数量之间的关系时，要设立前提条件："假定其他所有的影响因素不发生变化"，如果不设立这个前提条件，将无法得出明确的经济关系。

（3）假说，是在既定的前提条件下，对经济变量之间所具有的经济关系进行的主观推断。例如，通过对商品的价格与需求数量之间的研究，发现它们之间的关系可能是：两者呈现反方向变动的关系。这个结论没有经过验证，因此称为假说。

（4）检验，是对研究提出的假说进行"证实"或者"证伪"的验证。只有经过验证确认为正确，才算完成了实证研究的过程。

实证经济研究的基本程序是：明确"概念"，设定"假设条件"，提出"假说"，然后经过"检验"，最后形成基本结论。

2. 理论表述形式

通过实证研究程序得到研究结论之后，需要对研究结论进行表述。实证研究结论的表述主要有三种形式，即文字叙述、图形图表和数学公式或方程。下面，以上述对商品价格与需求数量的关系研究为例来说明不同的表述形式。

文字叙述的形式可表示如下："在其他条件不变的情况下，商品的价格与商品的需求数量之间呈现反方向变化的关系"。

图形、图表的形式如图 1-4 所示。

图中，横轴表示商品的需求数量，纵轴表示商品的价格，左上方向右下方倾斜的一条曲线直观地反映了价格与需求数量之间的反方向对应关系。

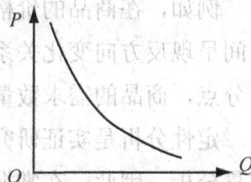

图 1-4　价格与需求数量关系

数学公式或方程的形式如下。

以 P 表示商品的价格，Q 表示商品的需求数量，列出一个简单方程：$Q=a-bP$（$a,b>0$），这是个典型的一元一次减函数，商品的需求数量 Q 与商品的价格 P 呈反方向变化的关系。

文字叙述、图形图表和数学公式与方程都可以作为实证研究理论的表述形式，无论哪种形式表示的理论都可以称为"经济模型"。不过，最常用的"经济模型"还是用数学形式表示的经济理论。数学作为最严密的科学研究工具之一，在经济学中被大量应用，因为数学形式具有逻辑严密、表达简洁、推导方便的特点，在交流中不会引起歧义。所以，学习经济学过程中，掌握好数学工具极为重要。

3. 研究工具

在进行实证研究的过程中，需要掌握重要的研究工具，通过使用这些工具来揭示经济现象背后的经济规律。

（1）均衡分析

在说明均衡分析之前，先介绍"均衡状态"概念。"均衡状态"是指在一个经济体系中，所有的经济变量不再发生变化，处于一个相对静止的平衡状态。经济学中的均衡状态类似于物理学中的平衡状态。均衡分析是对经济运行中均衡状态的实现，以及均衡状态的变化进行的分析与研究过程。均衡分析是经济学研究中最常用的分析工具，在以后的学习中会大量用到。

（2）静态分析与动态分析

静态分析是指在某一个既定的时间段中，对不同经济变量之间的关系进行的分析研究。

动态分析是指在一个时间序列中，对不同经济变量之间关系的变化过程进行的分析研究。

（3）静态均衡分析、比较静态均衡分析与动态均衡分析

均衡分析可以与静态、动态分析结合起来，形成静态均衡分析、比较静态均衡分析与动态均衡分析三种重要分析工具。

静态均衡分析是指在一个既定的时间段中，对经济变量所处的均衡状态进行分析与研究。

比较静态均衡分析是指将两个"静态均衡状态"进行比较，分析其差异与变化。

动态均衡分析是将处于时间序列中的一系列"静态均衡状态"进行比较分析，以发现变化规律。

可以用一个直观的例子来理解上述三种分析工具。

静态均衡分析类似于拿着一张自己的照片来研究，所有的神态都凝固在照片中，就是个"均衡状态"，分析就是对自己的神态评头论足；比较静态均衡分析类似于拿自己现在的照片与几年前的照片来比较，看看自己有什么不同；动态均衡分析类似于将自己不同时期的照片放在一起，看看多年来自己发生了什么变化。

（4）定性分析与定量分析

定性分析是对经济变量之间所具有的关系进行概括、方向性、粗线条的描述过程。

定量分析是对经济变量之间所具有的关系进行精确、量化的描述过程。

例如，在商品的价格与商品的需求数量关系研究中，若得出了"商品的价格与商品的需求数量之间呈现反方向变化关系"这一结论，这种分析就属于定性分析；若得出了"商品的价格上升1个百分点，商品的需求数量则下降3个百分点"这一结论，这种分析就属于定量分析。

定性分析是实证研究的基础，但若要更深入研究，使得研究结论具有现实操作性，则需要进行定量分析。因此，在掌握定性分析的基础上，更应该重视定量分析的研究工具。

1.5 案例分析

案例教学作为一种独特的教学方式，和传统教学相比，具有提高学生学习兴趣、体现经济理论的现实性、提高学生分析问题的能力和综合素质、培养学生经济思维的习惯和意识等方面优点，为此本教材每章最后一节将安排几个案例分析，以达到巩固和掌握经济学基本理论知识，并将理论与实际结合起来，培养和提高运用所学原理分析和解决现实经济问题的能力，并为后续专业课程打下牢固基础之目的。

1.5.1 案例一

人生离不开选择

关于做出决策的第一课可以归纳为一句谚语："天下没有白吃的午餐。"为了得到我们喜爱的一件东西，通常就不得不放弃另一件我们喜爱的东西。做出决策要求我们在一个目标与另一个目标之间有所取舍。

我们考虑一个学生必须决定如何配置他的最宝贵的资源——时间。他可以把所有的时间用于学习经济学；他可以把所有的时间用于学习心理学；他也可以把时间分配在这两个学科上。他把某一个小时用于学习一门课时，他就必须放弃本来可以学习另一门课的一小时。而且，对于他用于学习一门课的每一个小时，他都要放弃本来可用于睡眠、骑车、看电视或打工赚点零花钱的时间。

还可以考虑父母决定如何使用自己的家庭收入。他们可以购买食物、衣服或全家度假。他们也可以为退休或孩子的大学教育储蓄一部分收入。当他们选择把额外的一美元用于上述物品中的一种时，他们在某种其他物品上就要少花一美元。

当人们组成社会时，会面临各种不同的交替关系。典型的交替关系是"大炮与黄油"之间的交替。我们把更多的钱用于国防以保卫我们的海岸免受外国入侵（造大炮）时，我们能用于提高国内生活水平的个人物品的消费（造黄油）就少了。在现代社会里，同样重要的是清洁的环境和高收入水平之间的交替关系。要求企业减少污染的法律增加了生产物品与劳务的成本。由于成本高，结果这些企业赚的利润少了，支付的工资低了，收取的价格高了，或者是这三种结果的某种结合。因此，尽管污染管制给予我们的好处是更清洁的环境，以及由此引起的健康水平提高，但其代价可能是企业所有者、工人和消费者的收入减少。

社会面临的另一种交替关系是效率与平等之间的交替。效率是指社会能从其稀缺资源中得到最多东西。平等是指这些资源的成果公平地分配给社会成员。换句话说，效率是指经济蛋糕的大小，而平等是指如何分割这块蛋糕。在设计政府政策的时候，这两个目标往往是不一致的。

例如，我们来考虑目的在于实现更平等地分配经济福利的政策。某些这类政策，例如，福利制度或失业保障，是要帮助那些最需要帮助的社会成员。另一些政策，例如个人所得税，是要求经济上成功的人士对政府的支持比其他人更多。虽然这些政策对实现更大平等有好处，但它以降低效率为代价。当政府把富人的收入再分配给穷人时，就减少了对辛勤工作的奖励；结果，人们工作少了，生产的物品与劳务也少了。换句话说，当政府想要把经济蛋糕切成更均等的小块时，这块蛋糕也就变小了。

认识到人们面临交替关系本身并没有告诉我们人们将会或应该做出什么决策。一个学生不应该仅仅由于要增加用于学习经济学的时间而放弃心理学的学习。社会不应该仅仅由于环境控制降低了我们的物质生活水平而不再保护环境，也不应该仅仅由于帮助穷人扭曲了工作激励而忽视了他们。然而，认识到生活中的交替关系是重要的，因为人们只有了解他们可以进行的选择，才能做出良好的决策。

案例思考题

1. 读了上述案例，想想人为什么必须选择？不选择可以吗？
2. 一般情况下，人如何做出选择？要遵循什么原则？

1.5.2 案例二

苏联和东欧为老问题寻求新答案

中央集权的计划经济在苏联延续了将近一个世纪。对于经济学的几个基本问题，计划经济曾给予怎样的回答呢？

第一，在这种经济环境下，国家生产什么？生产多少？答案是由政府的计划制订者确定生产目标，企业和工人全力加以实现的。

第二，怎样安排产品的生产过程？答案是政府的计划制订者能够决定各企业的资源分配情况，他们也就可以有效地控制生产过程。

第三，谁是产品的消费对象？由于政府直接决定各个职位的薪金数额，也就确定了国民的消费水平。个人可以在国营商店里按照国家公布的价格购买各种物品；实际情况是，许多商品难以买到，普通公民不得不承受商品短缺之苦。国家也直接控制着包括住房在内的大多数消费品，决定哪些人可以享用之。

第四，由谁通过什么样的过程来制定经济决策？答案很简单，决策者是政府的计划制订者，他们按照自己对国民经济目标的看法来进行决策的。

上述的整个计划经济看上去曾经是非常合理的。但是正如苏联领导人尼基塔·赫鲁晓夫所说："经济学是不以人们意志为转移的科学。"20世纪80年代中期，米哈依尔·戈尔巴乔夫上台的时候，苏联内外都有这样一种看法，即改革势在必行。

苏联的经济体制确实存在许多缺陷，这里举两个例子。一是苏联制鞋业的产量曾居世界首位，但质量普遍低劣，寿命不足几星期。过高的产量带来大量无人问津的鞋子在库房里老化变质。二是苏联规定，农民可以拥有一小块自留地。尽管政府严格限制农民在自留地上的耕作时间，以免耽误集体的生产计划，但公用地生产率过于低下，造成高达92%的农产品由占全国耕地3%的自留地来生产的不正常情况。

当时苏联的生活水平尽管比不上美国和西欧发达工业国家，却也勉强高于巴西、墨西哥等发展中国家。苏联的工人中流传着这样的说法："我们假装工作，他们假装付工钱给我们。"

戈尔巴乔夫提出的改革和公开化主张引起了极其迅猛而彻底的变化。苏联在1991年年底宣告解体，分裂为俄罗斯、乌克兰等多个独立国家。这些国家中的大部分都进行了选举，至少在一定程度上以此决定政府组成人选。

同改革整个经济相比，组织选举无疑相对容易一些。人民对自由的渴望通常都会掩盖经济上的考虑。不过，在20世纪90年代初，这些国家似乎也开始迈开经济改革的步伐。工人们需要增加激励，哪怕加剧工资分配上的不平等，否则难以努力工作。为了提高企业的生产效率，按照市场所需组织生产，必须加强对企业的激励，哪怕因此可能带来失业或破产。很明显，政府计划的作用将逐渐减少，俄罗斯的改革则在鲍利斯·叶利钦的领导下在1992年开始起步。

但是，要将长达70年的中央集权计划经济改变为市场主导的经济模式，是相当困难的一件事。经济改革的真正成效需要长期的摸索，才能显示出来。

案例思考题

1. 计划经济在进行资源配置的过程中，是否一定比市场经济低效率？
2. 苏联、东欧等国家为何要从计划经济向市场经济过渡？

课后习题

1. 如果不存在经济人或资源稀缺性假设，经济学就没有意义。你怎么理解这个观点？
2. 解决三大经济学基本问题时，计划经济体制与市场经济体制有什么不同？
3. 实证经济研究方法与规范经济研究方法有何不同，请举例说明。
4. 有人说经济学就是教给你迅速发财致富的技巧，这种说法对吗？
5. 谈谈你对亚当·斯密自由放任思想的理解。
6. 谈谈你对凯恩斯解决经济大危机思路的理解。

在市场经济中，资源配置主要是通过价格机制进行的，而价格又是由需求和供给决定的。因此，需求和供给是经济学的两大基石，均衡价格理论则是微观经济学的核心理论。本章通过对需求、供给以及由它们共同决定的均衡价格进行分析，说明价格是如何调节经济，并对价格政策进行补充说明的。

2.1 需求理论

经济学中的需求与生活中所指的需求概念不同，影响需求的因素也是多样化的，下面我们将着重探讨价格对需求的影响，得出人们消费行为中所体现出的需求定理。

2.1.1 需求的概念

需求（Demand）是指在某一特定时期内，在每一价格水平下，消费者愿意而且能够购买的商品数量。在理解需求这个概念时，要注意以下两个方面。

第一，经济学所讲的需求与我们日常生活中所讲的需要具有重要差别。需要是指人们主观的一种欲望，它强调的是"愿意"，而需求必须同时具备两个条件即"愿意"和"能够"缺一不可。仅愿意购买而没有支付能力，只是欲望和主观需要，不能构成需求。而仅有支付能力却没有欲望同样不能构成需求。比如，"我想有自己的别墅和汽车但我买不起"，这不能叫作需求。再如，"我买得起别墅和汽车，但我不想要"，同样不能叫作需求。

第二，需求这个概念总是涉及两个变量：商品的价格及与该价格相对应的购买数量。比如，当苹果的价格为每千克4元时，某人的购买量是20千克；当价格涨到每千克4.5元时，他也许只购买10千克。因此，需求实际上反映了人们购买的商品数量与商品价格这两个变量之间的关系。

需求可以分为个人需求和市场需求。所谓个人需求是指单个消费者或家庭对某种产品的需求。而市场需求则是指在某一市场中所有消费者的个人需求之和。个人需求是构成市场需求的基础，市场需求是所有个人需求的总和。

2.1.2 影响需求的因素

影响需求的因素有很多，概括起来主要有以下几种。

1. 商品本身的价格

从日常生活经验可以知道，商品本身价格高，需求数量就少；价格低，需求数量就多。

2. 相关商品的价格

相关商品有两种，一种是互补品，一种是替代品。互补品是指两种商品共同满足一种欲望，它们之间是互相补充的关系。比如，汽车和汽油就是互补品。这种有互补关系的商品，当一种商品（如汽油）的价格上升时，对另一种商品（汽车）的需求就会减少。反之，当一种商品价格下降时，对另一种商品的需求就会增加。即，两种互补商品之间价格与需求成反方向变动。替代品是指两种商品可以互相替代来满足同一种欲望，它们之间是可以互相替代的。比如，牛肉和鸡肉。这种有替代关系的商品，当一种商品（如牛肉）的价格上升时，对另一种商品（鸡肉）的需求就会增加。反之，当一种商品价格下降时，对另一种商品的需求就会减少，即两种替代商品之间价格与需求呈同方向变动。

3. 消费者的收入水平

收入对需求的影响根据商品的不同特性而有所不同。对大部分正常商品而言，消费者收入越高，对其需求就越大；反之则越小。而对另一部分劣等品而言，随着收入的提高，对其需求却在下降。比如，随着消费者收入的提高就会减少对处理品、残次品的需求。

4. 消费者的偏好

消费者的偏好对需求的影响是显而易见的。比如，爱抽烟的人对烟的需求较大，而不爱抽烟或不抽烟的人对烟的需求量就很小或为零。消费者的偏好会受到诸多因素的影响，如广告等，这也是许多厂家不惜金钱大做广告的原因之一。

5. 人口数量与结构的变动

一般而言，人口数量的增加会使需求增加，人口数量的减少会使需求减少。而人口结构的变动主要影响需求的构成。例如，随着发达国家进入老龄化社会就会增加对护理服务和保健品的需求。

6. 政府的消费政策

政府的消费政策也会对需求产生影响。如银行利率的降低，会刺激消费者减少储蓄而增加消费。

7. 消费者对未来的预期

预期即对未来的看法。如果消费者对未来是乐观的看法：我的工作很稳定，收入会不断提高等，那么该消费者现在的需求就会增加。反之，需求则会下降。

德州：受雾霾的影响空气净化器销量爆增

另外，其他如气候、时间等因素也可能会影响到商品的需求，这些因素的共同作用决定了需求。

2.1.3　需求的表示方式

1. 需求函数

如果把影响需求的各种因素作为自变量（用 a、b、c……n 表示），把对商品的需求数量作为因变量，则可以用函数关系来表达需求量和这些影响需求量的因素之间的依存关系，这种函数称为需求函数（Demand Function），需求用 Q^d 表示，需求函数可表示为

$$Q^d = f(a,b,c,\cdots,n)$$

从市场角度看，影响商品需求的最重要因素是该商品的价格，如果不考虑其他因素，以 P 代表价格，需求函数为

$$Q^d = f(P)$$

例如，假定某商品的需求函数为 $Q^d = 100 - 20P$，这一需求函数对应的需求曲线就是一条直线。直线形需求曲线即线性需求函数的一般形式，可写成

$$Q^d = a - bP$$

其中，$-b$ 是需求曲线的斜率。

如果某商品的需求量与其价格之间是非线性关系，即需求曲线不是直线，那么，这种需求函数就是非线性需求函数，其公式为

$$Q^d = \alpha P^{-\beta}$$

这个需求函数是非直线型需求曲线的方程式。在以上两式中，a、b、α、β 都是数值为正的常数。

2. 需求表

需求表（Demand Schedule）是描述在每一可能的价格下商品需求量的表列。需求表可以直观地表明价格与需求量之间一一对应的关系，如表 2-1 所示。

表 2-1   需求表

价格（元）	0	1	2	3	4	5
需求量（千克）	100	80	60	40	20	0

3. 需求曲线

用图示法把需求表中需求量与商品价格之间的关系表示出来，就可以得到一条曲线。这种表示需求量与商品价格关系的曲线，称为需求曲线（Demand Curve），如图 2-1 所示。

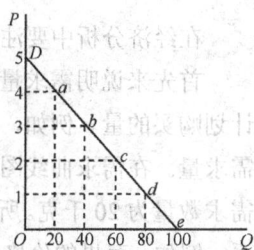

图 2-1　需求曲线

2.1.4　需求定理

1. 需求定理的内涵

需求定理（Law of Demand）是对商品本身价格与其需求量之间关系的描述。其基本内容是：在其他影响需求的因素不变的情况下，商品的需求量与商品的价格反方向变动，即商品的价格上升，需求量减少；商品的价格下降，需求量增加。

在理解需求时，特别要注意"在其他影响需求的因素不变的情况下"这句话。任何一种经济理论都是有条件的，只有在某种条件下才能成立。需求定理作为一种经济理论也是以一定的假设条件为前提的。这个假设条件就是影响需求的其他因素不变，离开了这个条件，需求定理就无法成立。如：如果消费者的收入在增加，商品本身的价格与需求量之间就不一定呈反方向变动。

2. 替代效应与收入效应

为什么需求量与价格之间存在着反方向关系，这可以用替代效应和收入效应来解释。

牛肉和鸡肉是一对替代品，假设牛肉的价格下降，鸡肉的价格没有变化，那么，人们会少买点鸡肉，把原来购买鸡肉的钱用于购买牛肉，即用牛肉代替对鸡肉的消费。反之则相反。在经济学中，将这种商品相对价格的变化对需求产生的影响称为替代效应（Substitute Effect）。

假设牛肉价格下降，其他商品的价格没有发生变化，这意味着同量的货币收入在不减少其他商品消费量的情况下，可以买进更多的牛肉，也就是牛肉价格下降引起了消费者实际收入的提高。反之则相反。这种因价格下降带来的实际收入的提高导致需求量的增加，称为收入效应（Income Effect）。

正是由于替代效应与收入效应共同发生作用，导致需求量与其价格之间存在着反方向关系。

3. 需求定理的例外

需求定理与人们的日常生活经验是吻合的。但需要指出的是，需求定理是对一般情况和一般商品而言的，即需求曲线在通常情况下是一条向右下方倾斜的曲线，但也有可能出现一些例外的情形，如：炫耀性消费商品，珠宝、名车等。消费者购买这类商品是为了显示自己的金钱、身份和地位的。所以往往价格越高，越显示拥有者的金钱、身份和地位，其需求量越大；当价格下跌，不能再显示拥有者的金钱、身份和地位时，需求量反而下降。再如，"吉芬商品"，1845年爱尔兰发生大灾荒，英国人吉芬发现当地居民的生活必需品马铃薯的价格急剧上涨而其需求量不但不降反而增加。原因是灾荒造成爱尔兰人民实际收入急剧下降，不得不增加这种低档食品的消费。一般把贫困地区生活必需的低档商品称为"吉芬商品"。

吉芬商品

当然，这几个例外的商品在诸多的商品中所占的比例是微乎其微的，不会影响需求定理的普遍适用性。

2.1.5 需求量的变动与需求的变动

在经济分析中要注意区分需求量的变动与需求的变动。

首先来说明需求量与需求这两个概念的区别。所谓需求量是指在某一特定价格水平时，消费者计划购买的量。例如，当苹果的价格为每千克4元时，某人的购买量是20千克，这个20千克就是需求量。在需求曲线图中，需求量是需求曲线上的一点对应的需求数量。如图2-1中的 a 点对应的需求数量为20千克。所谓需求是指每一个不同价格水平与消费者计划购买的商品数量之间的对应关系。例如，苹果的价格为每千克4元时，某人的购买量是20千克；苹果的价格为每千克3元时，某人的购买量是40千克；苹果的价格为2元时，某人的购买量是60千克……在需求曲线图中，需求是指整条需求曲线，如图2-1所示的需求曲线 D。

1. 需求量的变动

在其他条件不变的情况下，商品本身价格变动而引起的需求量的变动，称为需求量的变动。在需求曲线图中表现为点在同一条曲线上的移动。如图2-2（a）所示，价格由2元上升到4元，需求量由60千克减少为20千克，消费点由 A 移动到 B。

2. 需求的变动

当商品本身的价格不变时，由于其他因素的变动引起的需求量的变化，称为需求的变动。需求的变动在图形上表现为整条需求曲线的移动。如图2-2（b）所示，假设商品本身的价格不变，为每千克4元，由于某种因素（如消费者的收入提高等）使原来的需求曲线 D_0 右移至 D_1，产品价格不变，仍为4元时消费者的需求量增加到30千克，在每一价格水平下，需求的数量都比原来增加了，称为需求增加；如果需求曲线从 D_0 左移至 D_2，则表示需求减少。

注意：需求量变动是指在其他条件不变时，单纯由商品本身价格变动而引起的需求量变化。需求量变动表现在需求曲线上就是价格与需求量的组合沿着同一条需求曲线移动。需求变动是由非价格因素而引起的需求量的变化，也就是说在商品本身价格不变时，由其他因素变动而引起的需求量变化，这种变化表示为需求曲线位置的移动。

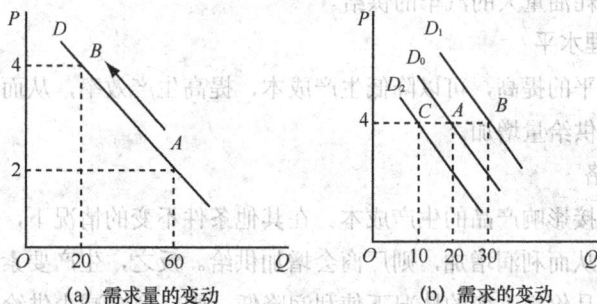

(a) 需求量的变动　　　　　(b) 需求的变动

图 2-2　需求量的变动与需求的变动

2.2 供给理论

与需求一样，经济学中的供给也区别于生活中的供给概念，指的是有效供给。影响供给的因素很多，我们着重探讨价格对供给的影响。

2.2.1　供给的概念

供给（Supply）指厂商在某一特定时期内，在每一价格水平下愿意而且能够供应的商品数量。

在理解供给这个概念时，要注意以下两个方面。

第一，经济学中所讲的供给，必须同时具备两个条件，一是厂商要愿意提供产品，二是厂商有能力提供产品。

第二，供给概念涉及两个变量：商品的价格及与该价格相对应的供给量。因此，供给实际上反映了厂商的供给量与商品价格这两个变量之间的关系。

和需求一样，供给也分为个人供给和市场供给。个人供给是指单个厂商对某种商品的供给。市场供给是指该商品市场上所有个别供给的总和。

2.2.2　影响供给的因素

影响供给的因素很多，概括起来主要有以下几种。

1. 商品本身的价格

根据微观经济学的假设，厂商唯一的目标是追求利润最大化。在其他影响供给的因素既定的条件下，如果某种商品本身的价格上升，厂商就会投入更多的资源用于该商品的生产，从而使供给量增加；反之，厂商就会将生产资源转用于其他价格相对较高的商品的生产，从而该商品的供给量减少。

2. 其他相关商品的价格

在需求理论中我们知道相关商品是指互补品和替代品。相关商品价格的变化不但会影响需求而且会影响商品的供给。例如，20 世纪 70 年代的石油危机导致汽油的价格大幅上涨，厂商便增加节油型汽车的供给而减少耗油量大的汽车的供给。

3. 生产技术和管理水平

生产技术和管理水平的提高，可以降低生产成本，提高生产效率，从而使厂商在同一价格水平下，提供更多的产品，供给量增加。

4. 生产要素的价格

生产要素的价格直接影响产品的生产成本。在其他条件不变的情况下，生产要素的价格下降，会使产品的成本减少，从而利润增加，则厂商会增加供给。反之，生产要素的价格上升，会使产品的成本增加，从而在产品价格不变的情况下使利润降低，则厂商会减少供给。

5. 政府的相关政策

政府采用鼓励投资与生产的政策（如减少税收或降低贷款的利率），可以刺激生产，增加供给。反之，政府采用限制投资与生产的政策，则会抑制生产，减少供给。

6. 厂商对未来的预期

如果厂商对未来经济持乐观态度（市场需求将增加，政府政策稳定等），则会增加供给；反之则会减少供给。

影响供给的因素要比影响需求的因素复杂得多，在不同的时期，不同的市场上，供给要受多种因素总和的影响。表 2-2 以汽车为例具体说明影响供给的因素。

表 2-2   影响汽车供给的因素

影响供给的因素	汽车的供给量
（1）技术	自动化制造工艺降低了生产成本，增加了供给
（2）投入品价格	汽车业工人工资的下降降低了成本，供给增加
（3）相关物品价格	如果卡车的价格下降，轿车的供给增加
（4）政府政策	取消对进口汽车的配额和关税会增加供给
（5）特殊因素	如果政府降低污染控制设备的标准，供给可能会增加

值得注意的是，供给的变动和时间因素密切相关。一般来说，在价格变动之后的极短时间内，供给只能通过调整库存来做出反应，变动不会很大。在短期内可以通过调整原材料、劳动力等生产要素的数量来调节供给，变动会较大。但只有在长期内才能调整机器设备、厂房等生产要素的规模，使供给适应价格而充分变动。

2.2.3 供给的表示方式

1. 供给函数

如果把影响供给的各种因素作为自变量（用 a、b、c……n 表示），把供给作为因变量，则可以用函数关系来表达供给量和这些影响供给量的因素之间的依存关系，这种函数称为供给函数（Supply Function），用 Q^s 表示则供给函数为 $Q^s = f(a,b,c,\cdots,n)$。

从市场角度看，影响商品供给的最重要因素是该商品的价格，如果不考虑其他因素，供给函数为 $Q^s = f(P)$。

例如，假定某商品的供给函数为 $Q^s = -10 + 20P$，这一供给函数在图形上表现为一条直线的供给曲线。

直线形供给曲线即线性供给函数的一般形式，可写成

$$Q^s = -a + bP$$

其中，b 是供给曲线的斜率。

如果某商品供给量与其价格之间是非线性关系，即供给曲线不是直线，那么，这种供给函数就是非线性供给函数，其公式为 $Q^s = \alpha P^\beta$。

这个供给函数是非直线型供给曲线的方程式。

在以上两式中，a、b、α、β 都是数值为正的常数。

2. 供给表

供给表（Supply Schedule）是描述在每一可能的价格下商品供给量的表列。供给表可以直观地表明价格与供给量之间的一一对应的关系，如表 2-3 所示。

表 2-3   供给表

价格（元）	1	2	3	4	5
供给量（千克）	10	30	50	70	90

3. 供给曲线

用图示法把供给表中供给量与商品价格之间的关系表示出来，就可以得到一条曲线。这种表示供给量与商品价格关系的曲线，称为供给曲线（Supply Curve），如图 2-3 所示。

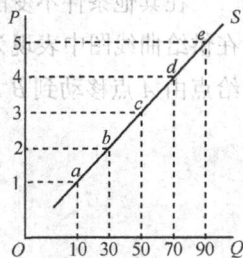

图 2-3   供给曲线

2.2.4   供给定理

1. 供给定理的内涵

供给定理（Law of Supply）是对商品本身价格与其供给量之间关系的描述。其基本内容是：在其他影响供给的因素不变的情况下，商品的供给量与商品的价格呈同方向变动。即：商品的价格上升，供给量增加；商品的价格下降，供给量减少。

在理解供给定理时，同样要注意"在其他影响供给的因素不变的情况下"这句话。离开了这个前提，供给定理就不成立。例如，在生产的技术和管理水平大幅提高的情况下，商品本身的价格与供给量之间就不一定呈同方向变动。

为什么供给量与其价格之间存在着同方向变动的关系？可以用生产成本来解释。生产者提供商品是为了利润，因此，决定供给的一个关键因素便是生产成本。当一种产品的生产成本相对于价格较高时，生产者就会提供较少数量的产品，而转向其他产品的生产或退出行业。相反，生产者大量供给该产品就有利可图。

2. 供给定理的例外

供给定理与人们的日常生活经验是吻合的。但需要指出的是，供给定理是对一般情况和一般商品而言的，即供给曲线在通常情况下是一条向右上方倾斜的曲线，但也有可能出现一些例外的情形，例如，劳动力的供给。当劳动力的价格即工资水平上升时，劳动力的供给会随着工资的增加而增加，但当工资增加到一定程度时，则劳动力的供给不但不会增加反而会下降。其原因会在分配理论中详细论述。

同样，这些例外不会影响供给定理的普遍适用性。

2.2.5 供给量的变动与供给的变动

在经济分析中要注意区分供给量的变动与供给的变动。

首先来说明供给量与供给这两个概念的区别。所谓供给量是指在某一特定价格水平下，厂商计划供给的商品数量。例如，当苹果的价格为每千克 1 元时，厂商计划供给 10 千克，这个 10 千克就是供给量。在供给曲线图中，供给量是供给曲线上的一点对应的供给数量，在图 2-3 中是 a 点对应的 10 千克。所谓供给是指不同价格水平与厂商计划供给的商品数量的对应关系。例如，苹果的价格为每千克 1 元时，厂商计划供给 10 千克；苹果的价格为每千克 2 元时，厂商计划供给 30 千克；苹果的价格为每千克 3 元时，厂商计划供给 50 千克……供给是指整条供给曲线，如图 2-3 中的供给曲线 S。

1. 供给量的变动

在其他条件不变的情况下，商品本身价格变动而引起的供给量的变动，称为供给量的变动。其在供给曲线图中表现为点在同一条曲线上的移动。如图 2-4（a）所示，价格上升，供给量增加，供给点由 A 点移动到 B。

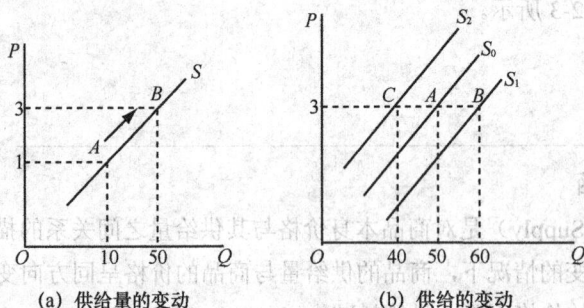

图 2-4 供给量的变动与供给的变动

2. 供给的变动

当商品本身的价格不变时，由于其他因素的变动而引起的供给量的变化，称为供给的变动。供给的变动在图形上表现为整条供给曲线，如图 2-4（b）所示。

假设商品本身的价格不变，为 3 元，由于某种因素（如生产技术提高等）使原来的供给曲线 S_0 右移至 S_1，这表示产品价格不变，仍为 3 元时，厂商的供给量由 50 千克增加到 60 千克，供给增加；供给曲线从 S_0 左移至 S_2，则表示供给减少。

2.3 价格的决定

到目前为止，我们一直孤立地考察供给和需求。我们知道在每一价格水平下，消费者愿意并且能够购买的商品数量以及厂商愿意并且能够提供的商品数量。而当我们把市场的两个方面放在一起时，则会发生何种情况？回答是供给和需求的力量相互作用，从而产生均衡的价格和数量，即市场均衡。

2.3.1　均衡价格

需求说明了某一商品在每一价格水平下的需求量，而供给说明了某一商品在每一价格水平下的供给量，要说明该商品价格的决定，就必须将供给和需求结合起来考虑。在竞争性的商品市场上，对于某种商品的任一价格，其相应的需求量和供给量不一定相等，但在该商品各种可能的价格中，必定有一价格能使需求量和供给量相等，从而使该商品市场达到一种供求相等的均衡状态。

均衡是指经济中各种对立、变动的力量处于一种力量相当、相对静止、不再变动的状态。均衡一旦形成之后，如果有另外的力量使它离开原来均衡的位置，则会有其他力量使之恢复到均衡。由此可见，均衡价格就是由于需求与供给这两种力量的作用使价格处于一种相对静止的状态。

均衡价格（Equilibrium Price）是指一种商品需求与供给相等时的价格。此时该商品的需求价格与供给价格相等，称为均衡价格；该商品的需求量与供给量相等，称为均衡数量，如图 2-5 所示。

在图 2-5 中，横轴代表数量（需求量和供给量），纵轴代表价格（需求价格和供给价格）。D 为需求曲线，S 为供给曲线。D 与 S 相交于 E，这就决定了均衡价格为 2.75 元，均衡数量为 45 千克。

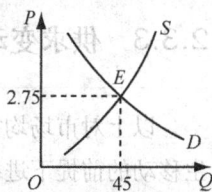

图 2-5　均衡价格

2.3.2　均衡价格的形成

均衡价格是供给和需求不断变化后产生的结果，其过程是自发的，即均衡价格的形成必须是在自由竞争条件下自发形成的，如果有外力的干预（如垄断或政府干预）则这种价格就不是均衡价格。我们可以用表 2-4 来说明均衡价格的形成过程。

表 2-4　均衡价格的形成过程

价格（元）	需求量（千克）	供给量（千克）
2	60	30
2.25	55	35
2.5	50	40
2.75	45	45
3	40	50

假设，在市场上有一个叫价者，他先报出每千克苹果的价格为 3 元，这时需求量为 40 千克，而供给量为 50 千克，供给量大于需求量，苹果卖不出去，必然降价。他再报出每千克苹果 2.5 元，这时需求量为 50 千克，而供给量为 40 千克；需求量大于供给量，苹果供不应求，必然提价。叫价者经过多次报价后，最终会叫到每千克 2.75 元，这时需求量为 45 千克，供给量为 45 千克，供求相等，于是就得出均衡价格 2.75 元，均衡数量为 45 千克。换言之，市场上自发进行的竞争过程就决定了苹果的价格为 2.75 元。这是供求双方都可以接受的价格，也就是均衡价格。

还可以用图2-6来说明同样的道理。

在图2-6中，如果价格为3元，需求量为40千克，而供给量为50千克，供大于求，价格必然按箭头所示方向向下移动。如果价格为2.5元，则需求量为50千克，供给量为40千克，供小于求，价格必然按箭头所示方向向上移动。这种一涨一跌的现象会一直继续下去，直至最终价格达到2.75元时为止。这时供求相等，均衡实现了。

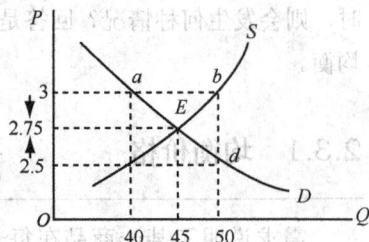

图2-6 均衡价格的形成

用经济模型来表示，均衡价格决定的条件为

$$D = f(P) \tag{1}$$
$$S = f(P) \tag{2}$$
$$D = S \tag{3}$$

（1）式是需求函数，（2）式是供给函数，（3）式是供求相等，即均衡价格决定的公式，当$D = S$时，就可以得出P的值。

2.3.3 供求变动对均衡价格的影响

以上对市场均衡价格的分析，是在假定需求和供给既定，即需求曲线和供给曲线给定，且不发生移动的前提下进行的。如果需求和供给发生变化，即需求曲线或者供给曲线发生了移动，市场均衡就要发生相应的变化。下面分三种情况加以说明。

1. 供给不变，需求发生变动

如前所述，需求变动是指商品本身价格不变的情况下，影响需求的其他因素变动所引起的变动，这种变动在图形上表现为需求曲线的平行移动。如图2-7所示，D_0是需求曲线，与供给曲线S_0相交于E_0，决定了均衡价格为2.75元，均衡数量为45千克。

需求增加，需求曲线向右上方移动，即由D_0移动到D_1。D_1与S_0相交于E_1，决定了均衡价格为3元，均衡数量为50千克。这表明由于需求的增加，均衡价格上升了，均衡数量增加了。

需求减少，需求曲线向左下方移动，即由D_0移动到D_2。D_2与S_0相交于E_2，决定了均衡价格为2.5元，均衡数量为40千克。这表明由于需求的减少，均衡价格下降了，均衡数量减少了。

2. 需求不变，供给发生变动

供给变动是指价格不变的情况下，影响供给的其他因素变动所引起的变动，这种变动在图形上表现为供给曲线的平行移动。如图2-8所示，S_0是供给曲线，与需求曲线D_0相交于E_0，决定了均衡价格为2.75元，均衡数量为45千克。

供给增加，供给曲线向右下方移动，即由S_0移动到S_1。S_1与D_0相交于E_1，决定了均衡价格为2.5元，均衡数量为50千克。这表明由于供给的增加，均衡价格下降了，均衡数量增加了。

供给减少，供给曲线向左上方移动，即由S_0移动到S_2。S_2与D_0相交于E_2，决定了均衡价格为3元，均衡数量为40千克。这表明由于供给的减少，均衡价格上升了，均衡数量减少了。

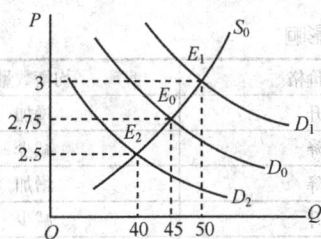

图 2-7　需求变动对均衡价格的影响　　　　图 2-8　供给变动对均衡价格的影响

3. 需求和供给同时发生变动

需求和供给同时发生变动的情况比较复杂，因为两者变动方向、变动程度的差异均可能对均衡产生不同的影响。

假定需求和供给由于种种原因而同时增加，如图 2-9 所示，D_0 线移至 D_1 线，S_0 线移至 S_1 线。均衡点随之由 E_0 点移至 E_1 点。

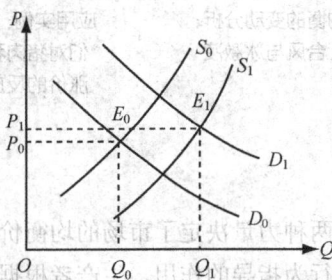

图 2-9　供求变动对均衡价格的影响（一）　　　图 2-10　供求变动对均衡价格的影响（二）

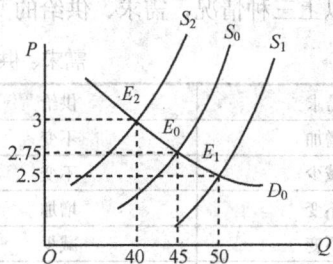

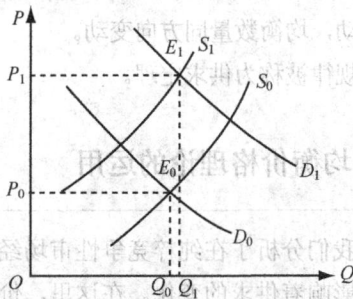

根据前述分析，需求、供给增加后，均衡数量均随之增加，但是均衡价格的变动却不能确定。因为需求增加使均衡价格上升，供给增加使均衡价格下降，所以均衡价格的实际变动还要取决于两者增加的程度。如果需求增加的程度大于供给增加的程度，如图 2-9 所示，则均衡价格将由 P_0 上升到 P_1；如果需求增加的程度小于供给增加的程度，则均衡价格下降；如果两者增加的程度相等，则均衡价格不变。所以，在需求和供给同时增加时，均衡产量必然增加，但均衡价格的变动不能确定，可能上升、下降或者保持不变。同样，如果需求和供给同时减少，均衡产量必然减少，均衡价格亦不能确定。

假定需求和供给由于种种原因而发生反方向变动，如图 2-10 所示，需求增加，D_0 线移至 D_1 线；而供给减少，S_0 线移至 S_1 线。

均衡点随之由 E_0 点移至 E_1 点。根据前述分析，需求增加，供给减少，均衡价格均随之上升，但是均衡数量的变动却不能确定。因为需求增加使均衡数量增加，供给减少使均衡数量减少，所以均衡数量的实际变动还要取决于两者变动的程度。如果需求增加的程度大于供给减少的程度，如图 2-10 所示，则均衡数量将由 Q_0 上升到 Q_1；如果需求增加的程度小于供给减少的程度，则均衡数量减少；如果两者变动的程度相等，则均衡数量不变。所以，需求增加，供给减少，均衡价格必然上升，但均衡数量的变动不能确定，可能增加、减少或者保持不变。同样，如果需求减少，供给增加，均衡价格必然下降，但均衡数量不能确定。

综合以上三种情况，需求、供给的变动对均衡的影响可归纳为如表 2-5 所示的内容。

表 2-5   需求、供给的变动对均衡价格的影响

需求	供给	均衡价格	均衡数量
增加	不变	上升	增加
减少	不变	下降	减少
不变	增加	下降	增加
不变	减少	上升	减少
增加	增加	不定	增加
减少	减少	不定	减少
增加	减少	上升	不定
减少	增加	下降	不定

由此可得出结论：

① 在供给不变的情况下，需求变动引起均衡价格与均衡数量同方向变动；

② 在需求不变的情况下，供给变动引起均衡价格反方向变动，均衡数量同方向变动。

这一规律被称为供求定理。

均衡的变动分析：台风与冰激凌

应用实例：为什么人们对猪肉和食用油涨价的反应不同？

2.3.4   均衡价格理论的运用

以上我们分析了在纯粹竞争性市场经济中，需求、供给两种力量决定了市场的均衡价格，而均衡价格又影响着供求的变化。在这里，价格有着信息传递、行为指导的作用，生产者根据商品价格的涨跌来评判市场的供求变化，从而调整自己的产量；消费者也根据价格的涨跌来合理安排自己的商品消费组合。因此，价格机制就像一只"看不见的手"，指挥着人们的经济活动。在现实中，有时由供求决定的价格会对经济发展产生一些不利影响。比如，当农产品过剩时，农产品价格会大幅度下降，这种下降从短期看，会抑制农业生产，有利于供求平衡。但农业生产周期较长，农产品的低价格对农业产生抑制作用后，将对农业生产的长期发展产生不利影响。再如，在灾荒时期，生活必需品严重短缺，由供求决定的价格会很高，导致低收入群体无法维持正常的生活。在这种情况下就需要政府对价格进行必要的调节。

下面用均衡价格理论来评价这种调节对经济生活的影响。

1．支持价格

支持价格是指政府为了扶植某一行业的生产，对该行业产品规定的高于市场均衡价格的最低价格。可用图 2-11 来分析支持价格。

如图 2-11 所示，由供求决定的均衡价格为 P_0，均衡数量为 Q_0。政府为支持该行业生产而规定支持价格为 P_1，P_1 高于 P_0。此时，需求量为 Q_1，而供给量为 Q_2，Q_2 大于 Q_1，即供给量大于需求量，$Q_2-Q_1=Q_1Q_2$，为供给过剩部分。

为了维持支持价格，这些过剩的农产品不能在市场上出售。此时政府可采取的措施如下。

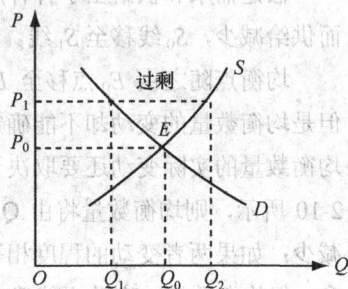

图 2-11 支持价格

一是政府收购过剩的农产品，或用于储蓄，或用于出口。在出口受阻的情况下，收购过剩产品必然会增加政府的财政开支。

二是政府对该产品实行产量限制，将生产的数量控制在 Q_1，使供求平衡。

支持价格的运用对经济的发展和稳定有积极的意义。以对农产品实行的支持价格为例，支持价格政策有利于稳定农业的生产，调整农业结构，扩大农业投资，从而促进农业现代化的发展和农业生产率的提高。但支持价格政策会使政府财政支出增加，使政府背上沉重的包袱。

2. 限制价格

限制价格是指在特殊时期，政府为了限制生活必需品的价格上涨而规定的低于市场均衡价格的最高价格。可用图 2-12 来分析限制价格。

如图 2-12 所示，由供求决定的均衡价格为 P_0，均衡数量为 Q_0。但在这种高价格水平下，穷人买不起生活必需品。于是，政府规定最高价格为 P_1，限制价格低于均衡价格导致该商品供不应求，出现短缺。此时，政府要实行配给制。

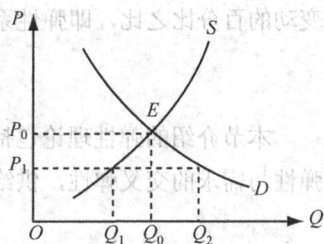

图 2-12 限制价格

限制价格政策一般是在战争或自然灾害等特殊时期使用。该政策有利于社会安定，但不利于刺激生产，导致经济增长缓慢；并且不利于抑制需求，易造成浪费。

3. 政府税收对均衡价格的影响

政府对货物交易征税，如果是根据货物的销量征税叫作从量税；如果是根据货物的销售收入征税叫作从价税。这两种方法只是征税时计算的方法不同而已，对经济活动的影响是相似的，如图 2-13 所示。

假定政府对厂商征收 T 量从量税，将使厂商的供给成本增加，所以，供给曲线向左移动，如图 2-13 所示，供给曲线由 S_0 移动到 S_1，垂直移动的距离为 T；均衡点由 E_0 移至 E_1，价格从 P_0 上升到 P_1，销售量从 Q_0 减少到 Q_1。这就是政府对厂商征收销售税的效应。

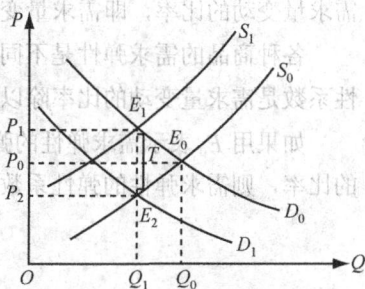

图 2-13 税收对均衡价格的影响

假定政府对消费者征收 T 量的交易税，将使消费者的收入相应减少，因此需求曲线向左移动，如图 2-13 所示，D_0 线移动到 D_1，垂直移动距离为 T；均衡点由 E_0 移至 E_2，销售价格为 P_2，销售量为 Q_1，这就是政府对消费者征收交易税的效应。

无论政府征税的对象是厂商还是消费者，对均衡价格的影响是一样的。对厂商征税时，销售价格 P_1 减去其中应缴纳的税额 T，即为净价格 P_2，等于对消费者征税时实行的销售价格，而均衡交易量均为 Q_1。

我国政府定价政策查询

2.4 需求弹性和供给弹性

通过前几节内容的学习，我们已经知道，当某一种商品的价格发生变化时，这种商品的需求量会发生变化。除此之外，当消费者的收入水平或者相关商品的价格等因素发生变化时，这种商品的需求量也会发生变化。同样，当一种商品的价格发生变化，或者这种商品的生产成本或其他因素发生变化时，这种商品的供给量会发生变化。由此我们可能会问，当一种商品的价格上升10%时，这种商品的需求量和供给量分别会下降和上升多少呢？当消费者的收入水平下降10%时，商品的需求量究竟下降了多少呢？这些问题的答案需要弹性理论来回答。

弹性（Elasticity）原是物理学上的概念，意指某一物体对外部力量的反应程度。经济学中的弹性是指经济变量之间存在函数关系时，因变量对自变量变动的反应程度。弹性大小可以用两个变量变动的百分比之比，即弹性系数来表示。在经济学中，弹性系数的一般公式为

$$弹性系数 = \frac{因变量的变动比例}{自变量的变动比例}$$

本节介绍的弹性理论包括需求弹性和供给弹性。需求弹性主要有需求的价格弹性、需求的收入弹性与需求的交叉弹性，供给弹性主要介绍供给的价格弹性。

2.4.1 需求的价格弹性

1. 定义

需求的价格弹性（Price Elasticity of Demand，以下简称需求弹性）指价格变动的比率所引起的需求量变动的比率，即需求量变动对价格变动的反应敏感程度。

各种商品的需求弹性是不同的，一般用需求弹性的弹性系数来表示弹性的大小。需求弹性的弹性系数是需求量变动的比率除以价格变动的比率。

如果用 E_d 表示需求弹性的弹性系数，以 $\Delta Q / Q$ 表示需求量变动的比率，以 $\Delta P / P$ 表示价格变动的比率，则需求弹性的弹性系数的一般公式如下。

$$E_d = \frac{\Delta Q / Q}{\Delta P / P} = \frac{\Delta Q}{\Delta P} \cdot \frac{P}{Q}$$

例如，某种商品的价格变动10%时，需求量变动20%，则这种商品的需求弹性的弹性系数为2。在理解需求弹性的含义时要注意以下两点。

（1）需求弹性系数是价格变动的比率与需求量变动比率的比率，而不是价格变动的绝对量与需求变动的绝对量的比率。绝对量有计量单位，不同的计量单位是不能相比的，而变动的比率采用百分比的形式，所以，需求弹性系数没有单位。

（2）弹性系数的数值可以为正值，也可以为负值。如果两个变量为同方向变化，则为正值；反之，则为负值。价格与需求量反方向变动，所以需求弹性的弹性系数应该为负值。但在实际运用时，为了方便起见，一般都取其绝对值。

2. 需求价格弹性的计算

需求弹性计算分为点弹性与弧弹性。点弹性就是需求曲线上某一点的弹性，也就是价格变动无限小时所引起的需求量变动的反应程度。弧弹性就是需求曲线上两点之间一段弧的弹性。

（1）点弹性的计算

计算弹性系数的一般公式为

$$E_{\mathrm{d}} = \frac{\Delta Q / Q}{\Delta P / P} = \frac{\Delta Q}{\Delta P} \cdot \frac{P}{Q}$$

当价格变动无限小，即 $\Delta P \to 0$ 时，上式可以写为

$$E_{\mathrm{d}} = \lim_{\Delta p \to 0} \frac{\Delta Q}{\Delta P} \cdot \frac{P}{Q} = \frac{\mathrm{d}Q}{\mathrm{d}P} \cdot \frac{P}{Q}$$

这就是计算点弹性的公式。由于价格与需求量反方向变化，所以 E_{d} 为负数，但习惯上加一个负号。所以，上式可以写为

$$E_{\mathrm{d}} = -\frac{\mathrm{d}Q}{\mathrm{d}P} \cdot \frac{P}{Q}$$

如：设某商品的需求函数为 $Q = f(P) = a - bP$（a、b 均为常数）设 $a = 120$，$b = 20$，则 $Q = 120 - 20P$，求：$P=2$ 时的点弹性。

解： $E_{\mathrm{d}} = -\frac{\mathrm{d}Q}{\mathrm{d}P} \cdot \frac{P}{Q} = -(-20)\frac{P}{Q} = 20\frac{P}{Q}$

当 $P=2$ 时，$Q = 120 - 20 \times 2 = 80$

所以当 $P=2$ 时 $E_{\mathrm{d}} = 20 \times 2/80 = 0.5$

同理当 $P=3$ 时 $E_{\mathrm{d}} = 1$

当 $P=4$ 时 $E_{\mathrm{d}} = 2$

由此可见，一般而言，在同一条需求曲线的不同点上，需求弹性的大小是不同的。

（2）弧弹性的计算

弧弹性的计算公式可以写为

$$E_{\mathrm{d}} = \frac{\Delta Q / Q}{\Delta P / P} = \frac{\Delta Q}{\Delta P} \cdot \frac{P}{Q} = \frac{Q_2 - Q_1}{P_2 - P_1} \cdot \frac{P_1}{Q_1}$$

在上式中，P_1、Q_1 为原来的价格和需求量，P_2、Q_2 为变动后的价格和需求量。

例如，某商品的价格由每件 20 美元下降为每件 15 美元，需求量由 20 件增加到 40 件，这时，该商品的需求弹性为 $E_{\mathrm{d}} = 4$。

但是，若将上例倒过来，即该商品的价格由每件 15 美元上升至每件 20 美元，需求量由 40 件下降到 20 件，这时，该商品的需求弹性为 $E_{\mathrm{d}} = 1.5$。

此时，虽然价格涨跌的幅度与需求量变动的幅度是相同的，但弹性系数却有不同的数值。这是由于计算的基础和出发点不同而造成的。为了克服这一缺陷，通常采用变动前后价格和需求量的算术平均数来计算弹性系数，其计算公式为

$$E_{\mathrm{d}} = \frac{Q_2 - Q_1}{P_2 - P_1} \cdot \frac{(P_1 + P_2)/2}{(Q_1 + Q_2)/2}$$

根据此式计算上例中的弹性系数 $E_{\mathrm{d}} = 2.3$。

需要注意的是，需求曲线的弹性系数并不等于斜率，同一条需求曲线上的不同点，需求弹性系数的大小一般是不同的，在需求曲线的不同两点之间，弹性系数的大小也不一样。

3. 需求弹性的分类

各种商品的需求弹性不同，根据需求弹性系数的大小，可以把需求的价格弹性分为以下五类。

（1）需求完全无弹性，即 $E_{\mathrm{d}} = 0$。

在这种情况下，无论价格如何变动，需求量都不会变动。其需求曲线是与横轴垂直的一条垂线。

通常认为特效药接近于这一类商品，如图 2-14（a）中的 D_1。

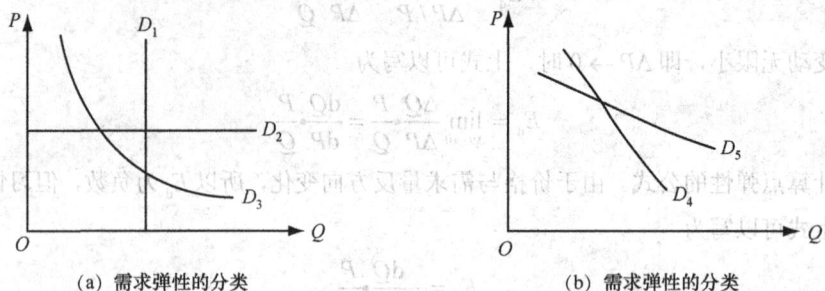

（a）需求弹性的分类 　　　　　　　　（b）需求弹性的分类

图 2-14　需求弹性的分类

（2）需求有无限弹性，即 $E_d \to \infty$。

它表示在既定的价格水平上，需求量是无限的，而一旦高于既定价格，需求量即为零，说明商品的需求变动对其价格变动异常敏感。其需求曲线是与横轴平行的一条水平线，如图 2-14（a）中的 D_2。

（3）单位需求弹性，即 $E_d=1$。

在这种情况下，需求量变动的比率和价格变动的比率相等。如，价格上升 10%，需求量就下降 10%，如图 2-14（a）中的 D_3。

以上三种情况都是需求弹性的特例，在现实生活中是很少见的。现实中常见的是以下两种情况。

（4）需求缺乏弹性，即 $1 > E_d > 0$。

在这种情况下，需求量变动的比率小于价格变动的比率。其需求曲线是一条比较陡峭的线，如图 2-14（b）中的 D_4。一般生活必需品属于这类商品。

（5）需求富有弹性，即 $E_d > 1$。

在这种情况下，需求量变动的比率大于价格变动的比率。其需求曲线是一条比较平坦的线，如图 2-14（b）中的 D_5。一般奢侈品属于这类商品。

应用实例：空调降价
引起购买需求大增

4. 影响需求弹性的因素

为什么不同商品的需求弹性不同呢？一般来说，以下几种因素影响需求弹性的大小。

（1）商品的性质。一般而言，消费者对生活必需品的需求，受价格变化的影响较小，因而需求弹性较小；而消费者对奢侈品的需求，受价格变化的影响较大，因而需求弹性大。例如，米、面、油、蔬菜等都是缺乏弹性的商品。而像到国外旅游这类消费的需求弹性较大。

（2）商品的可替代程度和可替代品数目。一般而言，一种商品的替代品越多，可替代程度越高，其需求弹性就越大；反之，则需求弹性越小。

（3）商品用途的广泛性。一种商品的用途越广泛，其需求弹性也就越大，而一种商品的用途越少，则其需求弹性也就越小。

（4）商品在家庭支出中所占的比例。在家庭支出中所占比例小的商品，价格变动对需求的影响小，所以其需求弹性也小。在家庭支出中所占比例大的商品，价格变动对需求的影响大，所以其需求弹性也大。

此外，时间、地域差别、消费习惯等因素，也会影响需求的价格弹性。某种商品的需求弹性到底有多大，是由上述这些因素综合决定的，不能只考虑其中的一种因素，而且，某种商品的需求弹性也因时间、消费者收入水平和地区而不同。例如，彩电在 20 世纪 80 年代的中国还属于奢侈品，需求弹性较大。而现在已基本成为生活必需品，需求弹性相对下降。

2.4.2　需求的收入弹性、需求的交叉弹性、供给弹性

1. 需求的收入弹性

（1）需求收入弹性的含义与计算方法

需求的收入弹性（Income Elasticity of Demand）又称收入弹性，指收入变动的比率所引起的需求量变动的比率，即需求量变动对收入变动的反应程度。

一般用收入弹性的弹性系数来表示收入弹性的大小。这一弹性系数是需求量变动的百分比与收入变动的百分比的比率。以 E_m 代表收入弹性的弹性系数，$\Delta Q/Q$ 代表需求量变动的百分比，$\Delta Y/Y$ 代表收入变动的百分比，则计算收入弹性系数的公式如下。

$$E_m = \frac{\Delta Q}{Q} / \frac{\Delta Y}{Y} = \frac{\Delta Q}{\Delta Y} \cdot \frac{Y}{Q}$$

例如，假设收入变动为 10%，某种商品的需求量的变动为 20%。则收入弹性系数为 2。

（2）需求收入弹性的分类

在影响需求的其他因素既定的条件下，需求的收入弹性系数可正可负，并可据此来判别该商品是正常品还是劣等品。

如果某种商品的需求收入弹性系数是正值，即 $E_m > 0$，表示随着收入水平的提高，消费者对此种商品的需求量增加，该商品即称为正常品。正常品的需求收入弹性系数可等于 1，大于 1（奢侈品）或小于 1（必需品）。它们也分别称为收入单位弹性、富有弹性和缺乏弹性。

如果某种商品的需求收入弹性系数是负值，即 $E_m < 0$，表示随着收入水平的提高，消费者对此种商品的需求量反而下降，该商品即称为劣等品。随着人们收入水平的提高，人们会减少对这类商品的购买。

需要注意的是，不同商品在一定的收入范围内具有不同的收入弹性，同一商品在不同的收入范围内也具有不同的收入弹性。收入弹性并不取决于商品本身的属性，而取决于消费者购买时的收入水平。这是因为，收入水平提高时，本来被认为是奢侈品的东西也会被认为是必需品，本来被认为是正常品的东西也会被认为是劣等品。

（3）恩格尔系数与恩格尔定理

德国统计学家恩格尔根据他对德国某些地区消费统计资料的研究，提出了一个定理：随着收入的提高，食物支出在全部支出中所占的比率越来越小，即恩格尔系数是递减的。恩格尔系数是用于食物的支出与全部支出之比。恩格尔系数可以反映一国或一个家庭的富裕程度与生活水平。一般来说，恩格尔系数越高，富裕程度和生活水平越低；反之则越高。一般把恩格尔系数在 0.5 以下作为生活达到富裕水平的标准。

2. 需求的交叉弹性

（1）需求的交叉弹性含义与计算方法

需求的交叉弹性（Cross Elasticity of Demand）是指一种商品的需求量对另一种商品的价格变动的反应程度。

一般用交叉弹性的弹性系数来表示弹性的大小。这一弹性系数是一种商品需求量变动的百分比与另一种商品价格变动的百分比的比率。如果以 x、y 代表两种商品，以 E_{xy} 代表 x 商品的需求量对商品价格的反应程度，$\Delta Q_x / Q_x$ 代表 x 商品需求量变动的百分比，$\Delta P_y / P_y$ 代表 y 商品价格变动的百分比，则计算交叉弹性系数的公式如下。

$$E_{xy} = \frac{\Delta Q_x}{Q_x} / \frac{\Delta P_y}{P_y} = \frac{\Delta Q_x}{\Delta P_y} \cdot \frac{P_y}{Q_x}$$

（2）互补品与替代品

需求的交叉弹性可以是正值，也可以是负值，它取决于两个商品间关系的性质，即两种商品是互补品还是替代品。同时，商品之间关系的密切程度可通过交叉弹性来度量。

如果商品 x、y 需求的交叉弹性是正值，即 $E_{xy} > 0$，则表示随着 y 商品价格提高（降低），x 商品的需求量增加（减少），则 x、y 商品之间存在替代关系，是替代品。其弹性系数越大，替代性就越强。

如果商品 x、y 需求的交叉弹性是负值，即 $E_{xy} < 0$，则表示随着 y 商品价格提高（降低），x 商品的需求量减少（增加），则 x、y 商品之间存在互补关系，是互补品。其弹性系数越大，互补性就越强。

当然，如果商品 x、y 需求的交叉弹性为零，即 $E_{xy} = 0$，则说明 x 商品的需求量并不随 y 商品的价格变动而发生变动，x、y 既非替代品又非互补品。它们之间没有相关性，是相对独立的两种商品。

3. 供给弹性

在供给弹性中，供给的价格弹性是最基本最主要的一种类型。因此，通常讲的供给弹性即指供给的价格弹性。

（1）供给弹性的含义与计算方法

供给的价格弹性（Price Elasticity of Supply，以下简称供给弹性）是一种商品的供给量对其价格变动的反应程度，其弹性系数等于供给量变动的百分比与价格变动的百分比之比。

以 E_s 代表供给弹性的弹性系数，$\Delta Q / Q$ 代表供给量变动的百分比，$\Delta P / P$ 代表价格变动的百分比，则计算供给弹性系数的公式是

$$E_s = \frac{\Delta Q / Q}{\Delta P / P} = \frac{\Delta Q}{\Delta P} \cdot \frac{P}{Q}$$

同需求的价格弹性系数的计算一样，供给弹性的弧弹性公式为

$$E_s = \frac{Q_2 - Q_1}{P_2 - P_1} \cdot \frac{(P_1 + P_2) / 2}{(Q_1 + Q_2) / 2}$$

点弹性公式为

$$E_s = \lim_{\Delta p \to 0} \frac{\Delta Q}{\Delta P} \cdot \frac{P}{Q} = \frac{\mathrm{d} Q}{\mathrm{d} P} \cdot \frac{P}{Q}$$

由于商品的供给量与价格的变动在一般情况下是同方向变动的，因此供给弹性系数为正值。

（2）供给弹性的类别

根据弹性系数的大小，供给弹性可分为五种类型。

第一，供给完全无弹性，即 $E_s = 0$。在这种情况下，无论价格如何变动，供给量都不会变动。其供给曲线是与横轴垂直的一条垂线。一般认为土地、文物等无法复制的商品接近于这类商品。如

图 2-15（a）中的 S_1。

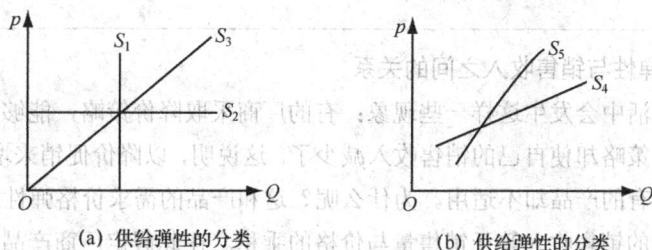

(a) 供给弹性的分类   (b) 供给弹性的分类

图 2-15 供给弹性的分类

第二，供给有无限弹性，即 $E_s \rightarrow \infty$。它表示在既定的价格水平上，供给量是无限的；而一旦高于既定价格，供给量即为零，说明商品的供给变动对其价格变动异常敏感。其供给曲线是与横轴平行的一条水平线。只有在商品出现严重过剩时，才可能出现类似的情况，如图 2-15（a）中的 S_2。

第三，单位供给弹性，即 $E_s = 1$。在这种情况下，供给量变动的比率和价格变动的比率相等。如，价格上升 10%，供给量就上升 10%，如图 2-15（a）中的 S_3。

以上三种情况都是供给弹性的特例，在现实生活中是很少见的。现实中常见的是以下两种情况。

第四，供给富有弹性，即 $E_s > 1$。在这种情况下，供给量变动的比率大于价格变动的比率，如图 2-15（b）中的 S_4。

第五，供给缺乏弹性，即 $E_s < 1$。在这种情况下，供给量变动的比率小于价格变动的比率，如图 2-15（b）中的 S_5。

（3）影响供给弹性的因素

供给取决于生产。影响供给弹性的因素比影响需求弹性的因素要复杂得多，主要有以下一些因素。

① 时间。当商品的价格发生变化时，厂商对产量的调整需要一定的时间。在很短的时间内，厂商若要根据商品的涨价及时地增加产量，或者根据商品的降价及时地缩减产量，都存在不同程度的困难，供给弹性就是比较小的。但是，在长期内，生产规模的扩大与缩小，甚至转产，都是可以实现的，供给量可以对价格变动做出较充分的反应，供给弹性也就比较大了。

② 生产周期及生产的难易程度。一般而言，生产周期短而且容易生产的产品对价格的变动反应快，其供给弹性大。反之，不易生产且生产周期长的产品对价格的变动反应慢，其供给弹性也就小。

③ 生产所采用的技术类型。如，采用资本密集型生产方式的产品。这些产品的生产规模一旦固定，变动就比较困难，从而其供给弹性也小；而采用劳动密集型生产方式的产品。其生产规模变动较容易，从而供给弹性也就大。

另外，厂商的生产能力及对未来价格的预期等因素，都会影响供给弹性。

在分析某种产品的供给弹性时要把各种影响因素综合起来考虑。一般而言，重工业产品多采用资本密集型生产方式，生产较为困难，并且生产周期长，所以供给弹性小。轻工业产品，尤其是食品、服装这类产品，一般采用劳动密集型生产方式，生产较为容易，并且生产周期短，所以供给弹性大。农产品比较特殊，在我国尽管农产品多采用劳动密集型的生产方式，但由于农业生产周期长，所以农产品的供给是缺乏弹性的。

2.4.3 弹性理论的运用

1. 需求的价格弹性与销售收入之间的关系

在实际的经济生活中会发生这样一些现象：有的厂商采取降价策略，能够使销售收入提高，而有的厂商采用相同的策略却使自己的销售收入减少了。这说明，以降价促销来增加销售收入的做法，对有的产品适用，对有的产品却不适用。为什么呢？这和产品的需求价格弹性的大小有关。

我们知道，厂商的销售收入等于销售量与价格的乘积。在此假定厂商产品的销售量等于市场上对其产品的需求量，即厂商的销售收入 $TR = P \cdot Q$。其中，TR 表示商品的销售收入，P 表示商品的价格，Q 表示商品的销售量即需求量。

注意：我们在这里分析的是需求的价格弹性对包括成本与利润在内的总收入的影响，而不是对扣除成本之后的净收益的影响。由于有成本的变动关系，总收入的增加并不一定是净收益的增加。总收入的减少并不一定是净收益的减少。

此外，总收入也就是总支出。从厂商角度来说是总收入，而从消费者的角度来说则是总支出。所以，分析需求的价格弹性对厂商总收益的影响实际上也就是分析需求的价格弹性对消费者总支出的影响。

下面，我们分三种情况分析商品需求弹性与厂商销售收入之间的关系。

（1）需求富有弹性的商品需求弹性与销售收入之间的关系。

如果某商品的需求是富有弹性的，即 $E_d > 1$。那么，当该商品的价格下降时，需求量（销售量）增加的幅度大于价格下降的幅度，所以销售收入会提高。

以摄像机为例。假定摄像机的需求是富有弹性的，$E_d = 2$。当价格为 8 000 元，即 $P_1 = 8\,000$ 元，销售量为 100 台，即 $Q_1 = 100$ 台时，销售收入 $TR_1 = P_1 \cdot Q_1 = 8\,000 \times 100 = 800\,000$ 元。

现在假定摄像机的价格下降了 10%，即 $P_2 = 7\,200$ 元，因为 $E_d = 2$，所以销售量增加 20%，即 $Q_2 = 120$ 台，这时销售收入 TR_2 为

$$TR_2 = P_2 \cdot Q_2 = 7\,200 \times 120 = 864\,000 \text{元}$$
$$TR_2 - TR_1 = 864\,000 - 800\,000 = 64\,000 \text{元}$$

这表明，由于摄像机降价，销售收入增加了。

仍以摄像机为例。假定摄像机的价格上升了 10%，即 $P_3 = 8\,800$ 元，因为 $E_d = 2$，所以销售量下降了 20%，即 $Q_3 = 80$ 台，这时销售收入 TR_3 为

$$TR_3 = P_3 \cdot Q_3 = 8\,800 \times 80 = 704\,000 \text{元}$$
$$TR_3 - TR_1 = 704\,000 - 800\,000 = -96\,000 \text{元}$$

这表明，由于摄像机涨价，销售收入减少了。

结论一：需求富有弹性的商品，价格与销售收入呈反方向变动，即价格上升，销售收入减少；价格下降，销售收入增加。如果要增加销售收入，需求富有弹性的商品应采用"薄利多销"的价格策略。

（2）需求缺乏弹性的商品需求弹性与销售收入之间的关系。

如果某商品的需求是缺乏弹性的，即 $0 < E_d < 1$。那么，当该商品的价格下降时，需求量（销售量）增加的幅度的小于价格下降的幅度，所以其销售收入会减少。

以大米为例。假定大米的需求是缺乏弹性的，$E_d = 0.5$。当价格为 3 元，即 $P_1 = 3$ 元，销售量为

100 斤，即 $Q_1 = 100$ 斤，此时销售收入 $TR_1 = P_1 \cdot Q_1 = 3 \times 100 = 300$ 元。

现在假定大米的价格下降了 10%，即 $P_2 = 2.7$ 元，因为 $E_d = 0.5$，所以销售量增加 5%，即 $Q_2 = 105$ 斤，这时销售收入 TR_2 为

$$TR_2 = P_2 \cdot Q_2 = 2.7 \times 105 = 283.5 \text{元}$$
$$TR_2 - TR_1 = 283.5 - 300 = -16.5 \text{元}$$

这表明，大米降价，销售收入减少了。

仍以大米为例。假定大米的价格上升了 10%，即 $P_3 = 3.3$ 元，因为 $E_d = 0.5$，所以销售量下降了 5%，即 $Q_3 = 105$ 斤，这时销售收入 TR_3 为

$$TR_3 = P_3 \cdot Q_3 = 3.3 \times 95 = 313.5 \text{元}$$
$$TR_3 - TR_1 = 313.5 - 300 = 13.5 \text{元}$$

应用实例：谷贱伤农

这表明，大米涨价，销售收入增加了。

结论二：需求缺乏弹性的商品，价格与销售收入呈同方向变动关系，即价格上升，销售收入增加；价格下降，销售收入减少。如果要增加销售收入，需求缺乏弹性的商品应采用适当涨价的价格策略。

（3）需求单位弹性的商品需求弹性与销售收入之间的关系。

如果某商品的需求是单位弹性的，即 $E_d = 1$。此时厂商变动价格所引起的需求量的变动率和价格变动率是相等的。这样一来，由价格变动所造成的销售收入的增加量或减少量刚好等于有需求量变动所带来的销售收入的减少量或增加量，所以，无论厂商是降价还是涨价，销售收入 $P \cdot Q$ 的值是固定不变的。

扩展阅读：弹性

结论三：需求单位弹性的商品，价格变动不会影响销售收入。

2. 蛛网模型

以上对需求、供给和价格的均衡分析，是在抽象了时间因素的前提下考察的，因此是一种静态的均衡分析。如果引入时间因素考察均衡状态的变动过程，则是动态均衡分析。下面介绍经济学中的一个简单的动态模型：蛛网模型。

蛛网模型是在 20 世纪 30 年代分别由美国经济学家 H·舒尔茨、意大利经济学家 U·里西和荷兰经济学家 J·丁伯根各自提出的，1934 年由英国经济学家 N·卡尔多定名。

蛛网模型运用需求弹性和供给弹性的概念来分析价格波动对产量的影响。

（1）蛛网模型的基本假设。

① 产品的生产需要一定时间，而且在这段时间内生产规模无法改变。例如，农作物从种植到长成需要半年左右的时间，在此期间已种植的作物无法增加或减少。

② 本期的产量决定本期的价格，以 P_t 和 Q_t 分别代表本期的价格和产量，则这两者之间的关系为 $P_t = f(Q_t)$。

③ 本期的价格决定下一期的产量，以 Q_{t+1} 代表下一期的产量，则这两者之间的关系为 $Q_{t+1} = f(P_t)$。

在以上假设条件下，蛛网模型根据需求弹性与供给弹性的不同关系，分三种情况来研究波动的情况。

（2）供给弹性小于需求弹性：收敛型蛛网。

当供给变动对价格变动的反应程度小于需求变动对价格变动的反应程度，也就是价格变动对供给的影响小于需求时，价格波动对产量的影响越来越小，价格与产量的波动越来越弱，最后自发地

趋于均衡水平。这种蛛网波动称为收敛型蛛网。图 2-16 可用来说明收敛性蛛网。

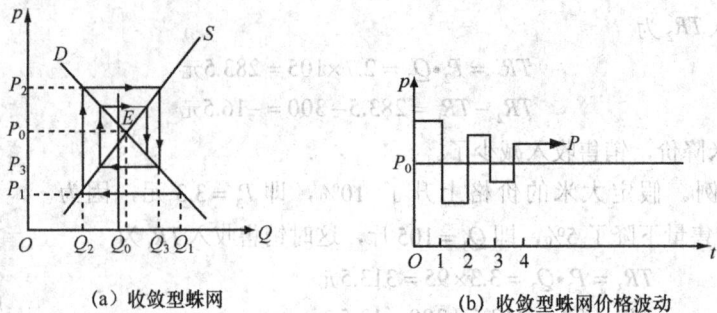

(a) 收敛型蛛网　　　　　(b) 收敛型蛛网价格波动

图 2-16　收敛型蛛网及其价格波动

如图 2-16（a）所示，在图中横轴 Q 代表产量，纵轴 P 代表价格，S 为供给曲线，D 为需求曲线。供给曲线比需求曲线陡峭，表明供给弹性小于需求弹性。供给曲线与需求曲线相交于 E，E 为均衡点，其均衡价格为 P_0，均衡数量为 Q_0。假定：第一期开始时产量为 Q_1，根据假设"本期价格决定本期产量"，决定了第一期产品的价格为 P_1。又因为"本期的价格决定下一期的产量"，第一期的价格 P_1 决定了第二期的产量为 Q_2，Q_2 决定了第二期的价格为 P_2。第二期的价格 P_2 决定了第三期的产量为 Q_3，Q_3 决定了第三期的价格为 P_3……如此循环下去。在这一循环中每一次价格波动和产量更加接近均衡点，这样波动越来越小，最后趋于均衡点。图 2-16（b）中，横轴 t 代表时期，纵轴 P 代表价格，该图表明了价格的波动趋向于均衡价格 P_0。随着价格波动的趋势减少，产量的波动也随之在减弱。因此，供给弹性小于需求弹性被称为蛛网稳定条件。

现实生活中，绝大部分工业制成品都属于收敛型蛛网，所以不需要政府干预，随着时间的推移，市场可以自动趋向于均衡状态。

（3）供给弹性大于需求弹性：发散型蛛网。

当供给变动对价格变动的反应程度大于需求变动对价格变动的反应程度，也就是价格变动对供给的影响大于需求时，价格波动对产量的影响越来越大，价格与产量的波动越来越强，最后离均衡点越来越远。这种蛛网波动称为发散型蛛网。可用图 2-17 来说明发散型蛛网。

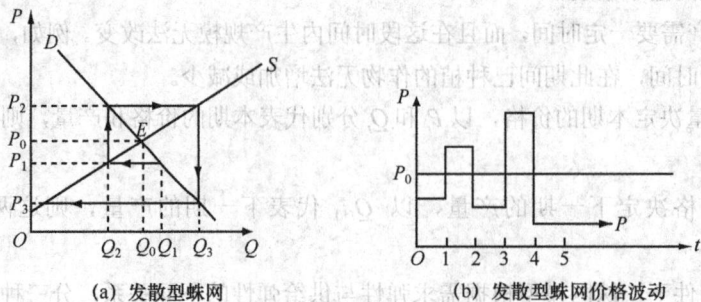

(a) 发散型蛛网　　　　　(b) 发散型蛛网价格波动

图 2-17　发散型蛛网及其价格波动

如图 2-17（a）所示，S 为供给曲线，D 为需求曲线，供给曲线比需求曲线平坦，表明供给弹性大于需求弹性。供给曲线与需求曲线相交于 E，决定了均衡价格为 P_0，均衡数量为 Q_0。假定：第一期开始时产量为 Q_1，根据假设"本期价格决定本期产量"，决定了第一期的价格为 P_1。又因为

"本期的价格决定下一期的产量"，第一期的价格 P_1 决定了第二期的产量为 Q_2，Q_2 决定了第二期的价格为 P_2。第二期的价格 P_2 决定了第三期的产量为 Q_3，Q_3 决定了第三期的价格为 P_3……如此循环下去。在这一循环中每一次价格波动和产量更加背离均衡点，这样波动越来越大，最后离均衡点更远。图 2-17（b）表明了价格的波动越来越背离了均衡价格 P_0。随着价格波动的加大，产量的波动也随之在增强。因此，供给弹性大于需求弹性被称为蛛网不稳定条件。

一般情况下，农产品市场属于发散型蛛网。如果任由市场供求来决定农产品的价格，那么，随着时间的推移其波动的幅度会越来越大。所以，各国政府普遍对农产品采取价格干预政策。

（4）供给弹性等于需求弹性：封闭型蛛网。

当供给变动对价格变动的反应程度与需求变动对价格变动的反应程度相等，也就是价格变动对供给与需求的影响相同时，价格与产量的波动始终保持相同程度，既不趋向均衡点，又不远离均衡点。这种蛛网波动称为封闭型蛛网。如图 2-18（a）所示，供给弹性等于需求弹性。供给曲线与需求曲线相交于 E，决定了均衡价格为 P_0，均衡数量为 Q_0。在图 2-18（a）中，这时的波动情况为：在第一期开始时产量为 Q_1，决定了第一期的价格为 P_1，第一期的价格 P_1 决定了第二期的产量为 Q_2，Q_2 决定了第二期的价格 P_2，第二期的价格 P_2 决定了第三期的产量，这一产量仍然和第一期产量相同，为 Q_1。这样就又开始了一次与上次完全相同的波动。如此循环下去，价格与产量始终是相同的波动程度。图 2-18（b）表示了这样的波动情况。因此，供给弹性等于需求弹性被称为蛛网中立条件。

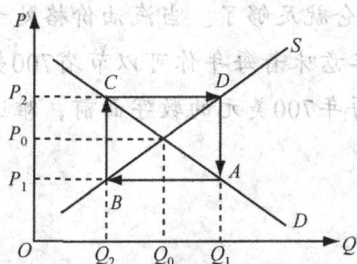

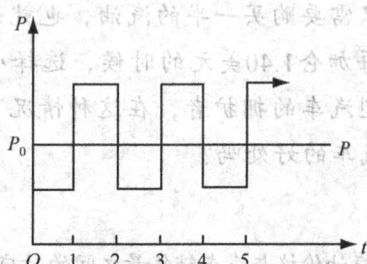

（a）封闭型蛛网　　　　（b）封闭型蛛网价格波动

图 2-18　封闭型蛛网及其价格波动

蛛网理论与农产品市场均衡

在现实生活中，这种类型的蛛网模型很少见。

2.5 案例分析

汽油价格与小型汽车的需求

如果市场对某几种产品的需求相互影响，纠缠不清，可能出现什么情况呢？其中一种情形就是，导致一种产品的价格发生变化的因素，将同时影响对另一种产品的需求。举例而言，在20世纪70年代，美国的汽油价格上升，这一变化马上对小型汽车的需求产生了影响。

回顾那个年代，美国市场的汽油价格两次上升，第一次发生在1973年。当时石油输出国组织（欧佩克）切断了对美国的石油输出；第二次是在1979年，由于伊朗政权变动而导致该国石油供应瘫痪。经过这两次事件，美国的汽油价格从1973年的每加仑0.27美元猛增到1981年的每加仑1.40美元。作为"轮子上的国家"，石油价格急剧上升当然不是一件小事，美国人面临着严峻的节省汽油的问题。

既然公司与住宅之间的距离不能缩短，人们只好奔波于两地之间。美国司机找到的解决办法之一就是当他们需要放弃自己的旧车，购置新车的时候，选择较小型的汽车，这样每加仑汽油就可以多跑一段距离。

分析家们根据汽车的大小来分类，确定其销售额。就在第一次汽油价格上升之后，每年大约出售250万辆大型汽车、280万辆中型汽车及230万辆小型汽车。到了1985年，这三种汽车的销售比例明显变化，当年售出150万辆大型汽车、220万辆中型汽车以及370万辆小型汽车。由此可见，大型汽车的销售自20世纪70年代以来迅速下降；反过来，小型汽车的销售却持续攀升，只有中型汽车勉强算是保持了原有水平。

对于任何产品的需求曲线均假设其互补产品的价格保持恒定。以汽车为例，它的互补产品之一就是汽油。汽油价格上升导致小型汽车的需求曲线向右移动，与此同时大型汽车的需求曲线向左移动。

造成这种变化的理由是显而易见的。假设你每年需要驾驶汽车行驶15 000英里（1英里=1.609千米），每加仑汽油可供一辆大型车行驶15英里，如果一辆小型汽车就可以行驶30英里。这就是说，如果你坚持选择大型汽车，每年你必须购买1 000加仑汽油；如果你可以满足于小型汽车，那么你只需要购买一半的汽油，也就是500加仑就足够了。当汽油价格处于1981年的最高点，即每加仑1.40美元的时候，选择小型汽车意味着每年你可以节省700美元。即便你曾经是大型汽车的拥护者，在这种情况下，在每年700美元的数字面前，难道你不会重新考虑小型汽车的好处吗？

案例思考题

1. 根据案例，分析汽油价格与汽车销售量之间的对应关系。

2. 联系实际，分析其他互补品价格与销售量之间的关系，进而对互补品价格与销售量之间的关系进行一般性描述。

课后习题

1. 下面哪一种情况将导致供给的减少（　　　）。

   A. 消费者收入的增加　　　　　B. 生产成本的增加

   C. 商品价格的下降　　　　　　D. 替代品价格的上升

2. 假设某商品的需求价格为$P=100-4Q$，供给价格为$P=40+2Q$，均衡价格和均衡产量应为（　　　）。

   A. $P=60$，$Q=10$　　　　　　B. $P=10$，$Q=6$

   C. $P=40$，$Q=6$　　　　　　D. $P=20$，$Q=20$

3. 简述需求与需求量、供给与供给量的区别与联系。

4．影响供给的因素有哪些？

5．假定异常寒冷的天气会使奶茶的需求曲线向右移动，解释为什么奶茶价格会上升到一个新的市场出清水平。

6．以下陈述是否正确？请说明理由。

（1）巴西的咖啡作物欠收会降低咖啡的价格。

（2）交叉价格弹性总是为正。

（3）大学学费的迅速上升会降低对大学教育的需求。

7．"丰收通常会降低农民的收入。"用供求图演示和说明这一问题。

8．假设某种商品的需求曲线是 $Q=300-2P+4I$，其中 I 是以千美元计量的收入。供给曲线是 $Q=3P-50$。

（1）如果 $I=25$，求出这种商品的均衡价格和数量。

（2）如果 $I=50$，求出这种商品的均衡价格和数量。

9．如果汉堡价格上升 3% 致使其需求量下降 6%，那么汉堡的需求价格弹性是多少？

10．设需求曲线为 $Q=10-2P$，给出其点弹性值，并计算价格为多少时，可以使总收益最大。

11．假定表 2-6 是需求函数 $Q^d=500-100P$ 在一定价格范围内的需求表

表 2-6 　　　　　　　　　　　　　　　　　某商品的需求表

价格（元）	1	2	3	4	5
需求量	100	300	200	100	0

（1）求出价格 2 元和 4 元之间的需求的价格弧弹性。

（2）根据给出的需求函数，求 $P=2$ 时的需求价格点弹性。

（3）根据该需求函数或需求表做出相应的几何图形，利用几何方法求出 $P=2$ 时的需求的价格点弹性，它与（2）的结果相同吗？

12．假设需求曲线为 $Q=100-2P$。

（1）分别计算价格 $P=1$、25 和 49 的价格弹性。

（2）运用弹性的代数公式解释为什么弹性不同于斜率。

13．纽约市的房租控制机构发现，总需求是 $Q^d=160-8P$，其中数量以万间套房为单位；而价格（即平均月租金水平）则以百美元为单位。该机构还注意到，在 P 较低时，Q 的增加是因为有更多的三口之家从长岛进入该市，从而需要住房。市房地产经纪人委员会承认，房租控制机构得到的总需求方程是较好的需求估计值，并且他们认为住房的供给为 $Q^s=70+7P$。

（1）如果房租控制机制与该委员会在需求和供给上的观点是正确的，自由市场的价格是多少？如果该机构设定一个 300 美元的最高平均月租金，且所有未找到住房的人都会离开纽约市，那么纽约市人口的变动会是怎样的呢？

（2）假设该机构迎合了该委员会的愿望，且对于所有住房都设定一个 900 美元的月租金，给房东一个"公平的"回报率。如果套房长期性供给增长的 50% 来自新建筑，那么需要建造多少住房？

扩展阅读

阿尔弗雷德·马歇尔

罗伯特·吉芬爵士

蒜你狠

谁负担了税收？

税收：打入生产与消费间的楔子

消费者行为理论 第3章

在第 1 章概述中，我们讲过，在市场经济条件下，社会面临的三大问题：生产什么、如何生产、为谁生产。这三大问题都是靠价格来解决的，价格决定了，社会资源配置的问题就解决了。在第 2 章，供求理论讲述了均衡价格的形成原理，均衡价格是由供求关系决定的，商品的供给曲线与需求曲线相交，就决定了均衡价格。供给曲线与需求曲线是由消费者与生产者的经济行为决定的。生产者在生产的过程中，追求利益最大化，决定自己生产什么、生产多少，最终会形成一条供给曲线；消费者在消费过程中，同样追求利益最大化，决定自己消费什么、消费多少，最终会形成一条需求曲线。这样，需求曲线与供给曲线共同决定了均衡价格。对生产者的行为研究在第 4 章进行介绍，本章主要研究消费者的行为，探讨需求曲线的由来。

3.1 概述

效用是一种心理满足程度，可以用基数效用论与序数效用论两种效用研究方法来计量，两种方法在操作中各有优劣。

3.1.1 效用概念

1. 效用的含义

效用（Utility，简称 U）是指消费者在消费商品的过程中，获得的满足程度。消费者消费商品是为了获得心理满足，效用就是衡量某种商品对消费者提供心理满足程度的概念。效用是消费者行为理论中最基础的概念，消费者的行为分析都是建立在效用概念基础上的。

2. 效用概念的说明

（1）主观性特点

由于效用是消费者消费商品时获得的心理满足程度，是一种心理感受。那么，对同一种商品进行消费时，不同的消费者获得的满足程度不一样。例如同样是听一场音乐会，音乐爱好者的心理满足与一个"乐盲"的心理满足会有很大的差异；另外，同一个人对相同商品在不同的情况下进行消费时，获得的满足程度也不一样。例如，同样是一杯水，在通常情况下喝一杯水的感觉，与在几天滴水未沾的沙漠旅行中喝一杯水的感觉肯定有很大差异。商品的效用因人而异，因消费情况而异，因此具有很强的主观性特点。

（2）与使用价值的区别

在马克思主义政治经济学中，我们了解了商品所具有的"使用价值"。使用价值指商品的"有用性"，商品的"有用性"不会因人而异，不会因情况不同而异，具有客观性的特点。使用价值与效用概念不一样，不能将两者混淆。

3.1.2 两种效用研究方法

1. 基数效用论

基数这个术语来自于数学，是指 1、2、3……基数可以加总与求和。消费商品的满足感，这种主观心理感受可以用一个基数来计量，消费不同商品的总满足感可以进行基数加总。表示效用大小的计量单位称为效用单位。例如，某消费者听一场音乐会获得的满足感用基数来表示为 5 个效用单位，他看一场精彩球赛的满足感用基数表示为 6 个效用单位；如果该消费者既听了一场音乐会又看了一场球赛，总的满足感就是 11 个效用单位。这种借用基数概念来进行消费者行为研究的方法称为基数效用论（Cardinal Utility Approach），基数效用论中一般采用边际分析的方法进行研究。

2. 序数效用论

序数这个术语也来自于数学，是排顺序的意思，表示为第 1、第 2、第 3……序数效用论用排顺序的办法来研究效用问题。19 世纪和 20 世纪初期，经济学家一般是用基数效用论进行效用研究。但是，后来发现一个问题，效用是主观性很强的内心感受，要用基数精确地表示效用有很大的局限性，因为心理感受很难用数字具体衡量。到了 20 世纪 30 年代以后，经济学家转而用序数效用论研究效用问题。其研究思路是这样的，对于两种不同的商品，如 A 商品、B 商品，消费者消费后对两者给自己带来的满足程度总是可以排出顺序的，要么 A 第一、B 第二，要么 B 第一、A 第二，要么两者没有差别，只有这三种可能的顺序，排序具有完备性。以序数度量效用的办法比以基数度量效用的办法更精准，因此，在效用理论研究中，更多地用序数效用论（Ordinal Utility Approach）。序数效用一般采用无差异分析方法进行分析。

3.2 基数效用论

基数效用论认为效用大小是可以测量的，其计数单位就是效用单位。在推导消费者均衡的过程中，基数效用论采用的是边际效用分析方法。

3.2.1 总效用与边际效用

总效用（Total Utility，简称 TU）是指消费者消费了一定数量的商品之后所获得的满足程度的总和。总效用一般用 TU 表示。

边际效用（Marginal Utility，简称 MU）是指消费者在消费商品的过程中，再多增加一个单位商品消费所带来的效用增加值。边际效用一般用 MU 表示。

例如，某消费者在吃苹果的过程中，满足程度呈现以下变化过程：吃第一个苹果，感觉香甜可口，非常舒服，消费者将满足程度定为 5 个效用单位；然后吃第二个苹果，第二个苹果与第一个苹果一模一样，但是消费者感觉比第一个稍微差了一点，将满足程度定为 3 个效用单位；接着吃第三个相同的苹果，感觉又比第二个差些，将满足程度定为 1 个效用单位；消费者接着又拿到第四个相同的苹果。此时，消费者感觉第四个苹果可吃也可不吃，若吃了满足程度为 0；如果在第四个苹果之后，消费者又吃了第五个苹果，那么，他会感到肚子胀，这是不好的感觉，享受变成了难受，满足程度变成了负值，定为-1。我们用表 3-1 来说明这个例子，说明总效用与边际效用的内涵，并分析两者之间的关系。

表 3-1　　　　　　　　　　　　　　　　总效用与边际效用的关系

苹果消费数量	边际效用	总效用
1	5	5
2	3	8
3	1	9
4	0	9
5	−1	8

消费第一个苹果时，边际效用为这个苹果给消费者带来的效用水平，为 5 个效用单位，总效用也为 5 个效用单位；消费两个苹果时，边际效用为第二个苹果给消费者带来的效用增量，为 3 个效用单位，总效用则是第一个苹果的 5 个效用单位加第二个苹果的 3 个效用单位，等于 8 个效用单位；消费三个苹果时，边际效用为第三个苹果带来的效用增量，为 1 个效用单位，总效用为前三个苹果的效用之和，为 9 个效用单位。以下算法相同，消费四个苹果，边际效用为 0，总效用为 9 个效用单位；消费五个苹果，边际效用为-1 个效用单位，总效用为 8 个效用单位。

从表 3-1 可以看出，随着消费者消费商品数量的增加，边际效用与总效用呈现出不同的变化过程：边际效用不断减小，从 5 单位变为-1 单位；总效用则先增加后减少，先从 5 单位增加到 9 单位，再减少为 8 单位。

我们由此做个总结：在消费者消费商品的过程中，随着消费商品数量的不断增加，总效用呈现先增加后减少的变化趋势，而边际效用则呈现不断减少的变化趋势。

扩展阅读：边际革命

3.2.2　总效用函数与边际效用函数

我们已经了解到消费者的总效用与边际效用是随着消费商品的数量变化而不断变化的，那么就可以用函数的形式表示效用与消费商品数量之间的关系。

总效用函数是表示总效用与消费商品数量关系的函数表达式。以 TU 代表总效用水平，以 X 代表消费商品的数量，总效用函数表示为 $TU(X)$。

边际效用函数是表示边际效用与消费商品数量关系的函数表达式。以 MU 代表边际效用水平，以 X 代表消费商品的数量，边际效用函数表示为 $MU(X)$。

总效用函数与边际效用函数的关系如下。

假设消费者在消费商品的过程中，增加了 ΔX 个商品消费，由此引起的总效用变化量为 ΔTU，那么增加一个单位商品消费所带来的效用改变量为边际效用，可表示为

$$MU = \frac{\Delta TU}{\Delta X}$$

假设商品可以无限细分，ΔX 可以趋近于 0，则 $MU = \lim_{\Delta X \to 0} \frac{\Delta TU}{\Delta X} = \frac{dTU}{dX} = TU'$，即 $MU(X) = TU'(X)$。

可见，边际效用是总效用的一阶导数，边际效用函数是总效用函数的一阶导函数。前面我们已

经了解到，随着消费者消费商品数量的增加，总效用呈现先增加后减少的趋势，边际效用呈现不断减少的趋势。据此，我们可以将总效用函数与边际效用函数曲线大体描绘出来，如图3-1所示。

从图3-1可以看出，随着商品消费数量的增加，总效用函数曲线先上升，到达最高点后下降，边际效用函数曲线从左上方向右下方倾斜。在总效用上升的阶段，边际效用大于零；在总效用的最高点，边际效用等于零；在总效用下降的阶段，边际效用变为负值。

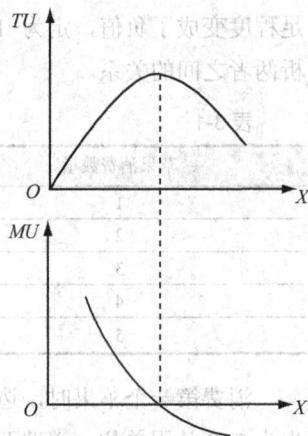

3.2.3 边际效用递减规律

图 3-1　效用曲线

边际效用递减规律（Law of Diminishing Marginal Utility）是消费者行为理论的基础性规律，它表述为：在一定的时间内，在其他商品消费数量不变的情况下，随着消费者对某种商品消费数量的增加，消费者从该种商品连续增加的每一消费单位中所得到的效用增量，即边际效用，是递减的。

我们从表3-1的例子中已经可以看出，实际上这条经济学规律是关乎人的自然生理规律。在连续不断地消费同一种商品的过程中，后消费的商品相对于前面的商品对消费者的心理刺激会不断减弱，消费者满足感就随之下降，边际效用也就愈来愈小。在大多数情况下，对绝大多数商品，边际效用递减规律都是正确的。当然，也会存在一些例外现象，我们在此不作过多说明。

边际效用递减规律

应用实例：边际效用
递减规律给经营者
的启示

应用实例：基于边际
效用的解释

罗斯福的三个面包

3.2.4 消费者均衡

1. 概念

消费者均衡（Consumer's Equilibrium）是指消费者在消费商品的过程中达到的均衡状态。消费者处于均衡状态，是已经达到最大的满足状态，即总效用达到了最大化。此时，消费者不愿意再发生任何改变，因为如果改变，状态就会变差。消费者在消费商品的过程中，其目的是唯一的，就是要在各种约束条件下，追求最大限度地满足，即效用最大化。

2. 消费者均衡条件

（1）基本假设

假定货币的边际效用不变；消费者购买的商品价格既定不变。

在上述假定条件下，我们来研究消费者在收入一定的情况下，购买几种不同的商品，如何选择商品的数量，达到最大的满足，即效用最大化。

（2）均衡条件表述

以消费者购买两种商品为例，说明消费者均衡的条件。

消费者要购买 X 与 Y 两种商品，X 的价格为 P_x，Y 的价格为 P_y，消费者用于购买两种商品的收入为 M，MU_x 为 X 商品的边际效用，MU_y 为 Y 商品的边际效用，P_x、P_y、M 均保持不变。

消费者均衡的条件为

$$\frac{MU_x}{P_x} = \frac{MU_y}{P_y}$$

$\frac{MU_x}{P_x}$ 表示花一个单位的货币用来购买 X 商品给消费者带来的效用增加值，$\frac{MU_y}{P_y}$ 表示花一个单位的货币用来购买 Y 商品给消费者带来的效用增加值。

如果 $\frac{MU_x}{P_x} > \frac{MU_y}{P_y}$，说明增加一个单位的货币用来购买 X 商品要比购买 Y 商品更好，消费者就会增加对 X 商品的购买，减少对 Y 商品的购买，从而增加总效用；如果 $\frac{MU_x}{P_x} < \frac{MU_y}{P_y}$，消费者会进行相反的操作，增加对 Y 商品的购买，减少对 X 的购买，从而增加总效用。总之，如果 $\frac{MU_x}{P_x} \neq \frac{MU_y}{P_y}$，消费者就会通过调整对 X 商品与 Y 商品的购买数量结构达到增加总效用的目的。而当 $\frac{MU_x}{P_x} = \frac{MU_y}{P_y}$ 时，消费者不需要再进行任何调整，因为此时，消费者已经获得最大的效用水平，消费者均衡得以实现。

消费者均衡条件可以做更一般性的概括：消费者消费多种商品时，单位货币花在每种商品上带来的效用增量相等时，消费者达到均衡状态。我们假设消费者要购买 n 种商品，每种商品的边际效用和价格分别为：MU_1、MU_2、MU_3……MU_n；P_1、P_2、P_3……P_n。消费者均衡条件可以表述为

$$\frac{MU_1}{P_1} = \frac{MU_2}{P_2} = \frac{MU_3}{P_3} = \cdots = \frac{MU_n}{P_n}$$

（3）消费者均衡条件推导过程

在对消费者均衡条件进行了定性的概括说明之后，接着对这个条件进行简单的数学证明。

设消费者购买 X 与 Y 两种商品，X 的价格为 P_x，Y 的价格为 P_y，消费者用于购买两种商品的收入为 M，MU_x 为 X 商品的边际效用，MU_y 为 Y 商品的边际效用。

总效用函数为 $TU(X,Y)$，X 与 Y 分别表示两种商品的购买数量。

消费者要获得最大化的效用，可表示为 $\text{Max}: TU(X,Y)$。

消费者能够买到的 X 与 Y 的数量受到收入水平的约束，可以表示为 $P_x \cdot X + P_y \cdot Y \leq M$。为了最大限度地实现效用水平，我们假设消费者将所有收入花光，约束条件变为 $P_x \cdot X + P_y \cdot Y = M$。

这样，消费者均衡问题转化为一个求约束条件下函数的极大值的数学问题。

$$\max: \quad TU(X,Y)$$
$$s.t. \quad P_x \cdot X + P_y \cdot Y = M$$

构造一个拉格朗日方程

$$Z = TU(X,Y) + \lambda(M - P_x X - P_y Y)$$

分别对 Z 关于 X 与 Y 求一阶偏导数，令其为 0。

$$\frac{\partial Z}{\partial X} = 0, \frac{\partial Z}{\partial Y} = 0$$

$$\frac{\partial Z}{\partial X} = \frac{\partial TU}{\partial X} - \lambda P_x = 0 \tag{1}$$

$$\frac{\partial Z}{\partial Y} = \frac{\partial TU}{\partial Y} - \lambda P_y = 0 \tag{2}$$

式中，$\dfrac{\partial Z}{\partial X} = MU_x$，$\dfrac{\partial Z}{\partial Y} = MU_y$。

由（1）式、（2）式联立可得目标函数极大值的必要条件为

$\dfrac{MU_x}{P_x} = \dfrac{MU_y}{P_y} = \lambda$，消费者均衡条件得证。

3.2.5 对需求曲线由来的初步说明

在本章开始我们讲到，消费者行为理论研究的目的是要掌握需求曲线的由来，在基数效用论中，我们可以对需求曲线的由来进行初步说明。

在第 2 章中，我们已经了解需求曲线是一条从左上方向右下方倾斜的曲线，其内涵是表明消费者对商品的需求数量与消费者愿意为商品支付的价格之间呈现反方向变化的关系。

为了说明这一关系，我们先介绍一个基本思想。

消费过程是这样的：消费者花费一定数量的货币购买商品，然后消费商品获得效用满足。如果消费者不花掉货币而拥有这些货币，他也可以有一定的满足感。消费过程实际上是消费者放弃了拥有货币的效用，换得了消费商品的效用。这两种效用看似不同，但实际上两种效用用基数来计量的话应该相等。因为消费者是完全理性的，在进行消费行为的时候，他经过精密算计，要确保两者一致。

假设消费者购买商品时货币的边际效用不变，以 MU_m 表示货币的边际效用，MU_m 是个常数。以 MU 表示商品的边际效用，以 P 表示消费者愿意支付的价格，以 Q 表示消费商品的数量。

放弃的货币效用值等于获得的商品消费效用值，可以用下面的等式表示。

$$MU = P \cdot MU_m$$

其中，MU 表示在商品消费的过程中，增加一个单位商品购买带来的效用增加值；P 表示为购买这一单位商品消费者愿意支付的价格，即支付的货币数量；MU_m 表示货币的边际效用，由于我们假设货币的边际效用不变，则 $P \cdot MU_m$ 表示支付了 P 单位货币所放弃的总效用。

关系一：因为 MU_m 为常数，等式两边要保持相等，MU 与 P 之间一定为同向变化关系。

由边际效用递减规律可知，随着商品的消费数量增加，新增商品带来的边际效用不断下降。

关系二：MU 与 Q 之间是反方向变化关系。

由关系一与关系二可以推论出：Q 与 P 之间是反方向变化关系。

由关系一可知，消费者对商品愿意支付的价格取决于商品的边际效用，边际效用越高，消费者

愿意支付的价格越高，反之，愿意支付的价格就越低。

随着消费者消费商品数量的提高，消费者得到的边际效用在不断下降，那么，消费者愿意支付的商品价格也不断下降。这就是在需求理论中表现出来的商品的价格与商品的需求数量之间呈现反方向变化的基本原因。

3.2.6 消费者剩余

消费者剩余（Consumer Surplus，简称 CS）是消费者在购买商品的过程中，对商品愿意支付的价格与实际支付价格之间的差额。例如，某消费者在服装店看中一件上衣，在询价之前，首先在心里对这件衣服有个最高的心理接受价 300 元（即愿意支付的价格），然后消费者与店主讨价还价，最终以 200 元买到这件衣服，消费者从主观上会感觉自己"省了"100 元，这个在感觉上省了的 100 元，就是消费者剩余。实际上，消费者剩余是一种主观感受。

如果消费者购买了一定数量的某种商品，一般情况下，消费者是用同一个价格一次性购买这种商品的。如果我们把购买过程看成一个接着一个购买，由于商品的边际效用在不断下降，消费者愿意支付的价格也在不断下降，那么每一个商品的消费者剩余都不同，这个购买过程中消费者得到的总消费者剩余等于每个商品的消费者剩余之和。

市场交易为什么
可以持续？

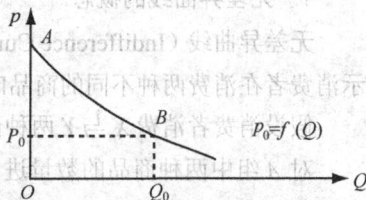

可以用几何图形来表示消费者剩余，如图 3-2 所示。

消费者按照统一价格购买了 Q_0 个商品，如果把购买过程看成逐个购买，那么只有对第 Q_0 个商品愿意支付的价格为 p_0，即第 Q_0 个商品的消费者剩余为零，对其他商品愿意支付的价格均高于 p_0，在图 3-2 中，Q_0 个商品给消费者带来的总消费者剩余可以表示为 AP_0B 这个区域的面积。

消费者剩余也可以用数学公式来表示。设反需求函数为：
$p_0 = f(Q)$，需求数量为 Q_0，价格为 p_0，则消费者剩余为

图 3-2 消费者剩余

$$CS = \int_0^{Q_0} f(Q)\mathrm{d}Q - P_0 Q_0$$

式中，CS 表示消费者剩余，$\int_0^{Q_0} f(Q)\mathrm{d}Q$ 表示消费者对 Q_0 个商品愿意支付的总价格，$P_0 Q_0$ 表示消费者实际支付的总价格，两式之差便是消费者剩余。

消费者剩余是考核消费者福利水平的一个重要指标。在后面的经济政策分析中，会根据政策实施后对消费者剩余产生的影响来评价经济政策的实施效果。

3.3 序数效用论

序数效用论是为了弥补基数效用论的缺点而提出来的另一种研究消费者行为的理论，采用无差异曲线分析方法来考察消费者行为。

3.3.1　消费偏好公理

1. 顺序性公理

顺序性公理指消费者在消费任何两种商品的过程中，这两个商品给自己带来的满足感总能排出顺序。例如，消费者消费 X 与 Y 两种商品：要么 X 优于 Y，记为 $X>Y$；要么 Y 优于 X，记为 $Y>X$；要么 X 与 Y 无差异，记为 $X \equiv Y$。只有这三种排列顺序，不会出现第四种情况。

2. 传递性公理

当消费者在 X 与 Y 两种商品之间选择的话，消费者认为 $X>Y$；而在 Y 与 Z 两种商品之间选择的话，消费者认为 $Y>Z$；那么，在 X 与 Z 两种商品之间选择的话，消费者一定认为 $X>Z$，这一偏好传递原则称为传递性公理。

3. 一致性公理

消费者面对 A、B 两组商品，这两组商品均由 X 与 Y 两种商品构成。A 组商品中 X 与 Y 的数量分别为 (X_a, Y_a)，B 组商品中 X 与 Y 的数量分别为 (X_b, Y_b)，如果 $X_a = X_b$，而 $Y_a > Y_b$，则消费者更喜欢 A 组商品，即 $A>B$。这个公理用俗话讲，就是"多多益善"。

扩展阅读：消费者偏好

3.3.2　无差异曲线

1. 无差异曲线的概念

无差异曲线（Indifference Curve）是序数效用论研究消费者行为的最基本工具。无差异曲线是表示消费者在消费两种不同的商品时，能够给消费者带来相同效用水平的这两种商品的组合关系。

假设消费者消费 X 与 Y 两种商品，取 X_1 个 X，Y_1 个 Y，组成商品组合 $A(X_1, Y_1)$。

对 A 组中两种商品的数量进行调整，增加 X 的数量至 X_2，同时减少 Y 的数量至 Y_2，形成商品组合 $B(X_2, Y_2)$，能够实现 B 组商品与 A 组商品给消费者带来相同的效用水平，成为无差异的商品组合。

进一步增加 X 的数量，减少 Y 的数量，形成无差异的商品组合 $C(X_3, Y_3)$。

继续增加 X 的数量，减少 Y 的数量，形成无差异的商品组合 $D(X_4, Y_4)$。

这样，对消费者来讲，A、B、C、D 四组商品给消费者带来了相同的效用水平，我们将四组商品中 X 与 Y 商品的数量组合关系在坐标系中进行描述，如图 3-3 所示。

在图中，A、B、C、D 四个点分别代表四个商品组合，这四个商品组合给消费者带来的效用水平是一样（无差异）的，用平滑的曲线将四个点连接起来，这条曲线就称为无差异曲线。在这条无差异曲线上，除 A、B、C、D 四个点外还有无数多个点，每个点都代表了一个商品组合，而这些商品组合给消费者带来的效用水平是一致的。

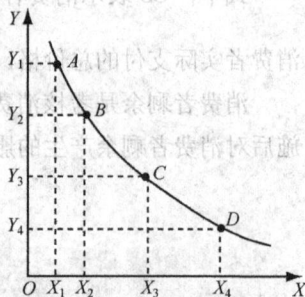

图 3-3　无差异曲线图示

"$>$"表示"优于"，是消费者用来比较对两种商品的偏爱程度的符号。

2. 无差异曲线的特点

（1）从左上方向右下方倾斜。

无差异曲线从左上方向右下方倾斜，说明 X 与 Y 反方向变动。要保持效用水平不变，在 X 增加的过程中，Y 是不断减少的；而 Y 增加的过程中，X 是不断减少的，两者不能同时增加或减少，因为根据一致性公理，两者同时增加或者同时减少，带给消费者的效用水平一定发生了变化。

（2）离原点越远，效用水平越高。

在坐标空间中会存在无数条无差异曲线，每条无差异曲线上的点对应的商品组合给消费者带来的效用水平是一样的，不同的无差异曲线就代表了不同的效用水平。离原点越远的无差异曲线代表的效用水平越高。如图 3-4 所示，A 点在无差异曲线 I_1 上，B 点在无差异曲线 I_2 上，A 点对应的商品组合为 (X_1, Y_1)，B 点对应的商品组合为 (X_2, Y_1)，因为 $X_2 > X_1$，由一致性公理可知，$B > A$。所以，B 点代表的效用水平高于 A 点代表的效用水平，而 B 点与 A 点的效用水平分别是所在无差异曲线代表的效用水平，因此，无差异曲线 I_2 代表的效用水平更高。

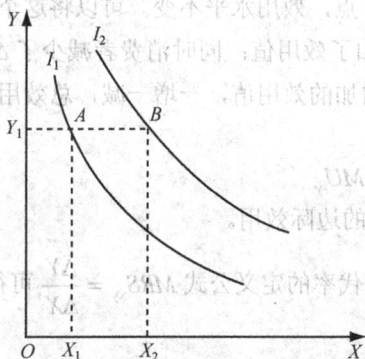

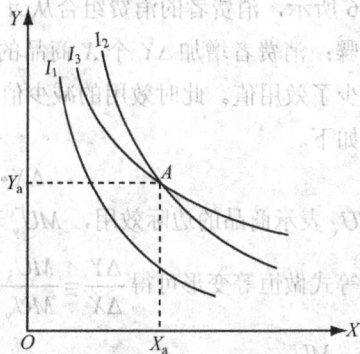

图 3-4　无差异曲线代表效用水平　　　　图 3-5　无差异曲线不相交

（3）任何两条无差异曲线不相交。

在坐标空间中存在无数条无差异曲线，但任意两条无差异曲线都不可能相交，如图 3-5 所示。下面用反证法说明两条无差异曲线不能相交。

假设无差异曲线 I_2 与无差异曲线 I_3 相交于 A 点。由于 A 点既在 I_2 上，又在 I_3 上，所以，I_2 与 I_3 的效用水平应该一样。但是，根据无差异曲线的特征 2 可知，两条无差异曲线距离原点的距离不一样，那么两条无差异曲线代表的效用水平应该不一样。这样，就产生了矛盾。可见，最初假定两条无差异曲线相交是错误的。

（4）无差异曲线凸向原点。

无差异曲线都是凸向原点的，凸向原点的条件是，随着 X 商品数量的不断增加，通过无差异曲线上不同点的切线斜率的绝对值在不断减小。那么，为什么会出现这种状况呢？我们先要介绍边际替代率的概念，然后再来分析无差异曲线凸向原点的原因。

3. 边际替代率

（1）概念与计算公式

边际替代率（Marginal Rate of Substitution of X for Y，MRS_{xy}）是指消费者在消费两种商品的过程中，要保持效用水平不变，增加一个单位某种商品的消费所必须放弃的另一种商品的数量。

如图 3-6 所示，消费者的消费组合从 A 点转移到 B 点，效用水平不变。此时，X 商品的消费量增加了 ΔX，Y 商品的消费量减少了 ΔY，边际替代率表示为

$$MRS_{xy} = \frac{\Delta Y}{\Delta X}$$

我们假定商品可以无限细分，那么商品 X 的变化量可以非常微小，小到趋近于零，那么边际替代率变为以下形式。

$$MRS_{xy} = \lim_{\Delta X \to 0} \frac{\Delta Y}{\Delta X} = \frac{dY}{dX}$$

这样边际替代率表示为 Y 对于 X 的一阶导数，一阶导数的值正好等同于通过无差异曲线上某一点的切线的斜率。

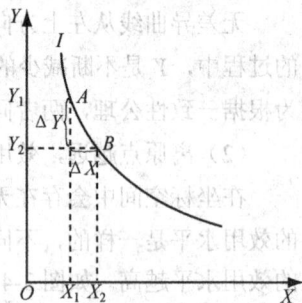

图 3-6　边际替代率图示

（2）边际替代率递减规律

在消费者保持效用水平不变，不断增加 X 商品，减少 Y 商品的过程中，X 商品对 Y 商品的边际替代率不断减小，这个规律称为边际替代率递减规律。

如图 3-6 所示，消费者的消费组合从 A 点转移到 B 点，效用水平不变。可以将这个变化过程理解为两个步骤：消费者增加 ΔX 个 X 商品的消费，增加了效用值；同时消费者减少了 ΔY 个 Y 商品的消费，减少了效用值。此时效用的减少值正好等于增加的效用值，一增一减，总效用保持不变，用等式表示如下。

$$\Delta X \cdot MU_x = \Delta Y \cdot MU_y$$

式中 MU_x 表示商品的边际效用，MU_y 表示 Y 商品的边际效用。

对这一等式做恒等变形可得 $\frac{\Delta Y}{\Delta X} = \frac{MU_x}{MU_y}$，由边际替代率的定义公式 $MRS_{xy} = \frac{\Delta Y}{\Delta X}$ 可得如下公式。

$MRS_{xy} = \frac{MU_x}{MU_y}$，边际替代率为两种商品的边际效用值之比。

在消费者不断增加 X 商品消费数量的过程中，MU_x 会不断变小；而同时在不断增加 Y 商品消费的过程中，MU_y 会不断增大。这样 $\frac{MU_x}{MU_y}$ 的分子不断变小，分母不断变大，分数值自然会不断变小。

因此，MRS 随着 X 商品消费数量的增加不断变小。可见边际替代率递减规律的根本原因在于边际效用递减规律。

前面谈到，边际替代率可以表示为通过无差异曲线某一点的切线的斜率，既然边际替代率随着 X 商品数量的增加在逐渐减小，那么无差异曲线上的切线斜率也随着 X 商品数量的增加而不断减小，这样，无差异曲线便呈现出凸向原点的特征。

3.3.3　预算线

通过对无差异曲线的学习，我们知道，在坐标空间中，有无数条无差异曲线，离原点越远的无差异曲线代表的效用水平越高。因此，消费者总是希望自己的无差异曲线尽可能远离原点，那么，消费者的无差异曲线能否无限远离原点呢？显然不能，因为可供消费者选择的两种商品的组合要受到限制，这种限制是通过预算线来实现的。

约束消费的预算线

1. **预算线的概念**

预算线（Budget Line）是指在商品价格既定，消费者收入一定的情况下，可供消费者选择的两种商品的最大可能组合关系曲线。

例如，消费者要购买 X 与 Y 两种商品，X 的价格为 P_x，Y 的价格为 P_y，消费者用于购买两种商品的收入为 M，P_x、P_y、M 都是既定不变的常量。那么，可供消费者购买的两种商品的最大组合关系可以表示为 $P_x \cdot X + P_y \cdot Y = M$，这就是预算线的一般表达式。

预算线也可以经过恒等变形表示为 $Y = \dfrac{M}{P_y} - \dfrac{P_x}{P_y} X$，这是典型的一元

一次减函数形式，函数曲线如图 3-7 所示。

预算线是从左上方向右下方倾斜的一条直线，斜率为 $-\dfrac{P_x}{P_y}$；纵截距

为 $\dfrac{M}{P_y}$，其经济学含义是所有的收入全部用来买 Y 商品的数量；横截距为

$\dfrac{M}{P_x}$，其经济学含义是所有的收入全部用来买 X 商品的数量。

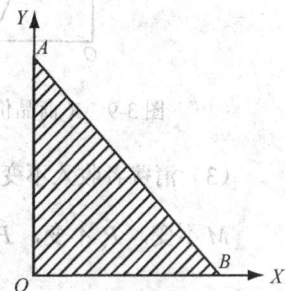

图 3-7　预算线

在预算线上，以及预算线下方空间中，所有的点对应的商品组合，消费者都可以实现购买；预算线上方空间中的点对应的商品组合，消费者则无法购买。可见，预算线勾勒出可供消费者选择的商品组合空间的最外边沿。

2. **预算线的移动**

从预算线的定义式 $Y = \dfrac{M}{P_y} - \dfrac{P_x}{P_y} X$ 可以看出，预算线的位置取决于 M，P_x、P_y 三个外生变量的值。如果这三个外生变量发生变化，预算线的位置会产生移动，下面分三种情况来介绍预算线的移动。

（1）商品价格不变，消费者收入变化。

P_x、P_y 不变，M 变化，预算线的变化如图 3-8 所示。

P_x、P_y 不变，预算线的斜率 $-\dfrac{P_x}{P_y}$ 不变，M 变化，则纵截距 $\dfrac{M}{P_y}$ 会

变化。若 M 增加，预算线平行向右移动；若 M 减少，预算线平行向左移动。

（2）消费者收入不变，X 商品的价格变化。

M 不变，P_y 不变，P_x 发生变化，则纵截距 $\dfrac{M}{P_y}$ 不会变化，斜率 $-\dfrac{P_x}{P_y}$

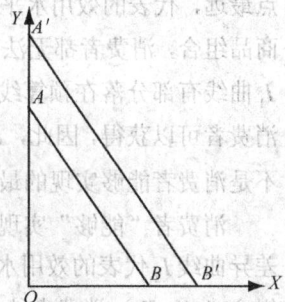

图 3-8　预算线的移动

发生变化，横截距 $\dfrac{M}{P_x}$ 也发生变化。

若 P_x 变小，斜率 $-\dfrac{P_x}{P_y}$ 的绝对值变小，横截距 $\dfrac{M}{P_x}$ 变大，预算线将绕着其与纵轴的交点，逆时针转动一个角度；若 P_x 变大，则会顺时针转动一个角度。X 商品价格变化的预算线移动如图 3-9 所示。

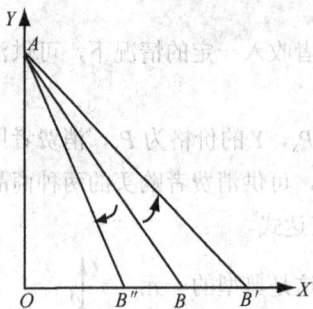

图 3-9 X 商品价格变化的预算线的移动　　　图 3-10 Y 商品价格变化的预算线的移动

（3）消费者收入不变，Y 商品的价格变化。

M 不变，P_x 不变，P_y 发生变化，则纵截距 $\dfrac{M}{P_y}$ 变化，斜率 $-\dfrac{P_x}{P_y}$ 发生变化，横截距 $\dfrac{M}{P_x}$ 不变。

若 P_y 变小，斜率 $-\dfrac{P_x}{P_y}$ 的绝对值变大，纵截距 $\dfrac{M}{P_y}$ 变大，预算线将绕着其与横轴的交点顺时针转动一个角度；若 P_y 变大，则会逆时针转动一个角度。Y 商品价格变化的预算线移动如图 3-10 所示。

3.3.4 消费者均衡

1. 消费者均衡的形成及条件

（1）均衡条件

我们掌握了无差异曲线与预算线之后，可以将两者结合起来，分析消费者均衡。如图 3-11 所示，图中共有三条无差异曲线，I_1、I_2、I_3，I_3 离原点最远，代表的效用水平最高，但是 I_3 在预算线的上方，I_3 上所有点对应的商品组合，消费者都无法获得。虽然 I_3 效用水平最高，但是消费者无法达到。I_1 曲线有部分落在预算线的下方，这部分曲线上的点对应的商品组合，消费者可以获得，因此，I_1 所对应的效用水平消费者能够实现。但是，I_1 不是消费者能够实现的最高效用水平。

消费者"能够"实现的"最高"的效用，是与预算线相切的那条无差异曲线 I_2 代表的效用水平。I_2 与预算线相切于 E 点，E 点对应的商品组合（X_e，Y_e）消费者能够支付得起，而且刚好用完全部收入。不可能有另一条无差异曲线代表的效用水平更高，而且是消费者能够实现的。因为，如果效用水平更高，无差异曲线离原点更远，则必定与预算线相离，处于预算线的上方，消费者就无法实现了。

消费者在 E 处，通过商品组合（X_e，Y_e），达到了其能达到的最高的效用水平，实现了消费者均衡。

消费者最高的效用水平为无差异曲线 I_2 代表的效用水平，消费者最佳消费组合中 X 与 Y 的数量分别为 X_e，Y_e。

由于消费者均衡在无差异曲线与预算线相切之处的 E 点达到，那么通过 E 点的无差异曲线的切

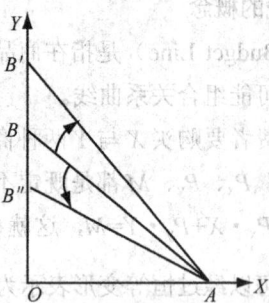

怎样才能实现最佳购买行为？

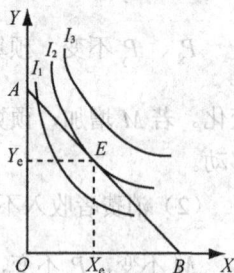

图 3-11 消费者均衡

线正好与预算线重合，两条线的斜率相等。前面学习边际替代率时我们知道，边际替代率就是通过无差异曲线上不同点切线斜率的绝对值，那么，要实现消费者均衡，就必须满足边际替代率与预算线的斜率相等这一条件。表述如下。

$$MRS = \frac{P_x}{P_y}$$

MRS 为边际替代率，$\frac{P_x}{P_y}$ 为预算线斜率值。

（2）与基数效用论消费者均衡的比较

由于 $MRS = \frac{\Delta Y}{\Delta X} = \frac{MU_x}{MU_y}$，所以，消费者均衡的必要条件 $MRS = \frac{P_x}{P_y}$ 还可以表述为 $\frac{MU_x}{MU_y} = \frac{P_x}{P_y}$，恒等变形之后得到 $\frac{MU_x}{P_x} = \frac{MU_y}{P_y}$，这一条件与基数效用论的消费者均衡条件完全相同。

可见，我们用基数效用论、序数效用论两种不同的方法研究消费者行为问题，但最后得到的均衡条件具有一致性。不过，序数效用论的均衡更为清楚明了，可以直接看出消费者的最高效用水平，看出消费者对两种商品的最佳消费数量。而基数效用论则需要计算，才能得到消费者最高的效用水平以及最佳消费商品数量。

无差异曲线与
消费者决策

2．消费者均衡的变动

（1）收入变动情况

在商品价格不变的情况下，消费者的收入水平变化了，消费者均衡会随之发生变化，如图 3-12 所示。

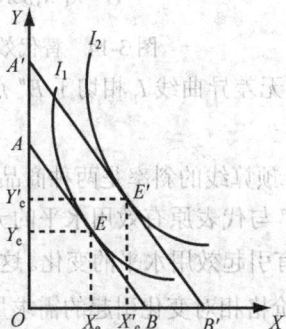

图 3-12　收入变化的消费者均衡　　　　图 3-13　价格变化的消费者均衡

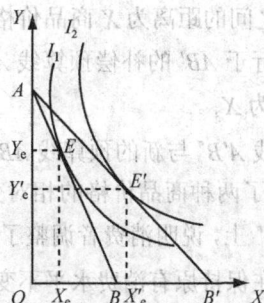

以消费者的收入水平增加为例，预算线从 AB 平行向右移到 $A'B'$，消费者均衡点由 E 点移动到 E' 点，最佳消费商品数量组合由（X_e, Y_e）变为（X'_e, Y'_e），效用由 I_1 代表的效用水平上升到由 I_2 代表的效用水平。

（2）价格变动情况

在消费者的收入水平不变的情况下，商品价格变化之后，消费者均衡会随之发生变化，如图 3-13 所示。

以 X 商品价格下降为例，初始状态下，预算线 AB 与无差异曲线 I_1 相切于均衡点 E，最佳的商品消费组合为(X_e,Y_e)。在收入不变的情况下，X 商品价格下降后，预算线以 A 点为圆心，从 AB 逆时针转动到 AB' 位置。新的预算线 AB' 与无差异曲线 I_2 相切于均衡点 E'，最佳的商品消费组合变为(X'_e,Y'_e)。

新均衡与原均衡相比，消费者的效用水平提高了。可见，虽然消费者的收入没有变化，但是因为商品的价格下降，使得消费者的实际收入水平提升，从而提高了效用水平，这一结果等同于消费者收入的增加。

3. 替代效应与收入效应

第 2 章我们学习需求理论时了解到，在其他条件不变的情况下，当商品的价格下降（上升）时，对商品的需求数量会上升（下降）。我们已经提到，价格的变化所引起的商品需求数量的变化表现为替代效应与收入效应。下面我们对替代效应与收入效应的概念作进一步介绍，并利用无差异分析工具对两种效应进行具体分析。

替代效应（Substitution Effect）：在保持原有消费水平不变的情况下，仅仅由于价格相对变化引起的需求量的变化，称为替代效应。

收入效应（Income Effect）：价格变化后，由于实际收入的变化引起的需求量的变化，称为收入效应。

下面，以正常品价格下降后需求量上升为例，分析替代效应与收入效应，如图 3-14 所示。

我们分析 X 商品因为价格下降所引起的需求量增加情况。

在其他条件不变的情况下，X 商品因为价格下降后，预算线由 AB 逆时针转动到 AB' 位置，消费者均衡点由 E 点转移到 E' 点，最佳的商品需求数量由 X_1 变为 X_2，消费者的效用由无差异曲线 I_1 代表的效用水平，提高到 I_2 代表的效用水平。

X_1 与 X_2 之间的距离为 X 商品价格下降的总效应。

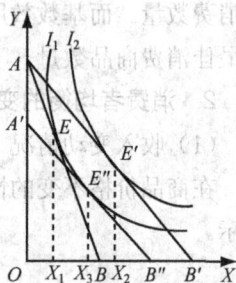

图 3-14 替代效应与收入效应

作一条平行于 AB' 的补偿预算线 $A'B''$ 使其与初始状态的无差异曲线 I_1 相切于 E'' 点，该点对应的 X 商品数量为 X_3。

补偿预算线 $A'B''$ 与新的预算线 AB' 平行，两者斜率一致，预算线的斜率是两种商品的价格比率，说明 $A'B''$ 体现了两种商品价格的相对变化；补偿预算线 $A'B''$ 与代表原有效用水平的无差异曲线 I_1 相切，切点在 E'' 上，说明消费者调整了 X 商品消费数量并没有引起效用水平的变化。这样，X_1 到 X_3 的变化，就是在保持原有消费水平不变的情况下，仅仅由于价格相对变化引起的需求量的变化，即替代效应。而 X_3 到 X_2 的变化，是由于实际收入的变化引起的需求量的变化，即收入效应。

总效应、替代效应、收入效应之间的关系如下。

总效应 $= X_2 - X_1$；替代效应 $= X_3 - X_1$；收入效应 $= X_2 - X_3$。

总效应 = 替代效应 + 收入效应

对于正常品来讲，替代效应与价格反方向变化，收入效应与价格也呈现反方向变化，两者之和的总效应表现出与价格变化反方向的关系。

在第 2 章需求定理中，有个例外为"吉芬商品"，这种商品的价格与需求数量呈现同方向变化的关系。对此，我们可以用替代效应与收入效应来解释。对任何商品来讲，其替代效应都与价格变化呈现反方向变化的关系，正常品的收入效应与价格

收入和价格对
消费者选择的影响

变化也呈现反方向关系。但是，吉芬商品的收入效应与价格变化呈现同方向变化关系，而且，吉芬商品的收入效应要大于替代效应。

以吉芬商品降价为例，降价后，总的效应表现为需求数量减少。这是因为替代效应为需求数量增加，而收入效应则为需求数量减少，而且减少的量大于替代效应增加的量，这样，总效应就表现为需求数量减少。

3.3.5 消费者需求曲线的形成

1. 消费者需求曲线的由来

在基数效用论中，我们对需求曲线的由来进行了简单的推导。现在，可以利用无差异曲线与预算线这两个重要分析工具，通过消费者均衡的变化，更精确地推导出消费者对商品的需求曲线，如图 3-15 所示。

图 3-15（a）表示了在收入不变，Y 商品价格不变，X 商品价格不断下降的情况下，消费者均衡的变化过程。图 3-15（b）的纵轴表示 X 商品的价格，横轴表示 X 商品的需求数量。

初始状态，假定 X 商品的价格为 P_1，预算线为 AB_1，均衡点为 E_1，最佳的商品数量为 X_1，在图 3-15（b）中找到 X 商品价格与最佳需求数量的对应点 (X_1, P_1)。

X 商品的价格下降为 P_2，预算线逆时针转到 AB_2，均衡点为 E_2，最佳的商品数量为 X_2，在图 3-15（b）中找到 X 商品价格与最佳需求数量的对应点 (X_2, P_2)。

X 商品的价格进一步下降为 P_3，预算线逆时针转到 AB_3，均衡点为 E_3，最佳的商品数量为 X_3，在图 3-15（b）中找到 X 商品价格与最佳需求数量的对应点 (X_3, P_3)。

将这三个点用平滑的曲线连接起来，形成图 3-15（b）的曲线 D，这条曲线代表了消费者在消费商品的过程中愿意支付的价格与需求数量之间的对应关系，表示这种对应关系的曲线就是需求曲线。

那么，需求曲线为什么是这种样子呢？这个问题等同于问：当 X 商品的价格为 P_1 时，为何消费者对商品的需求数量为 X_1？当 X 商品的价格为 P_2 时，为何消费者对商品的需求数量为 X_2？当 X 商品的价格为 P_3 时，为何消费者对商品的需求数量为 X_3？

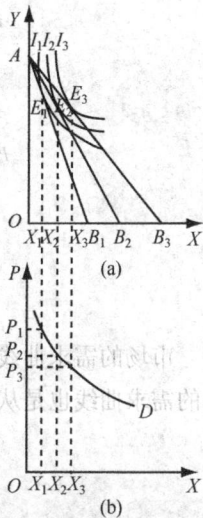

图 3-15　需求曲线的推导

答案是，当 X 商品的价格为 P_1 时，消费者只有消费 X_1 个商品才能获得最大化的效用；当 X 商品的价格为 P_2 时，消费者只有消费 X_2 个商品才能获得最大化的效用；同样，当 X 商品的价格为 P_3 时，消费者只有消费 X_3 个商品才能获得最大化的效用。

可见，需求曲线之所以是这种样子，是因为消费者在进行消费行为时，对最大化效用水平的追求，自动形成了一条由左上方向右下方倾斜的需求曲线。

2. 从个人需求曲线推导市场需求曲线

图 3-15 所示的需求曲线实际上是一条个人对商品的需求曲线，而商品的价格是由市场的需求曲线与市场的供给曲线相交后决定的。那么，如何从个人的需求曲线推导出整个市场的需求曲线呢？下面对这一问题进行分析。

假设某个商品市场中有 n 个消费者，每个消费者具有不同的消费函数，公式如下。

$$Q_i^d = f_i(P), \quad i = 1, 2, 3, \cdots, n$$

给定某一价格水平 P_1，每个消费者都根据自身效用最大化的要求，确定最佳的需求数量分别为 $Q_1^d = f_1(P_1)$，$Q_2^d = f_2(P_1)$，$Q_3^d = f_3(P_1)$，…，$Q_n^d = f_n(P_1)$。

从整个市场来讲，在价格 P_1 下，总的需求数量为每个消费者单个需求数量的加总。用 Q^D 来表示市场的需求数量，则 $Q^D = Q_1^d + Q_2^d + Q_3^d + \cdots + Q_n^d$。

整个市场的需求函数可以表示为

$$Q^D = \sum_{i=1}^{n} f_i(P)$$

将每个消费者的个人需求函数进行加总就形成了整个市场的需求函数。

假设市场中总共有两个消费者 A 与 B，假设 A 的需求函数为 $Q^d = a_1 - b_1 p$；B 的需求函数为 $Q^d = a_2 - b_2 p$，那么整个市场的需求函数为：$Q^D = (a_1 + a_2) - (b_1 + b_2) p$。

也可以用几何的办法分析市场需求曲线如何由单个消费者的需求曲线进行加总而得到，如图 3-16 所示。

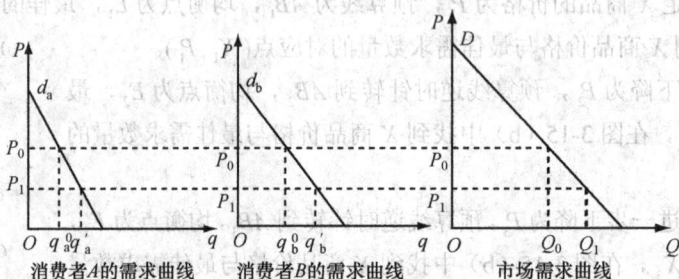

图 3-16 个人需求与市场需求关系图

市场的需求曲线，是两个消费者需求曲线的水平加总，与单个消费者的需求曲线形状一样，市场的需求曲线也是从左上方向右下方倾斜的。

3.4

案例分析

3.4.1 案例一

"幸福方程式"与"阿 Q 精神"

我们消费的目的是为了获得幸福。对于什么是幸福，美国的经济学家萨缪尔森用"幸福方程式"来概括。这个"幸福方程式"就是：幸福=效用/欲望，从这个方程式中我们看到欲望与幸福成反比，也就是说人的欲望越大越不幸福。但我们知道人的欲望是无限的，那么多大的效用不也等于零吗？因此我们在分析消费者行为理论的时候假定人的欲望是一定的。那么我们在离开效用理论之后，再来思考萨缪尔森提出的"幸福方程式"，他对幸福与欲望关系的阐述很精辟。

在社会生活中，对于幸福，不同的人有不同的理解，政治家把实现自己的理想和抱负作为最大的幸福；企业家把赚到更多的钱当作最大的幸福；教书匠把学生喜欢听自己的课作为最大的幸福；老百姓往往觉得平平淡淡、衣食无忧是最大的幸福。幸福是一种感觉，自己认为幸福就是幸福。但无论是什么人，一般都把拥有的财富多少看作衡量幸福的标准，一个人的欲望水平与实际水平之间的差距越大，他就越痛苦。反之，就越幸福。"幸福方程式"使人想起了"阿Q精神"。

鲁迅笔下的阿Q形象，是用来批判中国老百姓那种逆来顺受的劣根性的。但从另一个角度讲，人生如果一点阿Q精神都没有，会感到不幸福，因此"阿Q精神"在一定条件下是人获取幸福的手段。市场经济发展到今天，贫富差距越来越大，如果一个人收入比较低而欲望却高，那只会给自己增加痛苦。倒不如"知足常乐"，用"阿Q精神"来降低自己的欲望，使自己虽穷却也活得幸福、自在。富人比穷人更看重财富，他会追求更富，如果得不到，他也会感到不幸福。

"知足常乐""适可而止""随遇而安""退一步海阔天空""该阿Q时得阿Q"这些说法有着深刻的经济含义，我们要为自己最大化的幸福做出理性的选择。

案例思考题

1. 学习了效用理论，你对鲁迅笔下的阿Q是否有新的认识？
2. 如何让自己的学习、工作、生活更加幸福呢？谈谈你的想法。

3.4.2　案例二

钻石和水的价值悖论

亚当·斯密在《国富论》（1776）第一卷第四章中提出了著名的价值悖论："没有什么东西比水更有用，但用它几乎不能购买任何东西……相反，一块钻石有很小的使用价值，但是通过交换可以得到大量的其他商品。"

令人遗憾的是，斯密没有准备回答这个悖论，他仅仅创造了一个奇特的二分法，水有使用价值，而钻石有交换价值。然而，有学者已经解决了这个悖论。商品的价值或价格首先由消费者的主观需求决定，然后再由商品的相对稀缺性或丰富程度决定。简而言之，由需求和供给决定。较丰富的商品，价格较低；较稀缺的商品，价格较高。

其实，亚当·斯密在写作经典的《国富论》之前十年发表的一篇讲演中就已经解决了水和钻石的悖论。钻石和水的价格不同在于它们的稀缺性不同。斯密说："仅仅想一下，水是如此充足、便宜以至于提一下就能得到；再想一想钻石的稀有……它是那么珍贵。"当供给条件变化时，产品的价值也变化，一个迷失在阿拉伯沙漠里的富裕商人会以很高的价格来购买水。如果能成倍地生产出大量的钻石，钻石的价格将大幅度下跌。

为什么水便宜而钻石昂贵

19世纪70年代，三位经济学家门格尔、杰文斯和瓦尔拉斯分别说明价格（交换价值）由它们的边际效用来决定，而不是由它们的全部效用（使用价值）决定。因为水是丰富的，增加一单位水所得到的边际效用很小，因而水的价格很便宜；而钻石是极端稀缺的，获得一单位钻石的边际效用很高，因而钻石的价格是昂贵的。

案例思考题

1. 水比钻石对人的生存能起到更重要的作用，但为何市场上钻石的价格比水更高呢？

2. 读了这篇案例之后，你对演艺界明星的高收入是否有了新的理解？

课后习题

1. 商品的效用与商品的使用价值有何区别？

2. 基数效用论与序数效用论研究方法有何不同？

3. 无差异曲线的特点有哪些？

4. 解释边际替代率递减规律，并分析原因？

5. 举例说明什么是消费者剩余？

6. 什么是消费者均衡？消费者获得均衡的条件是什么？

7. 基数效用论是如何推导需求曲线的？

8. 某消费者效用函数为 $U=4X+Y^2$，原先他消费 4 单位 X，4 单位 Y，现在 Y 降到 3 单位，问他需要消费多少单位商品 X 才能保持效用水平不变。

9. 消费者的收入为 540 元用于消费 X 商品与 Y 商品，两种商品的价格分别为 $P_x=20$ 元和 $P_y=30$ 元，消费者的效用函数为 $U=3XY^2$。

（1）该消费者对两种商品的最佳购买量是多少？

（2）消费者获得的最大效用是多少？

10. 假设市场上只有两个消费者，消费者 1 与消费者 2，两人的需求函数各自为 $Q_1=20-4P$，$Q_2=30-5P$。

（1）根据消费者个人需求函数，列出市场的需求函数。

（2）列出两个消费者的需求表，列出整个市场的需求表，验证市场需求函数是否正确？

11. 消费者的效用函数为 $U=q^{0.5}+2M$，q 为消费的商品数量，M 为货币收入。求：

（1）该消费者的需求函数与反需求函数。

（2）$p=0.05$，$q=25$ 时的消费者剩余。

12. 某消费者消费商品 X 与 Y 的无差异曲线为 $y=80-3x^{\frac{1}{3}}$，试问：

（1）$x=27$ 时，边际替代率是多少？

（2）$x=64$ 时，边际替代率是多少？

（3）判断 MRS_{xy} 是否有递减的性质？

13. 画图分析序数效用论对需求曲线的推导。

14. 画图分析正常物品的替代效应与收入效应。

厂商又称生产者或企业，它是指一个能独立做出生产经营和销售决策的经济决策单位。它可以是一个个体生产者，也可以是一家规模巨大的公司。生产这个词则意味着把投入品（厂商购买的东西）转化为产品（厂商销售的东西）。当然，生产这个词并不限于物质的有形变化，它还包括诸如提供运输、金融、批发和零售等多种劳务在内。在西方经济学中，不论厂商的组织形式如何，通常都假定厂商是合乎理性的经济人，其生产目的是为了实现利润最大化。与消费者类似，厂商为实现利润最大化而进行选择时也会面对好多约束条件，如技术条件、市场需求和竞争环境等。本章主要考察厂商所面对的技术约束，说明厂商在特定的技术条件下如何有效地组织生产。为此，本章重点要研究两个方面的问题：一是在既定的成本下怎样达到产量最大，另一方面是在既定的产量之下如何实现成本最小。

本章我们将从供给方面研究生产者行为，分析产品供给状况的决定及其变化。这种分析从两个方面进行：从实物形态上分析生产的原理，即生产要素投入量和产出量之间的物质技术关系，称作生产理论；从货币形态上分析生产成本的结构，即从价值及货币形态角度分析对应产量变动所消耗的一定数量的生产要素的变动情况，称作成本理论。它们是同一生产者行为的两个方面。

4.1 生产理论

4.1.1 生产及生产要素

1. 生产的概念

西方经济学中的"生产"是指一切能够创造或增加效用的人类活动，生产活动包括物质资料的生产，也包括劳务等无形产品的生产。而生产过程则是从生产要素的投入到产品产出的过程。从物资技术角度分析，生产过程可分为两方面：一是投入（Input），即生产过程中使用的各种要素；二是产出（Output），即生产出来的各种产品的数量。

2. 生产要素的概念

生产要素指进行物质生产所必需的一切要素及其环境条件。一般而言，生产要素至少包括人的要素、物的要素及其结合因素，劳动者和生产资料之所以是物质资料生产的最基本要素，是因为不论生产的社会形式如何，它们始终是生产不可缺少的要素，前者是生产的人身条件，后者是生产的物质条件。但是，当劳动者和生产资料处于分离的情况时，它们只在可能性上是生产要素。它们要成为现实的生产要素就必须结合起来。劳动者与生产资料的结合，是人类进行社会劳动生产所必需具备的条件，没有它们的结合，就没有社会生产劳动。

生产要素（经济资源）是指生产过程中所使用的各种资源。长期以来，经济学所讲的生产要素是指生产中使用的各种资源，即劳动、资本、土地，后来比较普遍的观点是把企业家才能也列为生产要素，其至认为企业家才能才是利润的真正来源。因此，"生产的三要素"说便发展为"生产的四要素"说。生产要素具体划分为四类：劳动、资本、土地和企业家才能。劳动是劳动者所提供的服务，它包括体力劳动和脑力劳动，体力劳动是简单劳动，而脑力劳动是复杂劳动。土地是指生产中所使用的，在自然界所存在的各种自然资源，如土地、水、自然状态的矿藏、森林等。资本是指生产中所使用的资金，它采取无形的人力资本和有形的物质资本两种形式。前者指体现在劳动者身上的身体、文化、技术状态，后者指生产过程中使用的各种生产设备，如机器、厂房、工具、原料等资本品。在生产理论中，资本指的是物质资本。企业家才能是指经营管理企业的能力、创新的能力和承担风险的能力。

石齐平：通过提高生产要素改变粗放式经济发展

在知识经济时代，生产要素又可以分为两类：外生性生产要素和内在性生产要素，其中三种传统的生产要素被称为外生性的生产要素，而知识（技术）和企业家才能则属于内生性的生产要素。

4.1.2 生产函数

1. 生产函数的定义

生产函数（Production Function）是指在一定的技术水平条件下，一定时期内厂商生产过程中所使用的各种要素的数量与它们所能生产出来的最大产量之间相互依存的函数关系。在这里要注意：第一，生产函数是在给定知识和技术条件下成立的。因而，生产函数可以更为准确地理解为"在一定技术水平条件下特定的投入品组合有效使用带来的最大的可能性产出"；第二，随着知识技术不断进步，生产函数会发生变化。生产函数的一般表现形式为

$$Q=f(L, K, N, E)$$

上式中，Q 代表产量，L、K、N、E 分别代表劳动、资本、土地、企业家才能。由于土地资源是相对固定的，企业家才能难以估量，因此生产函数通常表现为：

$$Q=f(L, K)$$

这一函数表明，在一定技术水平条件下，生产 Q 的产量，需要一定数量的劳动 L 与资本 K 的组合。同样，生产函数也表明，在劳动与资本的数量组合为已知时，也就可以推算出最大的产量。

在 20 世纪 30 年代，美国经济学家柯布和道格拉斯依据有关统计资料，得出了这一时期美国的生产函数：$Q=AL^\alpha K^\beta$

在柯布——道格拉斯生产函数中，A、α、β 为常数，其中 $0<\alpha$，$\beta>1$，$A>0$。

2. 生产函数的类型

生产函数一般可分为两种类型：一是固定比例生产函数，二是可变比例生产函数。如果生产一种产品使用的 L 与 K 的组合比例是固定不变的，就是说，要扩大或缩减产量，L 与 K 必须同比例增加或减少。这样的生产函数称为固定比例生产函数。

但大多数产品的生产，劳动与资本的组合比例是可以变动的。大多数产品的生产，其生产要素是可以相互替代的，即要素的组合比例是可变的，这种要素投入比例可变的生产函数称为可变生产函数。西方经济学的厂商理论主要研究的是可变技术系数的生产函数。

3. 技术系数

在不同行业的生产中，各种生产要素的配置比例是不同的。技术系数（Technological Coefficient）是指为生产一定某种产品所需要的各种生产要素的配合比例。不同厂商生产函数的技术系数是不同的。例如，在柯布——道格拉斯生产函数中，如果劳动与资本的配置比例为 3：1，即在生产中使用 3 个单位的劳动与 1 个单位的资本。这个 3：1 的比例就是该生产函数的技术系数。具体包括固定技术系数和可变技术系数。

固定技术系数是指在一定技术水平条件下，生产某种产品所需要的各种生产要素的组合比例不发生变化。例如，生产某种化工产品，要求其化学元素的组合比例不能改变。固定技术系数的生产函数表明生产要素之间不能相互替代。

可变技术系数是指在一定技术水平条件下，生产某种产品所需要的各种生产要素的组合比例可以发生变化。例如，生产同样产量的产品，既可以采用劳动密集型生产方式，也可以采用资本密集型生产方式。可变技术系数的生产函数表明生产要素之间可以相互替代。一般而言，在短期内，技术系数是不变的，但在长期内，技术系数是变化的。

4.1.3　短期与长期生产函数

1. 短期与长期的划分

经济学中，短期和长期的划分并非按照具体的时间长短，而是以生产者能否变动全部的要素投入数量作为标准。不同行业中的短期与长期也不同，这取决于投入品变动所需要的时间。例如，要想改变钢铁厂的炼钢设备数量可能需要 2 年的时间；而增加一家饮食店，并对其进行全新装修则只需几个月。

短期（Shout Run）指生产者来不及调整全部生产要素投入数量，至少有一种生产要素投入数量是固定不变的时间周期。

长期（Long Run）指生产者可以根据环境的变化调整全部生产要素投入数量，对生产进行调整的时间周期。

2. 短期生产函数

短期（Short Run）研究的是某种变动投入要素的收益率。短期生产函数是指在短期内所反映的投入产出关系。通常表示为：

$$Q=f(\overline{K}, L)$$

在资本 K 的上面加一横线表示它是一个常数，只有劳动 L 才是生产中的可变要素，短期生产函数也可表示为：

$$Q=f(L)$$

3. 长期生产函数

与短期生产函数相对应，长期生产函数是考察厂商可以调整其所有生产要素投入的情况下，它的要素投入和产出之间的关系。

长期（Long Run）研究的是厂商生产规模的收益率。在长期中，厂商的生产要素不再划分为不变投入和可变投入，而是所有的要素投入都可以改变。在长期，生产者根据企业的经营状况，可以缩小或扩大生产规模，甚至还可以加入或退出一个行业的生产。由于在长期中所有要素的投入量都是可变的，因而不存在可变投入和不变投入的区分。

长期生产函数是指在长期内所反映的投入产出关系。通常表示为：$Q=f(K, L)$

4.2 一种可变要素生产函数

一般假定基本投资一定，即厂房、机器设备等在某一时期内不能变化，只能改变使用的劳动力数量，来调整企业的产量时，企业的选择及其合理性。一种可变要素的生产函数也称短期生产函数，我们往往用一种可变要素的生产函数及其曲线来研究企业短期行为。

生产要素组合的
经济学

4.2.1 总产量、平均产量与边际产量

首先，我们必须了解总产量、平均产量与边际产量的定义。

假定生产某种产品使用资本 K 与劳动 L 两种生产要素，其中资本在短期内是不变的常数，那么，各种产量将随着劳动量的变化而变化。

1．总产量

总产量（Total Product，简称 TP）是指一定数量的生产要素（如劳动）可以生产出来的全部产量，或指在资本不变的条件下，一定的劳动投入量可以生产出来的全部产量。

一种可变生产要素
的生产函数

2．平均产量

平均产量（Average Product，简称 AP）是指每一单位生产要素所生产出来的产量。

总产量与平均产量之间存在着的关系：

$$TP_L = AP_L \cdot L \text{ 或 } AP_L = TP_L/L$$

其中 AP_L 代表劳动的平均产量，TP_L 代表劳动的总产量，L 代表劳动的投入量。

3．边际产量

边际产量（Marginal Product，简写为 MP）是指某种生产要素增加或减少一单位所引起的总产量的增加或减少量。劳动的边际产量表示为：

$$MP_L = \Delta TP_L/\Delta L$$

其中 MP_L 代表劳动的边际产量，ΔTP_L 代表总产量增量，ΔL 代表劳动投入量增量，劳动的边际产量又称为劳动的边际生产力。

4．总产量、平均产量、边际产量之间的关系

总产量、平均产量、边际产量之间存在互相对应的关系。

（1）总产量与边际产量的关系

当边际产量增加，边际产量曲线上升时，总产量以递增的速度增加，总产量曲线上凹地向右上方伸展；当边际产量递减且大于零时，总产量以递减的速度增加，总产量曲线下凹地向右上方延伸；边际产量等于零时，总产量达到极大。一旦边际产量小于零，总产量就减少，总产量曲线就开始下降。

（2）总产量与平均产量之间的关系

表 4-1　　　　　　　　总产量、平均产量和边际产量之间的关系

资本（K）	劳动（L）	劳动增量（ΔL）	总产量（TP）	总产量增量（ΔTP）	平均产量（AP）	边际产量（MP）
15	0	0	0	0		
15	1	1	5	5	5	5
15	2	1	13	8	6.5	8
15	3	1	22.5	9.5	7.5	9.5
15	4	1	30.5	8	7.6	8
15	5	1	38	7.5	7.6	7.5
15	6	1	45	7	7.5	7
15	7	1	45	0	6.4	0
15	8	1	42	-3	5.3	-3

　　因为 $AP_L = TP_L/L$，所以平均产量就是从原点向总产量曲线所作射线的斜率。由于总产量曲线先上凹后下凹，故从原点向总产量曲线所做的射线正好切于总产量曲线时，射线的斜率极大，即平均产量极大。在切点以前，射线的斜率递增，即平均产量递增。在切点以后，射线的斜率递减，即平均产量递减。

　　（3）平均产量和边际产量之间的关系

　　从原点向总产量曲线所做的射线正好切于总产量曲线时，不仅射线的斜率极大，而且射线与总产量曲线的切线重合。射线的斜率就是平均产量，射线的斜率极大，意味着平均产量极大。而切线的斜率就是边际产量。因此平均产量最大时，平均产量正好等于边际产量，即边际产量曲线交于平均产量曲线的最高点。在交点以前，边际产量大于平均产量，使平均产量递增。在交点以后，边际产量小于平均产量，使平均产量递减。

　　总产量、平均产量和边际产量之间的关系可以通过表 4-1 来反映。

　　根据表 4-1，可以做出图 4-1。

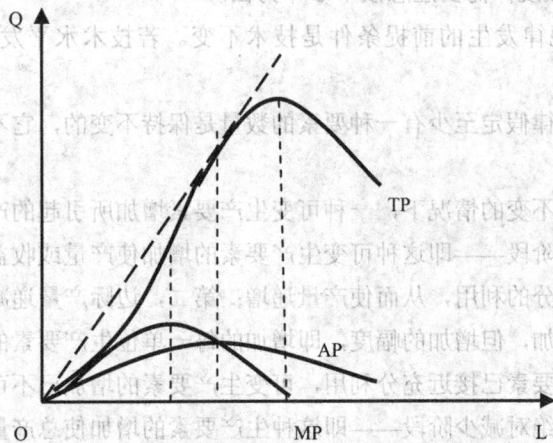

图 4-1　总产量、平均产量、边际产量曲线

　　在图 4-1 中，横轴 OL 代表劳动量，纵轴 TP、AP、MP 分别代表总产量、平均产量、边际产量。根据分析，我们可以得出，总产量、平均产量和边际产量之间的关系呈现以下特点。

第一，在资本量不变的情况下，随着劳动量的增加，最初总产量、平均产量和边际产量都是递增的，但各自增加到一定程度以后就分别递减。所以总产量曲线、平均产量曲线和边际产量曲线都是先上升而后下降。

第二，边际产量曲线与平均产量曲线相交于平均产量曲线的最高点。在相交左侧，平均产量是递增的，边际产量大于平均产量（$MP>AP$）；在相交右侧，平均产量是递减的，边际产量小于平均产量（$MP<AP$）；在相交时，平均产量达到最大，边际产量等于平均产量（$MP=AP$）。

第三，当边际产量为正数时（$MP>0$），总产量就会增加；当边际产量为零时（$MP=0$），总产量停止增加，并达到最大；当边际产量为负数时（$MP<0$），总产量就会绝对减少。

4.2.2 边际收益递减规律

边际收益递减规律是采用边际分析方法，研究在一定生产规模中只改变一种可变要素的投入量影响产量（收益）变化的规律。

1. 边际收益递减规律（收益递减规律）的含义

生产过程中普遍存在以下现象：在技术不变的条件下，连续等量地把某种可变生产要素增加到其他一种或几种固定不变的生产要素上去的时候，当这种可变要素的投入量小于某一特定值时，增加该要素的投入量所带来的边际产量是递增的；当这种可变要素的投入量连续增加并超过这个特定值时，增加一单位该要素的投入量所带来的边际产量是递减的。这就是边际收益递减规律。

边际收益递减规律（Law of Diminishing Marginal Returns）是指在技术不变的条件下，若其他生产要素固定不变，只连续投入一种可变生产要素，随着这种可变生产要素投入量的增加，最初每增加一单位该要素所带来的产量增量是递增的，但在达到一定限度之后，增加一单位要素投入所带来的产量增量将要递减，最终还会使产量绝对减少。

2. 理解边际收益递减规律需要注意以下5个方面。

（1）边际收益递减规律发生的前提条件是技术不变。若技术水平发生变化，这个规律就不存在。

（2）边际收益递减规律假定至少有一种要素的数量是保持不变的，它不适用于所有要素的数量都等比例增加的情况。

（3）在其他生产要素不变的情况下，一种可变生产要素增加所引起的产量或收益的变动经历三个阶段：第一，产量递增阶段——即这种可变生产要素的增加使产量或收益增加。因为在开始阶段不变生产要素没有得到充分的利用，从而使产量递增；第二，边际产量递减阶段——即这种生产要素的增加仍可使总产量增加，但增加的幅度，即增加的每一单位生产要素的边际产量是递减的。因为在这一阶段，不变生产要素已接近充分利用，可变生产要素的增加已不可能像第一阶段那样使产量迅速增加；第三，产量绝对减少阶段——即这种生产要素的增加使总产量迅速减少。因为不变生产要素已经充分利用，再增加可变生产要素只会使生产效率降低，使总产量减少。

（4）边际收益递减规律像边际效用递减规律一样无须提出理论证明。它是从生产实践中得出来的基本生产规律，边际产量是可以计量的。边际效用递减规律是从消费者心理感受中得出来的，边际效用是不可计量的。

（5）边际收益递减规律只存在于技术系数可变的生产函数中。对于技术系数固定的生产函数，由于各种生产要素不可相互替代，其组合的比例是不可改变的。所以，当改变其中一种生产要素的投入量时，边际产量突变为零，不存在依次递减的趋势。

边际收益递减规律是研究一种生产要素合理投入的出发点。在技术进步不变的情况下，边际收益递减规律所反映的这种现象，在生产实践、社会活动和科学实验过程中是十分明显的。例如，在工业部门生产过程中，由于劳动力增加的过多，超过了正常配置的固定资产和设备，就会使生产效率降低。在农业生产中，农民连续给一块土地施肥所带来的产量递减现象。企业进行的"减员增效"就是按边际收益递减规律办事的具体体现。

扩展阅读：马尔萨斯观察与边际收益递减规律

4.2.3 一种生产要素的合理投入

从上面分析可知，在生产一种产品所使用的各种生产要素中，除一种生产要素外，其余要素固定不变。根据平均产量和边际产量曲线的关系，可以把可变要素的投入量划分为三个区间，如图4-2所示。

第一个区间是投入劳动 L 从零增加到 L_1 点。其特点是：AP 由零递增至最高点；$MP>0$，TP 保持递增趋势；并且 $MP>AP$，MP 在达到最大值时，已经呈递减趋势。当 $MP=AP$ 的最高点时，第一阶段结束。

第二个区间是投入劳动 L 从 L_1 点增加到 L_2 点。其特点是：AP 下降；$AP>MP$；$MP>0$，TP 保持递增趋势，当 $MP=0$ 时，TP 达到最大值，第二阶段结束。

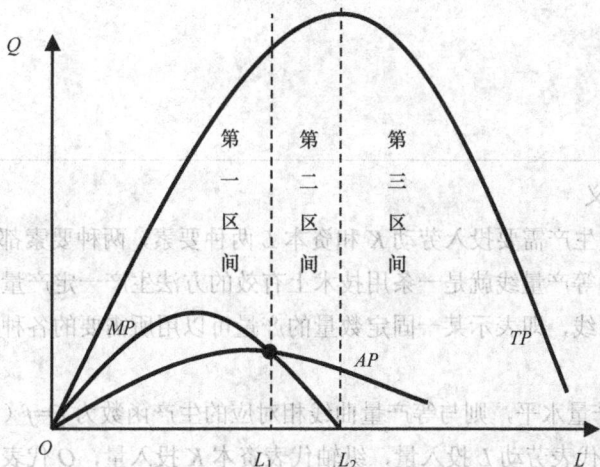

图 4-2 可变要素投入的三个区间

第三区间是投入劳动 L 从 L_2 点增加到无限大界定的区间。其特点是：TP 由最高点依次递减；AP 一直保持持续递减趋势；$MP<0$，第三阶段结束。

显然，第一个区间和第三个区间都不是一种生产要素的合理投入范围，因为在第一个区间，边际产量大于平均产量，增加劳动，不仅可增加总产量，还可以提高平均产量。而在第三个区间，边际产量小于零，增加劳动，会使总产量绝对减少。

其原因分析如下。

第一个区间表现为：平均产量一直在增加，边际产量大于平均产量。在这一区间，相对于投入不变的资本来说，劳动量缺乏。所以，劳动量的增加可以使资本的作用得到充分发挥，从而使产量增加。即每增加一单位劳动投入量所增加的产量，大于在现阶段总产量下的平均劳动产量。

第二个区间表现为：平均产量开始下降，总产量在增加，尽管边际产量仍然大于零，但表现为递减趋势，即每增加一单位劳动投入量所增加的产量小于在现阶段总产量下的平均劳动产量。这表明随着劳动投入量的不断增加，相对不变资本要素的作用已得到充分发挥。

第三个区间表现为：当劳动量增加到这一阶段后，边际产量为负数，总产量开始绝对减少，此时劳动投入是绝对的太多。

一般而言，第二个区间为生产要素的合理投入区，也就是厂商选择最优投入量的区间。生产者可以得到第一个要素投入区间所带来的全部好处，又可以避免将可变要素投入增加到第三个区间而带来的不利影响。但劳动量的投入究竟在这一区间的哪一点上，要视厂商的目标而定。如果厂商的目标是使平均产量达到最大，那么，劳动量增加到 L_1 点即可。如果厂商的目标是使总产量达到最大，那么，劳动量增加到 L_2 点即可。如果厂商是以利润最大化为目标，必须结合成本、产品价格等因素来进行分析。因为平均产量最大时，并不一定是利润最大；总产量最大时，利润也不一定最大。

4.3 两种可变要素生产函数

两种可变生产要素函数是指企业在一定生产期间内，两种投入要素的数量都可能发生变化，不存在固定不变的要素。

4.3.1 等产量线

1. 等产量线的含义

假定某一种商品的生产需要投入劳动 K 和资本 L 两种要素，两种要素都是可变的，并且两者之间可以相互替代，那么等产量线就是一条用技术上有效的方法生产一定产量的所有劳动和资本可能组合点所组成的一条曲线，即表示某一固定数量的产量可以用所需要的各种生产要素的不同组合生产出来的曲线。

以 Q 表示既定的产量水平，则与等产量曲线相对应的生产函数为 $Q=f(L, K)$

在图 4-3 中，横轴代表劳动 L 投入量，纵轴代表资本 K 投入量，Q 代表等产量曲线，a、b、c、d 表示劳动与资本的四种组合方式。在等产量曲线的任何一点上，劳动 L 与资本 K 不同数量的组合给生产者所带来的产量都是相同的。

由于等产量线的几何特点与无差异曲线相似，它又被称为生产无差异曲线。但两者有区别：等产量曲线表示产量，无差异曲线表示效用，等产量线是客观的，无差异曲线是主观的。

等产量曲线

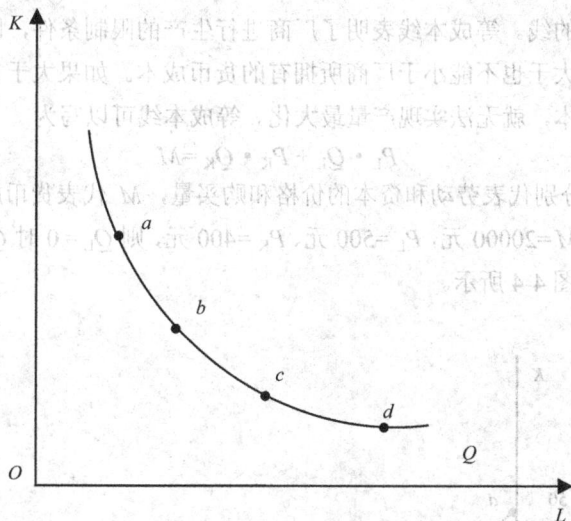

图 4-3　等产量曲线

2. 等产量线的特征

等产量线具有以下特征。

第一，等产量线是一条向右下方倾斜并凸向原点的曲线，其斜率为负值。这表明，在生产者的资源与生产要素价格既定的条件下，为了达到相同的产量，在增加一种生产要素时，就必须减少另一种生产要素。如从 a 点到 b 点，产量不变，这就是说增加一种生产要素（劳动）所增加的产量恰恰弥补了因另一种生产要素（资本）投入的一些减少而损失的产量。

边际技术替代率（Marginal Rate of Technical Substitution，简称 MRTS)是指一种生产要素可以由另一种生产要素所代替而保持产量不变。假设以 ΔL 代表劳动的增加量，ΔK 代表资本的减少量，MP_L 代表劳动的边际产量，MP_K 代表资本的边际产量，$MRTS_{LK}$ 代表劳动对资本的边际技术替代率，则有

$$MRTS_{LK} = -\Delta K/\Delta L = MP_L/MP_K$$

等产量线是一条向右下方倾斜并凸向原点的曲线，因为边际技术替代率为负并且递减。等产量线上任何一点的边际技术替代率，从几何学意义上看，都是过该点做等产量曲线的斜率。因为一个增大，一个减少，因此是负值。从经济意义上看，为了使产量保持不变，当劳动投入不断增加时，每单位劳动能够替代的资本数量不断减少，也就是说，劳动的边际技术替代率是递减的。因此，当一种要素的投入量不断增加，在总产量不变的条件下，每单位这种要素能够替代的其他要素的数量不断减少，这就是边际技术替代率递减规律。

第二，在同一平面图上有无数条等产量线。每一条等产量线代表不同的产量水平。而且离原点越远的等产量线所代表的产量水平越高；离原点越近的等产量线所代表的产量水平越低。

第三，在同一平面图上，任意两条等产量线不能相交。因为在交点上两条等产量线代表了相同的产量水平。如果说有两条等产量线相交于某一点，那么在这一点上就有相等的产量，显然这与不同等产量线代表不同产出水平产生逻辑上的矛盾。

4.3.2　等成本线

等成本线是一条表明在生产者的成本与生产要素价格既定的条件下，生产者所能购买到的两种

生产要素数量最大组合的线。等成本线表明了厂商进行生产的限制条件，即它所购买的生产要素所花费的成本支出既不能大于也不能小于厂商所拥有的货币成本。如果大于货币成本，生产就是不现实的，如果小于货币成本，就无法实现产量最大化。等成本线可以写为

$$P_L \cdot Q_L + P_K \cdot Q_K = M$$

P_L、P_K、Q_L、Q_K 分别代表劳动和资本的价格和购买量，M 代表货币成本。根据预算方程，就可以绘出预算线。例如 $M = 20000$ 元，$P_L = 500$ 元、$P_K = 400$ 元，则 $Q_L = 0$ 时 $Q_K = 50$；$Q_K = 0$ 时 $Q_L = 40$。于是得到等成本线，如图4-4所示。

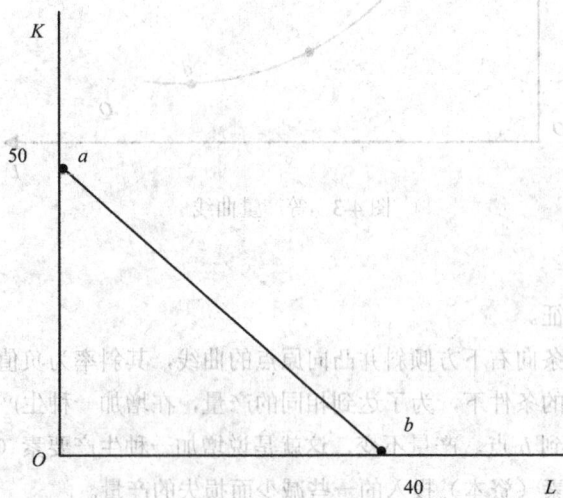

图4-4　等成本线

在图4-4中，连接 ab 两点的直线就是等成本线。在等成本线上的任何一点都是在货币成本与生产要素价格既定的条件下，能购买到的劳动与资本的最大数量的组合。

如果厂商的货币成本和生产要素价格改变了，则等成本线就会变动。如果生产者的货币成本变动（或者生产要素价格都变动），则等成本线会平行移动。货币成本增加，等成本线向右上方平行移动；货币成本减少，等成本线向左下方平行移动，如图4-5所示。

在图4-5中，ab 是原来的等成本线。当货币成本增加时，等成本线移动为 a_2b_2，当货币成本减少时，等成本线移动为 a_1b_1。

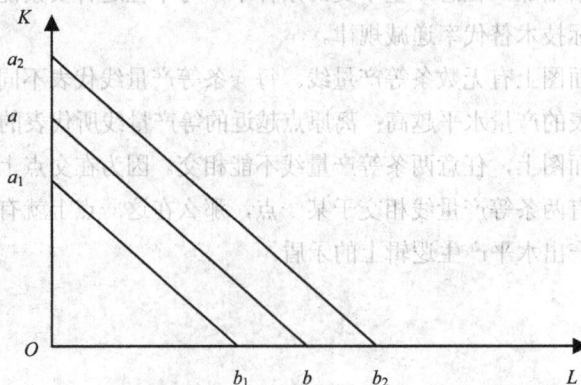

图4-5　等成本线的移动

4.3.3　生产者均衡——投入量的最优组合

现在进一步研究可变比例生产函数的两种要素投入。在长期，所有生产要素的投入量都是可变动的，任何一个理性的生产者都会选择最优的生产要素组合进行生产。生产者一旦找到这个最优组合，意味着实现了生产者均衡。在技术系数可以变动，即两种生产要素的配合比例可以变动的情况下，这两种生产要素按什么比例配合最好呢？这就是生产要素最适组合所研究的问题。

消费者均衡是研究消费者如何把既定的收入分配于两种产品的购买与消费上，以实现效用最大化。生产要素的最优组合是研究生产者如何把既定的成本分配于两种生产要素的购买与生产上，以实现利润最大化。两者所使用的分析方法基本相同，即边际分析法与无差异（等产量）分析法。

1. 边际分析法：产量给定成本最少的优化

同消费者均衡分析相似，生产要素最优组合的原则是：在成本与生产要素价格既定的条件下，应该使所购买的各种生产要素的边际产量与价格的比例相等，即要使每一单位货币无论购买何种生产要素都能得到相等的边际产量。

假定生产者用一定的成本 M 所购买的生产要素是资本 K 和劳动 L，两种生产要素的价格分别为 P_K 和 P_L，购买数量分别为 Q_K 和 Q_L，两种生产要素所带来的边际产量分别为 MP_K 和 MP_L，每一单位货币的边际产量为 MP_M。那么生产者利润最大化的均衡条件可以表示为

$$P_K \cdot Q_K + P_L \cdot Q_L = M \tag{1}$$
$$MP_K / P_K = MP_L / P_L = MP_M \tag{2}$$

（1）式表示限制条件。说明生产者拥有的货币量是既定的，购买两种生产要素的支出既不能超出这一货币量，也不能小于这一货币量。超出是无法实现的，而小于这一货币量的购买也达不到既定资源时的产量最大化。

（2）式表示生产要素最优组合的条件。每一单位货币无论是购买资本 K，还是购买劳动 L，所得到的边际产量都相等。

2. 无差异（等产量）分析法：成本给定产量最大的优化

把等产量线与等成本线结合在一个图上，那么，等成本线必定与无数条等产量线中的一条切于一点。在这个切点上就实现了生产要素的最优组合，如图 4-6 所示。

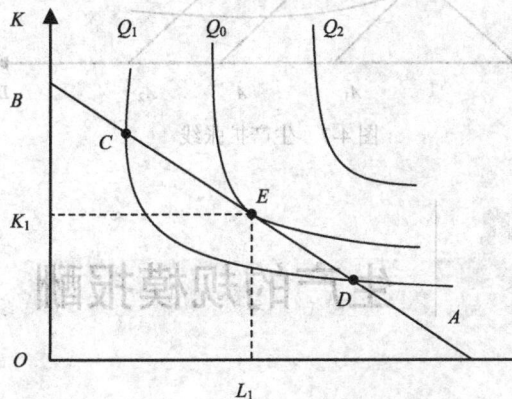

图 4-6　生产者均衡

在图 4-6 中，三条等产量线，产量大小的顺序为 $Q_1<Q_0<Q_2$。等成本线 AB 与 Q_0 相切于 E，这

时实现了生产要素的最优组合。这就是说，在生产者货币成本与生产要素价格既定的条件下，OL_1的劳动与 OK_1 的资本结合，能实现利润的最大化，即既定产量下成本最小或既定成本下产量最大。

为什么只有等产量线与等成本线的切点为最适组合呢？从图 4-5 中可以看出，只有在 E 点上所表示的劳动与资本的组合才能达到在货币成本和生产要素价格既定条件下的产量最大。离原点远的等产量曲线 Q_2 所代表的产量水平大于 Q_0，但等成本线 AB 同它既不相交又不相切，这说明达到 Q_2 产量水平的劳动与资本的数量组合在货币与生产要素价格既定的条件下是无法实现的。而离原点近的等产量线 Q_1，虽然 AB 线同它有两个交点 C 和 D，说明在 C 点和 D 点上所购买的劳动与资本的数量也是货币成本与生产要素价格既定的条件下最大的组合，但 $Q_1<Q_0$。C 点和 D 点的劳动与资本的组合并不能达到利润最大化。此外，Q_0 除 E 之外的其他各点也在 AB 线之外，即所要求的劳动与资本的数量组合也在收入与价格既定的条件下是无法实现的。

3. 生产扩张线

生产扩张线（Expansion Path）表示在生产要素价格和其他条件不变情况下，随着厂商成本的增加，等成本线向右上方平行移动，不同的等成本线与不同的等产量线相切，形成不同的生产要素最适组合点，将这些点连接在一起所形成的轨迹。他由所有等产量曲线与等成本线的切点所构成，表示在生产要素价格、技术和其他条件不变的情况下，当生产过程的投入（成本）增加时，厂商必然会沿着生产要素的最优组合来扩展其生产。当生产者沿着这条线扩大生产时，可以始终实现生产要素的最优组合，从而使生产规模沿着最有利的方向扩大，如图 4-7 所示。

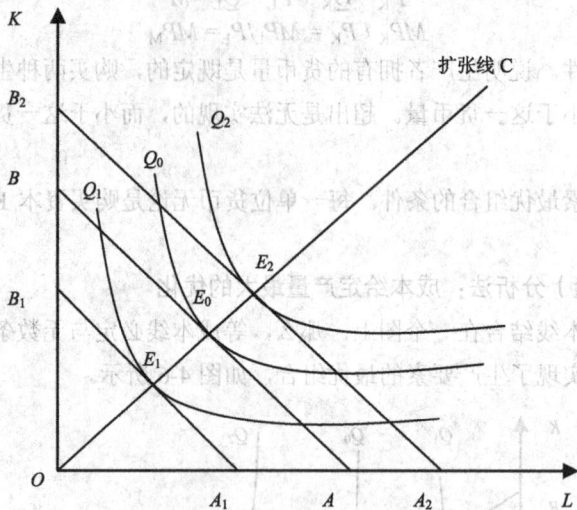

图 4-7　生产扩张线

4.4 生产的规模报酬

4.4.1　规模报酬的含义

企业生产规模的改变，一般说来是通过各种要素投入量的改变实现的。各种要素在调整过程中，可以以不同组合比例同时变动，也可以按固定比例变动。在生产理论中，常以全部生产要素以相同的比例变化来定义企业的生产规模变化，因此，规模报酬（Returns to Scale）是指在其他条件不变的情况下，企业内部各种生产要素按相同比例变化时所带来的产量变化。

理解这一概念时要注意以下三点。

第一，规模经济发生作用的条件是以技术不变为前提的。

第二，在生产中使用的两种可变投入要素是按同比例增加的，且不考虑技术系数变化的影响，以及由于生产组织规模的调整对产量的影响。例如，由于若干企业发生合并，而使产量发生变化的这种影响不予考虑。

第三，两种生产要素增加所引起的产量或收益变动情况，就如同边际收益递减规律发生作用一样，也有规模报酬递增、规模报酬不变、规模报酬递减三个阶段，如图 4-8 所示。

例如，假设一座月产量化肥 10 万吨的工厂所使用的资本为 10 个单位，劳动为 5 个单位。现在将企业的生产规模扩大一倍，即使用 20 个单位的资本，10 个单位的劳动，由于这种生产规模的变化所带来的收益变化可能有如下三种情形。

第一，产量增加的比例大于生产要素增加的比例，即产量为 20 吨以上，这种情形叫作规模收益递增。

第二，产量增加的比例小于生产要素增加的比例，即产量为小于 20 吨，这种情形称为规模收益递减。

第三，产量增加的比例等于生产要素增加的比例，即产量为 20 吨，这种情形称为规模收益不变。

企业生产规模扩大能否带来生产效率的提高，主要受生产技术、专业化分工、财务等因素的影响。生产规模扩大后企业能够利用更先进的生产技术和机器设备，使得每单位产出的制造和维修费用大大降低。大规模生产后，随着对较多的人力和机器的使用，企业内部的分工能够更合理和专业。工人可以进行更加有效的分工协作，大大提高劳动生产率。另外，厂商活动大规模化会给企业带来筹措资金、销售方面的好处，而人数较多的技术培训和具有一定规模的生产经营管理，同样可以节省成本。

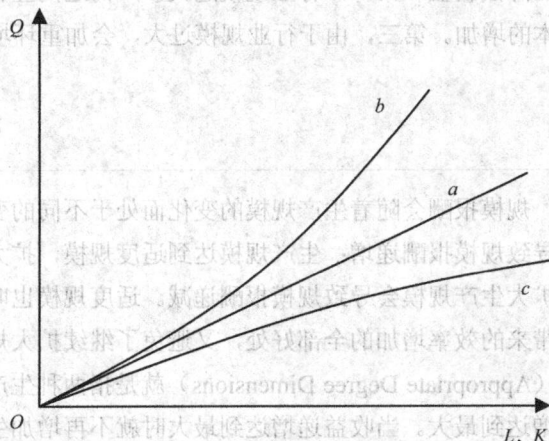

图 4-8　规模报酬的变动

在图 4-8 中，a 代表规模报酬不变，b 代表规模报酬递增，c 代表规模报酬递减。

4.4.2 影响规模报酬的因素

规模报酬变化的不同情况要由内在经济和外在经济来解释。

内在经济（Internal Economies）是指一个厂商在生产规模扩大时由自身内部因素所引起的收益或产量增加。引起内在经济的主要因素有：第一，生产规模扩大，可以购置和使用更加先进的机器设备；可以提高专业化程度，提高生产效率；还有利于实行资源的综合开发和利用，使生产要素效率得到充分发挥。第二，巨大的工厂规模能使厂商内部管理系统高度专门化，使各个部门管理者容易成为某一方面专家，从而提高管理水平和工作效率。第三，在大规模生产中，可以对副产品进行综合利用，可以更加快速地开发生产出许多相关产品，实行多元化生产。第四，在大规模生产中，可以对生产要素进行综合、大批量采购，对产品进行大批量运输，从而降低购销成本。同时由于大规模生产相对容易形成生产经营上的垄断，从而有利于获取生产经营上的优势，获得递增的规模报酬。

但是，如果一个厂商由于本身生产规模过大而引起产量或收益的减少，这种情况就叫作内在不经济（Internal Diseconomies）。引起内在不经济的原因主要有：第一，由于企业规模过大，管理层次复杂、管理幅度过大，管理机构庞大，可能会降低管理效率。第二，由于生产经营规模庞大，产品多样化，可能会引起销售费用增加等。第三，由于生产规模大、产品多样化，可能会使生产要素、制成品和在制品积压，导致生产成本增加等。

外在经济（External Economies）是指由于整个行业生产规模扩大，给个别厂商带来的产量与收益的增加。引起外在经济的原因主要有：第一，个别厂商可以从整个行业的扩大中得到更加便利的交通辅助设施和获取各种市场信息。第二，能够在行业内部实行更好的专业化协作，提高各个厂商的生产效率。第三，可以得到更多的人才和熟练技术工人；第四，可以更加方便地实现企业间的规模连锁经营和扩张经营。

但是，如果整个行业生产规模扩大，而给个别厂商带来产量与收益的下降，这种情况就叫作外在不经济（External Diseconomies）。引起外在不经济的原因主要有：第一，由于规模过大，可能会加剧企业之间的竞争，从而降低收益。第二，行业规模过大，厂商之间互相争购原料和劳动力，从而导致要素价格上升，成本的增加。第三，由于行业规模过大，会加重环境污染，交通拥挤等。

4.4.3 适度规模

在技术不变的条件下，规模报酬会随着生产规模的变化而处于不同的变化阶段。一般生产规模较小时，扩大生产规模会导致规模报酬递增；生产规模达到适度规模，扩大生产规模会导致规模报酬不变；超过适度规模，扩大生产规模会导致规模报酬递减。适度规模也叫最优规模。在适度规模上，厂商获得了扩大规模带来的效率增加的全部好处，又避免了继续扩大规模带来的效率下降所造成的损失。所谓适度规模（Appropriate Degree Dimensions）就是指两种生产要素的增加使规模扩大的同时，使产量或收益递增达到最大。当收益递增达到最大时就不再增加生产要素，并使这一生产规模维持下去。

对于不同行业的厂商来说，适度规模的大小是不同的，并没有一个统一的标准。在确定适度规模时应该考虑的因素主要有。

（1）本行业技术经济特点。技术结构复杂、工艺流程阶段多、起始资本大、进入退出壁垒高的产业（如汽车、家电、冶金、石油行业），规模经济显著，最优规模的标准较高；生产技术并不复杂、创建资本少、进入壁垒低的竞争性行业，规模经济不显著，因此最优规模的标准也较低。

（2）市场供求与容量。市场需求变化快、品种多、花色样式变化频繁的产品，生产规模不宜过大；市场需求量大、需求品种单一、需求规模变化较小的产品，生产规模应相对较大。同时，市场状况是千变万化的，市场需求量、需求结构、供给条件都在变化，企业必须根据变化的情况决定资源的配置和生产的规模。

（3）产品结构。产品在市场上不具有竞争力和生命力，企业的规模就会受到限制。拓展企业的规模应把着眼点放在创造名优产品和适销对路产品上，并且不断进行产品的升级换代，力争以产品结构调整推动企业规模的扩张。

（4）管理水平。管理水平高的企业，可以扩大规模，较大的企业规模反而能够摊低管理成本。而对于管理水平较低的企业，盲目的扩大生产规模不可避免地会带来管理成本的急剧上升。

另外，自然资源状况、国际通用标准等因素都对企业适度规模有不同的影响。总而言之，各国、各地，由于经济发展水平、资源、市场等条件的差异，即使同一行业，规模经济的大小也不完全相同。但对一些重要行业，国际有通行的规模经济标准。我国大多企业都没有达到规模经济要求。而随着技术进步，许多行业规模经济的生产规模尚有扩大趋势。因此，对我国来说，适当扩大企业规模是我国许多企业提高规模经济效益的客观需要。

4.5 成本收益理论

前文中我们运用生产函数分析了投入与产量之间的关系，从而找到了厂商最佳要素组合点（就是使产量既定的成本最小化或成本既定的产量最大化）。但在那里只是以等成本线来表示成本对生产的约束，没有深入探讨成本本身的变化问题。而探讨成本的变化对于理解厂商利润最大化目标的实现是必不可少的，因为这涉及厂商选择的经济效率问题。

4.5.1 成本的含义

在西方经济学中，成本是指生产中使用各种生产要素的支出，也叫生产费用。成本由工资、地租、利息及正常利润构成。正常利润是一种机会成本，是隐性成本的一部分。

经济学中的成本概念与会计中的成本概念是有区别的。会计中的成本通常是指显性成本（Explicit Cost）。经济学中的成本除了显性成本外，还包括隐性成本（Implicit Cost）和机会成本等。

描述成本特性的
成本曲线

1. 机会成本

影响厂商决策的成本是机会成本。机会成本是指被放弃的一定的资源被用于其他用途时所能获得的最大收益。机会成本是由资源的稀缺性和替代性所引起的。在经济活动中，为获得一定的成本所付出的代价，不仅包括经济活动本身的资源投入，还应该包括所放弃的收益。机会成本包括显性成本与隐性成本两个部分。显性成本是厂商购买所需投入物的实际支出。隐性成本是厂商在生产过程中或经营活动中所使用的自己所拥有的投入物的价值。从机会成本的角度来考察生产过程时，厂商需要将生产要素投向收益最大的项目，从而避免带来资源的浪费，以达到资源配置的最优。

应用实例：生活中的
机会成本

2. 会计成本

会计成本是指会计师在账簿上记录下来的成本。会计成本不能用于决策，因为它是属于历史成本，而决策是面向未来的；此外，会计成本只反映了使用资源的实际货币支出，而没有反映企业为使用这些资源所付出的总代价。

3. 会计成本、经济成本、显性成本、隐性成本之间的关系

会计成本=显性成本；经济成本=显性成本+隐性成本

4. 会计利润、经济利润、正常利润之间的关系

会计利润是指所得税前的"净利润"。显成本加隐成本为机会成本。销售总收益减机会成本等于经济利润。对于厂商来讲，所谓利润最大化是指经济利润最大化。

如何对待沉没成本

会计利润=总收益-会计成本

经济利润=总收益-会计成本-隐性成本=会计利润-隐性成本

经济利润为0，则企业获得正常利润。

4.5.2　生产的短期成本

1. 短期成本的内涵和构成

一家企业决定从事一定规模的营业，它将按照设计要求，建立厂房，购置机器等固定设备。所谓短期是指这样一段时期，在该时期内，厂商无法改变其固定设备所限定的规模。由于在短期内，厂商的设备是无法改变的，所以一家厂商的短期成本包括两类：一是固定成本，二是可变成本。

短期成本曲线背后
的经济规律

可以把固定成本定义为厂商即使暂时关闭其工厂，什么也不生产也会承担的费用，包括厂房设备投资的利息、折旧费和维修费、各种保险费和一些税金，以及即使在暂时停产期间也要继续雇佣人员的工资和薪金。而可变成本则是指随产量而变动的成本。这类成本包括工人工资、厂商为购进原材料以及其他物品而发生的支出，以及电力费、营业税和短期借款的利息等。

2. 短期总成本

假定生产要素的价格不变，只把成本看作产出的函数。短期总成本（Short-run Total Cost，简称STC）是厂商在短期生产中所耗费的全部成本，其中包括总固定成本（Total Fixed Cost，简称TFC）与总变动成本（Total Variable Cost，简称TVC）两个部分。短期总成本可以简单表示为C，其一般形式如下：

$$TC = f(q) + b$$

其中，$f(q)$ 为变动成本，b 是固定成本。固定成本（Fixed Cost）是厂商花费在所有固定投入上的费用，固定成本不随产量的变化而变化。变动成本（Variable Cost）是厂商花费在所有变动投入上的费用，变动成本随产量变化而变化。短期总成本如图 4-9 所示。

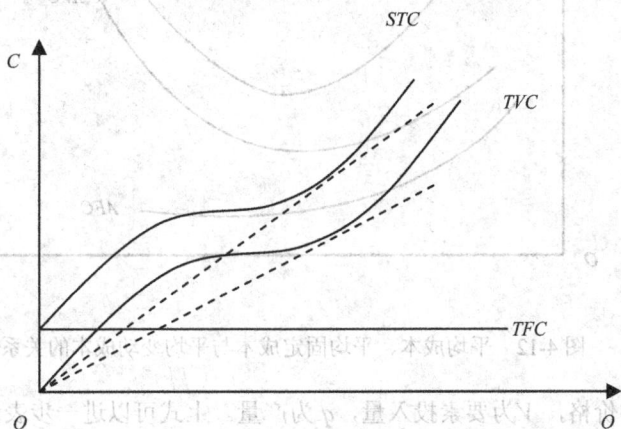

图 4-9　短期总成本

3. 短期平均成本

平均成本（Average Cost）是平均每一单位产量所分摊的成本。对于上式的成本函数而言，短期平均成本（Short-run Average Cost，简称 SAC）表示为

$$SAC = f(q)/q + b/q$$

短期平均成本由两部分构成，一部分是平均变动成本（Average Variable Cost，简称 AVC），另一部分是平均固定成本（Average Fixed Coat，简称 AFC）。

不管是平均固定成本还是平均变动成本都随产量的变化而变化。平均固定成本是一条双曲线，其图形如图 4-10 所示。平均变动成本曲线是一条二次成本曲线，其图形如图 4-11 所示。

合并图 4-10 和图 4-11，得到如图 4-12 表示的短期平均成本曲线。

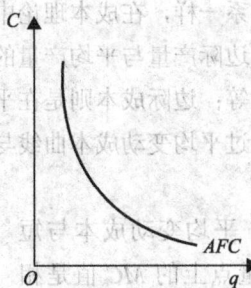

图 4-10　平均固定成本　　　　　　　图 4-11　平均可变成本

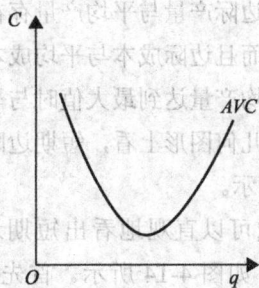

图 4-12 中的短期平均成本曲线 SAC 由平均固定成本曲线 AFC 与平均变动成本曲线 AVC 垂直相加得到。短期平均成本曲线先下降后上升，这一特征正好与上一章所讨论的平均产量曲线呈对偶的特征，平均产量曲线先上升后下降。我们曾经指出，成本函数可以从生产函数导出。平均成本曲线的变化特征当然可以从平均产量曲线的变化特征导出。在要素价格不变的假定下，平均变动成本表

示为 $AVC=VC/Q$

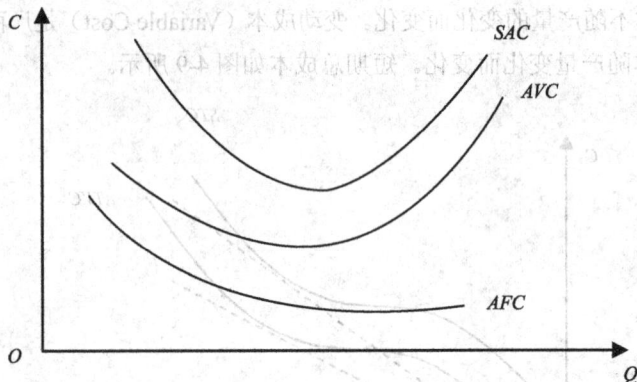

图 4-12　平均成本、平均固定成本与平均变动成本的关系

假设 P 为要素的价格，V 为要素投入量，q 为产量。上式可以进一步表示为

$$AVC = P(V/q) = P(1/AP)$$

其中，AP 为要素的平均产量。显然，平均变动成本与平均产量反方向变化。从几何图形上看，如果平均产量先上升后下降，那么平均变动成本就先下降后上升。由于平均固定成本随产量的增加而一直下降，因此短期平均成本曲线与平均变动成本曲线一样先下降后上升。

4. 短期边际成本

短期边际成本（Short-run Marginal Cost，简称 SMC）是产量的增量所引起的总成本的增量。即

$$SMC=dTC/dq \qquad \text{（在函数连续、可求导的情况下）}$$
$$\text{或者} \quad SMC = \Delta TC / \Delta q \qquad \text{（在函数不连续、不可求导的情况下）}$$

短期边际成本随产出的变化而变化，它与固定成本无关。所以短期边际成本又可以表示为

$$SMC=dTVC/dq \qquad \text{（在函数连续、可求导的情况下）}$$
$$\text{或者} \quad SMC = \Delta TVC / \Delta q \qquad \text{（在函数不连续、不可求导的情况下）}$$

5. 各种成本之间的关系

像在生产理论中边际产量与平均产量存在密切的关系一样，在成本理论中边际成本与平均成本也存在密切的关系。而且边际成本与平均成本的关系同边际产量与平均产量的关系也呈现出对偶的特征。边际产量在平均产量达到最大值时与平均产量相等；边际成本则是在平均成本达到最小值时与平均成本相等。从几何图形上看，短期边际成本分别过平均变动成本曲线与短期平均成本曲线的最低点，如图 4-13 所示。

利用总成本曲线可以直观地看出短期边际成本、平均变动成本与短期平均成本的关系，如图 4-14 所示。首先，每一产量点上的 MC 值是相应的 TC 曲线和 TVC 曲线的斜率。在边际收益递减规律的作用下，当 MC 曲线先降后升时，相应的 TC 曲线和 TVC 曲线的斜率也由递减变为递增。当 MC 曲线达极小值时，TC 曲线和 TVC 曲线相应地各自存在一个拐点。其次，MC 曲线和 AC 曲线、AVC 曲线相交于 AC 曲线、AVC 曲线的最低点。这是由于边际量和平均量的关系所致。由于 MC 曲线呈 U 型，所以 AC 曲线、AVC 曲线也必然呈 U 型，且必然与 MC 曲线相交于两者的最低点。AC 曲线的最低点的出现既慢于、又高

应用实例：机票定价的原理和策略

于 AVC 曲线的最低点。这是由于在平均总成本中不仅包括平均可变成本，还包括平均不变成本所致。

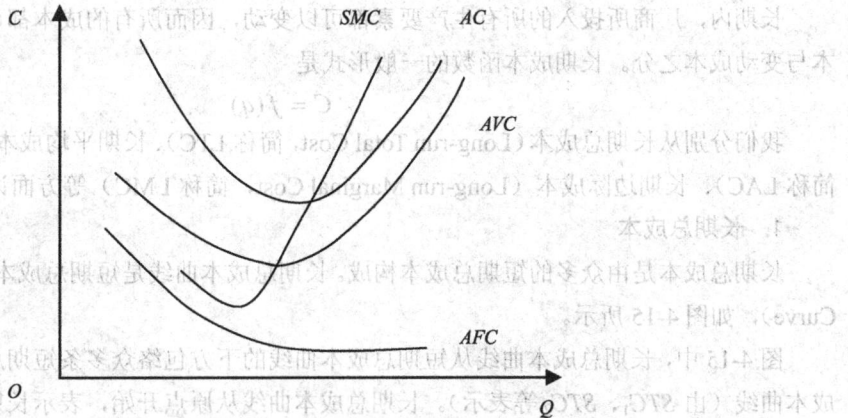

图 4-13 边际成本与平均成本的关系

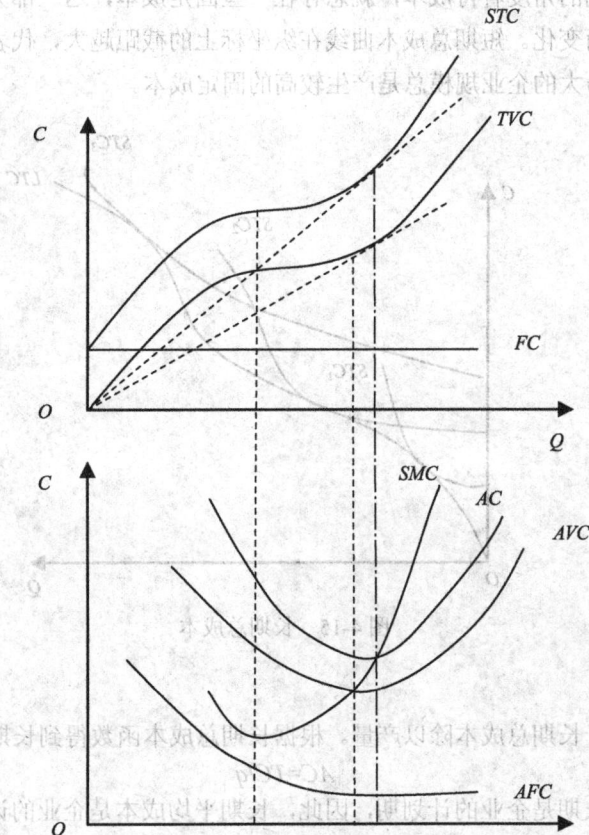

图 4-14 短期各种成本的关系

4.5.3 生产的长期成本

长期内，厂商所投入的所有生产要素都可以变动，因而所有的成本都可以变动，不存在固定成本与变动成本之分。长期成本函数的一般形式是

$$C = f(q)$$

我们分别从长期总成本（Long-run Total Cost，简称 LTC）、长期平均成本（Long-run Average Cost，简称 LAC）、长期边际成本（Long-run Marginal Cost，简称 LMC）等方面讨论长期成本。

1. 长期总成本

长期总成本是由众多的短期总成本构成。长期总成本曲线是短期总成本曲线的包络线（Envelope Curve），如图 4-15 所示。

图 4-15 中，长期总成本曲线从短期总成本曲线的下方包络众多条短期总成本曲线（由 STC_1、STC_2 等表示）。长期总成本曲线从原点开始，表示长期总成本是完全随产出的变化而变化的。每一条短期总成本曲线都不是从原点开始，表示一旦从短期的角度看待成本，就总存在一些固定成本，这一部分成本不随产出的变化而变化。短期总成本曲线在纵坐标上的截距越大，代表的企业规模越大，因为大的企业规模总是产生较高的固定成本。

长期成本曲线揭示了什么

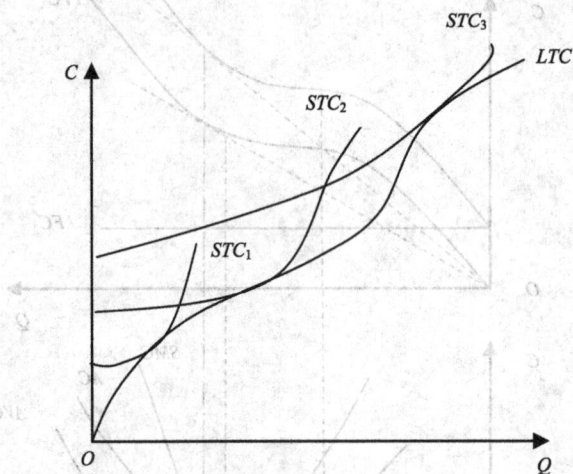

图 4-15　长期总成本

2. 长期平均成本

长期平均成本等于长期总成本除以产量。根据长期总成本函数得到长期平均成本函数

$$AC = TC/q$$

我们曾经指出，长期是企业的计划期，因此，长期平均成本是企业的计划平均成本。长期平均成本对于企业的长期决策是至关重要的。追求利润最大化的厂商在制订生产计划时，必须设法把长期平均成本降到最低点。

平均成本的高低与企业规模的大小、产出水平的高低有关。如果用太大的规模生产太低的产量，或者用太小的规模生产太高的产量，都会产生较高的平均成本。如果不考虑其他因素，单就成本决策而言，厂商应该选择能够产生最低长期平均成本的生产规模，比如，图 4-16 所示的 E 点。

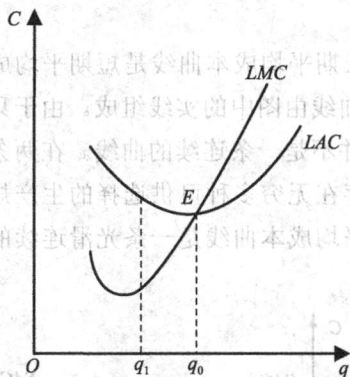

图 4-16　企业长期决策

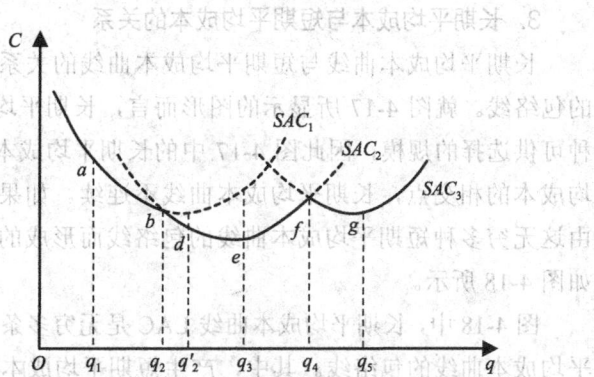

图 4-17　生产规模选择

图 4-16 中，长期边际成本曲线 LMC 过长期平均成本曲线 LAC 的最低点 E 点，这一特征我们将在下文进行讨论。如果不考虑其他因素，企业在做长期计划时应该把产出水平推进到 q_0，并且用能够产生 E 点这一最低长期平均成本水平的生产规模进行生产。但是，企业在进行长期决策时还不能仅仅看长期平均成本是否最低，还要看产品的销路。有时生产 q_0 的产量不一定能销得出去。市场对于企业产品的需求量长期可能只能维持在 q_1 的水平。企业只能以销定产，生产 q_1 的产出水平。不同的产出水平所需设定的生产规模是不同的。用较大的规模生产较少的产量会造成设备的闲置与浪费，因此，企业在做长期决策时必须依据其产出计划设定企业规模。

借助于图 4-17，我们来看看厂商如何选择生产规模。假定某行业的厂商只能利用大、中、小三种规模进行生产。每一种生产规模都产生相应的短期平均成本曲线。小规模生产所产生的短期平均成本曲线为 SAC_1，中等规模生产所产生的短期平均成本曲线为 SAC_2，大规模生产所产生的短期平均成本曲线为 SAC_3。厂商可以根据自己计划生产的产出水平选择生产规模。比如，厂商若打算生产 q_1 的产量，就应该选择能产生短期平均成本曲线 SAC_1 的小规模生产。厂商若打算生产 q_3 的产量，就应该选择能产生短期平均成本曲线 SAC_2 的中等规模生产。厂商若打算生产 q_5 的产量，就应该选择能产生短期平均成本曲线 SAC_3 的大规模生产。

有时某一种产出水平可以用两种规模中的任一种规模生产，而产生相同的平均成本。例如，q_2 的产出水平既可以用小规模生产，也可以用中等规模生产，二者产生相同的平均成本。厂商究竟选择用哪一种规模生产，要看长期产品的销售量是扩张还是收缩而定。若长期产品的销量会在 q_2 的基础上进一步扩张，则应该选择中等生产规模，若长期产品的销量会在 q_2 的基础上收缩，则应该选择小的生产规模。

厂商一旦建立起某种生产规模，所讨论的问题便是一个短期的问题。例如，厂商一旦建立起能产生短期平均成本曲线 SAC_1 的较小生产规模后，只有生产较低的产量才会产生较低的平均成本。若厂商要用这种较小的规模生产较高的产量，比如生产 q_3 的产量，就只能用较高的成本生产。但是，在长期内，厂商可以通过扩大生产规模使成本降低。

厂商长期决策与短期决策不同。短期内，由于生产规模不能变动，因此厂商要做到在既定的规模下使平均成本降到最低。长期决策则要在相应的产量下使成本最低。例如图 4-17 中 q_2 的产出水平，虽然从短期看用小的规模生产这一产出水平达到了的 SAC_1 的最低点，但是它仍然高于中等规模下生产这一产出水平的平均成本，尽管用中等规模生产所产生的平均成本并不是在平均成本曲线 SAC_2 的最低点。

3. 长期平均成本与短期平均成本的关系

长期平均成本曲线与短期平均成本曲线的关系是，长期平均成本曲线是短期平均成本曲线的包络线。就图 4-17 所显示的图形而言，长期平均成本曲线由图中的实线组成。由于只存在三种可供选择的规模，因此图 4-17 中的长期平均成本曲线并不是一条连续的曲线。在两条短期平均成本的相交点，长期平均成本曲线不连续。如果厂商存在无穷多种可供选择的生产规模，则由这无穷多种短期平均成本曲线的包络线而形成的长期平均成本曲线是一条光滑连续的曲线，如图 4-18 所示。

图 4-18 中，长期平均成本曲线 LAC 是无穷多条短期平均成本曲线的包络线。其中，产生短期平均成本曲线 SAC_m 的生产规模是最优生产规模。采用这一生产规模可以达到长期平均成本最低点 E 点。至此，我们可以给长期平均成本曲线下一个比较恰当的定义，即长期平均成本曲线是表示生产每一种可行产量水平的最低单位成本的曲线。

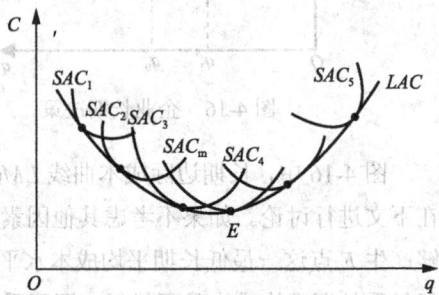

图 4-18　包络线

4. 长期边际成本

长期边际成本是当产量扩张时所增加的最低数量的成本，或当产量收缩时所能节约的最高数量的成本。

由图 4-15 的长期总成本曲线可以导出长期边际成本曲线。如图 4-16 所示，长期边际成本曲线是一条过长期平均成本曲线最低点的曲线。在规模经济和规模不经济的作用下，LMC 曲线呈 U 形，它相交于 LAC 曲线的最低点。

4.5.4　生产者的收益

1. 总收益、平均收益与边际收益的定义

首先，我们来看一下总收益、平均收益和边际收益的基本定义。

收益（Revenue）是厂商出售产品的收入。基本的收益概念有三个：总收益（Total Revenue，简称 TR）、平均收益（Average Revenue，简称 AR）和边际收益（Marginal Revenue，简称 MR）。

总收益是厂商出售产品后所得到的全部收入。总收益往往简单地表示为 R。令厂商的需求函数为

$$p = f(q)$$

则总收益表示为

$$R = pq = f(q)q$$

平均收益是平均每一单位产品的销售收入

$$AR = R/q = f(q) = p$$

即平均收益等于价格。

边际收益是每增加一单位产品的销售所引起的总收益的增加值。

$$MR = \Delta R / \Delta q \quad （在收益函数不连续、不可以求导的情况下）$$
$$= dR/dq \quad （在收益函数连续、可以求导的情况下）$$

根据收益函数可以给出收益曲线。收益曲线的形状由需求曲线的形状决定。我们分别以价格为常数的需求函数与价格为变数的需求函数两种情况进行讨论。首先讨论价格为常数的需求函数下的收益曲线。在价格为常数的情况下，需求函数表示为

$$p=p_0$$

在价格为常数的情况下，总收益为

$$TR=p_0 q$$

由于 p_0 为常数，所以总收益线是从原点出发的一条射线。

价格为常数情况下的平均收益为

$$AR=R/q=p_0$$

价格为常数情况下的边际收益为

$$MR=dR/dq=p_0$$

可见，在价格为常数情况下，平均收益曲线、边际收益曲线与需求曲线完全重合，如图 4-19 所示。

图 4-19 中的横坐标表示产量或销售量 q，纵坐标表示价格 p 或收益 R。总收益曲线的斜率为常数，等于价格 P_0。平均收益、边际收益与需求曲线完全重合。

在价格不是常数的情况下我们分两种情况讨论收益曲线，一种是线性需求情况下的收益曲线，另一种是非线性需求情况下的收益曲线。

假定线性需求函数的形式为

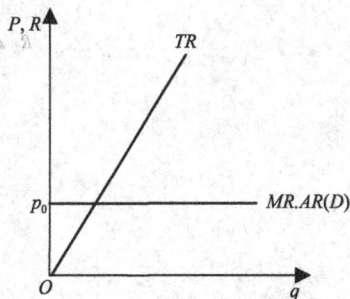

图 4-19　价格为常数时的收益曲线

$$p = a - bq$$

该线性需求函数把价格表示为数量的函数，与讨论均衡价格理论时把数量表示为价格函数的表达方式不同，但是二者本质上是相同的。与上式相对应的总收益为

$$TR = pq = aq - bq^2$$

平均收益为

$$AR = p = a - bq$$

边际收益为

$$MR = a - 2bq$$

如图 4-20 所示，需求曲线向右下方倾斜，商品的价格随销售量的增加而下降。平均收益与边际收益都随销售量的增加而下降。由于边际收益递减，因此总收益曲线是以递减的速率增加的。也就是说总收益函数是一凹函数。总收益与边际收益的关系是，当边际收益等于 0 时，总收益达到最大。从图形上看，在边际收益曲线交于横坐标时，总收益曲线达到最高点并开始下降。边际收益曲线与平均收益曲线之间的关系是，二者的截距相等，但是从绝对值上讲，边际收益曲线的斜率是平均收益曲线斜率的二倍。也就是说从平均收益曲线上任一点向纵坐标引垂线并使该垂线与纵坐标相交，那么边际收益曲线过该垂线的中点。

对于非线性的需求函数来说，由于价格与需求量反方向变化，即需求曲线也是向右下方倾斜的，所以平均收益曲线与边际收益曲线也是向右下方倾斜的。总收益曲线也是一凹函数。非线性需求函数所产生的总收益曲线、平均收益曲线、边际收益曲线如图 4-21 所示。

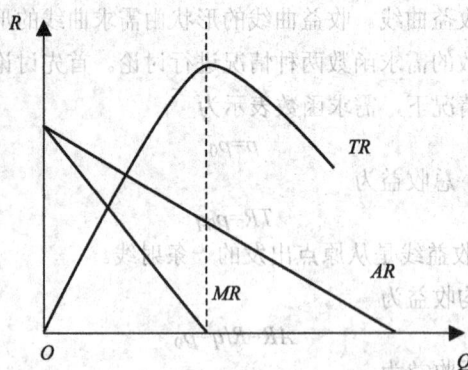

图 4-20　线性需求情况下的收益曲线

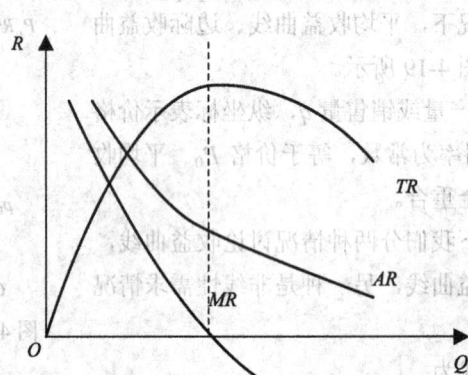

图 4-21　非线性需求下的收益曲线

2. 利润最大化的推导

知道了成本与收益的定义以后，为我们计算利润最大化提供了基础。

利润等于总收益减总成本，即

$$\pi = TR - TC$$

其中 π 为利润。成本包括显成本与隐成本。由于收益与成本都是产出的函数，即 $TR=R(q)$，$TC=C(q)$，所以利润也是产出的函数，即 $\pi=\pi(q)$。就上式的利润函数对产出求一阶导数，并令该导数值等于 0，可以得到利润最大化的必要条件。由

$$d\pi/dq=dTR/dq-dTC/dq=0$$

得到　　　　　　　　　$MR=MC$

其中，$MR=dTR/dq$，为边际收益；$MC=dTC/dq$，为边际成本。即厂商达到利润最大化的必要条件是生产推进到边际成本等于边际收益的产量点。图 4-22 显示了厂商利润最大化的必要条件。

由图 4-22 可以看出，当产量达到 q 时，厂商获得最大化利润。该点满足利润最大化的必要条件。在该产量点，总成本曲线切线的斜率（dC/dq）等于总收益曲线切线的斜率

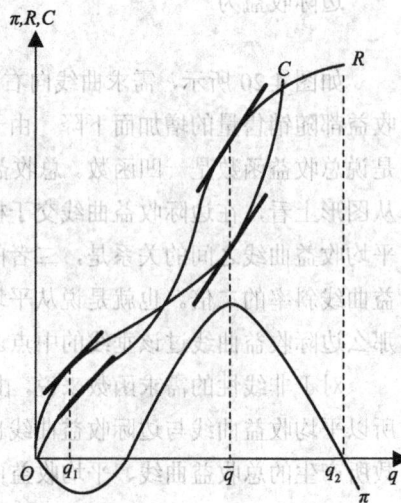

图 4-22　利润最大化的条件

（dR/dq）。但是仅仅满足利润最大化的必要条件并不能保证厂商获得最大化利润，图 4-21 中的另一产出水平 q_1 点也满足利润最大化的必要条件，但并非达到利润最大化的必要条件。所以除了给出利润最大化的必要条件外，我们还要给出利润最大化的充分条件。利润最大化的充分条件是

$$d^2\pi/dq^2 < 0$$
$$即 \quad d^2R/dq^2 < d^2C/dq^2$$

显然，图 4-21 中 q 的产量点不仅满足利润最大化的必要条件，而且满足利润最大化的充分条件，因此该产出水平可使厂商获得最大化利润。而 q_1 产量点只满足利润最大化的必要条件，不满足利润最大化的充分条件，因此不是利润最大化的均衡点。

4.6 案例分析

4.6.1 案例一

包头某羊绒公司是一家专门生产羊绒围巾的民营企业，该企业产品主要用于出口，经济效益较好。生产羊绒围巾有多道生产环节，其中搓穗工序完全是手工操作，劳动密集度很高，每年需要雇佣200名左右的工人，主要是来自包头郊区邻近农村的女工。搓穗工序生产季节性较强，人员流动性较高，工人轮换率大约在一半上下。新进厂的搓穗工需要经过一段时期的实习，技术达到一定水平后才能进入正式独立生产序列。不难理解，搓穗工劳动绩效即其单位时间完成的羊绒穗产量（条），与工人累计搓穗数量具有正相关关系；累计搓穗工作时间越长或累计搓穗数量越大，单位时间（每天或每小时）完成的羊绒穗数量就越大。成本与产出是不同经济活动面临的普遍经济关系，降低单位产出成本是管理实践的基本目标之一。经济学提炼出规模经济、学习效应、范围经济等概念，从不同角度对成本产出关系特征加以分析概括。学习效应是指把工人或其他从业人员通过实际工作经验积累带来能力提升和降低生产成本的影响，也就是"干中学"带来的成本节省效应。在羊绒搓穗生产工序中，单位时间羊绒穗产量与工人累计搓穗数量之间的正相关关系，也就是羊绒穗产品劳动成本与搓穗工累计产量之间的反相关关系，具有学习效应的涵义。

本文试图度量搓穗工序的学习效应关系。样本数据收集方式是：从搓穗工人中随机（不重复）抽取6名工人；样本数据采集两个月的12个时点数据（即6、7月每月5、10、15、20、25、30日）。以平均每天工作时间8小时计算，可以得到每条围巾搓穗需要的小时数即"单位产量时间"。可以看出，工人在6月初每搓一个穗所需要的时间较长，随着工作时间延长和累计产量增加，他们变得越来越熟练；搓穗速度加快了，每搓一条穗所需要的时间越来越短，体现了学习效应的作用。但是学习效应随着生产效率提高渐趋消失。很可能收敛在单位产品需要0.3～0.4小时的水平。（本案例选自卢锋《商业世界的经济学观察》，北京大学出版社，2003年）

案例思考题

1. 什么是规模经济？影响规模经济的因素有哪些？

2. 学习效应如何影响规模经济？怎么来衡量？

3. 从本案例的数据中，你能得出哪些结论？

4. 你还能举出你的身边发生的学习效应的例子吗？

4.6.2 案例二

中国航空工业第一集团公司在2000年8月决定今后民用飞机不再发展干线飞机，而转向发展支线飞机。这一决策立时引起广泛争议和反弹。该公司与美国麦道公司于1992年签订合同合作生产 MD90干线飞机。1997年项目全面展开，1999年双方合作制造的首架飞机成功试飞，2000年第二架飞机再次成功试飞，并且两架飞机很快取得美国联邦航空局颁发的单机适航证。这显示中国在干线飞机制造和总装技术方面已达到20世纪90年代的国际水平，并具备了小批量生产能力。就在此时，MD90项目下马了。在各种支持或反对的声浪中，讨论的角度不外乎两大方面：一是基于中国航空工业的战略发展，二是基于项目的经济因素考虑。本文不想就前一角度展开讨论，在这方面航空专家最有发言权。单从经济角度看，干线项目上马、下马之争可以说为"沉没成本"提供了最好的案例。许多人反对干线飞机项目下马的一个重要理由就是，该项目已经投入数十亿元巨资，上万人倾力奉献，耗时六载，在终尝胜果之际下马造成的损失实在太大了。这种痛苦的心情可以理解，但丝毫不构成该项目应该上马的理由，因为不管该项目已经投入了多少人力、物力、财力，对于上下马的决策而言，其实都是无法挽回的沉没成本。

案例思考题

1. 什么是沉没成本？它与其他成本的关系如何？在决策中如何正确看待沉没成本？

2. 在本案例中沉没成本是如何表现的？它会如何影响人们的决策？

3. 请你分析或预测本案例两个事件中企业决策的后果如何？你倾向于哪种决策？

4. 将来如果你是一个企业的决策者，你将如何避免沉没成本的发生？

5. 你还能举出你的身边发生的或看到了解到的沉没成本影响人们决策的例子吗？

课后习题

1. 生产函数 $Q=f(L, K_0)$ 的 TP_L 为正且递减时，MP_L 可以（　　）。

    A. 递减且为正　　　B. 递减且为负　　　C. 为零　　　D. 以上都可能

2. 生产函数 $Q=f(L, K_0)$ 反映生产的第二阶段应该（　　）。

    A. 开始于 AP_L 曲线的最高点，终止于 MP_L 为零处

    B. 开始于 MP_L 曲线的最高点，终止于 AP_L 曲线的最高点

    C. 开始于 AP_L 曲线和 MP_L 曲线的相交处，终止于 MP_L 曲线和水平轴的相交处

    D. 以上都对

3．要素 L 和 K 之间的技术替代率为-4。如果你希望生产的产品的数量保持不变，但 L 的使用量又要减少 3 个单位，请问你需要增加多少单位的要素 K？（　　　）

    A．0.75　　　　　　　B．12　　　　　　　C．16　　　　　　　D．7

4．对于生产函数 $Q=f(L, K)$ 和成本方程 $C=wL+rK$ 来说，在最优的生产要素组合点有（　　　）

    A．$MRTS_{LK}=w/r$　　　　　　　　　　B．$MP_K/r=MP_L/w$

    C．等产量曲线与等成本曲线相切　　　D．以上都对

5．如果等成本曲线在坐标平面上与等产量曲线相交，那么要生产等产量曲线表示的产量水平（　　　）。

    A．应增加成本支出　　　　　　　　　B．不能增加成本支出

    C．应减少成本支出　　　　　　　　　D．不能减少成本支出

6．请画图说明短期生产的三个阶段与短期生产的决策区间。

7．什么是边际收益递减规律？如何理解？

8．简述平均产量和平均可变成本之间的关系。

9．一个企业主在考虑再雇佣一名工人时，在劳动的平均产量和边际产量中他更关心哪一个？为什么？

10．假定甲、乙两国各有一钢铁企业，甲的钢铁企业生产一吨钢需 10 人，而乙国只需 3 人。我们能否认为乙国的钢铁企业比甲国的钢铁企业的效率高？为什么？

11．已知生产函数为 $Q=f(K, L)=KL-0.5L^2-0.32K^2$，表示产量，$K$ 表示资本，L 表示劳动。令上式的 $K=10$。

（1）写出劳动的平均产量函数和边际产量函数。

（2）分别计算当总产量、平均产量和边际产量达到最大值时厂商雇佣的劳动数量。

12．设某厂商品总产量函数为：$TP=72L+15L^2-L^3$。求：

（1）当 $L=7$ 时，边际产量 MP 是多少？

（2）L 的投入量为多大时，边际产量 MP 将开始递减？

13．已知某厂商的生产函数为 $Q=L^{3/8}K^{5/8}$，又设 $P_L=3$ 元，$P_K=5$ 元。

（1）求产量 $Q=10$ 时的最低成本支出和使用的 L 和 K 的数量。

（2）求产量 $Q=25$ 时的最低成本支出和使用的 L 和 K 的数量。

（3）求总成本为 160 元使厂商均衡的 Q、L 和 K 的数量。

14．已知生产函数为 $Q=\min(L, 2K)$。

（1）如果产量 $Q=20$ 单位，则 L 和 K 分别为多少？

（2）如果 L 和 K 的价格为（1，1），则生产 10 个单位产量的最小成本是多少？

15．已知某厂商的生产函数为 $Q=0.5L^{1/3}K^{2/3}$；当资本投入量 $K=50$ 时资本的总价格为 500；劳动的价格 $P_L=5$。求：

（1）劳动的投入函数 $L=L(Q)$。

（2）总成本函数、平均成本函数和边际成本函数。

（3）当产品的价格 $P=100$ 时，厂商获得最大利润的产量和利润各是多少？

扩展阅读

边际报酬递减规律失灵了吗——马尔萨斯和食物危机	产量的增减是由什么因素决定的？	企业投入产出最大化的制约因素	企业长期生产决策中的抉择——生产要素的替代

企业追求利润的最大化，需要考虑所处的市场结构。市场是从事商品交易的场所，是一切交换关系的总和。由于厂商所处的市场不同，就具备各自不同的特点，表现在消费群体不同、与其他厂商的竞争强弱程度不同、同类产品之间的差别大小不同等方面。一般来说，经济学根据市场竞争程度的强弱把市场分为四种类型的结构：完全竞争、垄断、垄断竞争、寡头垄断。本章我们从最理想的完全竞争市场入手，逐一学习各种市场结构下厂商的需求曲线、均衡等一系列问题。

5.1 完全竞争市场

完全竞争市场是资源配置效率最高的一种市场结构。完全竞争企业有两个突出的特点，一是每一个企业的产量对整个市场来说微不足道，二是产品与其他企业产品毫无区别。

5.1.1 完全竞争市场的概念及基本条件

1. 概念

完全竞争市场（Perfect Competition Market）是指竞争不受任何阻碍和干扰，排除任何垄断可能的市场结构。美国著名经济学家张伯伦将完全竞争描述为没有"垄断因素"的竞争。

2. 基本条件

（1）市场上有大量的生产者与消费者。

由于市场上有大量的厂商，每个厂商所生产的产品数量都只占全行业供给总量微不足道的份额，因而每一个厂商都不可能通过自己产量的调整影响整个行业的供求关系，当然也就不可能成为价格的决定者，只是既定价格的接受者。这就是在第 4 章中介绍收益概念时所提到的价格不变的市场条件。完全竞争不仅是指生产者的完全竞争，也包括消费者的完全竞争。由于存在大量的消费者，每一个消费者的购买量也只占全行业需求总量的一个微不足道的份额。这样，每一个消费者也不可能通过调整自己的购买数量来影响整个市场的供求关系，改变市场价格，因而只能成为市场价格的接受者。

（2）同一行业的不同厂商所生产的产品完全无差别。

这里讲的产品差别不是指不同类产品的差别，而是指同类产品在质量、品牌、性能、包装、销售条件、售后服务等各个方面的差别。无差别就是指不同厂商的同类产品没有任何差异，是同质的。强调产品的无差别也就排除了厂商通过产品特色有可能形成的相对垄断，这样的竞争才是完全的。

（3）生产资源可以完全自由流动。

所谓资源的自由流动是指任何一种生产资源都能够对市场信息做出迅速反应，流入或流出这一市场。一般来说，资源自由流动包括以下几方面的含义。

① 劳动力在地理位置与工作种类上的流动不受阻碍。

② 任何一个要素所有者或生产者都不能垄断投入。

③ 任何厂商进入或退出一个行业是完全自由的，不存在任何障碍。

生产资源的自由流动，使厂商能及时向获利的行业转移或及时退出亏损的行业，全社会的经济资源才能做到最有效的配置。

④ 生产者和消费者都具有市场的完全信息。

完全竞争市场上的每一个生产者和消费者都可以获得完整、有效、迅速的市场供求信息，以此做出自己的生产和消费决策，实现利润最大化。从而就排除了个别经济主体由于对信息的垄断而进行不完全竞争的可能。

完全竞争市场的假设条件是非常严格的，在现实的经济中完全符合以上 4 个条件的市场实际上是不存在的，某些农产品市场通常被看成是比较接近于完全竞争的市场。但分析完全竞争市场的意义在于为现实中的市场树立一个理想的参照体。

5.1.2　完全竞争条件下厂商面临的需求曲线和收益曲线

1. 需求曲线

在分析这一问题时，首先必须区分整个行业的需求曲线和单个厂商的需求曲线。

在任何一个市场中，消费者对整个行业所生产的产品的需求曲线称为行业需求曲线，它向右下方倾斜，如图 5-1 中的 D 线。它表示，价格越高，消费者对全行业产品的需求量越少；价格越低，对全行业产品的需求量越多。

在完全竞争市场中，单个厂商所面临的需求曲线是一条由市场均衡价格水平所决定的水平线。如图 5-2 中的 d 线。它表示，在完全竞争的条件下，单个厂商只能被动地接受由全行业供求关系所决定的既定的市场价格。无论这个厂商生产多少产量都可以按既定的市场价格卖出去。换言之，在既定的价格条件下，市场对单个厂商产品的需求量是无限的。

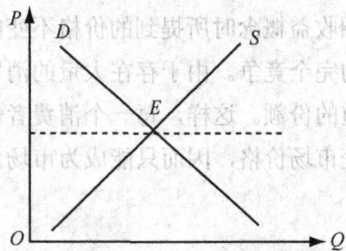

图 5-1　完全竞争行业的需求曲线

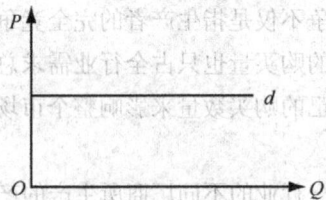

图 5-2　完全竞争厂商的需求曲线

2. 平均收益曲线

平均收益是厂商平均每单位产品的收益，因为完全竞争厂商按既定的市场价格出售产品，所以平均收益等于市场价格。

设总收益为价格与产量（即销售量）的乘积，即

$$TR = P \cdot Q \quad （即：TR=PQ）$$

平均收益是总收益除以销售量，即

$$AR = \frac{TR}{Q} = \frac{PQ}{Q} = P$$

上式说明，平均收益等于产品的市场价格。必须注意的是，在各种类型的市场上，平均收益与价格都是相等的，因为每单位产品的售价就是其平均收益。如图 5-2 平均收益曲线与需求曲线都是同一条线，即图中的曲线 d。

3. 边际收益曲线

边际收益是增加一单位销售量所得到的收益增加值。因为对单个厂商来说，无论销售量增加多少，市场价格都保持不变，所以有

$$MR = \frac{\mathrm{d}(TR)}{\mathrm{d}Q} = \frac{\mathrm{d}(PQ)}{\mathrm{d}Q} = P$$

在完全竞争条件下，厂商每增加一单位产品的销售，市场价格仍保持不变，平均收益也保持不变，每增加一单位产品销售的边际收益也不会变。所以，平均收益与边际收益相等。

$$MR = AR = P$$

需要注意，对单个厂商来说只有在完全竞争市场上，平均收益、边际收益与价格才相等。因为只有在完全竞争的市场中，单个厂商销售量的增加才不会影响价格。

正因为价格、平均收益与边际收益都是相等的，所以，平均收益曲线、边际收益曲线与需求曲线都是同一条线，即图 5-2 中的曲线 d。这条需求曲线的需求价格弹性系数为无限大，在市场价格为既定时，对单个厂商产品的需求是无限的。

竞争在经济分析中
的涵义

5.1.3 完全竞争厂商的短期均衡

当厂商保持生产水平不变，既不扩大也不缩小时，厂商就达到并处于均衡状态。厂商的短期均衡是指企业在生产规模既定的条件下，如何通过产量调整实现利润最大化。

在完全竞争的条件下，厂商是市场价格的接受者，市场价格由市场的供求决定。从整个行业的市场来看，当供给小于需求时，价格高，当供给大于需求时，价格低。短期均衡就是分析在这两种情况下，单个厂商决定一个使利润最大或亏损最小的产销量，这个产销量就是短期均衡产量。承前所述，$MR = MC$ 是各种市场条件下，厂商为实现利润最大化确定产量的一般原则，所以，对于完全竞争厂商来说，其短期均衡的条件通常描述为 $MR = SMC$。

现在我们结合完全竞争市场进行具体分析。

如图 5-3 所示，三条成本曲线 SMC、SAC 和 AVC 共同代表了厂商既定的固定资产规模，d_1、d_2、d_3、d_4、d_5 分别代表由市场供求关系所决定的五种不同价格水平的需求曲线。下面的分析将表明，在完全竞争厂商规模既定的条件下，无论市场价格如何变化，厂商确定产量的原则都是 $MR = SMC$，都能实现利润最大化。但在不同的价格条件下，利润最大化的含义是不同的。

① 当 $AR > SAC$ 时，厂商按 $MR = SMC$ 确定产量，能最大限度地获得经济利润。有两种情况可能使完全竞争厂商在短期面临着价格高于平均成本的有利局面：其一，产品市场供不应求，因而价格水平较高。其二，该厂商由于规模、技术等优势，使成本暂时低于同行业其他厂商。当市场价格

为 P_1，即面临的需求曲线为 d_1 时，厂商根据 $MR = SMC$ 的利润最大化原则，确定最优产量是 Q_1。因为在 Q_1 的产量上，SMC 曲线和 MR_1 曲线相交于 E_1 点。E_1 点是厂商的短期均衡点。此时，厂商的平均收益为 E_1Q_1，平均成本为 F_1Q_1，平均收益大于平均成本，厂商获得经济利润，在单位产品上所获得的经济利润是 E_1F_1，经济利润总量是 $E_1F_1 \cdot OQ_1$，相当于图形上矩形 $E_1F_1H_1P_1$ 的面积。根据上一章所讲的利润最大化原则进行分析，Q_1 一定是经济利润最大的产量。

② 当 $AR = SAC$ 时，厂商按 $MR = SMC$ 确定产量，可以实现盈亏平衡。相对于第一种情况，如果市场价格由 P_1 降到 P_2，厂商的需求曲线是 d_2，正好和 SAC 曲线的最低点相切于 E_2 点，SMC 曲线也经过该点。根据 $MR = SMC$ 确定的均衡产量是 Q_2，这时的平均收益是 E_2Q_2，平均成本也是 E_2Q_2，$AR = SAC$，厂商实现盈亏平衡。而在其他产量上，平均成本都大于平均收益，厂商都会有亏损。应该说明的是，盈亏平衡意味着厂商已经获得了全部正常利润，只是没有经济利润。由于在该点上，厂商既无经济利润，又无亏损，所以也把 SMC 与 SAC 的交点称为"盈亏平衡点"或"收支相抵点"。

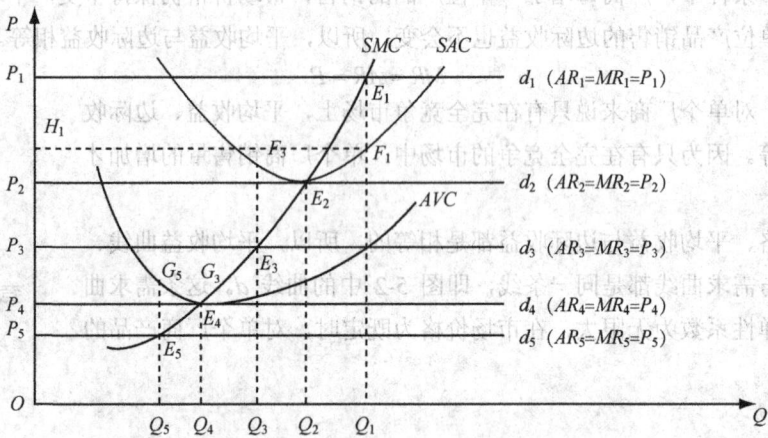

图 5-3　完全竞争厂商的短期均衡

③ 当 $AVC < AR < SAC$ 时，厂商会有亏损，但在短期内还应继续生产。如果市场价格继续降到 P_3 的位置，厂商的需求曲线是 d_3。由于 AR 曲线和 SAC 曲线已没有交点，也没有切点，说明厂商在任何产量条件下都会有亏损。由于厂商的平均收益，即市场价格大于平均可变成本，因而在短期内生产比不生产是有利的。厂商仍然应根据 $AR = SAC$ 的原则确定均衡产量 Q_3。在 Q_3 的产量水平上，平均收益是 E_3Q_3，平均成本是 F_3Q_3，平均收益小于平均成本，厂商是亏损的。单位产品亏损额是 F_3E_3，总亏损额是 $F_3E_3 \cdot OQ_3$。厂商虽然亏损，但按 $MR = SMC$ 所确定的均衡产量 Q_3，一定是总亏损额最小的产量。

④ 当 $AVC = AR < SAC$ 时，厂商亏损，且处于停止营业的临界点上。如果价格进一步降到 P_4 的水平，需求曲线位于 d_4 的位置，且正好与 AVC 曲线的最低点 E_4 相切，SMC 曲线也经过该点。根据 $MR = SMC$ 确定的均衡产量是 Q_4，平均收益小于平均成本，但等于平均可变成本。这时厂商若生产会有亏损，单位产品亏损额是平均成本与平均可变成本的差，即平均固定成本，亏损总额是全部固定成本。厂商若不生产，短期内也要亏损全部固定成本。因而短期内厂商处在生产与不生产的临界点上，通常称该点为"停止营业点"或"关闭点"。在该点上，生产与不生产对于厂商而言结果都是一样的。

⑤ 当 $AR < AVC < SAC$ 时，厂商不仅亏损全部固定成本，还要亏损部分变动成本，应立即停止生

产。如果价格降到了 P_5 的水平，需求曲线位于 d_5 的位置，低于 AVC 曲线，说明厂商无论将产量调整在什么水平，其价格都不能弥补平均成本，而且不能弥补全部平均可变成本。这时厂商必须立即停产，因为停产的损失是全部固定成本，而继续生产的损失不仅是全部固定成本，还有部分可变成本。

综上所述，完全竞争厂商在短期内的所有市场价格条件下都应根据 $MR = SMC$ 确定产量。当价格低于平均可变成本时，厂商应立刻停产。所以说，完全竞争厂商短期均衡的条件是：$MR = SMC$，$P \geqslant AVC$。

由图 5-3 可以看出，给定一个价格，厂商就能确定一个最佳的产量供给水平，而这个价格与供给数量的对应关系正好就市场上的供给曲线，可见，厂商的短期供给曲线就是位于 AVC 线最低点以上的那部分 MC 线，呈现左下方向右上方倾斜的趋势。进而我们可以得出结论，之所以厂商的供给曲线是这种样子，是因为它在厂商追求利润最大化的过程中自然而然形成了。

5.1.4 完全竞争厂商的长期均衡

在长期内，各个厂商都可以根据市场价格来调整全部的生产要素来组织生产，由于时间足够长，厂商可以自由的进入或退出该市场。长期均衡就是指厂商通过对全部生产要素的调整，来实现最大利润。厂商通过对固定资产规模的调整来实现利润最大化，这种调整包括两个方面：其一是单个厂商对自己工厂规模的调整；其二是新厂商加入和原有厂商退出所引起的整个行业规模的调整。下面分别加以说明。

1. 厂商自身规模调整与长期均衡的实现

在图 5-4 中，SMC_0、SAC_0、SMC_1、SAC_1、SMC_2、SAC_2、SMC_3 和 SAC_3，分别代表四种不同的短期生产规模。根据 $MR=SMC$ 的短期均衡原则，其各自的短期最佳产量是 Q_0、Q_1、Q_2、Q_3。从长期来看，厂商可以通过自身规模的调整来提高效益。厂商规模的调整使 SAC 曲线沿着 LAC 曲线移动，最终将自身规模调整到 LAC 曲线的最低点，这时厂商的短期平均成本和长期平均成本都是最低的。从图 5-4 来看，SAC_2 和 SMC_2 所表示的规模是最佳规模，Q_2 是最佳产量，这时实现了长期均衡。图 5-4 中的长期均衡点是 E_2，长期均衡条件是 $SMC = SAC = LMC = LAC$。

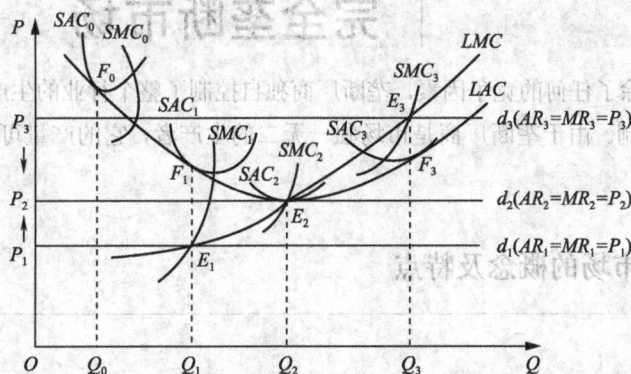

图 5-4 完全竞争厂商的长期均衡（一）

2. 行业规模调整与长期均衡的实现

在短期内，如果产品市场供不应求，价格水平偏高，则会使厂商获得经济利润。经济利润的存在会吸引新厂商加入，整个行业规模扩大，产品价格下降，出现了亏损，许多厂商又退出行业，使得整个行业的供给减少，产品价格又上升，这样不断往复直到经济利润消失。这时，新厂商不再加入也不再退出，实现长期均衡。如图5-5所示，价格由 P_3 降到 P_1，再由 P_1 上升到 P_2，即需求曲线由 d_3 的位置降至 d_1 的位置，然后再由 d_1 位置上升到 d_2 位置。

行业规模的调整最终会使价格线，也就是 AR 曲线、MR 曲线，与 LAC 曲线的最低点相切，即图5-5中的 E_2 点。这时

$$AR = MR = LAC = LMC$$

综合厂商自身规模调整和整个行业规模调整的两个过程来看，完全竞争厂商实现长期均衡的条件是

$$MR = AR = SMR = SAC = LMC = LAC$$

其中，

$$MR = AR = P。$$

它是 $MR = MC$ 利润最大化原则在完全竞争市场长期均衡中的具体表现。

在实现长期均衡的条件下，完全竞争厂商既不可能有亏损，也不可能有经济利润。

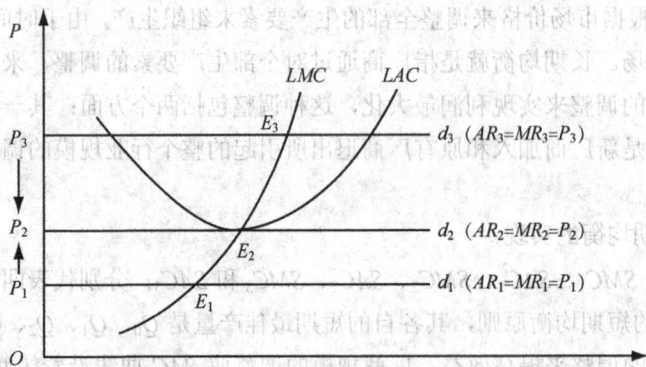

图5-5 完全竞争厂商的长期均衡（二）

应用实例：政府办的大型养鸡场为什么赔钱？

5.2 | 完全垄断市场

完全垄断市场排除了任何的竞争因素，垄断厂商独自控制了整个行业的生产和销售，因而市场价格也为其所操纵和控制。由于垄断厂商是市场独一无二的生产者，它的产量可以在市场有100%的占有率。

5.2.1 完全垄断市场的概念及特点

1. 概念

完全垄断（Monopoly）又称独占或纯粹垄断，与完全竞争市场结构相反，完全垄断市场结构是指一家厂商控制了某种产品全部供给的市场结构，厂商即行业。一个厂商能垄断一个行业必然有一定原因。完全垄断市场的产品一般没有相近的替代品，而且其他厂商进入这个行业是不可能的。

按形成垄断的原因分，可以把垄断分成：资源垄断、自然垄断、特许垄断和专利垄断等。

第一，资源垄断，即对资源的独家控制。如果一家厂商控制了用于生产某种产品的全部资源或基本资源的供给，其他厂商就不能生产这种产品，从而该厂商就可能成为一个垄断者。

第二，自然垄断。如果某种商品的生产具有十分明显的规模经济性，需要大量固定资产投资，规模报酬递增阶段要持续到一个很高的产量水平，此时，大规模生产可以使成本大大降低。那么由一个大厂商供给全部市场需求的平均成本最低，两个或两个以上的厂商供给该产品就难以获得利润。这种情况下，该厂商就形成"自然垄断"。许多公用行业，如电力供应、天然气供应、地铁等是典型的自然垄断行业。

第三，特许垄断。政府根据行政或法律的强制手段，赋予某个企业产品生产的特许权，而不允许任何其他企业染指。例如，政府允许企业对供水、供电、铁路、邮政等一些公用事业实行完全垄断。

第四，专利垄断。垄断厂商也可受到专利权、版权和其他形式的许可证的保护。关税和其他形式的贸易限制也可以禁止来自于国外的竞争。

2. 特点

完全垄断市场的特点如下。

（1）厂商数目唯一，一家厂商控制了某种产品的全部供给。完全垄断市场上垄断企业排斥其他竞争对手，独自控制了一个行业的供给。由于整个行业仅存在唯一的供给者，企业就是行业。

（2）完全垄断厂商是市场价格的制定者。由于垄断厂商控制了整个行业的供给，也就控制了整个行业的价格，成为价格制定者。完全垄断厂商可以有两种经营决策：以较高价格出售较少产量，或以较低价格出售较多产量。

（3）完全垄断厂商的产品不存在任何相近的替代品。否则，其他厂商可以生产替代品来代替垄断厂商的产品，完全垄断厂商就不可能成为市场上唯一的供给者。

（4）其他任何厂商进入该行业都极为困难或不可能，要素资源难以流动。完全垄断市场上存在进入障碍，其他厂商难以参与生产。

如同完全竞争市场一样，完全垄断市场的前提假设条件也十分严格，所以，其在现实经济生活中也很少存在。

"钻石恒久远，一颗永流传"——关于垄断的联想

5.2.2 完全垄断厂商的需求与收益曲线

由于垄断行业只有一家企业，所以垄断企业所面临的需求曲线就是整个行业所面临的需求曲线。所有的市场需求曲线一样，垄断企业的市场需求曲线是向右下方倾斜的，表示消费者对该企业产品的需求量与价格呈反方向变动。这就是第 4 章介绍过的价格递减的市场条件。需求曲线（d）也就是价格线（P）、平均收益曲线（AR）。在完全垄断条件下，随着产量的不断增加，需求曲线（d），即 AR 曲线向右下方倾斜，而且边际收益曲线（MR）以更快的速度也向右下方倾斜，如图 5-6 所示。

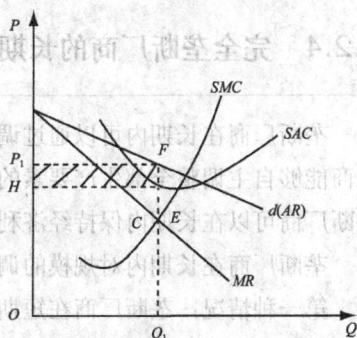

图 5-6 完全垄断厂商的短期均衡（一）

5.2.3　完全垄断厂商的短期均衡

不同的垄断厂商的经营目标是不相同的。一般而言，政府垄断企业的经营目标是社会效益，而不是利润最大化。我们在这里重点讨论以利润最大化为目标的私人垄断企业如何进行价格与产量的决定。

与完全竞争市场类似，垄断厂商利润最大化时的产量也是由需求状况和成本状况共同决定的。其利润最大化条件为 $MR=MC$，这也是垄断厂商短期均衡的条件。在短期内，垄断厂商由于各种原因，如既定规模成本过高，或面对的市场需求较小等，可能导致短期里盈亏平衡甚至亏损，不一定总是获得垄断利润。所以垄断厂商的短期均衡有三种情况：获得超额利润、获得正常利润或蒙受损失。在图 5-6 中，SMC、SAC 曲线代表厂商在既定工厂规模下的边际成本和平均成本，d 曲线和 MR 曲线是垄断厂商所面临的需求曲线和边际收益曲线。SMC 曲线和 MR 曲线的交点 E 是利润最大化的均衡点。E 点所表示的产量 Q_1 是利润最大化产量，P_1 是 Q_1 产量条件下的价格。垄断厂商的平均成本是 H，平均收益是 P_1，平均成本小于平均收益。总成本是矩形 $OHCQ_1$，总收益是 OP_1FQ_1，总成本小于总收益，企业获得了经济利润。经济利润总量就是总收益大于总成本的部分，是图中阴影部分 HP_1FC 的面积。

一般而言，垄断厂商在短期内可以获得经济利润，但并不是一定能获得经济利润。在图 5-7 中，垄断厂商无论怎么调整产量，亏损都是不可避免的。但根据停止营业的原则，只要 $AR > AVC$，按 $MR = SMC$ 的原则来确定产量，则能将亏损减至最小。在图 5-7 中，产量 Q_1 是 $MR = SMC$ 的利润最大化的产量，相应的平均成本是 H，总成本是矩形 $OHCQ_1$ 的面积。平均收益是 P_1，总收益是矩形 OP_1FQ_1 的面积。总成本大于总收益的部分，矩形 P_1HCF 是亏损额，而且一定是最小的亏损额。

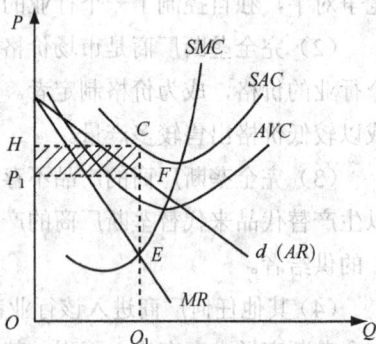

图 5-7　完全垄断厂商的短期均衡（二）

在短期内，完全垄断厂商可以获得经济利润，可以盈亏平衡，也可以有一定亏损，这三种情况都可能存在。

同完全竞争市场不同的是，无法找到垄断厂商有规律性的供给曲线。因为厂商在追求利润最大化的过程中，会出现一个价格对应两个数量，或者一个数量对应两个价格的情况。

5.2.4　完全垄断厂商的长期均衡

垄断厂商在长期内可以通过调整自身规模来实现最大利润。可以调整自身规模，就意味着垄断厂商能够自主调整全部生产要素的投入量。由于完全垄断排除其他厂商加入该行业的可能性，因而垄断厂商可以在长期内保持经济利润。

垄断厂商在长期内对规模的调整所引起的收益变化有三种可能的结果。

第一种情况：垄断厂商在短期内获得利润，在长期内通过规模调整使利润增加，并长期保持。

第二种情况：垄断厂商在短期内亏损，在长期内，通过规模调整，摆脱了亏损，甚至获得了经济利润。

第三种情况：垄断厂商在短期内亏损，在长期内又找不到一个能使其摆脱亏损的生产规模；于是该厂商退出生产。对于第三种情况，不需要再分析，与前两种情况的分析基本相同。下面以第一种情况为例，通过图 5-8 进行分析。

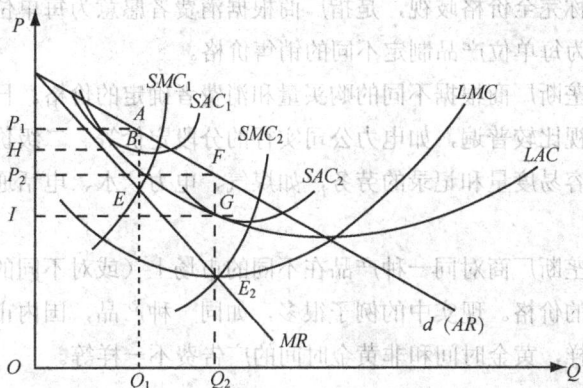

图 5-8　完全垄断厂商的长期均衡

在图 5-8 中，如果垄断厂商在短期内的生产规模是 SAC_1 和 SMC_1 所代表的规模。根据 $MR = SMC$ 的短期均衡原则，垄断厂商的产量是 Q_1，价格是 P_1。厂商的经济利润是 HP_1AB 的面积。

在长期内，垄断厂商可以通过对生产规模进行调整来扩大利润。根据 $MR = LMC$ 的长期均衡原则，垄断厂商将规模调整到 SAC_2 和 SMC_2 所代表的规模，该规模的 SMC_2 曲线与 LMC 曲线和 MR 曲线相交于 E_2 点，它就是规模调整后所形成的新的长期均衡点。这时的长期均衡产量是 Q_2，价格是 P_2，长期经济利润扩大到 IP_2FG 所代表的矩形面积。同时，如图 5-8 所示，代表最优生产规模的 SAC 曲线与 LAC 曲线相切于 G 点。因此，垄断厂商的长期均衡条件是

垄断企业是如何赚钱的

$$MR = LMC = SMC$$

它是 $MR = MC$ 利润最大化原则在完全垄断市场长期均衡中的具体表现。垄断厂商在长期均衡状态点上可以获得经济利润。

5.2.5　完全垄断厂商的定价策略——价格歧视

价格歧视是指同一厂商在同一时间对同一产品向不同的购买者索取两种或两种以上的价格，或者对销售给不同购买者的同一产品在成本不同时索取相同的价格。完全垄断厂商作为市场价格的制定者，可以根据市场情况选取不同的定价策略来确定市场价格，即，完全垄断厂商可以采取价格歧视的策略定价。

垄断厂商实行价格歧视必须具备以下两个条件：一是不同市场之间可以有效地分离，消费者之间不存在产品的转售。否则，消费者将在价格低的市场购买商品，或者把低价购进的商品在价格更高的市场上重新出售，从而使价格歧视难以维持。二是被分隔开的多个市场上需求弹性不同。只有在这种情况下，垄断者根据不同的需求弹性对同一商品索取不同的价格，才能获得

应用实例：经济学教科书的特色化经营

多于索取相同价格时的利润，否则最佳策略是对同一商品收取相同价格。

一般来说价格歧视分为三类：一级价格歧视、二级价格歧视和三级价格歧视。

一级价格歧视，又称完全价格歧视，是指厂商根据消费者愿意为每单位商品付出的最高价格而为每单位产品制定不同的销售价格。

二级价格歧视是指垄断厂商根据不同的购买量和消费者确定的价格。日常生活中，二级价格歧视比较普遍，如电力公司实行的分段定价等。二级价格歧视主要适用于那些容易度量和记录的劳务，如煤气、电力、水、电话通信服务等的出售。

三级价格歧视是指垄断厂商对同一种产品在不同的市场上（或对不同的消费者群体）收取不同的价格。现实中的例子很多，如同一种产品，国内市场和国际市场价格不一样，黄金时间和非黄金时间的广告费不一样等。

应用实例：美国民航业的歧视定价

应用实例：钻石背后藏暴利

5.3 垄断竞争市场

在现实中符合完全竞争或垄断的严格条件的市场是很少见的，现实中的市场则主要是介于完全竞争和垄断之间的市场结构，我们称之为垄断竞争和寡头垄断的市场。

5.3.1 垄断竞争市场的概念及特点

1. 概念

垄断竞争（Monopolistic Competition）是指一种既有垄断又有竞争，既不是完全竞争又不是完全垄断的市场结构，是介于完全垄断与完全竞争之间的一种市场结构。垄断竞争市场的一个明显特征是在一个市场中有许多厂商生产和销售有差别的同类产品。

从可口可乐与星巴克咖啡看垄断竞争

2. 特点

（1）厂商生产有差别的同类产品，或称"异质商品"。产品差别是指同行业的不同企业所生产的同类产品在质量、品牌、性能、外观、售后服务等各方面的差别。此外，产品的商标、广告方面的差别和以消费者的想象为基础的虚构差别等均应属于产品差别这一范畴。每个厂商可以根据自己产品的差别形成相对的垄断。例如，在手机制造行业中，某一个厂商首先开发出带拍照功能的手机，因而可以在短期内对带拍照功能的手机形成销售垄断，并获得垄断利润，这就类似于完全垄断。另一方面，有差别的产品毕竟也是同类产品，相互之间是相似的替代品。而且，从长期来看，产品差别很容易被同行业的其他厂商所仿效，使产品差别消失，垄断利润也随之消失，这又类似于完全竞争。

（2）市场中存在大量的厂商，每个厂商的规模都不大，彼此之间存在着较为激烈的竞争。由于每个厂商都认为自己的产量在整个市场中只占有一个很小的比例，因而厂商会认为自己改变产量和价格，不会招致其竞争对手们相应行动的报复。

（3）厂商进入或退出该行业都比较容易，资源流动性较强。垄断竞争市场是现实生活中常见的一种市场结构，如肥皂、洗发水、毛巾、服装、布匹等日用品市场，餐馆、旅馆、商店等服务业市场，牛奶、火腿等食品类市场，书籍、药品等市场大都属于此类。

应用实例：一个最需要作广告宣传的市场——垄断竞争市场

5.3.2　垄断竞争厂商的需求曲线

在理论分析中，垄断竞争厂商同时面临两条需求曲线：主观需求曲线和客观需求曲线。它们在图 5-9 中分别由 d 需求曲线和 D 需求曲线表示。

1. 主观需求曲线

主观需求曲线是某垄断竞争厂商在调整价格时，假设在其他厂商不对此做出反应的前提下，消费者对该企业产品的需求曲线。如图 5-9 中的 d_1、d_2 和 d_3。d 需求曲线的需求价格弹性较大，因而向右下方倾斜比较平缓。该需求曲线表示：单个厂商在调整自己产品的价格时，会预期同行业的其他厂商保持价格不变，因而降低价格能大幅度增加产品销售量。该厂商预期自己降低价格能从两个方面扩大销售量：其一，自己产品原来的消费者会因价格下降而增加购买；其二，原来是其他厂商的消费者会因自己的产品价格下降转而成为自己的消费者，从而扩大市场占有率。同样道理，如果提高价格，该厂商预期同行业其他厂商也不会仿效，从而使自己的销售量大幅度减少。在图 5-9 中，若主观需求曲线为 d_1，则价格在 P_3、P_1 和 P_2 三种情况下，该厂商主观预期的需求量分别为 Q_4、Q_1 和 Q_2。

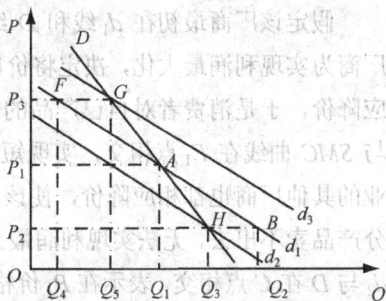

图 5-9　垄断竞争厂商的需求曲线

2. 客观需求曲线

客观需求曲线是所有厂商同比例调整价格时，消费者对某企业产品的需求曲线。如图 5-9 中的 D 线。D 需求曲线的需求价格弹性较小，向右下方倾斜比较陡峭。该需求曲线表示：当某一厂商首先降低价格时，同行业的其他厂商为避免减少市场占有率也会相应降低价格。因而首先降低价格的厂商所增加的销售量只来源于自己原有的消费者，而不会从其他厂商那里扩大市场占有份额。如果该厂商提价，其他厂商也会提价，使该厂商的销售量不会减少很多。在图 5-9 中，某厂商所实际面临的需求曲线是 D 线，当该厂商价格由 P_1 降至 P_2 时，它实际的销售量从 Q_1 沿着 D 需求曲线增加到 Q_3，而没有像预期的那样增加到 Q_2。反之，若价格由 P_1 提高到 P_3，则销售量会从 Q_1 减至 Q_5，也不像预期的那样减少到 Q_4。

3. 两条需求曲线的关系

厂商主观预期的变化会使 d 需求曲线沿着 D 需求曲线上下平行移动。垄断竞争厂商可以根据市场状况不断调整自己的主观预期。假设厂商期初主观需求曲线位于 d_1 的位置，它预期价格由 P_1 降至 P_2，销售量会从 Q_1 增至 Q_2。但实际上，销售量只增至 Q_3。于是，该厂商便调整自己的预期，使 d_1 移到 d_2 的位置，以使 P_2 价格下的主观需求量与客观需求量相等。同理，当它发现市场价格上升到 P_3 时原主观需求量 Q_4 小于客观需求量 Q_5，d_1 便会移到 d_3 的位置。

两条需求曲线的交点 A 所表示的价格水平 P_1 能使该厂商实现供求平衡。因为在 P_1 的价格条件下，厂商根据预期的销售量所生产的产量（d 需求曲线所表示的单个垄断竞争厂商单独改变价格时的产量）和实际的市场销售量（D 需求曲线所表示的垄断竞争厂商在每一市场价格水平所实际面临的市场需求量）都是 Q_1，实现供求平衡。而在其他价格时，供求不平衡。

5.3.3 垄断竞争厂商的短期均衡

在短期内，垄断竞争厂商在现有的固定资产规模条件下，根据 $MR = SMC$ 的原则来调整价格与产量，实现利润最大化状态下的均衡。如图 5-10 所示，SMC 和 SAC 曲线代表单个厂商的既定工厂规模下的相应成本，d 线和 D 线分别代表该厂商的两条不同的需求曲线，MR_1 和 MR_2 分别代表 d_1 和 d_2 两条需求曲线的边际收益曲线。

假定该厂商最初在 d_1 线和 D 线的交点 A 上进行生产，这时没有实现 $MR = SMC$ 的均衡条件。厂商为实现利润最大化，决定将价格降到 P_1。厂商预期自己将价格降到 P_1，同行业其他厂商不会相应降价，于是消费者对自己产品的需求将沿着 d_1 曲线由 A 点移动到 B 点，产量扩大到 Q_1，使 MR_1 与 SMC 曲线在 E_1 点相交，实现短期均衡，获得最大利润。但事实上，当该厂商降低价格后，同行业的其他厂商也都相应降价，使该企业产品需求量沿着 D 曲线增加到 Q_2。Q_2 小于 Q_1，该企业有部分产品卖不出去，无法实现利润最大化。于是，该厂商调整自己的主观预期，使 d_1 下降到 d_2 的位置。d_2 与 D 在 C 点相交，表示在 P_1 价格下，主观需求量与客观需求量相等，都是 Q_2。但是，MR_2 与 SMC 的交点所对应的产量为 Q_3，即实现利润最大化要求企业增产。

根据主观需求曲线 d_2，该企业将价格由 P_1 降到 P_2，可使需求量增加到 Q_3。但是，在 P_2 价格下，客观需求量只有 Q_4，该产量仍不能使企业实现利润最大化。

厂商为了实现短期均衡，不得不第三次、第四次降价，上述过程会一直持续到该厂商实现 $MR = SMC$ 为止。在图 5-11 中，该厂商最终将价格降至 P_0 的水平，这时 d 需求曲线与 D 需求曲线在 H 点相交，同时 MR 曲线与 SMC 曲线在 E 点相交，产量 Q_0 的水平实现了 $MR = SMC$ 的均衡条件，厂商在短期内实现了利润最大化。厂商的利润是图 5-11 中阴影部分的面积。

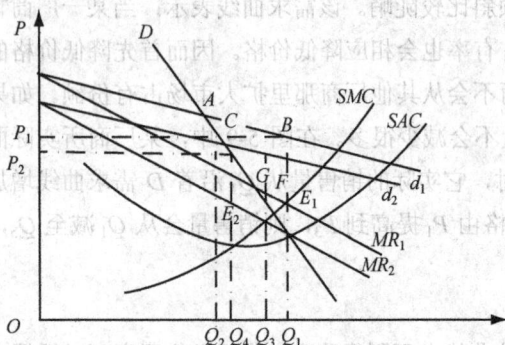

图 5-10　垄断竞争厂商的短期均衡（一）　　　图 5-11　垄断竞争厂商的短期均衡（二）

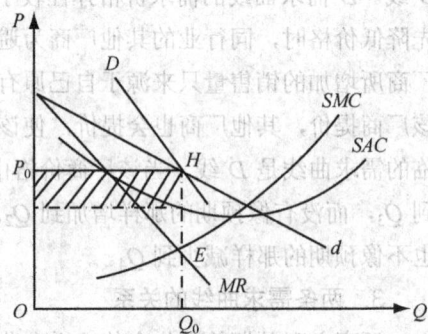

与前两种市场相似，短期内垄断竞争厂商并非一定能获得经济利润，也有可能亏损或盈亏平衡。但实现了 $MR = SMC$ 的产量对企业就一定是最有利的。它可以是获得最大经济利润的产量，可以是产生最小亏损的产量，也可以是盈亏平衡的产量。而且，在这个短期均衡产量上，一定存在一个 d

曲线和 D 曲线的交点，它表示市场上的产品供求是相等的。

亏损的垄断竞争厂商在短期内是否停产，仍然是比较平均收益与平均变动成本的关系，在此不复赘述。

同完全垄断市场一样，垄断竞争厂商在短期中也不存在有规律性的供给曲线。

5.3.4 垄断竞争厂商的长期均衡

垄断竞争厂商的长期均衡类似于完全竞争厂商。垄断竞争厂商的长期均衡是通过两方面的调整来实现的：其一，单个厂商调整自身的生产规模；其二，通过新厂商的加入和原有厂商的退出来调整整个行业的生产规模。下面分别进行讨论。

首先，如果某厂商在短期内是亏损的，在长期内它会将自身规模最终调整到图 5-12 中由 SMC 和 SAC 曲线所代表的规模，因为在该规模条件下能实现 $MR = SMC$。根据 SMC 与 LMC 曲线的关系和 SAC 与 LAC 曲线的关系可知，SMC 曲线与 LMC 曲线的交点 E 所对应的产量也一定是 SAC 曲线与 LAC 曲线在 J 点相切时的产量水平 Q。根据以上分析可以得知，垄断竞争厂商的长期均衡条件应首先满足

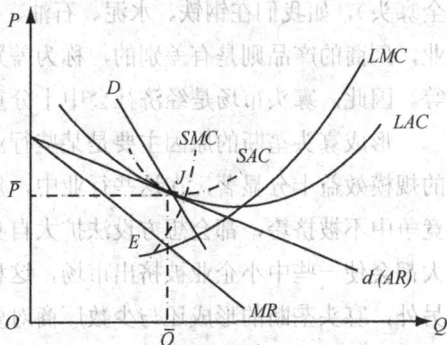

图 5-12 垄断竞争厂商的长期均衡

$$MR = SMC = LMC$$
$$SAC = LAC$$

其次，如果垄断竞争市场在短期内存在经济利润，会吸引新厂商加入。新厂商的加入使行业规模扩大，产量增加。但是，该垄断竞争厂商的 d 和 D 需求曲线都会向左方移动。最终移动到与 LAC 曲线在 J 点相切和相交的位置，这时 $AR = LAC$，经济利润消失，不再有新厂商加入，长期均衡实现。反之，若短期内亏损，则会有厂商退出该行业，使行业规模变小、产量减少、价格上升，直到亏损消失。根据以上分析可以得知，垄断竞争市场的长期均衡还应满足 $AR = LAC$ 的条件。

综合以上分析，垄断竞争厂商的长期均衡条件是

$$MR = SMC = LMC$$

以及

$$AR = SAC = LAC$$

实现长期均衡的产量使垄断竞争厂商既不会有经济利润也不会亏损，且在该产量上也一定存在一个 d 需求曲线和 D 需求曲线的交点。

垄断竞争理论的形成与意义

5.4 寡头垄断市场

寡头垄断市场中的厂商数量很少，而且规模都很大，都在整个市场中占有很重要的地位，厂商之间往往存在既勾结又竞争的矛盾局面。

5.4.1 寡头垄断市场的概念及特征

1. 概念

寡头垄断市场（Oligopoly Market）又称寡头市场，是指由少数几家大型厂商控制某种产品供给的绝大部分乃至整个市场的一种市场结构，是介于垄断竞争与垄断之间的一种市场结构。

寡头市场上的每个厂商规模都很大，都占有相当大的市场份额，因而每个厂商都对整个行业的价格与产量的决定有举足轻重的影响。例如，美国的汽车制造业、罐头行业、石油行业、电气设备业等，都是典型的寡头垄断市场。寡头厂商之间生产的产品可以是同质的，称为纯粹寡头（也称完全寡头），如我们在钢铁、水泥、石油、有色金属、塑料、橡胶等行业中所看到的那样；而在有些行业，厂商的产品则是有差别的，称为差别寡头，如汽车、飞机、家用电器、铁路运输、电信服务业等。因此，寡头市场是经济社会中十分重要的市场结构。

形成寡头垄断的原因主要是某些行业规模经济的特点。例如，钢铁、石油、汽车、造船等行业的规模效益十分显著，在这些行业中，规模越大的企业在竞争中越处于有利地位。每个厂商为了在竞争中不被挤垮，都会想方设法扩大自身的规模。在市场总容量既定的条件下，每个厂商的规模扩大都会使一些中小企业被挤出市场，这种优胜劣汰的结果最终使这些行业形成了寡头垄断的局面。另外，寡头垄断的形成还与少数厂商对资源与技术的控制和政府为防止过度竞争而实行的产业集中政策等有关。从以上的描述可以看出，寡头市场的成因在很多方面与垄断市场是相近的，只是在程度上有所不同罢了。寡头市场是比较接近于完全垄断市场的一种市场组织形式。

寡头市场按是否存在产品差别可分为纯粹寡头和差别寡头。除此之外，寡头市场还可按厂商是否存在勾结，分为独立行动的寡头和相互勾结的寡头；按厂商数目的多少可分为双头寡头和多头寡头等。西方经济学对寡头市场的分类一般是按产品是否存在差别进行划分的。

2. 特征

寡头市场与其他市场类型相比存在一个显著的特征，即寡头之间的相互依赖。在完全竞争与垄断竞争市场上，由于同行业的厂商数量比较多，各厂商之间的关系主要是竞争，相互之间很难形成勾结和默契。在完全垄断市场上，一家厂商就是一个行业，因而不存在同行业厂商之间的关系问题。在寡头市场上，厂商数量很少，而且规模都很大，都在整个市场中占有很重要的地位。每个寡头各自在价格与产量决策方面的变化会对整个市场产生重大影响，因而每个寡头在进行价格与产量调整时都不能只根据自身的成本与收益状况进行决策，而必须要考虑自身调整可能会对其他厂商带来的影响，以及其他厂商可能做出的反应对自己的影响。

寡头市场价格决定的界限在于：最高价格等于完全垄断下的垄断价格，最低价格高于完全竞争市场长期均衡时的竞争价格。但价格确定方式往往不是由市场供求关系直接决定，而是由以下几种方式确定：一是寡头垄断者通过价格同盟来制定的；二是由寡头垄断者的默契形成的；三是由一家最大的寡头先行定价，其他企业跟随形成的。这些方式被称为操纵价格。寡头市场的价格和产量一旦确定之后，就具有一定的刚性。原因在于每个厂商对现行的市场价格和产量分配都不敢轻易调整。如果某个厂商率先降价以图扩大市场份额，其最终的结果可能是引起同行业其他厂商也仿效降价，形成价格战，最终使寡头们两败俱伤。当然，寡头间的相互依存也是有条件的。当寡头间的实力对比发生较大变化时，竞争便会代替勾结，而且寡头间的竞争往往是很残酷的。

5.4.2　两个寡头模型介绍

西方经济学认为，分析寡头市场的产量和价格的决定是十分困难的，至今还没有形成一套完整的能为大多数人所接受的理论模型。尽管如此，经济学家们还是从某些假定出发，提出了许多寡头市场分析模型。下面介绍两个经典的寡头垄断模型。

1. 古诺模型

古诺模型也称为双头垄断模型，是法国经济学家古诺于 1838 年提出来的。为了简化分析，该模型假设：

（1）只有两个寡头 A 与 B，生产完全相同的产品；

（2）生产成本为零（例如矿泉水的生产）；

（3）需求曲线是一条直线；

（4）各方都根据对方的行动做出反应；

（5）每家厂商都通过调整产量实现利润最大化。

在图 5-13 中，D 线是两个寡头共同面临的线性的市场需求曲线，由于假设生产成本为零，故成本线就是横轴。两家厂商共同分配市场的过程如下。

首先，A 厂商进入市场。它会将产量定为市场总容量，即市场最大需求量 Q 的 1/2，即产量为 Q_1，相应的价格为 P_1，从而实现利润最大化。由于生产成本为零，因而 $P_1 \times Q_1$ 即矩形 OP_1FQ_1 的面积就是利润。从几何意义上讲，该矩形是三角形 OPQ 中面积最大的内接矩形。

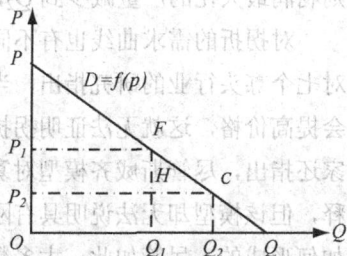

图 5-13　古诺模型

然后，B 厂商进入市场。B 厂商会根据 A 厂商剩下的市场空间，即 Q_1Q，生产这部分市场容量的 1/2 的产品，即 Q_1Q_2。由于市场总供给量达到 Q_2，因而价格水平相应地由 P_1 降至 P_2。B 厂商的利润总量是 Q_1HCQ_2，A 厂商的利润也由于 B 厂商的加入而下降到 OP_2HQ_1。

再后，A 厂商又要根据 B 厂商加入后自己所面临的市场容量，即 $\frac{3}{4}Q$ 来重新调整自己的产量，以实现利润最大化。A 厂商会将产量调整到自己所面临的市场空间的 1/2，即市场总容量的 3/8。

依此类推，A 厂商与 B 厂商轮番进入市场，都将自己的产量调整到对方留下的市场空间的 1/2，以实现利润最大化。在这个过程中，A 的产量逐渐减少，B 的产量逐渐增加，直到它们各占市场总容量的 1/3，市场总供给量是市场最大容量的 2/3 为止，市场实现均衡。

由此可以推出，当有三个寡头时，市场总供给量最终将达到市场总容量的 3/4，每个寡头各占 1/4。当有 n 个寡头时，总供给量是市场总容量的 $n/(n+1)$，每个寡头各占 $1/(n+1)$。

2. 斯威齐模型

斯威齐模型也称为拐折的需求曲线模型，是美国经济学家斯威齐于 1939 年提出的。这一模型被用来说明寡头市场的价格刚性。

该模型假设：当一家寡头提高价格时，同行业的其他厂商为了增加市场占有份额不会仿效提价；当一家寡头降低价格时，其他厂商为了不减少市场占有份额也会相应降价。图 5-14 中的需求曲线 dd

是一条拐折的需求曲线，它表明：假设某寡头厂商开始时的生产点在 K 点，相应的产量是 Q_1，价格是 P_1。如果它提价，由于同行业的其他厂商不提价，该寡头的销量会大幅度减少，它将面临 K 点以左，需求价格弹性较大、较平坦的需求曲线。如果它降价，由于其他厂商也会降价，该寡头的销量会小幅度增加，它将面临 K 点以右，需求价格弹性较小、较陡峭的需求曲线。

与拐折的需求曲线相对应的边际收益曲线将出现垂直间断。垂直间断点出现在需求曲线的拐折处 K 点。利用间断的 MR 曲线，可以说明寡头市场的价格刚性。只要该厂商的成本变化不大，其 MC 曲线与 MR 曲线的交点在 MR 曲线的垂直间断的范围之内，则不会引起价格与产量的变动。在图 5-14 中，当厂商的边际成本由 MC_1 变动到 MC_2 的位置时，利润最大化的价格仍然是 P_1，产量仍然是 Q_1。只有当成本发生了很大变化，才会引起价格与产量的调整。如边际成本继续提高到 MC_3 的位置，则利润最大化的产量减少到 Q_2，价格上升到 P_2。

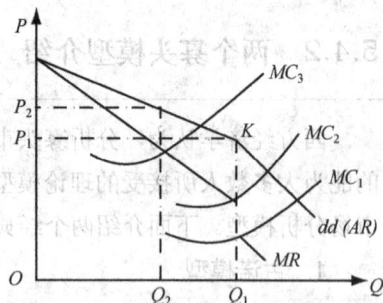

图 5-14 斯威齐模型

对拐折的需求曲线也有不同的看法。例如，美国经济学家斯蒂格勒根据对七个寡头行业的研究指出，当一家寡头厂商提高价格时，其他厂商多数也会提高价格，这就无法证明拐折的需求曲线的存在。此外，有的西方经济学家还指出，尽管斯威齐模型对寡头市场中较为普遍的价格刚性现象进行了解释，但该模型却无法说明具有刚性的价格本身，比如图 5-14 中的价格 P_1 是如何形成的。尽管如此，大多数经济学家还是承认斯威齐模型的理论价值。

寡头竞争实例：

欧佩克（OPEC）能保持石油的高价格吗？

应用实例：空调行业价格战的意义

应用实例：京东苏宁展开白刃战

石油战远未结束

5.5 四种市场模型比较

由于不同市场的形成条件、均衡条件、盈亏状况各不相同，因而其各自的经济效率、技术创新能力等各方面都存在差别。

5.5.1 四种市场类型经济效率的比较

经济效率是指对经济资源利用的有效性。不同市场结构的经济效率是不同的。西方经济学通过

对不同市场条件下厂商的长期均衡的分析得出结论：完
全竞争市场的经济效率最高，垄断竞争市场较高，寡头
垄断市场较低，完全垄断市场最低。

在图 5-15 中，d_M 是不完全竞争厂商所面临的需求
曲线。由于不完全竞争使需求曲线向右下方倾斜，所以
在实现长期均衡时，该需求曲线只能相切于 LAC 曲线最
低点左边的 A 点，其产量水平是 Q_A。d_P 是完全竞争厂
商所面临的水平的需求曲线。在实现长期均衡时，该需

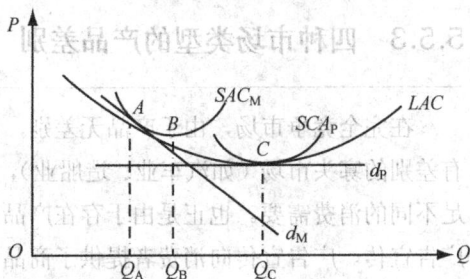

图 5-15　不同市场的经济效率

求曲线相切于 LAC 曲线的最低点 C，其产量水平是 Q_C。比较两种市场的价格与产量可以发现，完
全竞争市场的价格水平低于不完全竞争市场，而产量却高于不完全竞争市场。所以，从价格与产量
这两个量上来看，均可以得到"完全竞争市场的经济效率远远高于不完全竞争市场的效率"的结论。
究其原因，具体分析如下。

可以将 $Q_A Q_C$，即完全竞争市场多于不完全竞争市场的产量分成两部分来说明不完全竞争是降
低生产效率的。$Q_A Q_B$ 说明不完全竞争厂商未能在以 SAC_M 所代表的现有的生产规模上充分利用现有
的经济资源生产最大的产量，因为该生产规模的最佳产量是平均成本最低的 B 点相对应的产量水平
Q_B。$Q_B Q_C$ 则说明，从长期来看，不完全竞争厂商未能将规模调整到长期平均成本最低的最佳规模
SAC_P 上，未能充分利用社会经济资源。

不完全竞争的三种市场类型的垄断程度各不相同。垄断程度越高，则需求曲线越陡直，相应地，
长期均衡产量水平越低，经济效率也越差，例如完全垄断市场。而垄断程度较低的垄断竞争市场的
需求曲线比较平坦，相应地，产量水平较高，经济效率也就较高。

5.5.2　四种市场类型技术创新能力的比较

西方经济学一般认为，完全竞争市场不利于出现重大技术创新。原因在于：其一，完全竞争
厂商规模很小，又不能稳定地获得经济利润，因而没有进行重大技术创新的资金保障；其二，在
完全竞争的条件下，如果个别厂商进行了技术创新，由于生产资源的自由流动，技术创新很容易
被其他厂商所仿效，由此产生的经济利润很难保持。因此，完全竞争的市场环境不利于重大技术
创新的出现。

垄断竞争市场和寡头垄断市场比较有利于技术创新。垄断竞争厂商可以通过开发有差别的新
产品在短期内获得相对垄断地位而取得经济利润，因此，垄断竞争厂商有愿望并且有能力进行技
术创新。寡头垄断厂商在产品市场价格相对稳定条件下，一是可以实现规模经济，从而降低成本
提高经济效益，二是为了在竞争中取胜，不断技术创新降低自己产品的价格。对完全垄断市场的
技术创新问题，西方经济学家有不同看法。有些人认为，垄断厂商可以凭借垄断地位而稳定地获
得经济利润，因而缺乏创新的动力，甚至，垄断厂商为了防止潜在的竞争对手通过技术创新而对
其垄断地位形成威胁，千方百计地去阻碍技术进步。但也有些人认为，垄断也会有利于技术创新，
一方面，垄断厂商可以通过技术进步降低成本，扩大自己的经济利润，因而垄断厂商也有技术创
新的动力。另一方面，大规模的垄断厂商具有利用雄厚的经济实力进行科学研究和重大的技术创
新能力。

5.5.3　四种市场类型的产品差别

在完全竞争市场，由于产品无差别，因而不能满足消费者的不同偏好。在垄断竞争市场和产品有差别的寡头市场（如汽车业、造船业），由于存在产品差别，可以使消费者有更多的选择自由，满足不同的消费需要。也正是由于存在产品差别，垄断竞争市场和有差别的寡头市场需要进行大量的广告宣传。广告宣传向消费者提供了商品信息，但过量的广告宣传也会提高产品成本，造成巨大的资源浪费，并可能抬高销售价格，而且虚假的广告宣传还会误导消费，这都将会损害到消费者的利益，如表 5-1 所示。

表 5-1　　长期均衡时各类市场模式比较

比较项目 ＼ 市场类型	完全竞争	完全垄断	垄断竞争	寡头垄断
厂商数目	众多	一个	很多	几个
产品性质	同质	一	异质	同质或异质
进出行业	极易	极难	较易	不易
市场价格	接受者	制定者	影响者	寻求者
需求曲线	水平	最斜	略斜	较斜
均衡价格	最低	最高	较低	较高
均衡产量	最多	最少	较多	较少
超额利润	无	有	无	有
经济效率	最高	最小	较高	较小
规模经济	缺乏	存在	存在	存在
技术进步	缺乏	存在	存在	存在
经典行业	农业	公用事业	轻工业	重工业

5.6 案例分析

5.6.1　案例一

农村春联市场：完全竞争的缩影

贴春联是中国民间的一大传统，春节临近，春联市场红红火火，而在农村，此种风味更浓。某村农贸市场销售春联，该农贸市场主要供应周围7个村5 000余农户的日用品需求。

在该春联市场中，需求者有5 000多农户，供给者为70多家零售商，市场中存在许多买者和卖者；供应商的进货渠道大致相同，且产品的差异性很小，产品具有高度同质性（春联所用纸张、制作工艺相同，区别仅在于春联所书写内容的不同）；供给者进入退出没有限制；农民购买春联时的习惯是逐个询价，最终决定购买，信息充分；供应商的零售价格水平相近，提价基本上销售量为零，降价会引起利润损失。看来，我国有着丰富文化内涵的春联，其销售市场结构竟是一个高度近似的完全竞争市场。

供应商在销售产品的过程中，都不愿意单方面降价。春联是农村过年的必需品，购买春联的支出在购买年货的支出中只占很小的比例，因此其需求弹性较小。某些供应商为增加销售量，扩大利润而采取低于同行价格的竞争方法，反而会使消费者认为其所经营的产品存在瑕疵（如上年库存，产品质量存在问题等），反而不愿买。

该农村集贸市场条件简陋，春联商品一般席地摆放，大部分供应商都将春联放入透明的塑料袋中以防尘，保持产品质量。而少部分供应商则更愿意损失少部分产品暴露于阳光下、寒风中，以此展示产品。因此就产生了产品之间的鲜明对照。暴露在阳光下的春联更鲜艳，更能吸引消费者目光，刺激购买欲望，在同等价格下，该供应商销量必定高于其他同行。由此可见，在价格竞争达到极限时，价格外的营销竞争对企业利润的贡献不可小视。

在商品种类上，例如"金鸡满架"一类小条幅，批发价为0.03元/副，零售价为0.3元/副；小号春联批发价为0.36元/副，零售价为0.50元/副。因小条幅在春联中最为便宜且为春联中的必需品，统一价格保持5、6年不变，因此消费者不会对此讨价还价。小条幅春联共7类，消费者平均购买量为3到4类，总利润可达1.08元，并且人工成本较低。而小号春联相对价格较高，在春联支出中占比重较大，讨价还价较易发生；由此，价格降低和浪费的时间成本会造成较大利润损失，对小号春联需求量较大的顾客也不过购买7到8副，总利润至多1.12元。由此，我们不难明白为什么浙江的小小纽扣风靡全国，使一大批人致富。同时也提醒我们，在落后地区发展劳动密集、技术水平低、生产成本低的小商品生产，不失为一种快速而行之有效的致富方法。

春联市场是一个特殊的市场，时间性很强，仅在年前存在10天左右，供应商只有一次批发购进货物的机会。供应商对于该年购入货物的数量主要基于对上年销售量和对新进入者的预期的分析。如果供应商总体预期正确，则该春联市场总体商品供应量与需求量大致相同，则价格相对稳定。一旦出现供应商总体预期偏差，价格机制就会发挥巨大的作用，将会出现暴利或者亏损。

综上可见，小小的农村春联市场竟是完全竞争市场的缩影与体现，横跨经济与管理两大学科。这也就不难明白经济学家为何总爱将问题简化研究，就像克鲁格曼在《萧条经济学的回归》一书中，总喜欢以简单的保姆公司为例得出解决经济问题的办法，这也许真的有效。

案例思考题

1. 完全竞争市场需具备哪几方面的特征？农村春联市场是否具备以上特征？
2. 为什么说农村春联市场"接近于"一个完全竞争的市场，还有哪些条件不能完全满足？
3. 有什么办法能将春联卖出高价，并且获得更高的利润？

5.6.2 案例二

IBM：从垄断的边缘到竞争的边缘

IBM公司从20世纪50年代起致力于计算机事业，并很快在大型计算机中枢系统的业务上占据了主导地位。IBM生产的机器在技术上常常是最先进的，在某些情况下，它们即使可能不是最好，但由于出色的服务和技术支持，它们仍有卓越的信誉。在过去，计算机对于使用者来说还很神秘，信誉是举足轻重的。

但是，IBM从未成为真正意义上的垄断者。在整个20世纪60年代和70年代，竞争来自众多的企业，像Control Data、Honeywell、Sperry Univac、Burroughs和NCR。不过到1980年为止，IBM仍占据着全球计算机中枢市场上超过80%的份额。在该公司，销售额每年以两位数增长是平常事。

在20世纪80年代中期，IBM的行政人员公开预测，公司在1990年将从销售中赚得1 000亿美元。事实证明，他们只赚了690亿美元。该公司仍是全美第四大企业，但这与公司增长目标有着一段远得令人尴尬的距离。到底出了什么事？

20世纪80年代，计算机工业发生了戏剧性的变化。例如，在1980年，对于一个大学生来说，有一台自己的电脑是很不寻常的事，而现在，个人电脑正在逐步取代打字机。在商业上，公司里各个部门或许都有了自己的计算机系统，高层管理人员中有了一个新说法："我们过去的目标是在每张桌上放一台计算机。现在，我们的目标是在每张桌上只放一台计算机。"

尽管IBM仍然是世界大型计算机中枢的主导生产者，但在这个由个人电话、手提电脑、笔记本式计算机、小型机器网以及用笔或鼠标控制的由计算机组成的新世界里，它能做的是为了提高竞争力而挣扎。在苹果、康柏、东芝、戴尔，以及众多其他公司的相互竞争中，没有哪家能称雄。20世纪80年代，计算机行业处于垄断竞争时期，某个公司在技术上领先几个月或一年，然后被竞争对手超越。20世纪90年代早期，计算机业中最热的是计算机的专业应用和互联网。

计算机技术已向"开放型系统"的方向发展。举例说，有可能主机是一个公司制造的，显示器是另一个公司的，打印机又是第三个公司的，软件是第四个公司的，这些组合起来使整个系统得以运行。IBM非但没有压倒较小的对手，反而在高度竞争，甚至是恶性竞争的市场中，被全方位地、一点一点地超越。

1969—1982年，IBM是政府反托拉斯案的起诉对象，它被指控在计算机行业中过于接近垄断，应该被拆散。在一阵难以想象的风暴般的书面工作之后，政府停止检控并于1982年撤销了该检控。但当政府执法者撤销该案时，IBM为竞争而做的挣扎才刚开始。20世纪80年代计算机市场的骤变，显示了市场和竞争的力量，它甚至能影响一个年销售额达数百亿美元的大公司。

案例思考题

1. 垄断的原因有哪些？什么原因让IBM"走向竞争的边缘"？
2. 新经济条件下如何处理反垄断和科技进步的关系？
3. 谈一下你对目前我国反垄断的评价。

5.6.3 案例三

价格歧视的表现

现象一：同学们可以花费5元钱在校内看最新电影"碟中谍（四）"，但在校外的电影院看同样的电影却要花15～20元；许多大商场为了促销，常常打出买100送50元现金（或购物券）或买200送100元现金（或购物券）的广告。在广州很容易以750元左右的价格买到从广州到济南的经济舱飞机票，但是在济南只能买到1 420元的从济南到广州的经济舱飞机票，乘的是同一航空公司的飞机，甚至是同一架飞机，同样的机组，时间、里程也一样，价格竟然相差如此悬殊。

现象二：因为价格歧视暗示着和垄断势力联系在一起的产量限制，所以它的存在意味着产出小于理想产出，并存在低效率的现象。然而，因为相对于无价格歧视策略，价格歧视策略能增加产出，但是某些公司又不愿意增加产出，所以它们的配置效率对于具有垄断势力的单一定价公司的影响是不确定的。虽然如此，价格歧视在美国已招致意义重大的立法，为的是阻止它。1914年的克莱顿（Clayton）法案，稍后由1936年的罗宾逊—帕特曼法案加以修订。克莱顿法案禁止未基于制造、销售或运输成本的价格歧视，禁止削弱或阻碍工业内自由竞争的价格歧视。该法案也阻止间接价格歧视，如伪造经纪人佣金，以及为取悦消费者而提供促销津贴和服务。该法案允许卖者降低价格来迎合特定的消费者，但不能打击他人的竞争性定价行为。

现象三：对于卖者来说，可获利的价格歧视策略的关键是，鉴别出对一种产品具有不同需求的群体或市场，并向需求更缺乏弹性的群体或市场索要更高价格。一天汽车租赁费比周租费按天计算出的费用要高，因为汽车出租公司认为，单天汽车出租市场相应地比按周出租的汽车市场有更多的商务旅行者和那些需求更强烈或需求更缺乏弹性的人。在航班上，工作日时载客率较高，相应地周六载客率较低，依据这一情况，同样的购买者群体被定为目标。在服装店高价购进最新款的成衣为的是吸引这样一群购买者，他们的需求缺乏弹性，这反映出他们想赶时髦。那些等待的人在减价时买同样的衣服花的钱少得多，但大多数减价预先已被计划好，以便获得随价格歧视策略而来的最大的利润。同样，餐馆、汽车旅馆和其他服务行业的赠券和打折是商家能够用以进行价格歧视、提高利润的另一种重要方法。异常珍惜时间的人或对打折做法不感兴趣的人将支付高价，即使这一价格比在单一定价体系中高很多。

现象四：基于知识差别的价格歧视暗示着向知识较少的人征收较高价格。在这种市场里，消费的再分配有利于在单一定价市场中知识较丰富的人。可以证明，人们的收入水平和他们的教育水平高度相关，而教育水平是知识的主要标志，因此许多由知识刺激的价格歧视策略趋于由穷人向富人来重新分配消费品。这种情况会出现在特定的市场中，这种市场的产品服务特征观察起来很复杂、很困难，且在这种市场中广告和减价会连同信息在一起产生大量的干扰因素。像汽车、游艇和冰箱之类的耐用消费品及人寿保险、伤残和健康保险至少部分基于消费者的知识，在价格上会有差异。当然还有另一类商品，高收入者所承受的定价更高。诸如草坪服务和收垃圾的协议价格在低收入社区通常较低，公司差旅人员比钱较少的休闲旅游者在租车和航班座位上花的钱多，赠券用户和折扣用户比不在乎赠券和折扣的消费者收入低，岁数大的公民和小孩子们比其他年龄段的人群收入低得多。

案例思考题

1. 价格歧视的含义是什么？它与我们经常说的"基于不同成本的价格"有怎样的区别？

2. 价格歧视的形成有什么条件？会造成什么后果？

3. 根据案例中的资料或现实中的事例，总结价格歧视的种类及其表现。

4. 执行价格歧视的结果是"劫富济贫"吗？

课后习题

1. 假如一个完全竞争厂商的收益不能弥补可变成本，为了减少损失，它应该（　　）。

    A. 减少生产   B. 增加生产   C. 提高价格   D. 停止生产

2. 垄断竞争厂商短期均衡时（　　）。

    A. 厂商一定能获得超额利润

    B. 厂商一定不能获得超额利润

    C. 只能得到正常利润

    D. 取得超额利润、发生亏损及获得正常利润三种情况都可能发生

3. 寡头垄断厂商的产品是（　　）。

    A. 同质的   B. 有差异的

    C. 既可以是同质的又可以是有差异的   D. 以上都不对

4. 当一个行业由自由竞争演变成垄断行业时，则（　　）。

    A. 垄断市场的价格等于竞争市场的价格   B. 垄断市场的价格大于竞争市场的价格

    C. 垄断市场的价格小于竞争市场的价格   D. 垄断价格具有任意性

5. 在古诺模型下如果厂商的数量增加，则（　　）。

    A. 每一厂商的产量将增加   B. 行业产量增加，价格降到竞争时的水平

    C. 市场价格接近勾结时的价格   D. 上述说法均不准确

6. 完全竞争市场单个厂商的需求曲线与市场的需求曲线有什么联系与区别？

7. 在短期内，垄断企业是否会亏损，为什么？

8. 什么叫"自然垄断"？谈谈你对自然垄断的看法。

9. 为什么垄断竞争企业会面临两种不同的需求曲线？

10. 什么是价格歧视？实行价格歧视须具备什么条件？将带来什么结果？

11. 完全竞争行业中某厂商的成本函数为 $STC=Q^3-6Q^2+30Q+40$，假设产品的的价格为 66 美元，

（1）求利润最大化时的产量及利润总额？

（2）若该产品的价格下降 30 元，新价格下厂商是否亏损？若亏损，最小亏损额是多少？

（3）该厂商在什么情况下会停产？

12. 完全竞争厂商的短期成本函数为 $STC=0.04Q^3-0.8Q^2+10Q+5$，试求厂商的短期供给函数？

13. 已知某完全竞争的成本不变行业中的单个厂商的长期总成本函数 $LTC=Q^3-12Q^2+40Q$。

试求：（1）当市场商品价格为 $P=100$ 时，厂商实现 $MR=LMC$，此时的产量、平均成本和利润。

（2）该行业长期均衡时的价格和单个厂商的产量。

（3）当市场的需求函数为 $Q=660-15P$ 时，行业长期均衡时的厂商数量。

14．某垄断者的短期成本函数为 $STC=0.1Q^3-6Q^2+140Q+3000$，$Q$ 为每天产量，为达到利润最大化，该厂商每天生产 40 吨并相应取得的利润为 1000 元。

（1）求满足上述条件的边际收益、销售价格和总收益

（2）若固定成本为 3000 元，价格为 90 元，该厂商是否能继续生产？如要停产，价格至少要降到多少以下？

15．某垄断厂商的短期总成本函数为 $STC=Q^2+2Q+60$，需求函数为 $Q=10-2P$，求该厂商的短期均衡产量和均衡价格。

扩展阅读

乔治·斯蒂格勒

《反托拉斯行动》电影赏析

茅台等两大酒企因价格垄断遭天价处罚

国别不同票价有异巴黎迪士尼面临价格歧视调查

进口车高价背后利润惊人

第6章 | 收入分配理论

消费者通过出售拥有的生产要素取得收入，生产要素的价格和数量决定过程也就是消费者取得收入的过程，所以生产要素定价理论也被称为收入分配理论。厂商对要素的需求取决于要素的边际收益和边际成本，只有二者相等时厂商才在要素的使用上获得最大化利润。同时，要素的供给也是决定要素价格的重要方面。因此和商品价格决定一样，生产要素价格决定也是由市场供求来决定。其定价也要分为完全竞争、不完全竞争等市场情况进行讨论。为简化起见，我们只讨论完全竞争和垄断两种情况下要素价格的决定问题。

6.1 | 要素价格决定的需求分析

要素的市场价格由其需求和供给两个方面来决定，只是对要素的需求来自于厂商，而要素的供给为居民，且对要素的需求和要素的供给具有不同于一般商品的需求和供给的特点，不同的要素其供给曲线也不同，因此决定了不同要素均衡价格决定上的不同特点。

6.1.1 要素需求的特点

在产品市场上，需求来自消费者，是一种直接需求。在要素市场上，厂商是要素的需求者，厂商购买要素的目的是增加生产能力，从而生产并出售产品以获利。因此，厂商对要素的需求部分取决于消费者对其产品的需求。如果不存在消费者对厂商产品的需求，厂商自然不会对生产要素产生需求，因此，厂商对要素的需求是一种间接需求。这种需求派生于消费者对产品的需求，因此对生产要素的需求被称为派生需求或引致需求。

此外，对生产要素的需求还是一种联合需求或相互依存需求，也就是说，厂商需要的不是一种生产要素，而是多种生产要素。这是因为厂商在生产某种产品时，需要同时投入多种生产要素，一种生产要素无法单独发挥作用。这决定了对某种要素的需求不仅取决于该种要素的价格，还取决于其他生产要素的价格。但为简单起见，我们只集中分析一种要素的情况，假定其他要素的价格保持不变。

6.1.2 厂商对生产要素需求的原则

在分析厂商使用要素的原则时，有如下假定：厂商是追求利润最大化的经济主体；厂商只使用某一种生产要素生产单一产品。

利润最大化要求任何经济活动都要遵循边际收益等于边际成本的原则。这一点既适用于产品市场，也适用于要素市场，只是在两个市场中边际收益和边际成本的含义有所不同。关于产品市场上的边际收益和边际成本，我们在第4章介绍过，这里我们只介绍使用要素的边际收益和边际成本。

任何厂商的收益都等于销售量乘以产品价格，其公式为

$$R(Q) = Q \cdot P$$

其中，TR 为销售收入，Q 为销售量，P 为商品价格。假设对厂商的产品需求函数和厂商生产函数分别为 $P = P(Q)$ 和 $Q = Q(F)$，这里 F 是指投入的要素，则厂商的收益函数可写为：

$$R = P \cdot Q = P \cdot [Q(F)] \cdot Q(F)$$

从上式中可以看出，厂商收益是要素使用量的复合函数。厂商使用要素的边际收益——边际收益产品（Marginal Revenue of Product，简称 MRP）就是收益函数对要素使用量的一阶导数。

$$MRP = \frac{dP}{dQ} \cdot \frac{dQ}{dF} \cdot Q + P \cdot \frac{dQ}{dF} = [Q \cdot \frac{dP}{dQ} + P] \cdot \frac{dQ}{dF}$$

即

$$MRP = MR \cdot \frac{dQ}{dF} = MR \cdot MP_F$$

其中，MR 是厂商销售产品的边际收益，而 MP_F 是要素 F 的边际产量。这样，我们就得到厂商使用要素的边际收益：它等于产品的边际收益乘以要素的边际产量。从经济学意义上讲，厂商增加单位某种要素的边际收益是该单位要素投入带来的产量的增加量在市场上销售时带来的收益的增加总量。

在这里要注意产品的边际收益 MR 和边际收益产品 MRP 之间的区别。前者是产出 Q 的函数，它表示销售量每变化一单位所引起的收益变化量；而后者是要素投入量 F 的函数，它表示要素投入量每变化一单位所引起的收益变化量。

前面有关章节讨论过厂商的成本函数，但是成本函数表示的是厂商成本和产量之间的关系，即成本仅仅是产量的函数

$$C = C(Q)$$

这里讨论的是使用要素的成本。由于在技术一定的条件下，产量取决于要素的使用量，所以成本也可以表示为要素使用量的函数。假设所使用的要素价格为 P_F，则使用要素的成本可以表示为

$$C = C(F) = P_F \cdot F$$

这样，使用要素的边际成本——边际要素成本（Marginal Factor Cost，简称 MFC）就可以通过上式对要素使用量求一阶导数来得到公式如下。

$$MFC = \frac{dC}{dF} = P_F + \frac{dP_F}{dF} \cdot F$$

从上式中可以看出，使用要素的边际成本由两部分组成：第一部分为要素价格，它表示厂商必须支付的要素价格；第二部分是乘积项，它是由于要素使用量的变化引起的要素价格的变化量乘以要素的使用量，该项刚好表示由于要素价格的变化所导致的要素使用成本的变化量。

和边际收益产品一样，在这里要特别注意：产品的边际成本 MC 和边际要素成本 MFC 有本质区别。前者是产出 Q 的函数，它是指产出每变化一单位所引起的成本变化量；而后者是要素投入量 F 的函数，它表示要素投入每变化一单位所引起的成本变化量。

前面讲过，任何经济主体要获得最优化的条件都是边际收益等于边际成本。因此，厂商使用要素的原则必然也是使用要素的边际收益等于边际成本，即

$$MRP = MFC$$

如果二者不等，则厂商可以通过改变要素的使用量来增加收益。如 $MRP > MFC$，则厂商可以增

加要素的使用量来增加利润，因为此时增加要素使用所带来的收益大于其成本。随着要素使用量的提高，要素的边际产品价值会下降，要素的边际成本不变或上升，最终使得 $MRP=MFC$；反之亦然。

也可以用数学方法来推导要素使用原则。假设用 π 表示厂商使用要素的利润，它是要素使用量的函数。由利润的定义可得

$$\pi = P(Q) \cdot Q(F) - P_F(F)F$$

为使利润最大化，必有

$$\frac{d\pi}{dF} = \frac{dP}{dQ} \cdot \frac{dQ}{dF} \cdot Q + P \cdot \frac{dQ}{dF} - \left(\frac{dP_F}{dF} \cdot F + P_F\right) = 0$$

可得

$$MRP - MFC = 0$$

这也就是

$$MRP = MFC$$

6.1.3 完全竞争市场要素需求曲线

前面在分析产品市场时介绍过完全竞争市场。和完全竞争产品市场的特征类似，完全竞争要素市场的基本特征包括：要素市场上有大量的买者和卖者；要素是同质的，因此买卖双方都是要素价格的接受者；要素买卖双方都具有完全信息；要素具有完全的流动性。从这些特征可以看出，和完全竞争产品市场一样，现实中完全满足这些特征的要素市场也是不存在的。

作为一个完全竞争厂商，仅仅在产品市场上完全竞争是不够的，它还要求该厂商在要素市场上也是完全竞争的。

1. 完全竞争厂商的要素使用原则

（1）使用要素的边际收益：边际产品价值。

前面讲过，厂商使用要素的边际收益等于产品的边际收益乘以要素的边际产量。而作为一个完全竞争厂商，它在产品市场上是既定价格的接受者，此时厂商面临的产品需求曲线为水平线。厂商销售量的改变不会影响价格，也就是说，厂商销售产品的边际收益等于商品价格，即：$MR=P$。因此厂商使用要素的边际收益等于商品价格乘以要素的边际产量，我们称之为要素的边际产品价值（Value of Marginal Product，简称 VMP），用公式表示为

$$VMP = P \cdot MP_F$$

而在分析一种要素的合理投入时，我们得出一个结论，厂商要将要素的投入数量放在第二个区域，此时，边际产量是递减的。更进一步，要素的边际产品价值也可以写作要素投入的函数。由于产品价格是正常数，因此，VMP 曲线和边际产量线一样向右下方倾斜。

表 6-1 给出某个厂商的要素投入量、边际产量和边际产品价值的部分数据。图 6-1 则是根据该数据绘制而成的。图中，纵轴表示要素的边际产品 MP 和边际产品价值 VMP，横轴表示要素的投入量 F。由图可见，MP 线和 VMP 线均向右下方倾斜，但其位置不同。当 P 大于 1 时，VMP 线在 MP 线之上；当 P 小于 1 时，VMP 在 MP 之下；如果 P 等于 1，则边际产品价值线退化为边际产量线，两条曲线完全重合。

（2）使用要素的边际成本：要素价格。

前面提到厂商使用要素的边际成本等于要素价格加上要素使用量改变所导致的要素成本的变化

量。作为完全竞争厂商，在要素市场上它是既定要素价格的接受者，其要素投入量的改变不会改变要素价格。换句话说，要素价格与单个厂商的要素使用量没有关系。这意味着 $dP_F/dF = 0$。因此单个厂商使用要素的边际成本等于要素价格，用公式表示为

$$MFC = P_F$$

表 6-1 　　　　　　　　　　　　厂商的边际产品和边际产品价值

要素投入量 F	总产量 TP	边际产量 MP	产品价格 P	边际产品价值 VMP
0	0	—	3	—
1	9	9	3	27
2	17	8	3	24
3	24	7	3	21
4	30	6	3	18
5	35	5	3	15
6	39	4	3	12
7	42	3	3	9
8	44	2	3	6

该式很容易理解：比如某种要素的价格固定为 3 元，那么厂商每增加一单位该种要素投入时，其付出仅需要增加 3 元，因此它使用要素的边际成本就等于要素的价格，也就是 3 元。

虽然使用要素的边际成本 MFC 是要素使用量的函数，但是在完全竞争条件下，该函数采取了最为简单的形式：它实际上是个常数，即（1）式。因此在图形上该函数曲线表现为一条水平线。如图 6-2 所示，在该图中，纵轴表示边际要素成本 MFC，横轴表示要素使用量 F。给定要素价格 P_F，则它等于 MFC，水平线意味着它不随着要素使用量的改变而改变。

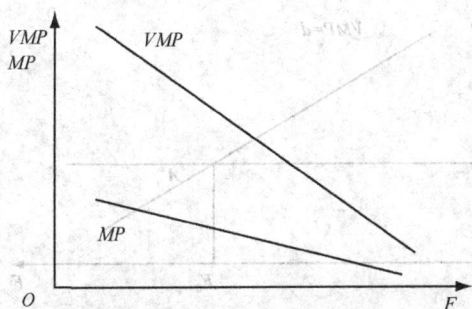

图 6-1 厂商的边际产品和边际产品价值

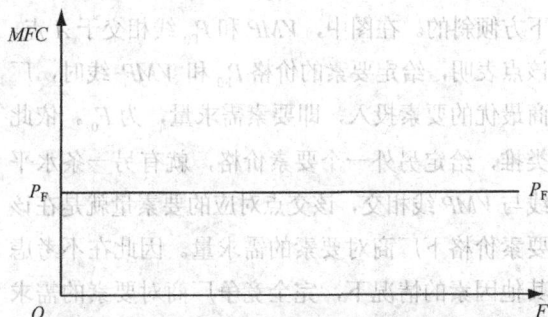

图 6-2 完全竞争厂商使用要素的边际成本

（3）完全竞争厂商使用要素的原则。

根据前面的分析，厂商使用要素的原则是使用要素的边际收益等于边际成本，结合上面的分析，我们可以得到完全竞争厂商使用要素的原则，用公式表示就是

$$VMP = P_F \qquad (1)$$

2. 完全竞争市场要素需求曲线的推导

（1）单个厂商要素需求曲线的推导

单个厂商对要素的需求函数表示：在一定时期内，其他条件不变的前提下，厂商对要素的需求量与要素价格之间的关系。根据完全竞争厂商使用要素的原则，厂商投入的要素量必然要使得该要素的边际产品价值等于要素价格，这样才能实现利润的最大化。我们可以用要素的需求表来表示要素需求的这种函数关系。表 6-2 是只使用一种要素的某个完全竞争厂商的要素需求表。

表6-2 完全竞争厂商的要素需求表

要素投入F	边际产量MP	产品价格P	边际产品价值VMP	要素价格P_F
1	9	3	27	27
2	8	3	24	24
3	7	3	21	21
4	6	3	18	18
5	5	3	15	15
6	4	3	12	12
7	3	3	9	9
8	2	3	6	6

从上表中可以看出，当要素价格为27时，厂商最优的要素投入量必定为1。同样的，当要素价格为24时，最优要素投入量必定为2。依此类推，表中第一栏和最后一栏合起来就表示了完全竞争厂商的要素需求关系。

要素需求函数还可以从（1）式推导出来。由于要素的边际产量是要素投入量的函数，因此（1）式可以改写为

$$P_F = P \cdot MP(F) \tag{2}$$

由于产品价格P是常数，（2）式就表示了要素价格和要素投入量即要素需求量之间的函数关系，因此该式就是完全竞争厂商的要素需求函数。由于边际产量递减规律的存在，要素投入量越大，MP值就越小，从而P就越小。这样就得到了要素需求量和要素价格之间存在一种反向变动关系的结论。

图6-3可以进一步说明这种反向关系，同时还可以说明完全竞争厂商的要素需求曲线和VMP是完全重合的。在图中，纵轴表示要素价格和VMP，横轴表示要素投入量。因此给定要素价格为P_{F0}，在图形中就有一条水平线P_{F0}。而VMP是随着要素投入的增加而减少的，因此在图形中VMP线是往右下方倾斜的。在图中，VMP和P_{F0}线相交于A点。该点表明，给定要素的价格P_{F0}和VMP线时，厂商最优的要素投入，即要素需求量，为F_0。依此类推，给定另外一个要素价格，就有另一条水平线与VMP线相交，该交点对应的要素量就是在该要素价格下厂商对要素的需求量。因此在不考虑其他因素的情况下，完全竞争厂商对要素的需求曲线和该厂商的边际产品价值VMP线是重合的。

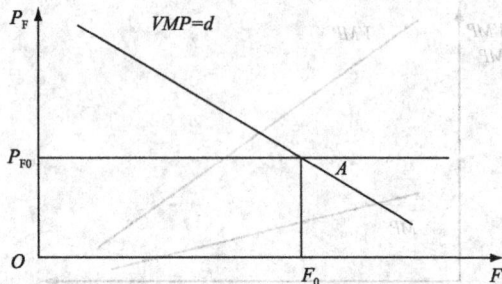

图6-3 完全竞争厂商的要素需求线

注意：使用单一要素的完全竞争厂商的要素需求曲线和VMP线重合是有前提的：生产要素价格的变化不会影响产品价格。否则，一旦要素价格发生变化，产品价格随之发生变化，这样VMP线也就会发生变化，从而使要素需求曲线不再与某一条VMP线重合。当然，只考虑单一厂商时，该条件自然可以得到满足，因为在完全竞争市场中，单个厂商要素投入改变导致产出的改变，但不会影响产品价格。

（2）完全竞争市场要素需求曲线的推导

上面我们讨论了单个完全竞争厂商的需求曲线，它等于边际产品价值曲线。那么，整个市场的要素需求曲线又是什么样的呢？前面我们在讨论单个厂商的需求曲线时，假定了其他厂商均不进行调整，因此要素价格不会影响产品价格。现在要研究的是整个市场的动态，也就是说，现在所有厂商都面临调整，此时要素价格对产品价格有影响。那么，整个市场的要素需求曲线又是怎样的呢？

现在要素价格变动不仅引起单个厂商，而且引起所有其他厂商的要素需求量和产量变动。由于

全体厂商的产量变动将改变产品的供给曲线，从而在产品市场需求量不变时，将改变产品的市场价格。产品价格的改变反过来会使每一个厂商的边际产品价值曲线发生改变。因此，每个厂商的要素需求曲线不再等于其边际产品价值曲线。

如图6-4所示，设给定初始要素价格为P_{F0}，相应有一个产品价格P_0，从而有一条边际产品价值曲线$P_0 \cdot MP$。根据该曲线可确定P_0下的要素需求量F_0。因此，$H(P_{F0}, F_0)$点为所求需求曲线上一点。现要素价格下降到P_{F1}，若其他厂商不调整，则要素需求量应增加到F_2。但现在所有厂商都在增加要素的投入，从而使得整个市场产品供给增加，产品价格下降到P_1。这样边际产品价值曲线向左下方移动至$P_1 \cdot MP$，从而在要素价格P_{F1}下，对要素的需求量不是F_2，而是F_1。于是又得到要素需求曲线上一点$I(P_{F1}, F_1)$。

重复上述过程可以得到其他的点，将这些点连接起来，即得到多个厂商调整的情况下每个厂商对要素F的需求曲线d_m，d_m也被称为行业调整曲线。该线向右下方倾斜，但比边际产品价值曲线陡。d_m曲线仍是单个厂商的要素需求曲线。而整个市场的要素需求曲线就等于行业内每个厂商经过行业调整后的要素需求曲线d_m水平相加。假定完全竞争要素市场上有n个厂商，那么整个市场的要素需求曲线D相应表示为

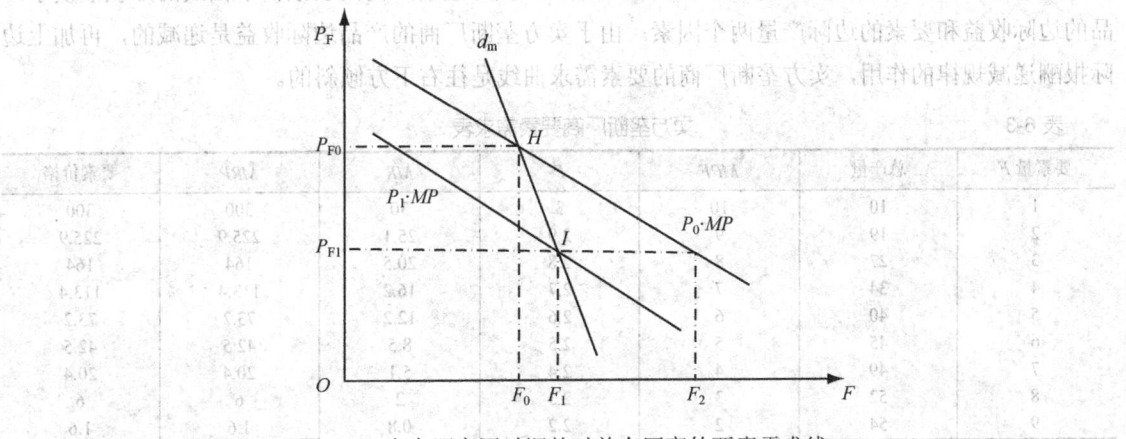

图6-4　多个厂商同时调整时单个厂商的要素需求线

$$D = \sum_{m=1}^{n} d_m$$

如果市场上每个厂商的情况均一样，则有

$$D = \sum_{m=1}^{n} d_m = n \cdot d_m$$

6.1.4　卖方垄断要素市场需求曲线

卖方垄断厂商是指在产品市场上作为供给方，该厂商是垄断的；但是在要素市场上作为需求方，该厂商又是完全竞争的。前面的完全竞争厂商的要素需求原则在这里不再完全适用，因为该厂商产品的边际收益不再等于产品价格。

前面讲过，任何一个厂商使用要素的原则都是使用要素的边际收益等于边际成本。现在厂商在

产品市场上是垄断者，因此其面临的价格不再是不变的常数，而是和销售量呈反方向变动的变量，故其边际收益不再是边际产品价值。根据前文所述，我们知道卖方垄断厂商使用要素的边际收益即边际收益产品等于产品的边际收益乘以要素的边际产量。而在要素市场上该厂商是完全竞争的，因此该厂商使用要素的边际成本就等于要素价格。由上可知，卖方垄断厂商使用要素的原则是厂商的边际收益产品等于要素价格，表示如下。

$$MRP = MR \cdot MP_F = P_F$$

卖方垄断市场要素需求曲线的推导如下。

表 6-3 可以更具体地表述上式的含义。表中 P 是指产品价格。

从表 6-3 中可以看出，如果要素价格为 300，根据要素使用原则，该厂商的要素需求量必定为 1；要素价格为 225.9 时，要素需求量必定为 2……依此类推，表 6-3 的第一栏和最后一栏就表示了卖方垄断厂商的要素需求函数关系。这种需求关系是由要素使用原则决定的。

同时，从表中也可以看出，卖方垄断厂商的要素需求曲线与其边际收益产品线完全重合。如图 6-5 所示，当要素价格为 P_{F0} 时，根据要素使用原则，要素投入量必须调整到使 $MRP = P_{F0}$，即要素的投入量为 F_0。显然，$A(P_{F0}, F_0)$ 点必定在 MRP 线上。同理，给定其他的要素价格，最佳的要素投入量和要素价格组合必定也在 MRP 线上。因此可以看出，卖方垄断厂商的要素需求曲线的形状取决于产品的边际收益和要素的边际产量两个因素。由于卖方垄断厂商的产品边际收益是递减的，再加上边际报酬递减规律的作用，卖方垄断厂商的要素需求曲线是往右下方倾斜的。

表 6-3   卖方垄断厂商要素需求表

要素量 F	总产量	MPF	P	MR	MRP	要素价格
1	10	10	3	30	300	300
2	19	9	2.9	25.1	225.9	225.9
3	27	8	2.8	20.5	164	164
4	34	7	2.7	16.2	113.4	113.4
5	40	6	2.6	12.2	73.2	73.2
6	45	5	2.5	8.5	42.5	42.5
7	49	4	2.4	5.1	20.4	20.4
8	52	3	2.3	2	6	6
9	54	2	2.2	0.8	1.6	1.6

当多个厂商共同调整时，由于卖方垄断厂商是产品市场上唯一的供给者，要素价格的变动不会改变厂商的需求曲线，也就不会改变厂商的边际收益线。这样不管是否考虑多个厂商的调整，单个卖方垄断厂商的要素需求曲线都和 MRP 线完全重合。因此把该市场所有厂商的要素需求曲线或 MRP 进行加总，就得到市场的要素需求曲线，曲线的形状与单个卖方垄断厂商的要素需求曲线类似，也是由左上方向右下方倾斜。

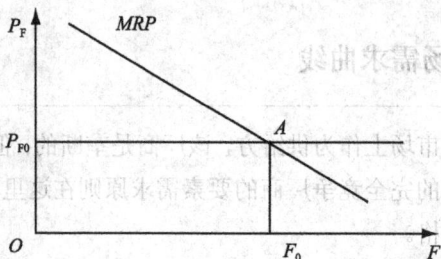

图 6-5   卖方垄断厂商的要素需求曲线

6.1.5 买方垄断要素市场需求曲线

买方垄断是指厂商在产品市场上作为供给方，是完全竞争的；但是在要素市场上作为需求方，该厂商又是垄断的。前面的完全竞争厂商的要素需求原则这里不再完全适用，因为该厂商使用要素的边际成本不再等于要素价格。

由于该厂商在产品市场上是完全竞争的，因此其使用要素的边际收益等于边际产品价值，即要素的边际产量和产品价格之积。

但在要素市场上，由于该厂商是完全垄断的，因此其面临的要素价格不再是固定不变的。作为唯一的要素需求者，厂商出价高，得到的要素供给量就多；厂商出价低，得到的要素供给量就少。可见，该厂商面临的要素供给线就是要素市场供给线，而要素供给线一般是往右上方倾斜的。我们知道厂商投入要素的成本为要素投入量乘以要素价格，因此使用要素的边际成本就是对要素成本求一阶导数。用公式表示为

$$MFC = \frac{dF \cdot P_F(F)}{dF} = P(F) + F \cdot \frac{dP_F(F)}{dF}$$

从上式可以看出，MFC 由两部分组成：第一部分为要素价格，这是要素投入变动所导致的要素成本的变化量；第二部分是要素投入量乘以要素价格的变动量，它表示要素价格的变动所引起的要素成本的变化量。由于市场的要素供给曲线一般是往右上方倾斜的，因此上式的第二部分是正数。这样，边际要素成本曲线一般位于要素供给曲线之上，如图 6-6 所示。

我们已经知道，买方垄断厂商在产品市场上是完全竞争的，这样该厂商使用要素的边际收益与完全竞争厂商一样，为 VMP。买方垄断厂商使用要素的原则可以用公式表示为

$$MFC = VMP$$

从上面的分析中可以看出，买方垄断厂商使用要素的边际成本不再等于要素价格。这一点使得买方垄断厂商不存在有规律的要素需求曲线。下面我们仔细分析其原因。

我们可以根据厂商使用要素的原则，把 VMP 线和 MFC 线放在一起来确定厂商的最优要素使用量。

如图 6-7 所示，VMP 和 MFC 在 A 点相交，因此厂商的最优要素投入为 F_0，此时对应的要素价格为 P_{F0}。

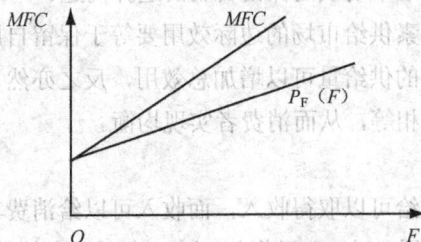

图 6-6　边际要素成本线和要素供给线

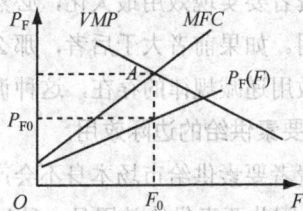

图 6-7　买方垄断厂商的要素需求

在完全竞争要素市场中，我们通过改变要素价格来分析与此对应的最优要素投入量，从而得到要素需求曲线。但在这里无法通过这样的方法来得到买方垄断厂商的要素需求曲线。从图 6-7 中可以看出，如果要素价格高于 P_{F0}，既然厂商能够以 P_{F0} 价格购买到 F_0 的要素量，它绝对不会支付更高

的价格；而如果要素价格低于 P_{F0}，则该厂商购买不到 F_0 的要素量。因此我们只能得到一对要素价格和需求量的组合，从而无法得到要素需求曲线。要得到不同的要素价格和要素需求量的变化，必须是要素供给曲线发生变化，这样边际要素成本线相应发生变化，从而它与 VMP 的交点也就发生变化，由此得到不同的要素价格和需求量的组合。但是即便如此，我们也得不到对于任一要素价格都有唯一的要素需求量与之相对应的曲线。事实上，只要要素市场是不完全竞争的，那么就不存在有规律的需求曲线。这一点和不完全竞争产品市场上不存在有规律的供给曲线很类似。

通过上面分析，我们可以做个简单总结：如果要素市场是完全竞争的，不论产品市场是完全竞争还是不完全竞争，厂商都可以形成有规律的要素需求曲线；而如果要素市场是不完全竞争的，则不论产品市场是完全竞争还是不完全竞争，厂商都无法形成有规律的要素需求曲线。

6.2 | 要素价格决定的供给分析

从上一节中对要素需求的分析中可以看出，只要要素市场是完全竞争的，那么要素需求曲线就是向右下方倾斜的。但是任何一种要素价格的决定都是由要素的需求和供给两个方面共同决定的。所以这一节我们开始分析要素的供给，并结合要素需求来分析要素均衡价格的决定问题。

6.2.1 消费者要素供给的原则

要素的所有者既可以是厂商，也可以是消费者。厂商向市场提供中间生产要素如煤炭、机器等；消费者向市场提供原始生产要素如劳动、土地等。由于厂商是追求利润最大化的，因此中间生产要素的供给和一般产品的供给一样。这在前面已经分析过，这里不再分析。因此本节的讨论只限于消费者对于原始生产要素的供给问题。而消费者是追求效用最大化的，因此本节就从效用最大化行为出发来分析要素供给问题。

作为消费者，在一定的时期内，其拥有的某种要素（自有资源）的量是一定的。如消费者每天只有 24 小时，那么其提供的劳动时间不可能超过这个时间。同时消费者还需要花费时间休息等。也就是说，消费者必须保留部分资源自用，把剩下部分提供给市场。因此要素供给问题可以看成是消费者在既定的要素价格下，为追求效用最大化而把要素供给市场或是保留自用的选择问题。

消费者要实现效用最大化，必然要满足以下条件：要素供给市场的边际效用要等于保留自用的边际效用。如果前者大于后者，那么消费者通过增加要素的供给量可以增加总效用，反之亦然。由于边际效用递减规律的存在，这种调整最终可以使得二者相等，从而消费者实现均衡。

1. 要素供给的边际效用

消费者要素供给市场本身不会产生效用，但是这种供给可以取得收入，而收入可以给消费者带来效用。因此要素供给效用是一种间接效用。以 U 表示效用，以 I 表示收入，以 F 表示要素的数量，要素供给的边际效用可以用公式表示为

$$\frac{\Delta U}{\Delta F} = \frac{\Delta U}{\Delta I} \cdot \frac{\Delta I}{\Delta F}$$

上式右边第一项表示收入每变化一单位所导致的效用的变化量，即收入的边际效用；第二项表示要素供给量每变化一单位所导致的收入的变化量，即要素的边际收入。要素供给的边际效用等于

二者的乘积。如果要素供给效用函数连续可导，上式可以改写为

$$\frac{dU}{dF} = \frac{dU}{dI} \cdot \frac{dI}{dF}$$

一般而言，要素供给市场是完全竞争的。单个要素供给者要素供给量的改变不会影响要素价格，因此它面临的要素需求曲线是一条水平线，这样要素的边际收入就等于要素价格。于是上式可以简化为

$$\frac{dU}{dF} = \frac{dU}{dI} \cdot P_F$$

2. 要素自用的边际效用

消费者把要素保留自用既可以产生直接效用，又可以产生间接效用。比如时间，如果不向市场提供劳动，消费者可以休息或者干家务。前者可以直接满足消费者的健康或娱乐需要，是一种直接效用，而后者节省本来需要雇佣别人来干家务的支出，从而带来一种间接效用。为简单起见，后面的分析中假定效用都是直接效用。以 U 表示效用，以 f 表示自用要素的数量，这样要素自用的边际效用就可以用公式表示为 dU/df。

根据消费者效用最大化的原则：向市场供给要素的边际效用等于保留自用要素的边际效用，我们可以得到消费者的要素供给原则如下。

$$\frac{dU}{dI} \cdot P_F = \frac{dU}{df} \tag{1}$$

3. 消费者供给要素的无差异分析

上面关于要素供给原则的分析也可以用无差异曲线来进行。如图 6-8 所示。图中横轴 f 表示保留自用的要素量，纵轴 I 表示供给一定量要素带来的相应收入。图中有 3 条无差异曲线 U_1、U_2、U_3，每一条无差异曲线上的任一点能给消费者带来的效用是相同的，且满足无差异曲线的四个基本特征。

假定消费者的初始要素量为 $\overline{F}$，非要素收入为 $\overline{I}$，即它处于图中的 A 点。如果消费者把所有的要素都提供给市场，则消费者的总收入为 $T = \overline{F} \cdot P_F + \overline{I}$，即图中的 T 点。这样连接 T 和 A 点的直线就构成消费者的预算约束线。消费者就是在该约束下选择供给要素的收入 I 和要素自用 f 的组合以实现效用最大化。该组合在图中表现为 U_2，和预算线的切点 E 点。此时消费者将 f^* 的要素数量保留自用，而提供给市场的要素量为 $\overline{F} - f^*$。此时消费者的总收入为 I^*，达到的效用水平为 U_2。

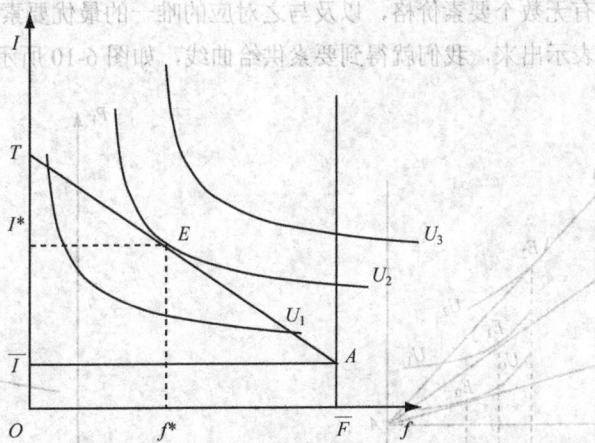

图 6-8　要素供给的无差异分析

从图 6-8 中可知，在 E 点处，无差异曲线的斜率等于预算线的斜率，而预算线的斜率为 $-\dfrac{T-\bar{I}}{\bar{F}}=-P_F$。因此有

$$\frac{\mathrm{d}I}{\mathrm{d}f}=-P_F \tag{2}$$

上式的左边表示消费者每增加一单位的自用要素而愿意放弃的收入量，右边表示要素价格。因此从上式可以得出消费者供给要素的原则：消费者每增加一单位自用要素而愿意放弃的收入必定等于要素的价格。

假定效用可以用基数来衡量，则 $\mathrm{d}I/\mathrm{d}f$ 可以表示为自用要素的边际效用和收入的边际效用之比（有兴趣的同学可以自己推导）。

$$-\frac{\mathrm{d}I}{\mathrm{d}f}=\frac{MU_f}{MU_I}$$

将上式代入（1）式就可以得到和边际分析法得到的要素供给原则（见（2）式）。可见，无差异分析与边际分析的结论是一致的。

6.2.2 要素供给曲线的推导

要素的供给曲线是表示要素价格和供给量的各种不同组合。图 6-8 分析了给定某个要素价格是消费者的要素供给量。从该分析中可以看出：在给定消费者偏好及非要素收入的情况下，均衡点的位置取决于预算线的斜率，即要素价格。也就是说，在消费者偏好、非要素收入及初始要素量不变的前提下，给定一个要素价格，就有一个最优的要素供给量。这刚好是我们要确定的要素供给量和要素价格之间的关系，即要素供给曲线。

图 6-9 表示了在各个要素价格下消费者的最优要素供给量。图中的 AI_0、AI_1、AI_2 分别对应要素价格为 P_{F0}、P_{F1}、P_{F2}（$P_{F0}<P_{F1}<P_{F2}$）时的预算线。它们分别与 U_0、U_1、U_2 切于 E_0、E_1、E_2 点。对应的要素自用量分别为 f_0、f_1、f_2。也就是说，当要素价格分别为 P_{F0}、P_{F1}、P_{F2} 时，对应的要素供给量分别为 $\bar{F}-f_0$、$\bar{F}-f_1$、$\bar{F}-f_2$。事实上，有无数个要素价格，也就是说有无数个预算线与无差异曲线的切点。这意味着有无数个要素价格，以及与之对应的唯一的最优要素供给量。如果把这些组合在另一个坐标平面上表示出来，我们就得到要素供给曲线，如图 6-10 所示。

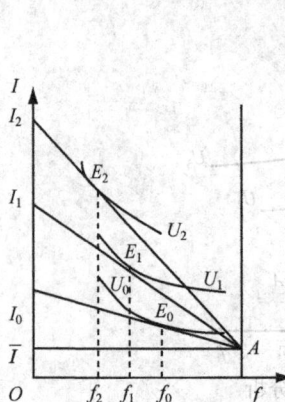

图 6-9　不同要素价格下的消费者均衡　　　　　图 6-10　要素供给曲线

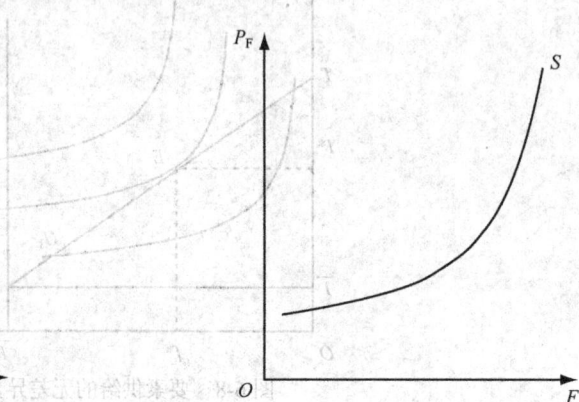

从图 6-10 中可以看出，要素供给量和要素价格具有正相关关系，要素供给曲线呈从左下方向右上方倾斜的形状。之所以这样，是因为消费者在追求效用最大化过程中的自然选择所致。可见消费者对效用最大化的追求不仅能自动形成产品市场的需求曲线，同时也能形成要素市场的供给曲线。

6.3 | 几种生产要素的价格决定分析

生产要素的价格构成厂商生产的成本，同时也构成生产要素所有者的收入，所以要素的价格决定也是国民收入在要素所有者之间的分配问题，因此，要素的价格决定实际是经济学分配理论的一个重要部分。

6.3.1 要素价格决定的基本模型

在西方经济学中，任何一种商品的价格都是由该商品的供给和需求共同决定的。生产要素价格的决定，自然也不例外。从前面的分析中我们得到结论：只要要素市场是完全竞争的，就可以得到一条向右下方倾斜的需求曲线。那么我们只要得到要素的供给曲线，然后把需求曲线和供给曲线放在一起，它们的交点就决定了生产要素的均衡价格和均衡数量。下面就劳动、土地、资本三种生产要素的价格决定进行分析。

6.3.2 劳动的价格决定

劳动的供给量即是人们工作的时间。人们每天只有 24 小时，假定每天必须要用 8 小时睡觉，那么每天就只剩下 16 小时。人们可以用这些时间工作，赚得收入购买消费品；也可以用这些时间休息和享受，我们称之为闲暇。因此劳动的供给问题可以看成是消费者在提供劳动以获得收入和消费闲暇之间的选择问题。闲暇可以直接给人们带来效用，而提供劳动可以获得收入，人们用这种收入来购买消费品以增加效用。从本质上说，人们是在闲暇和劳动收入之间进行选择，因此上一节的模型完全可以用来分析劳动的供给问题。

应用实例：工资纲性的故事

如图 6-11 所示，图中横轴表示闲暇时间，纵轴表示提供劳动获得收入，消费者的初始状态为 A 点，表示消费者只有非要素收入和把所有时间都用于闲暇的组合。图中的 AI_0、AI_1、AI_2 分别对应工资率为 W_0、W_1、W_2（$W_0 < W_1 < W_2$）时的预算线。它们分别与 U_0、U_1、U_2 相切于 E_0、E_1、E_2 点。对应的闲暇时间分别为 L_0、L_1、L_2。也就是说，当工资率分别为 W_0、W_1、W_2 时，对应的劳动时间供给量分别为 $16-L_0$、$16-L_1$、$16-L_2$。事实上我们每给出一个工资率水平，就会有一个相应的劳动时间供给量与之对应。如果我们把这些工资率和相应的劳动时间供给量在另一个二维坐标中表示出来，我们就得到劳动供给曲线，如图 6-12 所示。

扩展阅读：效率工资理论

上面推导出的劳动供给曲线具有一个显著的特征：该曲线具有一段后弯部分。这意味着刚开始当工资率较低时，劳动供给量与工资率是正相关的，此时随着工资率的提高，劳动供给量增加，闲暇时间减少；当工资率超过某个特定水平后，劳动供给量和工资率变成负相关关系，此时随着工资率的提高，劳动供给量下降，闲暇时间反而增加。我们可以用替代效应和收入效应来解释这种现象。

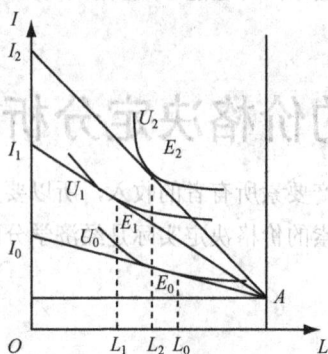

图 6-11　消费者对闲暇和劳动供给的选择　　　图 6-12　个人劳动供给曲线

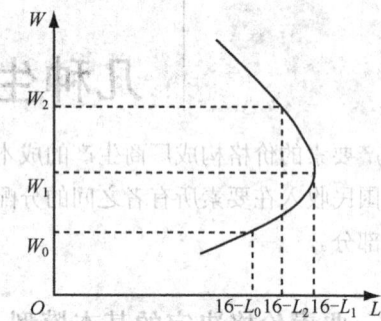

前面提到，人们总是在提供劳动和消费闲暇之间选择。如果选择消费一单位时间闲暇，就要放弃提供单位时间劳动得到的收入，即工资率。因此我们可以把工资率看成是闲暇的价格，因为工资率是消费闲暇的机会成本。

在效用论中我们学过，作为一般性正常品，当其价格上升时，由于替代效应，消费者会减少其消费量；同时价格上升导致消费者实际收入下降，因此收入效应也会导致消费者减少该种商品的消费量。闲暇作为一种正常消费品，它也要受到替代效应和收入效应的影响。当工资率提高也就是闲暇的价格上升时，和一般正常品一样，由于替代效应的作用，消费者会减少闲暇的消费。但和一般正常品不同的是：当闲暇的价格上升时，消费者的实际收入也随之上升。结果由于收入效应，消费者会增加对闲暇的消费。因此，随着工资率的提高，消费者到底是增加还是减少闲暇的消费，要取决于收入效应和替代效应的大小。如果前者大于后者，则消费者会增加闲暇的消费。反之减少闲暇的消费。

一般而言，当工资率较低时，工资率的上升导致的消费者的收入增量不会很大，此时收入效应不会大于替代效应，因此随着工资率的上升，消费者会减少闲暇的消费，增加劳动时间的供给，即在图 6-12 中表现为劳动供给曲线是向右上方倾斜；但是一旦工资率上升到一个比较高的水平后，它的上升就会导致消费者的实际收入有较大幅度的上升，此时收入效应就会大于替代效应，因此随着工资率的上升，消费者会增加对闲暇的消费，即减少劳动时间的供给，在图 6-12 中表现为劳动供给曲线的后弯。

我们把劳动力市场上所有单个消费者的劳动供给曲线加总起来就得到市场的劳动供给曲线。虽然单个消费者的劳动供给曲线有后弯部分，但是市场供给曲线却总是向右上方倾斜的。因为随着工资率的上升，虽然单个消费者会减少劳动供给量，但是高工资会吸引新的消费者加入到劳动力市场中来，从而整个市场的劳动供给量就不会减少，而是增加。

学习了本章第一节之后，我们知道要素需求曲线是向右下方倾斜的，劳动需求曲线也不例外。把劳动需求曲线和供给曲线放在一起，我们就可以得到劳动市场均衡的工资率和劳动量。如图 6-13 所示，劳动力市场均衡时的工资率为 W_E，劳动供给量为 L_E。劳动需求曲线的变动（如技术水平的提高等）或供给曲线的变动（如非劳动收入、社会习俗、人口量及其结构的变动等）会导致均衡工资率的变动。

6.3.3　土地的价格决定

图 6-13　劳动力市场的均衡

所有的自然资源在经济学上都被称为土地。土地的数量既不会增加，也不会减少，它是固定不变的，或者说它的自然供给不会随着土地价格（地租）的变动而变动。但土地的市场供给是否不变呢？我们从分析单个土地所有者的行为入手来分析这个问题。

应用实例：经济租金与准租金

消费者作为土地所有者，其目标也是效用最大化。由于在一定的时期内他所拥有的土地数量是一定的，因此和分析劳动的供给类似，土地所有者面临的是在土地自用和供给市场之间进行选择以实现最大化效用的问题。

供给土地以取得收入，消费者利用这种收入可以消费其他商品来增加效用。因此土地所有者实质上是在供给土地所带来的收入和保留土地自用之间进行选择。一般而言，消费者很少直接消费土地，如果不考虑非常小的土地自用部分，保留自用的土地的效用为零，其边际效用自然也为零。

地租理论

一旦土地自用的边际效用为零，那么消费者的效用就完全取决于土地供给所带来的收入。在这种情况下，土地所有者要使得效用达到最大，必然要使供给土地的收入最大，也就是说，他必然要把自己所有的土地都提供给市场。由于土地所有者拥有的土地数量是既定的，不论土地的价格是多少，他都会把所有的土地提供给市场。因此，土地供给曲线是一条垂线，如图 6-14 所示。

在这里一定要注意，土地供给曲线为垂线，并不是因为自然赋予土地的数量是固定的，而是因为我们假定土地没有自用用途，只有生产性用途。事实上，如果某种资源只有一种用途，那么该资源用于该种用途的机会成为零，则这种资源对该种用途的供给曲线必然是垂线。

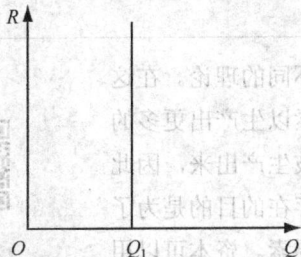

图 6-14　土地供给曲线

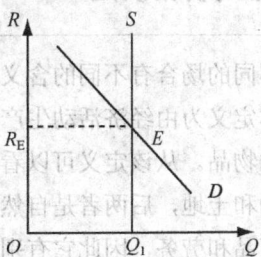

图 6-15　地租的决定

如果将所有土地所有者的土地供给曲线加总起来，我们就得到市场的土地供给曲线。我们把土地供给曲线和需求曲线放在一起，就可以得到土地的均衡价格，如图 6-15 所示，土地需求曲线和供给曲线相交于 E 点，由此形成的土地均衡价格为 R_E，我们一般把土地的均衡价格称为地租。从图 6-15

中看出，土地供给曲线是垂线，地租的决定完全取决于土地需求曲线的位置。因此我们可以这样说：地租产生的根本原因在于土地的稀少。如果给定了土地的数量，则地租产生的直接原因是土地需求的增加（如生产技术的提高、粮食价格的上升等）。

上面说过，地租是当土地供给不变时的土地价格。事实上，像土地一样，许多其他资源在某些情况下的供给也是不变的，如人的某些天赋。这些固定不变的资源价格和地租非常类似，一般我们把这种供给固定不变的资源的价格称为租金。由此可见，地租是当考虑的资源为土地时的租金。

在现实生活中，有些要素虽然在长期中是可变的，但是在短期却是固定的。在讲生产理论时，厂商在短期内至少有一种生产要素的投入是固定的，它不能被转移到其他的用途中去。我们把这种对供给量暂时固定的生产要素的支付称为准租金。它在某种程度上类似于租金。准租金可以用厂商短期生产的均衡图来说明，如图 6-16 所示。

与此相关的还有一个概念：经济租金。它是指为生产要素实际支付的数额与为得到该要素意愿支付的最小额之间的差额。如图 6-17 所示，经济租金可以用图中阴影部分的面积 R_0AE 来表示。在图中，要素的全部收入为 R_0EQ_0O，但要素所有者提供 Q_0 的要素量时所愿意接受的最小收入为 $OAEQ_0$。因此这两部分的差额 R_0AE 就表示了经济租金的大小。

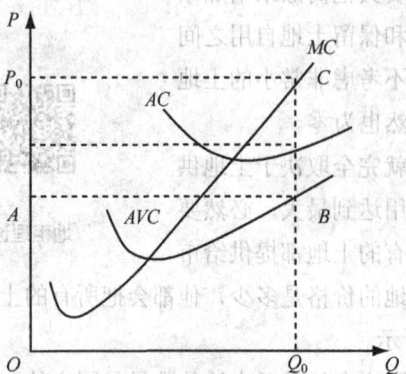

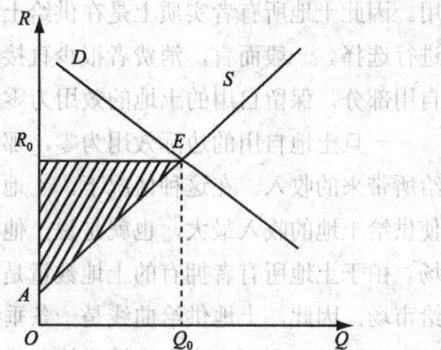

图 6-16　准租金　　　　　图 6-17　经济租金

6.3.4　资本的价格决定

资本在不同的场合有不同的含义，不同的含义又引出不同的理论。在这里我们把资本定义为由经济活动生产出来并被用作生产要素以生产出更多的商品和劳务的物品。从该定义可以看出：首先，资本可以被生产出来，因此它有别于劳动和土地，后两者是自然给定的；其次，资本存在的目的是为了生产更多的商品和劳务，因此它有别于其他所有的非生产要素。资本可以用存量（即厂商拥有的机器、设备等）来衡量，也可以用流量（即在某段时间内厂商所投入的中间产品等）来衡量。

作为实物资本，它本身有一个价格。如一台机器，它在市场上出售时有一个市场价格，但是我们在这里并不研究这种价格，因为它的决定和一般商品价格的决定是一样的。所有的实物资本都可

利息理论

以由货币资本转化而来。为取得一定的货币资本 C，厂商必须给货币资本所有者一定报酬，该报酬称为利息 i。在一定的时期内，以利息除以货币资本额，就得到利率 $r(i/C)$。一般我们把利率称为资本的价格，它是资本的服务价格。

从资本的定义可以看出，资本是可以被生产出来的。单个的消费者可以在不影响他人的情况下，通过保留其收入的一部分不用于消费（储蓄）来增加其资本资源。因此首先要确定最优资本拥有量的问题，然后才能确定资本的供给问题。由于资本来源于储蓄，因此最优资本拥有量问题也就是确定最优储蓄量的问题。进一步讲，消费者对资本的供给问题可看成将既定的收入在当前消费和储蓄之间的分割问题。消费者储蓄的目的是为了将来得到更多的收入，从而将来可以得到更多的消费。因此收入的配置问题实质上是未来消费和当前消费的选择问题。

如图 6-18 所示，假定消费者面临两个时期，横轴表示 1 期的消费量，纵轴表示 2 期的消费量。图中无差异曲线表示能给消费者带来相同效用的两期消费量的所有组合，具有一般无差异曲线的所有特征。消费者初始禀赋点为 A 点，它表示消费者在没有任何储蓄的情况下的两期消费分别为 C_0^1、C_0^2，这意味着 A 点必定在预算线上。假定市场利率为 r_1，如果消费者减少一单位的 1 期消费，那么 2 期消费就可以增加 $1+r_1$ 单位。这意味着预算线的斜率必定为 $-(1+r_1)$。这样我们知道了预算线的斜率，而且知道预算线上的一点，我们就可以确定预算线的位置，即 $B_0^1B_1^1$。如果利率为 r_2、r_3（$r_1<r_2<r_3$），则相应的预算线分别为 $B_0^2B_1^2$、$B_0^3B_1^3$。这三条预算线分别与无差异曲线切于 B、C、D 点。对应的 1 期消费分别为 C_1^1、C_2^1、C_3^1，这意味着对应于三个不同的利率 r_1、r_2、r_3，消费者的储蓄水平相应为 $C_0^1-C_1^1$、$C_0^1-C_2^1$、$C_0^1-C_3^1$。事实上，对应于任一利率，都有一个相应的储蓄水平。将不同的利率和储蓄量在图 6-19 上画出来，就得到单个消费者的储蓄线或是资金供给线。该线和劳动供给线一样，当利率上升到一定水平时，可能出现后弯现象。

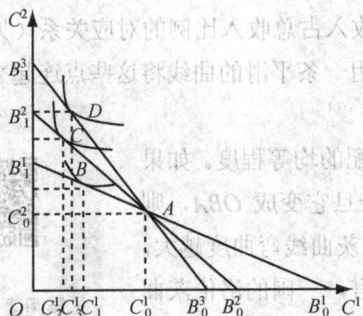

图 6-18　消费者的两期消费决策

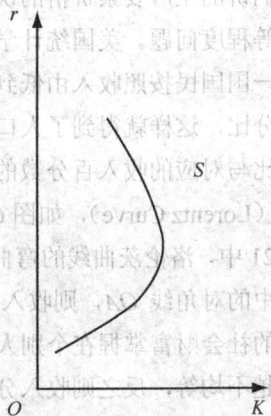

图 6-19　消费者储蓄曲线

从上面的分析中可以看出，资本数量的变化是储蓄变化的结果，但是每期的储蓄是个流量，通过该流量来显著改变资本存量需要较长的时间。如果考察一个较短的时期，特别是某一个时点时，资本存量就是一个常数。为简单起见，我们假定短期内资本存量不变，因此消费者面临着在既定的资本存量下选择保留自用或供给市场以获得最大化效用的问题。我们假定资本自用效用为零，因此和土地供给曲线一样，资本供给曲线为垂线。

我们得到资本的需求和供给曲线之后，把它们放在一起就可以得到均衡的利率和资本量。如图
6-20 所示，假定初始的资本数量为 Q_0，则相应的资本供给曲线为 Q_0S_0。它和资本需求曲线交于点
E_1。此时均衡的利率水平为 r_1，资本数量为 Q_0。但是该均
衡为短期均衡。从长期来看，它不一定是均衡点。

在短期均衡点 E_1 上，一方面利率 r_1 决定了一个储蓄（从
而投资）的量；另一方面资本数量 Q_0 决定了一个折旧量。
如果此时的投资量大于折旧量，那么资本存量就会增加；
反之，资本存量就会下降。因此只有短期均衡决定的利率
使得储蓄（投资）等于折旧时，短期均衡才会同时也是长
期均衡。

如果储蓄不等于折旧时，短期均衡又如何调整到长期
均衡？假定在 E_1 点决定的利率水平上，储蓄大于折旧，则资本存量会不断增
加，这意味着从长期来看，资本供给曲线不断往右移动。一方面利率下降，
这导致储蓄不断下降；另一方面，假定折旧率不变的情况下折旧量不断增加。
这个过程不断持续下去，直到储蓄和折旧相等为止。在图中表现为当资本供
给曲线右移到 Q_1S_1，它与需求曲线相交于 E_2，此时的均衡利率为 r_2。该均衡
既是短期均衡，也是长期均衡。如果在 E_1 点上储蓄小于折旧，那么调整过程
刚好相反。

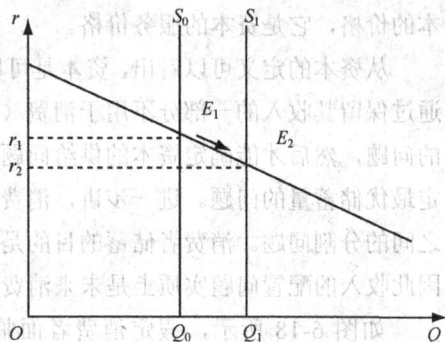

图 6-20　资本市场均衡

土地和资本要素
如何实现市场均衡

6.3.5　洛伦茨曲线和基尼系数

前面我们讲的生产要素价格的决定理论是分配理论的一个重要组成部分。接下来我们分析收入
分配中的平等程度问题。美国统计学家洛伦茨提出洛伦茨曲线来说明收入在人们之间的分配比例。
洛伦茨先将一国国民按照收入由低到高进行排队，统计出收入最低的任意百分比人数的收入总和占
总收入的百分比，这样就得到了人口比例与相应人口的收入占总收入比例的对应关系（见表 6-4），
将人口百分比与对应的收入百分数的对应点标出，然后用一条平滑的曲线将这些点连起来，就得到
洛伦茨曲线（Lorentz Curve），如图 6-21 所示。

在图 6-21 中，洛伦茨曲线的弯曲程度表示了收入分配的均等程度。如果
它演化成图中的对角线 OA，则收入分配绝对均等。而一旦它变成 OBA，则
意味着全部的社会财富掌握在个别人的手中。因此，洛伦茨曲线弯曲度越大，
收入分配就越不均等，反之则收入分配越平等。一般而言，一国的洛伦茨曲
线既不会是对角线 OA（45°直线），也不会是 OBA（折线）。也就是说，一
国的收入分配既不会完全平等，也不会完全不平等，而是介于二者之间。

扩展阅读：缩小我国
偏大基尼系数的对策

从图 6-21 可以看出，收入分配越不均等，洛伦茨曲线和对角线（收入分
配完全均等线）围成的面积就越大。因此这两条线围成的面积通常被称为收
入分配不平等面积。而当收入分配完全不平等时，该面积就变成对角线和完
全不平等线 OBA 所包围的面积，即△OAB 的面积。该面积被称为收入分配
完全不平等面积。我们把不平等面积与完全不平等面积之间的比值称为基尼

什么是基尼系数

系数（Gini Coefficient）。根据其定义可以看出，基尼系数应该介于 0 和 1 之间。

表 6-4　　　　　　　　　　　　收入分配比例

人口比例（%）	收入比例（%）
0	0
20	5
40	10
60	20
80	30
100	100

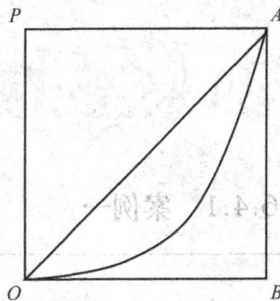

图 6-21　洛伦茨曲线

　　基尼系数通常被用来衡量一国的收入分配差距（即贫富差距）。基尼系数越大，表示一国的收入分配差距就越大，反之亦然。根据联合国有关组织的规定：基尼系数若低于 0.2 表示收入绝对平均；0.2～0.3 表示比较平均；0.3～0.4 表示相对合理；0.4～0.5 表示收入差距较大；0.5 以上表示收入差距悬殊。一般认为 0.40 为警戒线，超过该数值意味收入差距过大可能会带来一定的社会问题。

扩展阅读：向富人征税只能使富人少富而不会使穷人变富

6.3.6　政府调节收入的微观政策

　　一般而言，一国收入分配不可能是绝对平等的。如果不平等达到严重程度，就可能引发各种问题。此时政府应该实施各种政策来调节收入分配，避免收入分配差距过大。

　　税收是一国政府调节收入分配的重要手段。它一般通过两种途径来改变收入的分配：一是通过对不同收入的个人征收不同数量的税收，从而调节收入分配；二是通过对不同商品征收不同的税收，从而改变商品的相对市场价格来影响不同个人和家庭的福利。

　　与税收相比，政府的转移支付制度在改善收入分配问题上更为直接，作用也更大。但并不是所有的政府转移支付都有利于改善收入分配，有些甚至会加剧收入分配的不均。例如，国债利息的支付，由于购买国债者大部分都是收入较高者，因此这种支付会加剧收入分配的不均等程度。也有些转移支付表面上看有利于改善收入分配，其实不然。例如，政府按消费量对汽油的消费实行补贴。由于穷人也要消费汽油，因此他们可以从中得到好处。但是由于富人消费的汽油量更大，他们从中可以得到更大的好处。因此这种补贴实质上加大了收入分配的不均等。从各国的现实情况来看，以下一些政府补贴都起到缩小贫富差距的作用：对基本食品消费的补贴；初等和中等义务教育计划；关于退休、伤残、失业人员的社会保障制度；对落后地区发展的财政支持等。

　　除了上述税收和转移支付之外，政府还可以通过价格管制等方法来间接改善收入分配严重不平等的状况。价格管制通过影响市场价格结构来改变收入分配，如最低工资法，它可以增加仍然在岗的低收入工人的收入。

6.4

案例分析

6.4.1 案例一

明星收入与经济学

明星这种生产要素的高价格和高收入是由其供求关系决定的。在这种要素供给极为短缺时，决定明星价格的主要因素还是公众和企业的支付愿望与支付能力。一种生产要素的价格（或这种要素所有者的收入）是否合理，取决于它的决定机制。如果这种高收入由政府人为决定，无论多少都不合理；而根据"看不见的手"，我们知道，这种高收入如果是市场决定的，无论多少都合理。这是我们判断一种收入是否合理的标准。

明星的高收入公正吗？公正是平等的竞争过程的参与权。如果每一个想成为明星的人都可以从事演艺业，并参与和其他做明星梦的人的竞争，结果只有极少数人成了高收入明星，就没什么不公正的。如果社会用种种手段限制人们进入演艺业，做明星梦的人之间没有平等竞争权，才会不公正。市场经济中明星们是竞争出来的，他们成功了，就实现了公正。

明星的高收入有利于效率吗？作为一种激励制度，明星的高收入的确刺激了演艺业的效率。演艺业的效率就是充分利用资源，为社会提供更好、更多的演出。高收入引起高效率的原因在于以下几方面。第一，使更多的人渴望成为明星，其中必有少数成功者。明星的增加会使演艺事业繁荣。第二，明星受高收入的激励，到处去表演。这就给公众带来更多享受，给企业带来更多收入。第三，在竞争中，不断产生高水平的明星，明星的演艺水平不断提高。这推动了演艺事业繁荣，促进了效率的提高。

明星的高收入对社会也是有利的。他们不仅给人们带来更多、更高的艺术享受，而且还会拉动经济增长。一场精彩的体育表演或电影会给多少人带来就业机会？又会拉动相关部门的多大增长？演艺业的活动被称为娱乐经济，它的产值已成为GDP重要的一部分。没有明星，有娱乐经济的繁荣吗？明星们得到了高收入，也为社会做出了贡献，有什么不合理的？

一夜走红的明星收入高于十年寒窗苦的教授许多倍，让人看了难免有不平衡的"酸葡萄"之感。但从经济学的理性来看，明星的高收入是市场决定的。市场决定的高收入就是物有所值的。

案例思考题

1. 如何理解市场配置资源的有效性和公平性？
2. 为什么说"市场决定的高收入就是物有所值的"？

6.4.2 案例二

天津丑女"张静事件"及美国经济学家的调查报告

张静，25岁，1993年初中未毕业出来谋生。因相貌丑，10年求职上千次无一成功。全家四口人均有《残疾证》，除去每月400元左右的医药费，全家只能靠五六百元维持生活，每天只吃一餐中饭，尚有一万元债务无法还清。万般无奈下，张静于2003年7月23日主动向媒体求助，希望得到一份工作以养家糊口。此事经披露后，张静先后接到30多家单位的工作邀请，后成为友缘养老院的一名编外人员。更有一位北京郊区的男士表示，相貌远不及心灵重要，如果张静愿意，他愿给她家的温暖。深受相貌丑陋之苦的张静后来接受了整容，在整容成功后她的生活轨迹开始出现可喜的变化，目前正准备出一本描述自己心路历程的书。

张静事件在社会上引起强烈反响，中央电视台、香港凤凰卫视、南方都市报等数十家媒体、网站纷纷报道、转载此事，张静事件引发的"悦目情结"和"容貌歧视"问题更成为社会生活中一个极致表现的范列。

美国劳动经济学家丹尼尔·哈莫米斯与杰文·比德尔在1994年第4期《美国经济评论》上发表了一份调查报告。根据这份调查报告，漂亮的人收入比长相一般的人高5%左右，长相一般的人又比丑陋一点的人收入高5%～10%左右。这个结论对男性、女性都同样适用。

案例思考题

1. 劳动要素的报酬由什么决定？
2. "漂亮贴水"是否意味着是一种歧视？它与种族歧视、性别歧视相同吗？

课后习题

1. 简述要素价格与收入分配的关系。
2. 简述企业的要素使用原则与利润最大化产量原则的关系。
3. 试述完全竞争厂商的要素使用原则。
4. 简述消费者的要素供给原则。
5. 利润最大化产量和利润最大化的要素使用量有什么关系？
6. 在什么情况下要素的供给曲线会向后弯曲或垂直？为什么？
7. 在什么情况下要素的需求曲线和供给曲线不存在？为什么？
8. 设一厂商使用的可变要素为劳动 L，其生产函数为：$Q=-0.01L^3+L^2+38L$

式中，Q 为每日产量；L 为每日投入的劳动小时数，所有市场（劳动市场和产品市场）都是完全竞争的，单位产品价格为 0.10 美元，小时工资为 5 美元，厂商要求利润最大化。问厂商每天要雇佣多少小时劳动？

9. 已知某完全竞争厂商的生产函数为 $Q=A+aL-bL^2$，劳动的价格为 W，产品的价格为 P。试推导该厂商的劳动需求函数。

10. 已知劳动是唯一的可变要素，生产函数为 $Q=A+10L-5L^2$，产品市场是完全竞争的，劳动价格为 w，试说明。

（1）厂商对劳动的需求函数。

（2）厂商对劳动的需求量与工资成反方向变化。

（3）厂商对劳动的需求量与产品价格同方向变化。

11. 若企业在产品市场是垄断的，而在劳动市场是竞争的，在产品市场中面临的市场需求函数为 $P=200-Q$，当企业的产量为 60 时获得最大的利润，若劳动市场的工资率为 1200，求劳动的边际产量。

12. 假设一个买方垄断的企业只用劳动 L 来进行生产，并且产品市场为完全竞争市场，商品价格为 2 元，生产函数为 $Q=12L+6L^2-0.2L^3$，劳动供给函数为 $W=4.8+3L$。计算该企业利润最大化时的劳动使用量和工人工资水平。

13. 设某垄断企业面临的产品需求函数为 $P=80-5Q$。生产函数 $Q=Y^{1/2}$（产品 Q 是用一种生产要素 Y 生产的）。生产要素价格是按固定价格 5 买来的。试计算该企业利润最大时的产品价格、产量、要素 Y 的投入量及利润水平。

14. 简述洛伦兹曲线和基尼系数的涵义。

扩展阅读

经济租金（百度百科）

市场利率

前面章节对经济人最优决策的讨论，是在简单环境下进行的，没有考虑经济人之间决策相互影响的问题。本章讨论经济人之间决策相互影响这一问题，即在决策相互依存的复杂环境下的决策问题——博弈论(Game Theory)，也称对策论。最近十几年，博弈论在经济学中得到了广泛应用，在揭示经济行为相互制约性质方面取得了重大进展。大部分经济行为都可视作博弈的特殊情况，比如把经济系统看成是一种博弈，把竞争均衡看成是该博弈的纳什均衡。博弈论的思想精髓与方法，已成为经济分析的必要组成部分。

无所不在的博弈

7.1 | 博弈的基本概念

本节首先对什么是博弈和博弈论等作初步介绍。再给出一些经典博弈例子，使读者对博弈论的内容和博弈模型有更直观的概念和印象。最后对博弈的分类和博弈理论的结构作一些讨论。目的是让读者对博弈论的基本内容及博弈分析的基本思想方法等形成初步的认识，为后面分析作好铺垫和准备。

7.1.1 什么是博弈论

1. 从游戏到博弈

"博弈论"译自英文"Game Theory"。"Game"的基本意义是游戏，因此"Game Theory"直译应该是"游戏理论"。

日常生活中田径、球类等各种体育比赛，都是游戏。游戏种类、形式多种多样，但有一个共同的特点，那就是策略，或者说计谋在其中有举足轻重的作用。策略选择的好坏往往是左右游戏结果的关键因素。在游戏参加者的

什么是博弈论

初始条件基本相同的游戏中，如棋牌比赛中，策略选择的好坏更是决定游戏结果的唯一因素。因为身体素质等固有条件早已存在或不可改变，游戏者又无法控制运气，因此游戏参加者可以掌握运用的就只有对策略的选择。所以游戏中真正值得研究的是其中的策略，而不是游戏者固有条件或运气。

研究游戏的共性会发现许多游戏都有下列特征。

（1）都有一定的规则，规定游戏的参加者（可以是个人，也可以是队组）可以做什么，不可以做什么，应该按怎样的次序做，什么时候结束游戏和一旦参加者犯规将受怎样处罚等。

（2）都有一个结果，如一方赢一方输、平局或参加者各有所得等，而且结果常能用正或负的数值表示，或能按照一定的规则折算成数值。

（3）策略至关重要，游戏者不同的策略选择常会带来不同的游戏结果。

（4）策略和利益有相互依存性，即每一个游戏者所得结果的好坏，不仅取决于自身的策略选择，

也取决于其他参加者的策略选择。有时一个差的策略选择也许会带来并不差的结果，原因是其他游戏者选择了更差的策略。因此在有策略依存性的游戏中，策略本身常常没有绝对的好坏之分，只有相对于他方策略的相对好坏。

许多重要的人类活动，包括经济活动中的经营决策、市场竞争，政治、军事活动中的竞选、谈判、联合和战争等斗智斗勇的较量等，也都有类似的特征。以寡头市场中厂商的产量决策为例，寡头市场中一个厂商的利润和发展与它的产量决策有不可分割的联系，但通常又不仅取决于自己的产量决策，也取决于其他厂商的产量决策。若其他厂商的产量较大，则所考察厂商最佳产量就只能较低，利润就会下降，因为这时候市场比较拥挤，卖出商品更加困难或收益会较低。反过来若其他厂商的产量较低，那么所考察厂商最佳产量就会较高，利润也会变大。因此寡头市场的厂商之间在产量决策上具有明显的相互依存和制约关系。在市场开发竞争中也有类似的策略较量和策略依存性。当一个厂商先开发或占领某个市场后，其他厂商看到有利可图常常会进来竞争。面临竞争威胁的"先来者"既可以"宽容"地接受"后到者"，也可以设法（通过恶性价格竞争等）阻止"后到者"进入市场。但"先来者"阻入策略的效果很大程度上取决于"后到者"对阻入的反应。如果"后到者"知难而退，阻入策略就成功了，因为"先来者"以较小代价成功地阻止了竞争者的进入，可以独享市场。但如果"后到者"知难而上，就很可能两败俱伤，对"先来者"来说此时容忍"后到者"进入可能更合算。因此，市场阻入问题也是具有策略较量和策略依存特征的典型例子。

经济活动中具有策略依存性的策略选择问题是普遍存在的。研究游戏规律得出的结论，可用来指导经济、政治、军事等活动中所遇到的重要决策问题。虽然我们一般不会把关系到个人、企业甚至国家前途命运的经济、政治决策活动称为游戏，但却用"游戏理论"，即"Game Theory"称呼。本章将要介绍这种研究经济、政治等方面决策活动规律的理论。

在我国把"Game"和"Game Theory"译成"博弈"和"博弈论"，显得学术味浓一些。博弈论对于一切对策略问题严肃认真的读者，对于所有想要经商、从政、法律工作或想要兴邦定国的人，也包括那些想在比赛竞技中成功取胜的人，都是非常有价值的工具，它是开拓思路和提高决策理论水平的思想宝库。

由于博弈论研究的问题大多是在各博弈方之间的策略对抗、竞争，或面对一种局面时的对策选择，因此博弈论在我国也被称为"对策论"，具体的博弈问题则被称为"对策问题"。其实，用"对策"和"对策论"称呼博弈和博弈论并不是很恰当，因为"对策"在实际中常被用来表示具体的应对方案，而博弈论所研究的决策问题却是有开始、有结束、有结果的整个过程，在这种过程中常常包含多个面对一定局面的对策选择，而问题的解则常常是由一组对策构成的一个完整的行动计划。进一步，我们对这些决策问题的研究也不仅仅局限于站在某个决策方的立场上找针对其他方的对策，更重要的是分析在这些决策过程中各决策方相互制约、相互作用的规律，导出合理的结果并用以说明相应的实际问题，不仅为了指导各决策方的合理决策，也为了指导具有组织和管理职能的政府及其机构制定合理的政策和规则。因此用较能表达是一个完整过程意思的"博弈"，而不是用常表示具体的针对性反应的"对策"，称呼我们所研究的决策问题，更能反映这门学科的实质。

2. 一个非技术性的定义

博弈即一些个人、队组或其他组织，面对一定的环境条件，在一定的规则下同时或先后，一次或多次，从各自允许选择的行为或策略中进行选择并加以实施，各自取得相应结果的过程。

从上述定义中可以看出，规定或定义一个博弈需要设定下列四个方面。

（1）博弈的参加者（Players）。即在所定义的博弈中究竟有哪几个独立决策、独立承担结果的个人或组织。注意只要在一个博弈中统一决策、统一行动、统一承担结果，不管一个组织有多大，哪怕是一个国家，甚至是由许多国家组成的联合国，都可以作为博弈中的一个参加方。另外博弈规则确定之后，各参加方都是平等的，大家都必须严格按照规则办事。本书统一将博弈中的每个独立参加方都称为一个"博弈方"。

（2）各博弈方各自可选择的全部策略（Strategies）或行为（Actions）的集合。即规定每个博弈方在进行决策时，可以选择的方法、做法或经济活动的水平、量值等。在不同博弈中可供博弈方选择的策略或行为的数量很不相同，在同一个博弈中，不同博弈方的可选策略或行为的内容和数量也常不同，有时仅有有限的几种，甚至只有一种，有时又可能有许多种，甚至无限多种可选策略或行为。

（3）进行博弈的次序（Orders）。在现实的各种决策活动中，当存在多个独立决策方进行决策时，有时候需要这些博弈方同时做出选择，因为这样能保证公平合理，而很多时候各博弈方的决策又有先后之分，并且有时一个博弈方还要做不止一次的决策选择，这样就会有一个次序问题。因此规定一个博弈必须规定其中的次序，次序不同一般就是不同的博弈，即使博弈的其他方面都相同。

（4）博弈方的得益（Payoffs）。对应于各博弈方的每一组可能的决策选择，都应有一个结果表示该策略组合下各博弈方的所得或所失。由于对博弈的分析主要是通过数量关系的比较进行的，因此绝大多数博弈，本身都有数量的结果或可以量化为数量的结果，例如收入、利润、损失、个人效用和社会效用、经济福利等，这些可能结果的量化数值，称为各博弈方在相应情况下的"得益"。规定一个博弈必须对得益做出规定，得益可以是正值，也可以是负值，它们是分析博弈模型的标准和基础。值得注意的是，虽然各博弈方在各种情况下的得益应该是客观存在，但这并不意味着各博弈方都了解各方的得益情况，对此我们会做进一步地讨论。

以上四个方面是定义一个博弈时必须首先设定的，确定了上述四个方面就确定了一个博弈。博弈论就是系统研究可以用上述方法定义的各种博弈问题，寻求在各博弈方具有充分或者有限理性（本章内容只研究充分理性或称完全理性情况）、能力的条件下，合理的策略选择和合理选择策略时博弈的结果，并分析这些结果的经济意义、效率意义的理论和方法。

7.1.2 几类经典博弈模型

为了进一步增加对博弈问题的理解和认识，掌握从社会事物中抽象博弈模型的方法，本节介绍几个经典博弈模型并对它们作一些初步分析。

1. 囚徒困境

（1）囚徒困境基本模型

这个博弈模型是 1950 年图克（Tucker）提出的，它很好地反映了博弈问题的根本特征，而且这个博弈模型正是解释众多经济现象，研究经济效率问题的非常有效的基本模型和范式。这个博弈模型提出后曾引发了大量的相关研究，对博弈论的发展起了不小的推动作用，是博弈论书籍必讲的特别经典的博弈模型。

囚徒困境博弈的基本模型是这样的：警察抓住了两个合伙犯罪的罪犯，

囚徒困境

但却缺乏足够的证据指证他们所犯的罪行，如果其中至少有一人供认犯罪，就能确认罪名成立。为了得到所需的口供，警察将这两名罪犯分别关押以防止他们串供或结成攻守同盟，并给他们同样的选择机会：如果他们两人都拒不认罪，则他们会被以较轻的妨碍公务罪各判1年有期徒刑；如果两人中有一人坦白认罪，则坦白者从轻处理，立即释放，而另一人则将重判10年徒刑；如果两人同时坦白认罪，则他们将被各判8年监禁。

如果分别用-1、-8和-10表示罪犯被判刑1年、8年和10年，用0表示罪犯被立即释放，则我们可以用一个特殊的矩阵将这个博弈表示出来（见图7-1）。这种矩阵是表示博弈问题的一种常用方法，我们称这种矩阵为一个博弈的"得益矩阵"（Payoff Matrix）。

因徒1 ＼ 因徒2	坦白	不坦白
坦白	-8, -8	0, -10
不坦白	-10, 0	-1, -1

图7-1　囚徒困境

从"囚徒困境"看寡头行为模式

图7-1中"囚徒1""囚徒2"代表本博弈中的两个博弈方，也就是两个罪犯；他们各自都有"不坦白"和"坦白"两种可选择的策略；因为这两个囚徒被隔离开，其中任何一人在选择策略时都不可能知道另一人的选择，因此不管他们决策的时间是否真正相同，我们都可以把他们的决策看作同时做出的；矩阵中的每个元素都是由两个数字组成的数组，表示所处行、列代表的两博弈方所选策略的组合下双方的得益，其中第一个数字为选择行策略的囚徒1的得益，第二个数字为选择列策略的囚徒2的得益。这是一个两博弈方同有两种相同的可选策略，策略和得益都对称的两博弈方之间的博弈。

对该博弈中的两个博弈方来讲，各自都有两种可选择的策略，因此该博弈共有四种可能的结果。在这些结果中，每个博弈方可能取得的最好得益是0，最坏得益是-10。根据个体理性行为准则，两个博弈方的目标都是要实现自身最大利益。他们该怎样选择策略？博弈的结果又会如何？

可以肯定的是，在这个博弈中，两博弈方各自的利益不仅取决于他们自己的策略选择，而且也取决于对方的策略选择，是有策略和利益依存关系的典型博弈问题。因此每个博弈方选择自己的策略时，即使无法知道另一方的实际选择，也不能忽视另一方的选择对他自己得益的影响，他必须在考虑到另一方有两种可能选择，而且不同的选择对自己的利益影响不同的情况下，做出自己的最佳策略选择。

例如，对囚徒1来说，囚徒2有"坦白"和"不坦白"两种可能的选择，假设囚徒2选择的是"不坦白"，则对囚徒1来说，"不坦白"得益为-1，"坦白"得益为0，他应该选择"坦白"（注意根据个体理性的原则，囚徒1只是根据自身利益最大的原则行事，不会关心此时另一方会被重判10年的问题）。假设囚徒2选择的是"坦白"，则囚徒1"不坦白"得益为-10，"坦白"得益为-8，他还是应该选择"坦白"。因此在本博弈中，无论囚徒2采用何种策略，只考虑自身利益的囚徒1的选择是唯一的，那就是"坦白"，因为在另一方的两种可能选择情况下，"坦白"给他带来的得益都是最大的。我们可以说"坦白"是囚徒1的一个"上策"（Dominant Strategy）。

同样的，因为囚徒2与囚徒1的情况完全相同，因此囚徒2的决策思路和选择与囚徒1完全相同，囚徒2在这个博弈中唯一合理的选择也是"坦白"，或者说"坦白"也是囚徒2的"上策"。所以该博弈的最终结果必然是两博弈方都选择"坦白"策略，各获得益-8，即各被判 8 年徒刑。

值得注意的是，在这个博弈中，无论是对这两个囚徒的总体来讲，还是对他们各自来讲，最佳的结果都不是同时"坦白"各得到-8，因为都"不坦白"各得-1 显然比都"坦白"各得-8 好得多。但是，由于这两个囚徒之间不能串通，并且各人都追求自身利益最大化而不会顾及同伙的利益，双方又都不敢相信或者说指望对方有合作精神，因此只能实现对他们都不理想的结果。由于这种结果具有必然性，很难摆脱，因此这个博弈被称为"囚徒困境"。当然，就囚徒困境本身而言，对社会利益来说是非常理想的结果，因为罪犯都受到了应有的惩罚。但从博弈中两个决策者的立场上则是很不理想的结局，因为两决策者从追求各自的最大利益出发选择行为，结果既没有实现总体最大利益，也没有真正实现个体最大利益。该博弈既揭示了个体理性与团体理性之间的矛盾：从个体利益出发的行为往往不能实现团体的最大利益，同时也揭示了个体理性本身的内在矛盾：从个体利益出发的行为最终也不一定能真正实现个体的最大利益，甚至会得到相当差的结果。

囚徒困境博弈的重要意义在于类似的情况在社会经济活动中具有很大的普遍性，在市场竞争的各个领域和方面，在资源利用和环境保护以及政治、军事和法律等各种领域的问题中，都存在类似囚徒困境的现象。例如双寡头削价竞争模型，就是一个典型的囚徒困境类型的博弈。

（2）双寡头削价竞争

在市场竞争方面典型的囚徒困境现象之一是寡头之间的价格战。通过降价争夺市场是市场竞争中十分普遍的行为，但削价竞争并不一定是成功的策略，因为一个厂商的削价竞争往往会引起竞争对手的报复，此时降价不仅不一定能扩大销量，而且很可能会白白降低利润率。这里用一个简单的两个寡头共同垄断一个市场的两种价格的价格竞争模型来说明这个问题。

设寡头 1 和寡头 2 是双寡头市场上的两个寡头，它们原来用同一种较高的价格（我们称它为"高价"）销售相同的产品。如果这两个寡头不满足它们各自原来的市场份额和利润，就都有可能想通过降价争夺更大的市场份额和更多利润。但需要注意的是，当自己的降价引起对手报复时，这种目的就不一定达得到。假设两寡头在原来的"高价"策略下各能获得 100 万元的利润；如果某个寡头单独降价，即单独采用"低价"，那么它可以获得 150 万元利润，而另一寡头因为市场份额被对手抢去，利润将下降到 20 万元；如果另一寡头也降价，则两寡头都将只能得到 70 万元利润。这个博弈问题可以表示为图 7-2 中的得益矩阵。

寡头1 \ 寡头2	高价	低价
高价	100, 100	20, 150
低价	150, 20	70, 70

图 7-2　两寡头削价竞争

根据上述得益矩阵容易看出，双寡头削价竞争确实与囚徒困境博弈完全相似。假设寡头 2 采用"高价"策略，那么寡头 1 采用"高价"得 100 万元，采用"低价"得 150 万元，150 大于 100，寡头 1 应该采用"低价"。假设寡头 2 采用"低价"策略，那么寡头 1 采用"高价"策略得益为 20 万元，采用"低价"策略得 70 万元，因此寡头 1 也应该采用"低价"。用同样的方法分析寡头 2 的情况，也可知道不管寡头 1 的策略是什么，寡头 2 都应该选择"低价"策略。因此，这个博弈的最终结果一定是两寡头都采取"低价"策略，各得到 70 万元的利润。

由于本博弈是一个非合作博弈问题，且两博弈方都肯定对方会按照个体行为理性原则决策，因此虽然双方采用"低价"策略的均衡对两个博弈方来说都不是理想的结果，但因为两博弈方都无法信任对方，都必须防备对方利用自己的信任（如果有的话）谋取利益，所以双方都会坚持采用"低价"，各自得到70万元的利润。两寡头各得100万元利润的结果是无法实现的，即使都完全清楚上述利害关系和相应的效率意义，也无法改变这种结局。因此这确实也是一种囚徒困境式的博弈关系。

事实上，囚徒困境式的博弈问题非常多。面临竞争和选择的个人、企业或各种社会组织和机构等，都可能遇到类似囚徒困境的问题。如在广告投资、采用新技术等方面，厂商之间就常常进行耗资巨大，但并不一定有利可图的争夺战；对公共资源的掠夺式使用也是这种困境所导致的结果。囚徒困境的存在，在一定程度上否定了传统经济理论关于市场经济中有一只"看不见的手"，总会把个人的利己行为变为对集体、社会有利行为的论断，也说明了政府在社会经济活动中的组织协调工作的必要性，放任自流并不是导致全社会最大福利的有效政策。研究囚徒困境类型问题的目的，既可以是利用这种困境达到有益于社会的目的，如在打击犯罪方面；也可以是设法避免这种困境，如在环境保护和公共资源开发利用等方面。

2. 赌胜博弈

赌胜博弈属于"零和博弈"的范畴，是具有某种对称性的零和博弈。赌胜博弈大多来源于游戏，但在社会经济中也有许多相似的问题。这里以"齐威王田忌赛马""猜硬币"和"石头·剪子·布"几个经典博弈为例作一些介绍和分析。

（1）齐威王田忌赛马

在我国古代有一个运用计谋的非常有名的故事，讲的是齐威王怎样与大将田忌赛马，或者更准确地说是田忌的谋士孙膑，如何运用计谋帮助田忌以弱胜强的事情。从这个故事中我们可以引出一个很好的赌胜博弈问题。

故事中说齐威王经常要大将田忌与他赛马，赛马的规则是这样的：每次双方各出三匹马，一对一比赛三场，每一场的输方要赔一千金给赢方。齐威王的三匹马和田忌的三匹马按实力都可以分为上、中、下三等，但齐威王的上、中、下三匹马分别比田忌的上、中、下三匹马略胜一筹，因为总是同等次的马进行比赛，因此田忌每次都是连输三场，连输三千金。实际上，田忌的上马虽然不如齐威王的上马，却比齐威王的中马和下马都要好，而田忌的中马比齐威王的下马要好一些，因此田忌每次都连输三场是有些冤枉的。

后来田忌的谋士孙膑给田忌出了个主意，改变了这种局面。孙膑让田忌不要用自己的上马去对抗齐威王的上马，而是用自己的下马去对抗齐威王的上马，上马则去对抗齐威王的中马，中马对抗齐威王的下马。这样，虽然第一场田忌必输无疑，但后两场却都能获胜，二胜一负，田忌反而能赢齐威王一千金。这个故事生动说明巧用策略是多么重要，在实力、条件一定的情况下，对己方力量和有利条件的巧妙调度和运用，常常会起到意想不到的效果。

但是，如果这个故事到这里结束，它还只是一个单方面运用策略的较为简单的问题。因为在赛马的齐威王和田忌两方中，只有田忌一方意识到策略的重要性，在安排马的出场次序方面运用策略，而齐威王一方却没有做出相应的反应，没有同样运用策略与田忌的策略相对抗。实际上，一旦齐威王发觉田忌在使用计谋，明白了自己为什么输时，他必然也会改变自己三匹马出场的次序，以免再落入田忌的圈套，从而使齐威王和田忌之间的赛马，变成一个具有策略依存特性的决策较量，构成典型的博弈问题。

问题会变成这样：齐威王和田忌双方都清楚各自马的实力，即齐威王的三匹马分别比田忌的三匹马略强一些和一旦改变出场次序，输赢的结果就可能会改变，也都明白输赢的关键，或主要关键之一是双方马的出场次序比较有利于哪一方。对齐威王来说，最理想的出场次序是各场比赛己方出场马的等级与田忌方出场马的等级相同，即不管出场的先后次序究竟如何，反正只要以自己的上马对田忌的上马，以自己的中马对田忌的中马，以自己的下马对田忌的下马，这样就肯定能连赢三场；次佳是三场中有一场是同等级的马比赛，或者自己的下马、上马和中马分别对上田忌的上马、中马和下马，这两种情况都能实现两胜一负，总体上齐威王还能赢一千金；最坏的情况就是田忌最希望的那种情况，即齐威王的上、中、下马分别遇到田忌的下、上、中马，这样一胜二负，反而要输一千金。

因为齐威王的赢就是田忌的输，因此对齐威王最好的情况就是对田忌最坏的情况，而对齐威王最坏的情况是对田忌最好的情况，双方的愿望是格格不入的。这也意味着必须规定双方在决定各自每场比赛出场马的等级时，不能预先知道对方出场马的等级，并且一旦决定就谁也不准反悔，因为不这样就会造成双方都想等对方决定之后再决定，或见到对阵形势不利就想换马，比赛也就无法进行了。当然，也可以硬性规定必须相同等级的马进行比赛，也就是说总让齐威王赢。但这时就不再存在策略较量问题，不再是一个博弈问题了。

齐威王与田忌赛马表达成一个博弈问题如下：

① 该博弈中有两个博弈方，即齐威王和田忌；

② 两博弈方可选择的策略是自己马的出场次序，因为三匹马的排列次序共有 3！=3×2=6 种，因此双方各有 6 种可选择的策略如图 7-3 所示；

③ 根据前面的讨论，知道双方在决策之前都不能预先知道对方的决策，因此可以看作同时选择策略的，决策没有先后次序关系；

④ 如果把赢一千金记成得益 1，输一千金记成得益-1，则两博弈方在双方各种策略的组合下的得益，如图 7-3 得益矩阵中数组所示，每个数组表示两博弈方在对应行列代表的双方策略组合下各自的得益，其中前一个数字表示齐威王的得益，后一个数字表示田忌的得益。

田忌 齐威王	上中下	上下中	中上下	中下上	下上中	下中上
上中下	3, -3	1, -1	1, -1	1, -1	-1, 1	1, -1
上下中	1, -1	3, -3	1, -1	1, -1	1, -1	-1, 1
中上下	1, -1	-1, 1	3, -3	-1, 1	1, -1	1, -1
中下上	-1, 1	1, -1	1, -1	3, -3	1, -1	1, -1
下上中	1, -1	1, -1	1, -1	-1, 1	3, -3	1, -1
下中上	1, -1	1, -1	-1, 1	1, -1	1, -1	3, -3

图 7-3 齐威王田忌赛马

这个博弈的特点是，首先，各博弈方千万不能让对方知道或猜中自己的策略，因为一旦自己的策略被对方猜中，则对方就可以针对性地选择策略，从而己方必输无疑。这也意味着任何一方的策略选择不能一成不变，甚至变动还不能有规律性，即必须以随机的方式选择策略。其次，无论对齐威王还是田忌，六种可选择的策略本身相互之间并没有优劣之分。如对齐威王来说，每一种策略都可能有六种不同的结果，包括一种得益为3、四种得益为1、一种得益为-1，究竟最终得哪种结果，主要看对方策略与己方策略的对应情况，而不是己方的策略本身。对田忌来讲六种策略本身也无好坏之分，不过是每种策略的六个结果中只有一种得1，其余四种得-1，一种得-3。因此，两博弈方决策时对己方的可选策略并无偏爱，应以一定的概率选用。实际上，偏爱某种特定策略的结果往往只会不利于自己，因为一旦对方得知你的偏爱就可以做针对性的选择，从而会有较多机会赢你。对此下一节将进一步说明。

根据以上讨论，我们已经可以看出，这种博弈如果只进行一次，双方的策略选择和最终的博弈结果是无法确定的，输赢主要取决于机会和运气。当然，由于齐威王三匹马的总体实力强于田忌的三匹马，因此他仍然占有优势，赢的机会比田忌要大得多。但如果这样的博弈进行不止一次，而是许多次，则上面的讨论给我们指出了各博弈方决策的原则，而且进一步的讨论还能告诉我们多次博弈以后的平均结果。

（2）猜硬币博弈

猜硬币游戏本身非常简单。两人通过猜硬币的正反面定输赢，其中一人用手盖住一枚硬币，由另一方猜是正面朝上还是反面朝上，若猜对，则猜者赢1元，盖硬币者输1元；否则，猜者输1元，盖硬币者赢1元。如果赢1元得益为1，输1元得益为-1，则我们可用图7-4中得益矩阵表示这个猜硬币博弈问题。

图7-4中"盖硬币方"和"猜硬币方"为本博弈的两个博弈方；他们各有"正面"和"反面"两种可选择的策略；由于每一方都不会让对方在选择之前知道自己的选择，因此可看作两博弈方同时作决策；矩阵中数组元素表示所处行列对应的两博弈方的策略组合下双方各自的得益，其中前一个数字表示盖硬币方的得益，后一个数字表示猜硬币方的得益。

与齐威王田忌赛马博弈相比，猜硬币博弈的两博弈方各只有两种可选策略（这种博弈有时称为"2×2博弈"），因此只有四种可能的结果是更简单的博弈。但这个博弈与齐威王田忌赛马的本质特征是相似的，即双方的利益是严格对立的，取胜的关键都是不能让另一方猜到自己的策略而同时自己又要尽可能猜出对方的策略，在一次性博弈中结果取决于机会，在多次重复中，如果双方的决策方式都正确，则我们可求得双方各自的平均得益。因此该博弈的分析和求解思路也与齐威王和田忌赛马博弈相同。在本章其他几节中我们会经常用该博弈作为解释性的例子。

盖硬币方 ＼ 猜硬币方	正面	反面
正面	-1, 1	1, -1
反面	1, -1	-1, 1

图7-4　猜硬币博弈

（3）石头·剪子·布

与齐威王田忌赛马和猜硬币博弈异曲同工的，还有广泛流传于世界的"石头·剪子·布"赌胜负争先机游戏。该游戏是用不同手势分别代表石头、剪子或布，要求两个游戏方同时各出一种手势，手势相同为和，手势不同时，石头胜剪子、剪子胜布、布胜石头。这游戏虽小，却包含有相生相克、以柔克刚等相当深刻的哲理。如果以得益0表示没有输赢，得益1表示赢，用得益-1表示输，则该博弈可以用得益矩阵图7-5表示。该博弈的性质和齐威王田忌赛马，以及猜硬币博弈等都是相似的。

博弈方2 博弈方1	石头	剪子	布
石头	0, 0	1, -1	-1, 1
剪子	-1, 1	0, 0	1, -1
布	1, -1	-1, 1	0, 0

图 7-5　石头·剪子·布·博弈

3. 产量决策的古诺模型

第五章学习的寡头之间通过产量进行竞争的古诺模型,也是典型的博弈模型。这里介绍一种离散产量的三厂商产量博弈。

由于市场容量总是有限的,因此在一定的价格水平上一个市场能够销出特定产品的数量肯定是有限的。如果向该市场投放的商品超出该数量,则必须降价才能全部销出去。换言之,在任何一个市场上,能够将商品全部销售出去的价格,也称为"市场出清价格",是投放到该市场上商品数量的函数。

假设有三个厂商在同一个市场上生产销售完全相同的产品,它们各自的产量分别用 q_1、q_2 和 q_3 表示。再假设 q_1、q_2 和 q_3 只能取 1、2、3、…等正整数数值,即产量是离散的而不是连续变化的。市场出清价格一定是市场总产量 $Q=q_1+q_2+q_3$ 的函数,假设该函数为

$$P=P(Q)=20-Q=\begin{cases} 20-(q_1+q_2+q_3), & Q<20 \\ 0, & Q\geqslant 20 \end{cases}$$

再假设各厂商的生产都无成本,且三个厂商同时决定各自的产量。我们想要知道的是,在这样的市场中三个厂商应该选择怎样的产量,或者说整个市场会均衡于怎样的产量和价格水平?

为了使我们的讨论更集中于有实际意义的范围,可以先做一些粗线条的分析,把三厂商不可能选择的产量范围排除掉。首先可以肯定的是,即使生产没有成本,三个厂商也不会无限制地扩大生产,选择很高的产量。因为随着各个厂商产量的上升,市场总产量也在上升,这必然会引起市场价格下降,当总产量等于或超过 20 单位时,生产会变得完全无利可图,因此在本博弈中每个厂商的最大产量不可能超过 20。进一步,三个厂商各自的产量实际上都不太可能超过 10。因为即使其他两个厂商都不生产,作为垄断者厂商的最佳产量也只有 10(根据上一章内容很容易证明),更何况模型假设的并不是一个厂商垄断市场的情况,其他厂商的竞争必然使每个厂商的市场空间变得更小。因此对本博弈中三个厂商的产量选择,只需要考虑小于 10 单位的有限范围,加上已经假设产量只取正整数,实际需要分析的产量就只有有限的数种。

我们采用比较和试探的方法来确定本博弈的均衡产量。我们不妨先假设三个厂商开始时分别生产 4 单位、8 单位和 6 单位产量(也可以从其他产量组合开始,区别只是调整的路径不同,结果肯定是相同的)。这时候三个厂商会满意各自的产量吗?为了回答这个问题,我们可以先导出三个厂商相同的利润公式,以便随时比较不同产量组合下的利润,考察改变产量对利润的影响。

由于三个厂商的产量之和超过 20 单位时价格和利润都会降到 0,这是三个厂商都不愿意的,因此我们可以假设他们的总产量始终不会大于 20。这时候厂商 i 的利润函数为

$$\Pi_i=P\cdot q_i=[20-(q_1+q_2+q_3)]\cdot q_i$$

该利润函数明确反映了三厂商策略和利益之间的依存关系,即每个厂商的利润都与所有厂商的

产量有关，而不是只跟自己的产量有关。根据上面的价格函数和这个利润公式，我们很容易计算出在产量组合为（4，8，6）时，市场价格为 2，三厂商的利润分别为 8、16 和 12，它们被列在表7-1 中的第一行。

表 7-1 三厂商散产量组合对应的价格和利润

q_1	q_2	q_3	P	π_1	π_2	π_3
4	8	6	2	8	16	12
4	5	6	5	20	25	30
5	5	6	5	20	20	24
5	5	5	4	25	25	25
3	3	3	11	33	33	33
7	3	3	7	49	21	21

不难发现这时候的总产量水平已经太高了，三个厂商不会满足于此高产量对应的利润，因为任何一个厂商降低自己的产量都能使所有厂商的利润增加。我们不妨设产量最高的厂商 2 将产量降低3 个单位，这时候市场价格上升为 5，三厂商利润分别升到 20、25 和 24 个单位。这些结果如表 7-1中数字的第三行数字所示。

这个产量水平是否三个厂商都满意，而具有稳定性呢？虽然厂商 2 和厂商 3 都会满意于这个产量组合，因为他们无论是提高还是降低产量都只会降低自己的利润，但厂商 1 可能并不一定满意，因为在三个厂商中他的利润是最低的，而且如果他提高 1 单位产量利润并不会降低，而且对改善他的相对地位很有好处，因此可以预计他会将产量从 4 单位提高到 5 单位。这样市场价格将降低到 4，三厂商的利润将分别为 20、20 和 24，如表 7-1 中第三行数字所示。

产量组合（5，5，6）仍然不是一个稳定的产量组合，因为此时如果厂商 3 将产量降低 1 个单位，则他自己的利润能够有所提高。在产量组合为（5，5，5）时市场价格将为 5，三厂商的利润都是 25，如表 7-1 中第四行数字所示。

不难发现产量组合（5，5，5）是很稳定的。因为在这个产量组合下，任何一个厂商单独提高或降低产量，都只会减少利润而不会增加利润，因此该产量组合是一个均衡。但值得注意的是，这个产量组合给各个厂商带来的利润并不是这个特定市场能够给他们提供的最大潜在利润。因为如果这三个厂商各生产 3 单位产量（接近垄断市场厂商产量的 1/3），那么市场价格将是 11，三个厂商的利润都能达到 33，明显高于他们各生产 5 单位产量时各自 25 单位利润。遗憾的是三个厂商不会采用各生产 3 单位产量的策略。因为在其他两个厂商都只生产 3 单位产量时，一个厂商单独提高产量，如提高到 7 单位，能够大大提高利润，而坚持生产 3 单位产量的厂商则只能得到低得多的利润如表7-1 第六行所示。因此当没有有力的措施可以相互监管或制衡对方，保证其他厂商不会超产时，三厂商各生产 3 单位的产量组合是绝对不稳定的，即使它确实能给三个厂商都带来更大的利益。因此，该博弈的均衡结果应该是三厂商各生产 5 单位产量，市场价格为 5，三厂商各得利润 25 单位。即使开始时三厂商没有立即选择这个产量组合，在长期中也会逐渐调整到这个产量组合。

7.1.3 博弈结构和博弈的分类

由于博弈论研究的问题多种多样，因此博弈模型相互之间的差别可能会很大。上一节介绍的少量例子，就在博弈方的数量、决策的内容和可选策略数量、得益情况等各方面有很大差别。这些差别可以理解为都是博弈问题的结构差别。当博弈结构有差别时，博弈的结果和分析方法往往也有不同，因此对博弈的结构特点有所了解是很有价值的。本节将首先从博弈方数量、策略的内容和数量、得益的特征、博弈过程的特征、信息结构和博弈方的行为逻辑特征等几个方面，对博弈的结构特征进行简单的讨论，并在此基础上提出博弈问题的分类法和博弈理论的结构。

1. 博弈中的博弈方

博弈中独立决策、独立承担博弈结果的个人或组织称为博弈方。正因为博弈方是按照这样的方式定义的，因此，在囚徒困境博弈中只制定规则，自身不参与决策活动的警察；齐威王田忌赛马博弈中虽参与决策，但附属于田忌，不是独立决策方且也不承担后果的孙膑，都不能算是博弈方。

由于博弈问题的根本特征是具有策略依存性，不同博弈方的策略之间可以有复杂的相互影响和作用，博弈方的数量越多，这种策略依存性就越复杂，分析就越困难，整个博弈还可能表现出明显不同的性质和特点，因此博弈方的数量是博弈结构的关键参数之一。正是由于这个原因，常常根据博弈方的数量将博弈分为"单人博弈""两人博弈""多人博弈"。这里所说的"单人博弈""多人博弈"中的"人"，并不一定是自然人，而是指前面所说的博弈方，既可以是个人，也可以是经济社会组织。

(1) 单人博弈

单人博弈即只有一个博弈方的博弈。单人博弈由于不存在其他博弈方对博弈中唯一的博弈方的反应和反作用，因此相对人数较多的博弈要简单得多。严格地讲，单人博弈已经退化为一般的最优化问题，因此不属于博弈论研究的目标对象。不过讨论单人博弈还是有价值的，因为包括单人博弈可以使博弈理论的结构更加完整，分析单人博弈可以给分析复杂的多人博弈提供启示，而且两人、多人博弈，包括后面会介绍的多阶段动态博弈等，常要转化为多个、多层的单人博弈进行分析。因此单人博弈是博弈分析的基础，研究单人博弈的目的，除解决这些博弈问题本身以外，更在于为分析两人和多人博弈问题打下基础。

我们通过两个简单例子来说明单人博弈问题。第一个例子是一个简单的单人迷宫游戏，如图 7-6 所示。

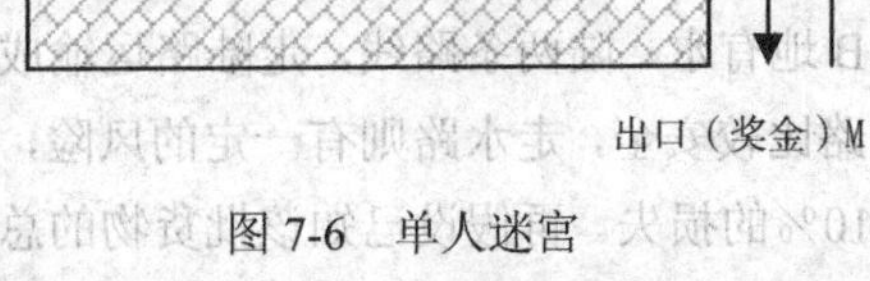

图 7-6　单人迷宫

单人迷宫游戏中的游戏者面临这样的问题：如果他从图中迷宫的入口处进入迷宫后，能不走回头路而顺利到达出口，就能获得奖金 M，否则得不到任何奖金。

作为一个博弈问题，它的几个方面规定如下：① 该博弈中有唯一的博弈方，即游戏者；② 该博弈方有"A 处左转，B 处左转""A 处左转，B 处右转""A 处右转，B 处左转""A 处右转，B 处右转"四种可供选择的策略；因为只有一个博弈方，因此不存在与其他博弈方选择、行动的先后次序问题；③ 如果得奖金 M 算得益 M，得不到奖金算得益 0，则四种策略对应的得益分别为 0、M、0、0。如果还是用得益矩阵的方法来表示一个博弈，则该博弈的得益矩阵退化为一个向量，如图 7-7 所示。

游戏者	A左B右	0
	A左B右	M
	A右B左	0
	A右B左	0

图 7-7 单人迷宫得益矩阵

当游戏者事先对四种策略对应的得益很清楚，因此在 A、B 两处能对哪边走得通、哪边走不通做出准确判断时，该博弈的解是简单明了的，即他必然会选择"A 处左转，B 处右转"的策略，顺利走出迷宫，并取得得益（即奖金）M。

由于博弈方在该博弈中的策略包括两步行动选择，我们还可以用图 7-8 中图形来表示它。这种图形称为"扩展形"，其中两个圆圈称为两个"选择节点"或"节点"也称为"信息集"A、B 分别表示两节点对应的博弈方选择的两个地点，数字 1 表示博弈中唯一的博弈方。图中从两个信息集引出的线条代表博弈方在该处可选择的各种行动或方向，三个黑点表示博弈的终端，括号中的数字表示博弈方选择相应的"行动路径"到达这些终端时所得到的得益。图中当博弈方在 A 信息集处选择右转以后就给出一个终端而不再给出 B 处的选择，这是因为不管博弈方在 B 处是否选对方向，他都只能得到 0 的得益，因此虽然从实际游戏的角度来看，游戏者还必须在迷宫中继续走下去，但从博弈的角度该博弈方后面的决策选择是没有意义的。

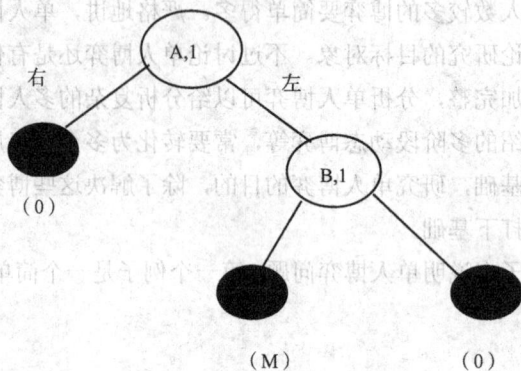

图 7-8 单人博弈扩展形

博弈的扩展形表示法有直观明了的好处，能比较形象地反映博弈中实现每个得益的策略路径。与得益矩阵图相比，它能反映出博弈过程中选择、行为的先后次序，因此它特别适合于表示后面将要介绍的博弈方非同时行动或选择的"动态博弈"。

我们要介绍的第二个单人博弈例子为商人运输路线选择问题。设有一个商人要从 A 地向 B 地运输一批货物。假设从 A 地到 B 地有水、陆两条路线，走陆路运输成本为 10000 元，而走水路的运输成本只要 7000 元。不过走陆路比较安全，走水路则有一定的风险，即一旦遇到恶劣的暴风雨天气会造成相当于这批货物总价值 10%的损失。再假设已知该批货物的总价值为 90000 元，运输期间出现暴风雨天气的概率为 1 / 4，问该商人该选择哪条运输路线？

该博弈与单人迷宫问题的关键不同是，博弈方进行决策时面临的条件中有一个不确定因素，即商人不知道运输期间的实际天气情况会怎样，所知道的只是出现坏天气、好天气的概率分布。对这个博弈我们同样可用得益矩阵和扩展形两种方法来表示，只是为了把天气因素放进博弈中加以考虑，我们可以引进一个代表随机选择作用的博弈方，这个博弈方就是"大自然"（Nature），我们常常称它为"博弈方 0"，而称该博弈中的真正决策者商人为"博弈方 1"。上述博弈方 0 的任务就是分别以 3/4 的概率和 1/4 的概率随机选择好天气和坏天气。博弈方 0 不会有追求"自身利益"的愿望，不用我们费心去考虑它的得益。因此这个博弈方 0 与一般博弈方是不同的，也是我们称它为"博弈方 0"的原因。

如果我们以商人的运输成本或者加上损失的负值作为商人的得益，则可以用图 7-9 中的得益矩阵表示该博弈。

自然 方式	好天气（75%）	坏天气（25%）
水路	−7000	−16000
陆路	−10000	−10000

图 7-9　运输路线得益矩阵

图 7-9 中商人和自然为两个博弈方；商人有水路、陆路两种可选策略，自然则有好天气、坏天气两种可能的选择；由于商人决策时不知道来未来天气的实际情况（即使自然对天气的选择可以被看作在商人决策前早就做出的），而自然在选择天气时当然更不会去管商人作了怎样的决策，因此该博弈中的两博弈方可以看作同时决策；矩阵中的四个元素分别代表商人在四种可能情况下的得益（成本和损失的负值），自然的得益则不用考虑。

如果用扩展形来表示该博弈，则如图 7-10 所示。

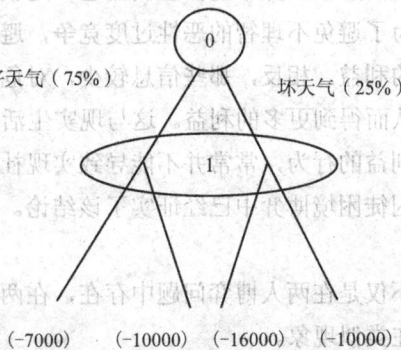

图 7-10　运输路线扩展形

图 7-10 中第一个信息集为博弈方 0，即自然的选择节点。因为博弈方 1 决策时无法知道自然已做出的选择，因此虽然自然的选择有两条路径，分别到达两个不同的节点，但博弈方 1 却仍然只作一个选择，而不是针对两个节点分别作选择。当然对应博弈方 1 的两种策略，事实上仍然有四种不同的结果，即他的两种策略与两个不同的节点（对应自然的不同选择）组合。如图 7-10 中四个终端所示，每个终端的数字表示沿相应的决策路径到达终端时，博弈方 1 即商人的得益。

这个博弈如何求解？由于该问题本身带有外生的不确定因素，因此最终的结果不一定能预先确定。不过，如果商人根据一般解决带概率分布，具有不确定性问题时常用的数学期望值进行决策，而不是盲目冒险碰运气或一味害怕、躲避风险，我们还是可以确定商人的选择的。本例中，商人走水路时，得益为−7 000 的概率为 75%（好天气）、得益为−16 000 的概率为 25%（坏天气），因此走水路的期望得益为（-7 000）×75%+（-16 000）×25%=-9 250；走陆路时，得益是确定的-10 000。因为-9 250＞-10 000，即走水路的期望费用9 250小于走陆路的费用10 000，如果我们假定上认识风险中性的，则该商人是应该选择走水路的。若多次碰到同样的决策选择并每次都作这样的选择，则平均每次的运输成本应接近9 250。

单人博弈实质是个体的最优化问题。对这样的博弈来讲，博弈方拥有的信息越多，即对决策的环境条件了解得越多，决策的准确性就越高，得益自然也就越好。当博弈方数量达到两个以上后，信息越多得益越大的结论就不一定成立了，对此以后将要分析的多个博弈模型都可以提供证据。信息拥有量与得益必然有正相关性，这是单人博弈区别于两人或多人博弈的重要特性之一。

（2）两人博弈

两人博弈就是两个各自独立决策，但策略和利益具有相互依存关系的博弈方的决策问题。两人博弈是博弈问题中最常见，也是研究得最多的博弈类型。上节介绍的囚徒困境、齐威王田忌赛马、猜硬币、石头·剪子·布，日常生活中两人或两队的棋牌、球类比赛，以及经济活动中两个厂商之间的竞争、谈判、兼并收购、劳资纠纷等都是两人博弈问题。需注意两人博弈的一些关键特征。

第一，两人博弈中的两个博弈方之间并不总是相互对抗的，有时候也会出现两博弈方利益方向一致的情形。如一家生产电视机的公司和一家生产移动硬盘的公司在采用制式问题上的博弈就是一种非对抗性的博弈。因为如果两公司采用相同的制式，各自的机器可以相互匹配，就会给双方带来产品互补性的利益，而如果两公司采用的制式不同，则双方都无法享有这些利益；因此这两个公司在这种博弈关系中的利益是一致的而不是对立的。

第二，在两人博弈中，掌握信息较多并不能保证利益也一定较多。例如信息较多的博弈方常常更清楚过度竞争的危险，因此为了避免不理智的恶性过度竞争，避免两败俱伤，只能采取较为保守的策略，从而也只能得到较少的利益。相反，那些信息较少，对危险了解较少的博弈方却可能因为不会顾忌后果而掌握了主动，从而得到更多的利益。这与现实生活中的许多现象是非常吻合的。

第三，个人追求最大自身利益的行为，常常并不能导致实现社会的最大利益，也常常不能真正实现个人自身的最大利益。在囚徒困境博弈中已经证实了该结论。今后我们遇到的许多博弈也都能说明这一点。

实际上，以上几个特性都不仅是在两人博弈问题中存在，在两人以上的多人博弈中，这些结论一般也是成立的，或者说也存在类似现象。

（3）多人博弈

有三个或三个以上博弈方参加的博弈称为"多人博弈"。多人博弈也是博弈方在意识到其他博弈方的存在，意识到其他博弈方对自己决策的反应和反作用存在的情况下，寻求自身最大利益的决策活动，只是现在其他博弈方不是一个，而是有两个或更多。因而，它们的基本性质和特征与两人博弈是相似的，我们常常可以用研究两人博弈的思路和方法来研究它们，或将两人博弈分析中得到的结论直接推广到多人博弈。

当然，由于多人博弈中有比两人博弈更多的追求自身利益的独立决策者，因此多人博弈中策略和利益的相互依存关系也更为复杂，任一博弈方的决策及其所引起的反应比两人博弈中要复杂得多。例如对三人博弈中的一个博弈方来说，其他两个博弈方不仅会对自己的策略作反应，而且他们相互之间还有作用和反应。此外，三人以上博弈的另一个与两人博弈有本质区别的特点是可能存在所谓的"破坏者"，也就是博弈中具有这样特征的博弈方：其策略选择对自身的利益并没有影响，但却会对其他博弈方的得益产生很大的，有时甚至是决定性的影响。

例如有三个城市争夺某届奥运会的主办权，由 80 个国际奥委会委员投一次票来决定，以得票最多者获胜争得主办权（这种规则与实际情况并不完全相符，实际的情况是一个城市必须获得半数以上委员的选票才能获胜，若一轮投票没有城市得票超过半数则再进行下一轮投票，直至某一城市得票超过半数）。根据投票前的活动情况和调查，估计三个城市所得票数基本上是这样的：A 城市 33 票，B 城市 29 票，C 城市只有 18 票。如果三个城市都坚持参加竞争，则 A 城市将获胜，但是，如果 C 城市在明知自己无望获胜的情况下主动退出竞争，则情况就可能发生变化。如 C 城市退出后，在支持 C 城市的 18 名委员中有 11 人以上转而支持 B 城市，则最后获胜的将是 B 城市而不是 A 城市。因此，如果我们把争夺奥运会主办权的决策活动看作一个三人博弈，各博弈方可以选择的策略都是"竞争"或者"退出竞争"，则城市 C 就很可能是这个博弈问题中的一个"破坏者"，因为它的选择对它自己的利益没什么影响，却对另外两个博弈方人 A 城市和 B 城市的利益有决定性的影响。

破坏者的存在使得不少多人博弈的结果难以确定，因为破坏者的行为选择很难用给定环境条件下的经济规律和逻辑推理来判断。这也就需要我们在分析多人博弈时要特别小，要注意是否存在这种破坏者。

由于博弈方的数量较多，多人博弈在表示方法方面也与两人博弈有所不同。得益矩阵一般只适合表示单人博弈和两人博弈。少数离散策略的三人博弈还可用两个或多个得益矩阵合起来加以表示。如图 7-11 就是用两个得益矩阵表示的，在三个厂商之间是否采用新技术加强竞争优势的三人博弈。多于三个博弈方的多人博弈一般无法用得益矩阵表示，复杂的多人博弈或者非有限策略博弈等，通常只能通过文字描述和函数式加以表达。

厂商 3——新技术

厂商1 \ 厂商2	新技术	老技术
新技术	2，2，2	5，0，5
老技术	0，5，5	1，1，10

厂商 3——老技术

厂商1 \ 厂商2	新技术	老技术
新技术	5，5，0	10，1，1
老技术	1，10，1	2，2，2

图 7-11 三厂商竞争优势博弈

2. 博弈中的策略

博弈中各博弈方的决策内容称为"策略"（Strategies）。博弈中的策略通常是对行为取舍、经济活动水平等的选择。根据博弈的定义可以看出，给出各博弈方可以选择的全部策略或策略选择的范围（也称"策略空间"）是定义一个博弈时需要确定的最重要的基本方面之一。

根据所研究问题的内容和性质，不同博弈中各博弈方可选策略的数量有多有少，差异还可能会非常大。在前面介绍的博弈例子中，囚徒困境、猜硬币和运输路线等博弈的各个博弈方，都只有两种可选择的策略；在石头·剪子·布博弈中两博弈方各有三种可选策略；在齐威王与田忌赛马中则双方各有六种可选策略。可选策略最多的是关于产量决策的古诺模型，因为每个可能实现的产量都是厂商的可选策略，即使产量不是连续可分的，策略数也可以很大，当产量连续可分时，理论上每个厂商的可选策略都有无限多个。

注意：并不是每个博弈的博弈方都有相同的可选策略。在许多博弈中，不同博弈方之间不仅可选策略不同，而且可选策略的数量也不同。

一般的，如果一个博弈中每个博弈方的策略数都是有限的，则称为"有限博弈"（Finitely Games）；如果一个博弈中至少有某些博弈方的策略有无限多个，则称为"无限博弈"（Infinite Games）。在有限博弈中，常见的是数种策略，最多是数十种策略的博弈，而且两三种可选策略的博弈更是我们普遍遇到的、研究较多的博弈类型。

有限博弈和无限博弈之间的差别是很大的。因为有限博弈只有有限种可能的结果（一种结果就是每个博弈方各一种可选策略构成的一个组合，全部可能结果的数量等于各博弈方可选策略数的连乘积），因此理论上有限博弈总可以用得益矩阵法、扩展形法或简单罗列的办法，将所有的策略、结果及对应的得益列出，而无限策略博弈就不可能用这些列举方法来表示博弈的全部策略、结果或得益，一般只能用数集或函数式加以表示。因此两类博弈的分析方法也常常表现出很大的差异。此外，策略数的有限和无限对各种均衡解的存在性也有非常关键的影响。因此注意有限博弈和无限博弈的区别，对于理解和掌握博弈分析方法很有帮助。

3. 博弈中的得益

得益（Payoffs）即参加博弈的各个博弈方从博弈中所获得的利益，它是各博弈方追求的根本目标，也是他们行为和判断的主要依据。得益可以本身就是数量的利润、收入，也可以是量化的效用、社会效益，福利等等。由于人们在游戏比赛和社会、经济活动中，除了获得好处、收益利润等正效用以外，有时也会是损失、失败和负效用，因此博弈中的得益也有正有负的。不同博弈的得益会有不同的特征，而各个博弈方或博弈方总体得益的差异和不同特征，也会影响博弈方的行为方式，从而影响博弈的结果，并再反过来影响各博弈方的得益。

在两人或多人博弈中，每个博弈方在每种结果（策略组合）下都有相应的得益，可将每个博弈方在同一结果中的得益相加算出所有博弈方得益的总和，并可将其看作这些博弈的"社会总得益"。在许多博弈中，博弈的结果（策略组合）不同，这种总得益也会不同，但也有不少博弈存在这样的情况，那就是不管博弈的结果是什么，所有博弈方的得益总和始终为0，或者始终为某一非零常数。得益具有后面这两种特征的博弈分别称为"零和博弈"（Zero-sum Games）和"常和博弈"（Constant-sum Games），不具有这两种特征的博弈则相应称为"变和博弈"（Variable-sum Games）。有关得益的这些特征，对博弈中博弈方的行为和博弈的分析也有很重要的影响。

（1）零和博弈

零和博弈是常见的博弈类型，同时也是被研究得最早、最多的博弈问题。在不少博弈问题中，一方的得益必定是另一方的损失，某些博弈方的赢肯定是来源于其他博弈方的输。如我们前面所介绍的猜硬币、石头·剪子·布、齐威王田忌赛马就是这样的博弈。零和博弈在经济活动、法律诉讼等中是相当普遍的。零和博弈的博弈方之间利益始终是对立的，偏好通常是不一致的。也就是说，一个博弈方偏好的结果，通常是另一个博弈方不偏好的结果。因而零和博弈的博弈方之间无法和平共处，两人零和博弈也称为"严格竞争博弈"（Strictly Competitive Games）。零和博弈在均衡解和存在条件方面有特定的性质，在进行重复博弈时也有一些特性。

（2）常和博弈

常和博弈也是很普遍的博弈类型。如在几个人或几个方面之间分配固定数额的奖金、财产或利润的讨价还价，就都是这种博弈问题。常和博弈也是一类有特殊意义的博弈。常和博弈可以看作零和博弈的扩展，零和博弈则可以看作常和博弈的特例。与零和博弈一样，常和博弈中各博弈方之间利益关系也是对立的，博弈方之间的基本关系也是竞争关系。不过，由于常和博弈中利益的对立性体现在各自得到利益的多少，结果可能出现大家分得合理或满意的一份，因此也比较容易相互妥协和和平共处。常和博弈的结果及其分析也有一定的特征。

（3）变和博弈

零和博弈和常和博弈以外的所有博弈都称为"变和博弈"。变和博弈在不同策略组合（结果）下各博弈方的利益之和往往是不相同的。如前面介绍的囚徒困境和产量决策的古诺模型就都是变和博弈。变和博弈是最一般的博弈类型，常和博弈和零和博弈都是它的特例。变和博弈的结果存在社会总得益大小方面的区别，这意味着在博弈方之间存在相互配合（不是指串通，是指各博弈方在利益驱动下各自自觉、独立采取的合作态度和行为），争取较大社会总利益和个人利益的可能性。因此，这种博弈的结果可以从社会总得益的角度分为"有效率的"或"无效率的""低效率的"，即可以站在社会利益的立场上对它们作效率方面的评价。

4. 博弈的过程

博弈过程也是博弈结构的重要方面。虽然我们前面介绍的大多数博弈例子都是几个博弈方一次性同时进行决策选择的，但事实上社会经济活动中也有许多策略较量的博弈问题，是先后、反复或者重复的策略对抗。例如寡头削价竞争就完全可能是先后进行的而不是同时进行的。博弈过程的这种差异对博弈的结果和博弈分析也有非常重大的影响，因此需要注意它们的区别，分类进行研究。根据博弈过程方面的这些差异，博弈问题通常分为"静态博弈""动态博弈"和"重复博弈"几个大类。

（1）静态博弈

在许多博弈问题中，如果博弈方的决策选择有先后次序，那么某些博弈方能事先知道其他博弈方的决策选择，就会针对性地进行决策或相应调整自己的策略，从而使自己立于不败之地或获得更多的利益。这肯定会造成博弈方之间的不公平、不平等。为了博弈方之间的公平性，也为了使计谋和决策对抗更有意义，同时也有现实博弈问题的根据，许多博弈常常要求或者说设定各博弈方是同时决策的，或者虽然各博弈方决策的时间不一定真正一致，但在他们做出选择之前不允许知道其他博弈方的策略，在知道其他博弈方的策略之后则不能改变自己的选择，从而各博弈方的选择仍然可以看作同时做出的。前者如齐威王与田忌赛马、石头•剪子•布博弈，后者如猜硬币、古诺模型和投标活动（在投标活动中，投标人投出标书一般会有先后，但因为所有投标人在自己投标之前都无法知道其他投标人的标价，因此可看作是同时决策的）等。所有博弈方同时或可看作同时选择策略的博弈称为"静态博弈"（Static Games）。

（2）动态博弈

除了各博弈方同时决策的静态博弈以外，也有在大量现实决策活动构成的博弈中，各博弈方的选择和行动不仅有先后次序，而且后选择、后行动的博弈方在自己选择、行动之前，可以看到其他博弈方的选择、行动，甚至还包括自己的选择和行动。这种博弈无论在哪种意义上都无法看作同时决策的静态博弈，我们把这种博弈称为"动态博弈"（Dynamic Games）也称"多阶段博弈"（Multistage Games）。在动态博弈中，各博弈方轮流选择的可能是方向、大小、高低等，也可能是各种其他的具体"行动"，包括产量、价格等。

弈棋显然是一种动态博弈，因为它是两个博弈方（对弈者）依次轮流按规则移动棋子的过程。在弈棋博弈中，每个博弈方不是只有一次行为的机会，而是都有许多次，在任一方的每次行为之前都对此前的博弈过程完全清楚。经济活动中更有大量的动态博弈问题，如经常见到的商业大战，因为常常是各家轮流出新招，所以也是动态博弈问题；还有如各种商业谈判、讨价还价，也是双方或者多方之间你来我往很多回合的较量，因此也属于动态博弈问题。下面举一个市场进入的动态博弈例子。

设有一个容量有限的市场已经被厂商 A 抢先占领，而另一个生产同样产品的厂商 B 也很想加入该市场发展，分享一定的利润。厂商 B 知道一旦自己进入该市场，先占领市场的厂商 A 有可能通过降价等竞争手段来打击他，并且如果厂商 A 果真不肯善罢甘休，采取打击排挤态度的话，厂商 B 不但不能赢利，而且肯定还会亏损。那么，厂商 B 究竟要不要进入这个市场，厂商 A 是否真会打击（如果厂商 B 真的进来竞争），就构成了一个两人动态博弈问题。由于在这个博弈中必须是厂商 B 行为在先，厂商 A 要等厂商 B 行为以后才知道是否有行为的必要，才需要采取针对性的行为，因此这只能是一个动态博弈问题。这个动态博弈也可以称为"先来后到"博弈。

为了使问题更具体化，我们进一步假设 A 独占市场时利润为 10；与 B 和平共处分享市场则双方各得 5；如 B 进市场而 A 进行打击，则 B 要亏损 2，A 的利润则降为 3。我们可以用图 7-12 中扩展形表示该动态博弈。图 7-12 中的 B 圈和 A 圈分别是厂商 B 和厂商 A 的选择信息集，即两博弈方各自轮到选择的位置。这是一个两博弈方的两阶段动态博弈，是动态博弈中最基本的一种类型。

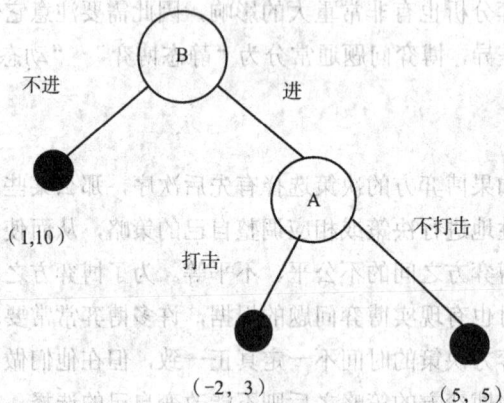

图 7-12　市场进入博弈

由于动态博弈中各博弈方的行为有先有后，因此在博弈方之间肯定有某种不对称性。先行为的博弈方可能可以利用先行之利获得利益，后行者可能会吃一点亏。但反过来后行为博弈方可根据先行为博弈方的行为做针对性地选择，而先行为博弈方却是自己决策选择时，非但不能看到后行为博弈方的选择，而且还要顾忌、考虑到后行为博弈方的反应。因此，与博弈方同时行为的静态博弈相比，动态博弈肯定会有不同的特点和结果。假设我们让一个静态博弈的其他所有规则、条件都保持不变，只是让原来博弈方同时行为的假设改为依次行为，则结果很可能会大不相同。本章后面许多例子都能说明这一点。

（3）重复博弈

除了上述静态博弈和动态博弈以外，还有一种我们已经提到但没有很好解释的，与静态博弈和动态博弈都有密切关系的博弈，我们称为"重复博弈"（Repeated Games）。所谓重复博弈实际上就是同一个博弈反复进行所构成的博弈过程。构成重复博弈的一次性博弈（One shot Games）也称为"原博弈"或"阶段博弈"。我们研究的大多数重复博弈的原博弈都是静态博弈，或者说是由静态博弈构成的。这种由同样一些博弈方，在完全相同的环境和规则下重复进行的博弈，在现实中有很多实际的例子。如体育竞技中的多局制比赛、商业中的回头客问题、企业之间的长期合作或竞争等，如果不考虑环境条件方面的细小变化，都可以看作重复博弈问题。

只要两次重复同一个博弈就可以构成一个重复博弈，因此重复博弈的最少重复次数是两次。许多重复博弈问题都是经过一定次数的重复就会结束，如签有一定年数合作协议的两企业之间，如果将每年双方选择是维持还是破坏合作看作一个阶段博弈，则该问题就是一个以上述协议合作年数为重复次数的重复博弈。这种重复一定次数后肯定要结束的重复博弈称为"有限次重复博弈"（Flintily Repeated Games）。

但并不是所有重复博弈都有事先确定的重复次数，也就是能明确知道停止重复时间的。有些重复博弈似乎是会不断重复下去的，我们称这样的重复博弈为"无限次重复博弈"（Infinitely Repeated Games）。例如在一个长期稳定的市场上相互竞争的两个寡头企业之间的博弈，就可能是无限次重复博弈。当然，谁都无法证明一个博弈真正是永远进行下去的，根据唯物主义的观点，任何事物都有存在的极限，因此真正的无限次重复博弈实际上是不可能存在的，但由于只要各个博弈方自己认为重复博弈不会停止，没有可以预期的结束时间，那么他们的决策思路就会与无限重复博弈的思路一致，就会反映无限次重复博弈的特征，因此我们不妨把这种博弈理解成无限次重复博弈。

重复博弈和一次性博弈有明显的差异，无限次重复博弈和有限次重复博弈之间往往也有很大的差别。在一次性博弈，特别是一次性静态博弈中，由于各博弈方决策时只需要考虑眼前的利益，不存在"将来"利益的问题，根据博弈中个体理性下的最大利益原则，一般来说不能期望博弈方会相互考虑对方的利益或"情绪"。只要能实现自身的最大利益，每个博弈方都是不惜"欺骗""伤害"其他博弈方的。但如果博弈不是一次性的，而是重复的，有时还要重复进行许多次，则各博弈方就可能会在前面阶段试图合作，采取对大家来说都较有利的策略，因为一旦任何一方发觉他方不合作，可能在以后阶段进行报复。这种未来利益的约束可能使各方的得益都得到改善，或者说重复博弈给博弈提供了实现更有效率博弈结果的新的可能性，重复次数越多，这种可能性就越大，重复次数无穷大时博弈的结果更可能发生根本性的变化。

当然，构成重复博弈的原博弈的情况不同，重复博弈带来好处的可能性和好处的大小也会很不相同。这一点我们在介绍零和博弈、常和博弈时就已经提到过了。在大多数情况下，重复博弈的各次重复之间存在着相互影响和制约，因此不能把重复博弈割裂为一次一次的独立博弈进行分析，而是必须把重复博弈过程作为一个整体进行研究。所以重复博弈也是动态博弈，是特殊的动态博弈。另一方面，由于大多数重复博弈的原博弈是静态博弈，因此重复博弈与动态博弈和静态博弈都有关系，需要结合动态博弈和静态博弈的分析方法。由于篇幅所限本书对重复博弈不做详细介绍。

5. 博弈的信息结构

知己知彼，百战不殆。当你与他人对抗、竞争，甚至是合作时，对自己和他方的处境、条件是否清楚是至关重要甚至生死攸关的，也就是博弈环境和博弈方情况的信息，是影响博弈方选择和博弈结果的重要因素。当然不是缺乏信息就不能决策，也不是信息越多就有越大的利益，只是信息方面的差异通常会造成决策行为的差异和博弈结果的不同。

（1）关于得益的信息

博弈中最重要的信息之一是关于得益的信息，即每个博弈方在每种结果（策略组合）下的得益情况。在许多博弈问题中，各个博弈方不仅对自己的得益情况完全清楚，而且对其他博弈方的得益也都很清楚。如在囚徒困境博弈中，因为两囚徒所处的地位是相同的，而且警察把他们双方的处境给他们都交代清楚了，因此两个博弈方都对双方在每种情况下的得益非常清楚；在齐威王田忌赛马、猜硬币等博弈中，因为一方的赢就是另一方的输，因此双方也都有关于双方得益的全部信息；在产量决策的古诺模型中，假设各厂商对市场的价格、自己及其他厂商的销售及生产成本都很清楚，那么每种产量组合下各自的利润情况相互也都一清二楚，即都有关于得益的完全的信息。

但并不是所有博弈的博弈方都像上面这些博弈问题中的那样，有关于各博弈方得益或了解各博弈方得益所需要的全部信息的。典型的例子是在投标、拍卖活动构成的博弈中，由于各博弈方（竞投、竞拍者）对其他博弈方关于标的估价很难了解，因此即使最后的成交价是大家都能看到的，各个博弈方仍然无法知道其他博弈方中标、拍得标的物的真正得益究竟是多少。其他如在上述古诺模型中，只要假设各厂商对其他厂商的实际生产成本不完全了解，则作为博弈方的各厂商就不再有关于博弈中其他博弈方得益情况的充分知识。一般地，我们将各博弈方都完全了解所有博弈方各种情况下得益的博弈称为"完全信息（Complete Information）博弈"，而将至少部分博弈方不完全了解其他博弈方得益情况的博弈称为"不完全信息（Incomplete Information）博弈"。不完全信息通常也意味着博弈方之间在对得益信息的了解方面是不对称的，因此不完全信息博弈也是"不对称信息（Asymmetric Information）博弈"，其中不完全了解其他博弈方得益情况的博弈方称"具有不完全信息的博弈方"。

是否了解所有博弈方的得益情况显然是一个非常重要的差别，因为这会影响对其他博弈方行为的判断，并最终影响各博弈方自己的决策和行为，影响博弈的最终结果。在这方面不同的博弈，即使其他方面都完全相同，结果也会有很大的差异，因此我们必须十分重视得益信息的差别。正是因为这个原因，博弈论将博弈分为完全信息博弈和不完全信息博弈两个大类分别进行研究，本书主要介绍完全信息博弈。

（2）关于博弈过程的信息

前面已经介绍了动态博弈的概念，动态博弈的根本特征是行为有先后次序。在许多动态博弈中，轮到行为的博弈方全部能看到在他行为之前行为的各个博弈方的所有行为，也即对前面的博弈过程或"历史"有完美的知识。如弈棋这种两人动态博弈中，双方的每一步棋都是大家可以看见，一目了然的。每方在走每一步棋之前，都清楚此前的对局过程。但在社会经济活动中也显然存在许多竞争对手、合作伙伴有意无意隐藏自己行为的情况，因此在动态博弈中常常也会有某些轮到行为的博弈方，不完全清楚此前行为博弈方的选择，对前面阶段博弈过程没有完美知识。如在厂商之间争夺市场的竞争中，一方对于另一方究竟采取了哪些竞争策略或手段就不一定完全清楚，因为相互竞争的厂商往往会想方设法隐藏自己的行为。动态博弈中在轮到行为时对博弈的过程完全了解的博弈方称为具有"完美信息"（Perfect Information）的博弈方，如果动态博弈的所有博弈方都有完美信息，则称为"完美信息的动态博弈"。动态博弈中轮到行为的博弈方不完全了解此前全部博弈进程时，称为具有"不完美信息"（Imperfect Information）的博弈方，有这种博弈方的动态博弈则称为"不完美信息动态博弈"。

在动态博弈中各博弈方是否具有完美信息，对博弈方的决策、行为和博弈结果也有很大的影响。没有关于博弈进程的完美信息，意味着决策和行为必然有一定的盲目性，只能依靠对博弈进程的某种"判断"，某种概率期望进行决策。因此，区别动态博弈的完美不完美信息问题也是很重要的。本书仅对完美信息动态博弈做介绍。

6. 博弈方的能力和理性

到目前为止，有一个问题我们一直没有给予足够的重视，那就是博弈问题中博弈方的理性和能力问题。这个问题的重要性是很显然的，因为理性和能力决定了博弈方的行为逻辑，不搞清博弈方基本的行为逻辑，就不可能对他们的策略选择和相互博弈的结果做出准确的判断预测。博弈方最主要的行为逻辑包括两个方面：一是他们决策行为的根本目标；二是他们追求目标的能力。在前面两节中我们事实上接受了经济学中通常采用的"理性经济人假设"，即认为博弈方都是以个体利益最大化为目标且有准确的判断选择能力，也不会"犯错误"。以个体利益最大为目标被称为"个体理性"（Individual Rationality），有完美的分析判断能力和不会犯选择行为的错误称为"完全理性"。但这样的假设肯定是有问题的。

（1）完全理性和有限理性

首先我们讨论博弈方的分析和行为能力问题。因为博弈问题通常包含复杂的相互依存关系，博弈分析往往是很复杂的，因此指望现实的博弈方都能通过博弈分析找到最优策略，而且不会因为遗忘、失误、任性等原因偏离最佳选择，常常是不切实际的。也就是说，如果我们只是在完全理性假设下进行博弈分析，显然是不够的，会影响博弈论的适用范围和价值。因此，博弈论既要研究"完全理性"的博弈问题，也要研究"有限理性"，即博弈方的判断选择能力有缺陷情况下的博弈问题。

区别完全理性和有限理性博弈论的重要性在于，如果决策者是有限理性的，与完全理性的要求有差距，那么他们的策略行为和博弈结果通常与在博弈方有完全理性假设的基础上的预测有很大差距，以完全理性为基础的博弈分析就可能会失效。特别是由于博弈问题中博弈方之间都有很强的相互依赖和影响，因此只要有个别或部分博弈方的理性能力有局限性，甚至只要博弈方相互对对方的能力和理性有怀疑，就会破坏整个博弈和博弈分析的基础，使得我们在所有博弈方有完全能力和理性前提下所做的理论分析全部失效。正是因为如此，虽然简单地假设各个博弈方都有完全的理性能够给分析带来很大的便利，并且这也是一般经济分析的通行做法，但我们在博弈分析中却不能回避博弈方的理性能力问题，必须对它们有所考虑。

我们对这个问题是这样处理的：在介绍博弈论的基本思想、原理和几种基础模型的时候仍然采取完全理性博弈方的假设，然后逐步放宽博弈方完全理性能力的假设，讨论有限理性条件下的博弈理论，即"进化博弈论"。本书只介绍博弈论的基本思想、原理，因此将在完全理性假设条件下进行。

（2）个体理性和集体理性

我们再讨论一下博弈方决策行为的目标问题。理性经济人假设人们的决策和行为是以个体自身利益最大化为根本目标的。但实际上，现实中的决策者并不都是根据个体利益最大化决策行为的，至少在局部问题上存在以集体（团体）利益为目标，追求集体利益最大化的情况。追求集体利益最大化称为"集体理性"（Collective Rationality）。一般情况下，集体利益最大化本身不是博弈方的根本目标，人们在经济博弈中的准则是个体理性而不是集体理性。但如果我们允许博弈中存在"有约束力的协议"（Binding Agreement），使得博弈方采取符合集体利益最大化而不符合个体利益最大化的行为时，能够得到有效的补偿，那么个体利益和集体利益之间的矛盾就可以被克服，从而使博弈方按照集体理性决策和行为成为可能。因此我们也必须考虑这种允许存在有约束力协议的，以集体理性为基础的博弈。

一般的，我们将允许存在有约束力协议的博弈称为"合作博弈"（Cooperative Game）。与此相对，不允许存在有约束力协议的博弈则称为"非合作博弈"（Uncooperative Game）。由于在合作博弈和非合作博弈两类博弈中，博弈方基本的行为逻辑和研究它们的方法有很大的差别，因此它们是两类很不相同的博弈。事实上，"合作博弈理论"和"非合作博弈理论"正是博弈论最基本的一个分类，它们在产生和发展的路径，在经济学中的作用，地位和影响等许多方面都有很大的差别。现代占主导地位，也是研究和应用较多较广泛的，主要是其中的非合作博弈理论。因此本书主要介绍非合作博弈理论。

7. 博弈的分类和博弈理论的结构

在上面关于博弈结构分析的基础上，我们可以进一步对博弈问题进行归纳分类。其实博弈结构每个方面的特征都可以作为博弈分类的依据。如根据博弈方的数量可分为单人博弈、两人博弈和多人博弈；根据博弈方策略的数量可分为有限博弈和无限博弈；根据得益情况可分为零和博弈、常和博弈和变和博弈；根据博弈过程可分为静态博弈、动态博弈和重复博弈；根据信息结构可分为完全信息博弈和不完全信息博弈，以及完美信息动态博弈和不完美信息动态博弈；最后还可以根据博弈方的理性和行为逻辑差别分为完全理性博弈和有限理性博弈，非合作博弈和合作博弈。所有这些分类都有重要的意义，因为博弈结构这些方面的差异对博弈结果和博弈分析都有重要的影响。

上述各种博弈分类相互之间都是交叉的，并不存在严格的层次关系。但我们可以根据各种分类对博弈分析方法影响程度的大小排出大致的次序。

首先分为非合作博弈和合作博弈两大类。

其次在非合作博弈的范围内，可分为完全理性博弈和有限理性博弈两大类。

再次分为静态博弈和动态博弈，外加重复博弈这种特殊的动态博弈。因为静态博弈和动态博弈在表达和分析方法方面都有很大的不同，因此我们对它们会分别进行讨论。第二、三节分别讨论信息完全、完美的静态博弈和动态博弈，不完全信息、不完美信息的静态和动态博弈本书将不作详细介绍。

第四个层次是根据信息是否完全和完美分类，共分为完全信息静态博弈和不完全信息静态博弈、完全且完美信息动态博弈、完全但不完美信息动态博弈、不完全信息动态博弈。其中完全但不完美信息的动态博弈、不完全信息的静态博弈和不完全信息的动态博弈，是信息经济学的重要基础。

此外，上述各类博弈还都可以分为零和博弈和非零和博弈，单人博弈和多人博弈等。

这些层次正是博弈问题的基本分类结构，也是博弈理论的基本结构。本章的内容和章节安排力图把信息完全、完美的静态博弈和动态博弈的基本理论比较完整地展现出来，使读者能尽快掌握博弈理论的比较基本的思想、原理和方法。

博弈论既是一门有一定发展历史的学科，也是一门发展中的、充满活力的经济学前沿学科，在现代经济学中具有非常重要的作用和地位。博弈论既是一种决策理论，也是一种经济分析工具，是在具有相互对抗和反应特征的社会经济环境中最有效的决策理论和经济分析工具。博弈论的内容非常丰富，体系非常庞大。根据博弈方的理性和行为逻辑的不同，可分为非合作博弈和合作博弈，在非合作博弈中，根据博弈过程的不同，可以分为静态博弈、动态博弈和重复博弈；根据博弈方对得益信息的掌握情况可分为完全信息博弈和不完全信息博弈。在动态博弈中根据对博弈进程信息的掌握则可以分为完美信息的博弈和不完美信息的博弈。这些博弈问题的类型特点，正是形成博弈理论结构的基础。此外，根据博弈方的数量、博弈方策略的数量、得益情况的特征等，博弈问题还可以分为单人博弈、两人博弈和多人博弈，有限策略博弈和无限策略博弈，零和博弈、常和博弈和变和博弈等。现在比较常见的一种分类方法是把博弈的信息与过程结合起来进行分类，图7-13给出了博弈的信息与过程结合的分类及对应的均衡概念。这些类型差别虽然不是博弈理论结构的主要线索，但在以后的博弈分析中是有很大作用的，因此也值得我们重视。

	静态	动态
完全信息	完全信息静态博弈；纳什均衡；纳什 1950、51	完全信息动态博弈；子博弈精炼纳什均衡；泽尔腾 1965
不完全信息	不完全信息博弈；贝叶斯纳什均衡；海萨尼 1967、68 年	不完全信息动态博弈；精炼贝叶斯纳什均衡；泽尔腾 1975、kreps 和 wilson1982 等

图 7-13　博弈的信息与过程结合的分类及对应的均衡概念

7.2　完全信息静态博弈

本节介绍完全信息静态博弈及其求解。完全信息静态博弈即各博弈方同时决策，且所有博弈方对各方得益都了解的博弈。完全信息静态博弈属于非合作博弈中最基本的类型，上节介绍的囚徒困境、齐威王田忌赛马、猜硬币、石头剪刀布、古诺产量决策等都属于这种博弈。

7.2.1　基本分析思路和方法

这里主要介绍上策均衡、严格下策反复消去法、划线法这些基本思路和分析方法，以便对我们理解其他的博弈分析概念和方法有所启发。

1. 上策均衡

在某个博弈中，如果不管其他博弈方选择什么策略，一博弈方的某个策略给他带来的得益始终高于其他策略，至少不低于其他策略。这时不难理解上述"某个策略"必然是该博弈方愿意选择的策略。例如囚徒困境博弈中的"坦白"就是这样的策略（对两个博弈方都成立）。我们称这种策略为该博弈方的一个"上策"（Dominant strategy）。如果一个博弈的某个策略组合中的所有策略都是各个博弈方各自的上策，那么这个策略组合必然是该博弈比较稳定的结果。我们称这样的策略组合为该博弈的一个"上策均衡"（Dominant strategy Equilibrium）。上策均衡是博弈分析中最基本的均衡概念之一，上策均衡分析是最基本的博弈分析方法。囚徒困境博弈中的（坦白，坦白）实际上就是一个上策均衡，据第一节的分析，"坦白"对该博弈的两个博弈方来说都是上策。

正是因为上策均衡反映了所有博弈方的绝对偏好，因此非常稳定，根据上策均衡可以对博弈结果做出最肯定的预测。所以我们在进行博弈分析时，应该首先判断各个博弈方是否都有上策，博弈中是否存在上策均衡。如果能够找到一个博弈的上策均衡，那么就意味着该博弈的分析有了明确的结果，博弈分析的任务就完成了。

但问题并非每个博弈方都有这种绝对偏好的上策，而且常常是所有博弈方都没有上策，因为博弈方的最优策略随其他博弈方的策略而变化正是博弈根本特征，是博弈关系相互依存性的主要表现形式。因此上策均衡不是普遍存在的。例如在上一节介绍的齐威王田忌赛马博弈或古诺产量博弈中就都没有上策均衡，因为各个博弈方的任何策略都不是绝对最优的，每个博弈方都没有绝对偏好的上策。所以，上策均衡并不能解决所有的博弈问题，最多只是在分析少数博弈时有效。

上策均衡并不普遍存在正是博弈理论的价值所在。因为如果上策均衡在所有博弈普遍存在，那么博弈问题与一般的个人最优化问题就没有任何实质性的区别，博弈分析也就不会有什么新意，就不可能成为一种独立的理论，更不说成为一种重要的、革命性的理论方法了。

2. 严格下策反复消去法

上策均衡在博弈分析中作用的局限性，说明我们必须发展适用性更强，更有效的博弈分析概念和分析方法。"严格下策反复消去法"（Iterated Elimination of Strictly Dominated Strategies）就是在适用范围更广意义上，比上策均衡分析更有效的博弈分析方法之一。

（1）思路和原理

上策均衡分析采用的决策思路是一种选择法的思路，是在所在可选择策略中先出最好一种的思路。实际上，选择只是人们在决策活动中所运用的一种决策思路而不是全部的决策思路，人们在决策活动中还会采用另外的决策思路。排除的思路，也就是所谓的排除法，就是其中最常运用的一种。排除法与选择法在形式上正好相反，它是通过对可先策略的相互比较，把不可能采用的较差策略排除掉，从而筛选出较好的策略，或者至少缩小候选策略的范围。这种排除法的思路导出了博弈分析中的严格下策反复消去法。

（2）应用

为了进一步理解和掌握严格下策反复消去法，以及它与上策均衡分析的区别，我们用它来分析一个例子。首先看图 7-14 中这个抽象掉现实问题内容的，两个博弈方分别有三种和两种策略的不对称博弈问题。

博弈方1 ＼ 博弈方2	左	中	右
上	1, 0	1, 3	0, 1
下	0, 4	0, 2	2, 0

图 7-14　适合严格下策反复消去法分析的例子

首先，根据图 7-14 中得益矩阵不难判定，该博弈不存在上策均衡。因为在博弈方 1 的"上""下"两种策略中，不存在始终占优的上策，在博弈方 2 的"左""中""右"三种策略中，同样也不存在始终占优的上策。因此在分析这个博弈时，上策均衡分析不可能有用武之地。现在我们试探用严格下策反复消去法进行分析。如果先从博弈方 1 的策略空间开始，由于在博弈方 1 的"上""下"两策略之间没有严格的优劣关系（当博弈方 2 采用"左"和"中"时上优于"下"，但当博弈方 2 采用"右"时则是"下"优于"上"），因此两个策略都不是严格下策，无法用严格下策反复消去法排除其中任何一个策略。但是，如果分析博弈方 2 的三个策略，我们可以发现"右"与"中"之间存在严格的优劣关系，因为不管博弈方 1 选"上"还是"下"，博弈方 2 选"右"的得益都小于"中"，因此"右"策是相对于"中"策的严格下策。根据严格下策反复消去思想，可以先将"右"策从博弈方 2 的策略空间中去掉。这时博弈就简化为图 7-15 中得益矩阵表示的，两个博弈方各两种策略的博弈。

博弈方1 ＼ 博弈方2	左	中
上	1, 0	1, 3
下	0, 4	0, 2

图 7-15　消去博弈方 2 "右"策后的博弈

在这个只剩下四种策略组合的博弈中，我们再比较博弈方 1 的两种策略。此时容易发现"下"是相对于"上"的严格下策，因此可以将"下"策从博弈方 1 的策略空间中去掉。这样博弈进一步化为图 7-16 的形式。

博弈方 2 博弈方 1	左	中
上	1, 0	1, 3

图 7-16　进一步消去博弈方 1 "下"策后博弈

最后在这个仅剩两个策略组合的博弈中，再比较博弈方 2 的两个策略。很显然"左"是相对于"中"的严格下策，也可以被消去。这样原来的博弈就被精简到只剩下唯一的一个策略组合（上，中）。因为所有被消去的策略都是两博弈方不可能采用的，因此两个博弈方最终的选择只能是这个唯一剩下的策略组合，这个策略组合就是博弈的"解"。当然，（上，中）并不是原博弈的上策均衡，事实上原博弈也根本没有上策均衡。

有上述例子可以看出，严格下策反复消去法的适用范围确实要比上策均衡分析更大一些，因此在分析博弈方面的作用也更大。不过，严格下策反复消去法也不能解决所有博弈的分析问题。因为在许多博弈问题中，上述相对意义上的严格下策往往也不存在。如猜硬币、齐威王田忌赛马、石头剪刀布等赌胜博弈，以及此后我们会介绍的其他许多博弈中，没有任何博弈方的任何策略是相对其他策略的严格下策。不存在任何严格下策的博弈，当然无法用严格下策反复消去法进行分析。此外，在策略数较多的博弈中，往往是严格下策反复消去法只以能消去其中的部分策略，不能消去的策略组合并不唯一，这时仅用严格下策反复消去法也无法对博弈做出准确的判断，因此仍然不能完全解决这些博弈问题。

严格下策反复消去法失效的原因，仍然是在典型的博弈问题中，博弈方之间普遍存在策略依存的特征，也就是说一个博弈方的不同策略，往往不存在绝对的优劣关系，而只存在相对的、有条件的优劣关系，因此利用策略之间的绝对优劣关系分析筛选的严格下策反复消去法也无法应用。所以，严格下策反复消去法也不是普遍适用的博弈分析方法，不可能成为博弈分析的一般方法。当然，严格下策反复消去法不仅能解决部分博弈问题，而且能使不少博弈问题得到简化，此外，它与其他重要的博弈分析概念和方法，如上策均衡、纳什均衡、纳什均衡分析和弱下策消去等，都有密切的联系，对于理解这些分析概念和方法有很大帮助。严格下策反复消去法是博弈分析的标准工具之一。

3. 划线法

上策均衡分析和严格下策反复消去法都有局限性，不能完全满足博弈分析的需要，因此我们必须进一步寻找更普遍适用的博弈分析方法。实际上上面的分析已经给了我们启发，那就是适用性较强的博弈分析方法，必然是以策略之间的相对优劣关系，而不是绝对优劣关系为基础的。根据这样的思路，很容易导出博弈分析的"划线法"

博弈方的最终目标都是实现自身的最大得益。在具有策略和利益相对依存性的博弈问题中，各个博弈方的得益既取决于自己选择的策略，还与其他博弈方选择的策略有关，因此博弈方在决策时必须考虑其他博弈方的存在和策略上的选择。根据这种思想，科学的决策思路应该是：先找出自己针对其他博弈方每种策略或策略组合（对多人博弈）的最佳对策，即自己的可选策略中与其他博弈方的策略或策略组合配合，给自己带来最大得益的策略（这种相对最佳对策总是存在的，不过不一定唯一），然后在此基础上，通过对其他博弈方策略选择的判断，包括其他博弈方对自己策略判断等，预测博弈的可能结果和确定自己的最优策略。

以介绍严格下策反复消去法时的图 7-14 博弈为例。在这个博弈中，对博弈方 1 来说，假设博弈方 2 采用的策略是"左"，则博弈方 1 采用"上"得 1，采用"下"得 0，此时的最佳对策是"上"。为了便于记忆和分析，我们在矩阵中策略组合（上，左）对就博弈方 1 的得益 1（矩阵左上角数组中第一个数字）下划一短线，表示这是博弈方 1 在博弈方 2 选择"左"时的最大可能得益。同样，我们可以找出博弈方 2 分别选择"中"和"右"时博弈方 1 的最佳对策，它会分别是"上"和"下"，得益分别为 1（矩阵第一行第二列数组第一个数字）和 2（矩阵右下角数组第一个数字），我们也在它们下划一短线。博弈方 2 的思路与博弈方 1 是相同的，因此我们也分别在他针对博弈方 1 "上""下"两个策略的两个最佳对策，"中"和"左"给他带来的得益 3（矩阵第一行第二列数字）和 4（矩阵左下角得益数组第二个数字）的下面划上短线。最终我们得到图 7-17。

博弈方2　博弈方1	左	中	右
上	<u>1</u>, 0	<u>1</u>, <u>3</u>	0, 1
下	0, <u>4</u>	0, 2	<u>2</u>, 0

图 7-17　划线法分析图 7-14 中博弈

在图 7-17 得益矩阵的六个得益数组中，（下，中）和（上，右）的得益数组（0，2）和（0，1）都是两个数字下都没有划线，这意味着相应策略组合中两博弈方的策略都不是针对另一方策略的最佳对策，也意味着这两个策略组合不可能是两博弈方的选择；对应（上，左）、（下，左）和（下，右）三个策略组合的得益数组都有一个数字下划有短线，这意味着相应策略组合的两博弈方策略中，有一方是对另一方的最佳对策，因此这三个策略组合也不是双方同时愿意接受的结果；只有策略组合（上，中）对应的得益数组（1，3）的两个数字下都划有短线，这意味着该策略组合的双方策略都是对对方策略的最佳对策，表明给定一方采用该策略组合中的策略，则另一方也愿意采用该策略组合中的策略，该策略组合具有稳定性。由于（上，中）是本博弈中唯一具有稳定性的策略组合，很可能会是该博弈的结果。

这种通过在每个博弈方对其他博弈方每个策略或策略组合的最佳对策对应的得益下划线分析博弈的方法，称为"划线法"。如果对囚徒困境博弈运用划线法，则可以在囚徒 1 针对囚徒 2 坦白、不坦白两种策略的最佳对策（都是坦白），分别给他带来的得益-8 和 0 下划上短线，同样在囚徒 2 针对囚徒 1 坦白、不坦白两种策略的最佳对策（也都是坦白），给他带来的得益-8 和 0 下也划上短线，从而得到图 7-18。

囚徒2　囚徒1	坦白	不坦白
坦白	<u>-8</u>, <u>-8</u>	<u>0</u>, -10
不坦白	-10, <u>0</u>	-1, -1

图 7-18　划线法分析囚徒困境

在图 7-18 得益矩阵的四个得益数组中，只有策略组合（坦白，坦白）对应的得益数组（-8，-8）的两数字下都划有短线，其他三个策略组合的得益数组中最多只有一个数字下有短线或两个数字都没有短线，意味着只有（坦白，坦白）满足双方的策略相互是对对方双策略的最佳对策，而且这是唯一具有这种性质的策略组合。因此（坦白，坦白）是该博弈唯一具有稳定性的策略组合，基本上就是该博弈的结果。这也与以前的分析结论相同。

划线法是一种非常简便的博弈分析法，由于它以策略之间的相对优劣关系为基础，因此在分析用得益矩阵表示的博弈问题时具有普遍适用性。当然，这并不意味着每个用得益矩阵表示的博弈都可以用划线法求出确定性的博弈结果。是否能得到确定性的结论依赖于具体的博弈是否存在上述博弈中那种唯一的每个数字下都划有短线的得益数组。

事实上，许多博弈根本不存在确定性的结果，当然也没无法用划线法找出这种结果。我们举一些例子来说明。首先以猜硬币博弈为例。对猜硬币博弈应用划线法，可得到图 7-19 中的得益矩阵。

盖硬币方 \ 猜硬币方	正面	反面
正面	-1, 1	1, -1
反面	1, -1	-1, 1

图 7-19　划线法分析猜硬币博弈

根据图 7-19 知道，在运用划线法以后，猜硬币博弈的得益矩阵中并不存在两数字下都划有短线的得益数组。这就意味着猜硬币博弈中没有哪一个策略组合的双方策略，相互都是对对方策略的最佳对策，因此该博弈没有一个策略组合是双方同时愿意接受的，这样的博弈根本不可能有可以预言的博弈结果。这与我们以前的结论也是一致的。

下面再用"夫妻之争"（Battle of Sexes）博弈说明一种相反的情况，即对有些博弈应用划线法时存在不止一个得益数组每个数字下都划有短线。夫妻之争也是一个经典博弈问题，我们不妨这样表述：一对夫妻得到了两张时装表演票和同一时间的两张足球比赛票。妻子更想去看时装表演而丈夫更想去看足球，但又不愿或不能分头行动，争执不下就决定双方投票一次决定。若同选时装则去看时装表演，同选足球则去看足球比赛，如选择不一致则哪儿都不去。再假设若丈夫与妻子同去看时装表演，妻子得益（也就是效用，下同）2 单位，丈夫得益 1 单位；若丈夫与妻子都去看足球比赛则丈夫得益 3 单位，妻子得益 1 单位；若因为双方选择不同而没有出门则双方得益都为 0 单位，那么该博弈的得益矩阵如图 7-20 所示。

妻子 \ 丈夫	时装	足球
时装	2, 1	0, 0
足球	0, 0	1, 3

图 7-20　夫妻之争

在日常生活和经济活动中有许多问题与这个夫妻之争博弈是相似的。例如当两个人从两个不同的地点出发而希望能在中途会合，若存在两条不同的路线，那么他们对路线的选择就与夫妻之争很相似。这个博弈甚至还可以推广到人类与可能存在的外星生物之间相互联络的尝试中，对联系方式（介质、频率等）的选择问题。此外，企业之间在关联产品技术和规格等方面的合作也有类似的特征。因此讨论夫妻之争博弈模型的意义，主要不是解决夫妻矛盾、家庭纠纷。

对于夫妻之争博弈首先可以确定的是，严格下策反复消去法无法运用，因为两个博弈方都没有严格下策。用划线法分析这个夫妻之博弈，不难得到图7-21。

妻子＼丈夫	时装	足球
时装	<u>2</u>, <u>1</u>	0, 0
足球	0, 0	<u>1</u>, <u>3</u>

图 7-21 划线法分析夫妻之争

根据图7-21可以看出，这个博弈中有两个策略组合，（时装，时装）和（足球，足球），都是所对应的得益数组的两个数字下都划有短线，这意味着这两个策略组合中的双方策略都是对对方策略的最佳对策。因此，如果一个博弈方选择了这两个策略组合中某一个的策略，另一个博弈方也会愿意选择该策略组合的策略，这两个策略组合都具有内在的稳定性。但是，由于具有上述特征的策略组合在本博弈中存在两个，而不是唯一的一个，两个策略组合中哪个出现都是合理的，因此我们反而无法确定哪个结果会出现。对于这样的博弈，划线法显然也没有完全解决问题。

值得强调的是，虽然在猜硬币博弈和夫妻之争博弈中，划线法也没有完全解决博弈的最终结果的问题，但它至少已经使我们对它们博弈方策略偏好之间的一致一不一致、共同利益和矛盾冲突的情况有了更加清楚的认识，这对进一步解析这些博弈中博弈方的行为有很重要的意义。因此，与在这些博弈问题中根本无法运用的严格下策反复消去法相比，划线法还是有优势的，这一点在分析更复杂的博弈模型时会表现得更加明显。

另外还有一种与划线法的分析思路有所不同，但效果与划线法相同，而且对理解博弈关系很有好处的寻找博弈中具有相对稳定性策略组合的分析方法，称为"箭头法"，有兴趣的同学可阅读谢识予《经济博弈论》第三版相关内容。

7.2.2 纳什均衡

通过划线法找出的具有稳定性的策略组合，不管是否唯一，都有一个共同的特性，就是其中每个博弈方的策略都是针对其他博弈方策略或策略组合的最佳对策。事实上，具有这种性质的策略组合，正是非合作博弈理论中最重要的一个解概念，即博弈中的"纳什均衡"。本节要对这个概念的定义、部分重要性质和它在博弈分析中的作用等，进行一些讨论。

1. 纳什均衡的定义

因为纳什均衡在非合作博弈分析中具有十分关键的作用和地位，因此有必要给出它的一个较正式的定义。为此，我们先引进博弈、策略、策略空间和得益等的一般表示法。我们常用 G 表示一个博弈；如 G 有 n 个博弈方，每个博弈方的全部可选策略的集合我们称为"策略空间"，分别用 S_1, …, S_n 表示；$S_{ij} \in S_i$ 表示博弈方 i 的第 j 个策略，其中 j 可取有限个值（有限策略博弈），也可取无限个值（无限策略博弈）；博弈方 i 的得益则用 u_i 表示，u_i 是各博弈方策略的多元函数。n 个博弈方的博弈 G 常写成 $G=\{S_1,\cdots,S_n;u_1,\cdots,u_n\}$。

在博弈、博弈方的策略空间和得益的表示法基础上，纳什均衡可定义如下：

定义：在博弈 $G=\{S_1,\cdots,S_n;u_1,\cdots,u_n\}$ 中，如果由各个博弈方的各个策略组成的某个策略组合 $(S_1^*,\cdots,$

S_n^*)中，任一博弈方 i 的策略 S_i^*，都是对其余博弈方策略的组合$(S_1^*,\cdots,S_{i-1}^*, S_{i+1}^*,\cdots, S_n^*)$的最佳对策，也即 $u_i(S_1^*,\cdots S_{i-1}^*, S_i^*, S_{i+1}^*,\cdots, S_n^*)\geqslant u_i(S_1^*,\cdots S_{i-1}^*,S_{ij}, S_{i+1}^*,\cdots, S_n^*)$对任意 $S_{ij}\in S_i$ 都成立，则称$(S_1^*,\cdots, S_n^*)$为 G 的一个"纳什均衡"（Nash Equilibrium）。

根据纳什均衡定义不难判断，前面所述各博弈方都不愿单独改变策略的策略组合，如因徒困境博弈中的（坦白，坦白）、图 7-14 博弈中的（上，中）是纳什均衡；夫妻之争博弈中有两个纳什均衡（时装，时装）和（足球，足球），在猜硬币博弈中则不存在纳什均衡。

根据纳什均衡的意义，划线法正是在可以用得益矩阵表示的博弈中寻找纳什均衡的方法。在博弈方多于三个，或者各博弈方的可选策略有无限多种时，因为无法用得益矩阵表示博弈，划线法就无法应用，此时若要寻找纳什均衡则必须发展其他的方法。

2. 纳什均衡的一致预测性质

在介绍更多求博弈中纳什均衡的方法之前，我们必须先对纳什均衡的价值作一些说明，以便大家明白花力气寻找一个博弈的纳什均衡是值得的。纳什均衡的价值主要在于它有一些非常重要的性质，"一致预测性"就是其中最重要的性质之一。

这里所说的"一致预测性"是指这样一种性质：如果所有博弈方都预测一个特定的博弈结果会出现，那么所有的博弈方都不会利用该预测或者这种预测能力，选择与预测结果不一致的策略，即没有哪个博弈方有偏离这个预测结果的愿望，因此这个预测结果最终真会成为博弈的结果。也就是说，这里"一致预测"中"一致"的意义是各博弈方的实际行为选择与他们的预测一致，而不是不同博弈方的预测相同、无差异。

一致预测性是纳什均衡的本质属性，也是保证纳什均衡的价值，使纳什均衡有不同于其他分析概念的特殊地位的两个最重要的性质之一。因为首先一致预测性在博弈分析中具有十分重要的地位，其次是只有纳什均衡才具有一致预测的性质。一致预测性在博弈分析中重要的原因，主要在于一个博弈方在博弈中所作预测的内容包括他自己的选择，因此博弈方有可能会利用预测改变自己的选择，而具有一致预测性质的博弈分析概念就能避免这样的矛盾，从而是稳定的和自我强制的（Self enforcing），相应选择也才是真正可预测的。不具有一致预测性质的博弈分析概念，在分析和预测博弈结果时，则难以避免预测和行为之间的矛盾，因此是不稳定的，甚至是自我否定的，作用和价值必然很有限。

不难证明纳什均衡具有一致预测的性质，任何非纳什均衡的预测都不是一致预测，因此一致预测正是纳什均衡的本质属性。简单的证明如下：如果一个博弈的所有博弈方都预测博弈结果是某个纳什均衡，那么由于纳什均衡策略组合中各博弈方的策略都是对其他博弈方策略、策略组合的最佳对策，因此任一博弈方都不会单独改变策略，因此预测的结果会成为博弈的最终结果。这说明一个纳什均衡作为各个博弈方的共同预测时，一定是一致预测。反过来，如果每个博弈方都预测到某个策略组合将是博弈结果时，都会主动坚持该策略组合中的策略，而不想采取与预测不一致的策略，则说明该策略组合中每个博弈方的策略都是对其他博弈方策略的最佳对策。根据纳什均衡的定义，这个策略组合一定是一个纳什均衡。也可以这样说，如果所有博弈方都是理性的，那么当他们预测到结果将是某个非纳什均衡策略组合时，一定至少有一个博弈方想改变自己的策略，因此该预测绝不可能是一致预测。这样我们就证明了一致预测正是纳什均衡的本质属性，纳什均衡和一致预测两者之间是密切联系是不可分割的。

正是由于纳什均衡是一致预测，因此才进一步有下列性质：首先，各博弈方可以预测它，可以预测他们的对手会预测它，还可以预测他们的对手会预测自己会预测它……；其次，预测任何非纳什均衡策略组合将是博弈的最终结果，意味着要么各博弈方的预测其实并不相同（预测不同的纳什均衡会出现等），要么预期至少一个博弈方要"犯错误"，包括对博弈结构理解的错误，对其他博弈方的策略预测错误，其理性和计算能力有问题，或者是实施策略时会出现差错等。因此在假设各博弈方预测的策略组合相同，以及各博弈方都有完全的理性，也就是不会犯错误的情况下，不可能预测任何非纳什均衡是博弈的结果。在存在预测不一致和允许博弈方犯错误时问题比较复杂，在多重纳什均衡选择和有限理性博弈研究中会有进一步讨论。

纳什均衡具有一致预测的本质属性是它在非合作博弈分析中具有不可替代重要地位的根本原因之一。预测是博弈分析最基本的原因之一，之所以要进行博弈分析，最重要的原因就是预测特定博弈中的博弈方究竟会采取什么行动，博弈将有怎样的结果。即使进行博弈分析的最终目的不是预测，而是通过博弈分析研究人类的行为规律，评价特定制度环境、政策措施的效率意义等，也需要以对博弈结果的预测判断为基础。因此一个博弈分析概念的作用和价值，很大程度上是由其对博弈结果预测能力的大小决定的。纳什均衡的一致预测性质正是其预测能力的基本保证。其他的博弈分析概念要么不具备这种性质，从而不存在预测的稳定性，因此不可能成为具有普遍意义的博弈分析概念，要么本身也是纳什均衡，是纳什均衡的一部分。如前面介绍的上策均衡就具有一致预测的性质，但事实上所有的上策均衡都是纳什均衡。值得注意的是，虽然纳什均衡是博弈结果的一致预测，但纳什均衡分析却并不一定能对所有博弈的结果都做出准确的预测。因为纳什均衡的一致预测性质本身并不保证各博弈方的预测是相同的，相同的预测是一致预测性质的前提而不是结果。有许多博弈其实根本无法准确预测，因为有些博弈不存在纳什均衡，而另一些博弈又有多重纳什均衡且相互无显著的优劣或效率差别。此外还存在博弈方的理性、能力等与假设不符的情况，这些都会影响纳什均衡在博弈分析中的预测作用。

还需理清上策均衡、反复消去严格下策所得均衡和纳什均衡之间的关系。上策均衡、反复消去严格下策所得均衡是包含在纳什均衡范围之内的，上策均衡、反复消去严格下策所得均衡肯定是纳什均衡，但反过来纳什均衡不一定是上策均衡、反复消去严格下策所得均衡。上策均衡、反复消去严格下策所得均衡是比纳什均衡更强、稳定性更高的均衡概念，只是上策均衡、反复消去严格下策所得均衡在博弈问题中的普遍性比纳什均衡要差得多。因此在博弈分析中可以首先考察是否存在上策均衡、反复消去严格下策所得均衡。若不存在再寻找纳什均衡。

7.2.3 无限策略博弈分析和反应函数

分析完全信息静态博弈的关键是找出其中的纳什均衡。第一节介绍的划线法就是找纳什均衡的方法，但它们的适用范围只是可通过策略之间的两两比较进行分析的有限策略博弈，这些方法在分析如第一节介绍的连续产量古诺模型那种无限多种可选策略博弈时是不适用的。不过，纳什均衡概念的有效性却并不因为策略数量的增加而受到影响。在无限策略、连续策略空间的博弈中，我们仍然可以以纳什均衡概念为基础进行博弈分析，关键是要有寻求这种博弈纳什均衡的方法。反应函数法就是这种博弈纳什均衡分析方法，下面我们以具体例子说明这种方法。

1. 古诺的寡头模型

这里以两厂商连续产量的古诺博弈为例，进一步讨论无限策略博弈的纳什均衡分析方法。

设一市场有 1、2 两家厂商生产同样的产品。如果厂商 1 的产量为 q_1,厂商 2 的产量为 q_2,则市场总产量为 $Q=q_1+q_2$。设市场出清价格 P 是市场总产量的函数 $P=P(Q)=8-Q$。再设两厂商的生产都无固定成本,且每增加一单位产量的边际成本相等,$c_1=c_2=2$。最后强调两厂商同时决定各自的产量,即他们在决策之前都不知道另一方的产量。

在这一古诺博弈中,博弈方为厂商 1 和厂商 2。两博弈方的策略空间就是他们可以选择的产量。因为假设产量是连续可分的,因此两厂商都有无限多种可选策略,即使受生产能力的限制他们的产量都有上限。该博弈中两博弈方的得益自然是两厂商各自的利润,即各自的销售收益减去各自的成本,根据设定的情况,它们分别为

$$u_1=q_1P(Q)-c_1q_1=q_1[8-(q_1+q_2)]-2q_1=6q_1-q_1q_2-q_1^2$$

和

$$u_2=q_2P(Q)-c_2q_2=q_2[8-(q_1+q_2)]-2q_2=6q_2-q_1q_2-q_2^2$$

容易看出,两博弈方的得益(利润)都取决于双方的策略(产量)。

虽然本博弈中两博弈方都有无限多种可选策略,因而无法用得益矩阵表示该博弈,但纳什均衡的概念还是适用的,即只要两博弈方的一个策略组合(q_1^*,q_2^*)满足其中的 q_1^* 和 q_2^* 相互是对对方的最佳对策就构成一个纳什均衡。并且,如果我们可证实它是该博弈唯一的纳什均衡,则它一般也是博弈的结果,即可以预言理性的博弈方(厂商)将分别选择这两个产量。

那么这个博弈的纳什均衡策略组合该如何确定呢?事实上在这个博弈中,我们可以直接根据纳什均衡的定义求纳什均衡策略组合。根据纳什均衡的定义我们知道,纳什均衡就是具有相互是最优对策性质的各博弈方策略组成的策略组合。因此,如果假设策略组合(q_1^*,q_2^*)是本博弈的纳什均衡,那么(q_1^*,q_2^*)必须是最大值问题

$$\max(6q_1-q_1q_2^*-q_1^2)$$
$$\max(6q_2-q_1^*q_2-q_2^2)$$

的解。

上述求最大值的两个式子都是各自变量的二次式,且二次项的系数都小于 0,因此 q_1^*,q_2^* 只要能使两式各自对 q_1,q_2 的导数为 0,就一定能实现两式的最大值。令

$$\begin{cases} 6-q_1^*-2q_2^*=0 \\ 6-q_1^*-2q_2^*=0 \end{cases}$$

解之得该方程组的唯一一组解 $q_1^*=q_2^*=2$。因此,策略组合(2,2)是本博弈唯一的纳什均衡,也是本博弈的结果。根据上述分析,模型中独立同时作产量决策,以自身最大利益为目标的两厂商,都会选择生产 2 单位产量,最终市场总产量为 $2+2=4$,市场价格为 $8-4=4$,双方各自得益(利润)$2\times(8-4)-2\times2=4$,两厂商利润总和为 $4+4=8$。

如果想对上述博弈结果作效率评价,可以再从两厂商总体利益最大化的角度作一次产量选择。首先根据市场条件来实现总得益(总利润)最大的总产量。设总产量为 Q,则总得益为 $u=P(Q)-cQ=Q(8-Q)-2Q=6Q-Q^2$。很容易求得使总得益最大的总产量 $Q^*=3$,最大总得益 $u^*=9$。将此结果与两厂商独立决策,追求自身而不是共同利益最大化时的博弈结果相比,不难发现此时总产量较小,而总利润却较高。因此从两厂商的总体来看,根据总体利益最大化确定产量效率更高。换句话说,如果两厂商更多考虑合作,联合起来决定产量,先定出使总利益最大的产量然后各自生产一半(1.5单位),则各自可分享到的利益为 4.5,比只考虑自身利益的独立决策行为得到的利益要高。

当然,在独立决策、缺乏协调机制的两个企业之间,上述合作的结果并不容易实现,即使实现

了也往往是不稳定的。合作难以实现或维持的原因主要是，各生产一半实现最大总利润总产量的产量组合（1.5，1.5），不是该博弈的纳什均衡策略组合。也就是说，在这个策略组合下，双方都可以通过独自改变（增加）自己的产量而得到更高的利润，它们都有突破 1.5 单位产量的冲动。在缺乏有强制作用的协议等保障手段的情况下，这种冲动注定了维持上述较低水平的产量组合是不可能的，两厂商早晚都会增产，只有达到纳什均衡的产量水平（2，2）时才会稳定下来，因为只有这时候任一厂商单独改变产量才不利于自己。这实际上也是一种"囚徒困境"，如果将遵守限额还是突破限额作为厂商面临的选择，则构成了图 7-22 中得益矩阵表示的博弈。当然不难看出图 7-22 的博弈是一个囚徒困境博弈。

<table>
<tr><td></td><td></td><td colspan="2">厂商 2</td></tr>
<tr><td></td><td></td><td>不突破</td><td>突破</td></tr>
<tr><td rowspan="2">厂商 1</td><td>不突破</td><td>4.5，4.5</td><td>3.75，5</td></tr>
<tr><td>突破</td><td>5，3.75</td><td>4，4</td></tr>
</table>

图 7-22　两寡头间的囚徒困境博弈

产量博弈的古诺模型是一种囚徒困境，无法实现博弈方总体和各个博弈方各自最大利益的结论，对于市场经济的组织、管理，对于产业组织和社会经济制度的效率判断，都具有非常重要的意义。此类博弈说明了自由竞争的经济同样也存在低效率问题，放任自流也不是最好的政策。其他许多博弈模型也能证明这一点，这些结论也说明了对市场的管理，政府对市场的调控和监管都是必需的。

古诺模型在现实经济中的最好例子之一是国际经济中石油输出国组织的限额和突破问题。我国钢铁企业竞相突破政府制订的产量限额的竞争，其实也是类似上述模型的博弈规律在起作用。

2. 反应函数

其实，古诺模型的纳什均衡也可以通过对划线法思路的推广来求。划线法的思路是先找出每个博弈方针对其他博弈方所有策略（或策略组合）的最佳对策，然后再找出相互构成最佳对策的各博弈方策略组成的策略组合，也就是博弈的纳什均衡。在无限策略的古诺博弈模型中这样的思路实际上也是可行的，只是其他博弈方的策略现在有无限多种，因此各个博弈方的最佳对策也有无限种，它们之间往往构成一种连续函数关系。

在上面讨论的两寡头古诺模型中，对厂商 2 的任意产量 q_2，厂商 1 的最佳对策产量 q_1，就是使自己在厂商 2 生产 q_2 的情况下利润最大化的产量，即 q_1 是最大化问题

$$\max u_1 = \max(6 - q_1 q_2 - q_1^2)$$

的解。令 u_1 对 q_1 的导数等于 0，不难求出

$$q_1 = R_1(q_2) = \frac{1}{2}(6 - q_2)$$

这样我们得到了对于厂商 2 的每一个可能的产量，厂商 1 的最佳对策产量的计算公式，它是厂商 2 产量的一个连续函数，我们称这个连续函数为厂商 1 对厂商 2 产量的一个"反应函数"（Reaction Function）。同样的方法，我们可再求出厂商 2 对厂商 1 产量 q_1 的反应函数

$$q_2 = R_2(q_1) = \frac{1}{2}(6 - q_1)$$

从反应函数中可以看出，当一方的产量选择为 0 时，另一方的最佳反应为 3。这正是实现市场总利益最大的产量，因为这时候等于由一个厂商垄断市场，市场总体利益就是该厂商的利益；当一

方的产量达到 6 时，另一方被迫选择 0，因为这时后者坚持生产已经无利可图；在两个反应函数对应的两条直线上，只有它们的交点（2，2）代表的产量组合，才是由相互对对方的最佳反应产量构成的，R_1（q_2）上的其他所有点（q_1，q_2）只有 q_1 是对 q_2 的最佳反应，q_2 不是对 q_1 的最佳反应，而 R_2（q_1）上的点则刚好相反。根据纳什均衡的定义，（2，2）是该古诺模型的纳什均衡，并且因为它是唯一的一个，因此应该是该博弈的结果。这个结论与前面直接根据纳什均衡定义得到的完全一样。

将该思路进一步推广到一般的博弈，只要得益是策略的多元连续函数，我们都可以求每个博弈方针对其他博弈方策略的最佳反应构成的函数，也是就反应函数，而解出的各个博弈方反应函数的交点就是纳什均衡。这种利用反应函数求博弈的纳什均衡的方法称为"反应函数法"。

3. 伯特兰德寡头模型

现在我们把反应函数法应用到伯特兰德（Bertrand）模型的分析。伯特兰德 1883 年提出了另一种形式的寡占模型，这种模型与选择产量的古诺模型的差别在于，伯特兰德模型中各厂商所选择的是价格而不是产量。我们用简单的两寡头产品有一定差别的伯特兰德价格博弈模型进行分析。

产品有一定差别是指两个厂商生产的是同类产品，但在品牌、质量和包装等方面有所不同。因此伯特兰德模型中厂间的产品之间有很强的替代性，但又不完全可替代，即价格不同时，价格较高的不会完全销不出去。当厂商 1 和厂商 2 价格分别为 P_1 和 P_2 时，它们各自的需求函数为

$$q_1=q_1（P_1，P_2）=a_1-b_1P_1+d_1P_2$$
$$q_2=q_2（P_1，P_2）=a_2-b_2P_2+d_2P_1$$

需求函数可以反映上述差别产品的特征，其中 d_1，$d_2>0$ 即两厂商产品的替代系数。我们也假设两厂商无固定成本，边际生产成本分别为 c_1 和 c_2，并且仍强调两厂商是同时决策。

在该博弈中，两博弈方为厂商 1 和厂商 2；它们各自的策略空间为 $s_1=[0，p_{1max}]$ 和 $s_2=[0，p_{2max}]$，其中 p_{1max} 和 p_{2max} 是厂商 1 和厂商 2 还能卖出产品的最高价格；两博弈方的得益是销售收益减去成本，它们都是双方价格的函数

$$u_1=u_1（P_1，P_2）=P_1q_1-c_1q_1=（P_1-c_1）q_1=（P_1-c_1）（a_1-b_1P_1+d_1P_2）$$
$$u_2=u_2（P_1，P_2）=P_2q_2-c_2q_2=（P_2-c_2）q_2=（P_2-c_2）（a_2-b_2P_2+d_2P_1）$$

我们直接用反应函数法分析这个博弈。利用上述得益函数在偏导数为 0 时有最大值，很容易求出两厂商对对方策略（价格）的反应函数分别为

$$P_1=R_1（P_2）=\frac{1}{2b_1}（a_1+b_1c_1+d_1P_2）$$

和

$$P_2=R_2（P_1）=\frac{1}{2b_2}（a_2+b_2c_2+d_2P_1）$$

纳什均衡（P_1^*，P_2^*）必是两反应函数的交点，即必须满足

$$P_1^*=\frac{1}{2b_1}（a_1+b_1c_1+d_1P_2^*）$$

$$P_2^*=\frac{1}{2b_2}（a_2+b_2c_2+d_2P_1^*）$$

解此方程组，得 $P_1^*=\dfrac{d_1}{4b_1b_2-d_1d_2}（a_2+b_2c_2）+\dfrac{2b_2}{4b_1b_2-d_1d_2}（a_1+b_1c_1）$，

$P_2^*=\dfrac{d_2}{4b_1b_2-d_1d_2}（a_1+b_1c_1）+\dfrac{2b_1}{4b_1b_2-d_1d_2}（a_2+b_2c_2）$。（$P_1^*$，$P_2^*$）为该博弈唯一的纳什均衡。

将 P_1^*、P_2^* 代入两得益函数则可得到两厂商的均衡得益。

如果进一步假设模型中的参数 $a_1=a_2=28$，$b_1=b_2=1$，$d_1=d_2=0.5$，$c_1=c_2=2$，则可以解得 $P_1^*=P_2^*=20$，$u_1^*=u_2^*=324$。

上述模型是伯特兰德模型较简单的情况。更一般的情况是有 n 个寡头的价格决策，并且产品也可以是无差别的。对产品无差别的情况，我们必须考虑消费者对价格的敏感性问题，因为如果所有消费者对价格都非常敏感，则生产完全同质商品的厂商之间的价格差别根本不可能存在，因为此时价格高的一方将完全卖不出去。对于多于两寡头的伯特兰德模型的分析，则是两寡头模型的简单推广，也即只需要求出每个厂商对其他各个厂商价格的反应函数，然后解出它们的交点即可。读者可自行尝试分析。

值得一提的另外一点是，这种价格决策与古诺模型中的产量决策一样，其纳什均衡也不如各博弈方通过协商、合作得到的最佳结果，因此也是囚徒困境的一种。读者可以仿照古诺模型加以证明。这种囚徒困境在我国的现实经济中也有具体例子，如近年来电信企业之间的价格战等。

4. 公共资源问题

随着社会经济的不断发展，我们越来越无法回避公共资源利用、公共设施提供和公共环境保护等方面的问题。而在这些问题中，也包含了众多的博弈关系。我们以人们对公共资源利用方面的博弈关系为例来做一些讨论。

在经济学中，所谓公共资源是指没有哪个个人、企业或组织拥有所有权，大家都可以自由利用的自然资源或人类生产的供大众免费使用的设施和财货。如大家都可以开采使用的地下水，可自由放牧的草地，可自由排放废水的公共河道（假设政府未予限制），以及公共道路、楼道的照明灯等。由于公共资源有上述两个特征，因而利用这些资源时不支付任何代价，除非政府将这些资源收归国有，并对使用者征收资源税或收取类似的费用。但一旦政府采取了上述措施，这些资源也就不再是上述经济学意义上的公共资源，而更应该称为国有资源了。

最晚是从休谟（David Hume）1739 年开始，政治经济学者们就已经开始认识到，在人们完全从自利动机出发自由利用公共资源时，公共资源倾向于被过度利用、低效率使用和浪费，并且过度利用会达到任何利用它们的人都无法得到实际好处的程度。我们用公共草地的放牧问题为例来论证这个结论。

设某村庄有 n 个农户，该村有一片大家都可以自由放牧羊群的公共草地。由于这片草地的面积有限，因此只能让不超过某一数量的羊吃饱，如果在这片草地上放牧羊只的实际数量超过这个限度，则每只羊都无法吃饱，从而每只羊的产出（毛、皮、肉的总价值）就会减少，甚至能勉强存活或要饿死。假设这些农户在夏天才到公共草地放羊，而每年冬天就要决定养羊的数量，则可以看作各农户决定自己的养羊数量时是不知道其他农户养羊数的，即各农户决定养羊数的决策是同时做出的。再假设所有农户都清楚这片公共草地最多能养多少羊和羊只总数的不同水平下每只羊的产出。这就构成了 n 个农户之间关于养羊数的一个博弈问题，并且是一个静态博弈。

在此博弈中，博弈方就是 n 个农户；他们各自的策略空间就是他们可能选择的养羊数目 q_i（$i=1,\cdots,n$）的取值范围；当各户养羊数为 $q_1,\cdots,q_n$ 时，在公共草地上放牧羊只的总数为 $Q=q_1+\cdots+q_n$，根据前面的介绍，每只羊的产出应是羊只总数 Q 的减函数 $V=V(Q)=V(q_1+\cdots+q_n)$。假设购买和照料每只羊的成本对每个农户都是相同的不变常数 C，则农户 i 养 q_i 只羊的得益函数为：

$$u_i=q_i V(Q)-q_i c=q_i \cdot V(q_1+\cdots+q_n)-q_i c$$

为了使讨论比较简单和能得到直观的结论，我们进一步设定下列具体数值。假设 $n=3$，即只有三个农户，每只羊的产出函数为 $V=100-Q=100-(q_1+q_2+q_3)$，而成本 $c=4$。这时三农户的得益函数分别为

$$u_1=q_1[100-(q_1+q_2+q_3)]-4q_1$$
$$u_2=q_2[100-(q_1+q_2+q_3)]-4q_2$$
$$u_3=q_3[100-(q_1+q_2+q_3)]-4q_3$$

由于羊的数量不是连续可分的，因此上述函数不是连续函数。但我们在技术上也可以把羊的数量看作连续可分的，因此上述得益函数仍然可当作连续函数。求三农户各自对其他两农户策略（养羊数）的反应函数，得

$$q_1=R_1(q_2,q_3)=48-\frac{1}{2}q_2-\frac{1}{2}q_3$$
$$q_2=R_2(q_1,q_3)=48-\frac{1}{2}q_1-\frac{1}{2}q_3$$
$$q_3=R_3(q_1,q_2)=48-\frac{1}{2}q_1-\frac{1}{2}q_2$$

三个反应函数的交点 (q_1^*,q_2^*,q_3^*) 就是博弈的纳什均衡。我们将 q_1^*、q_2^*、q_3^* 代入三反应函数，并解此联立方程组、即得 $q_1^*=q_2^*=q_3^*=24$，代入三农户的得益函数，则得 $u_1^*=u_2^*=u_3^*=576$，此即三农户独立同时决定在公共草地放羊数量时所能得到的利益。

为了对公共资源的利用效率做出评价，我们同样也可讨论总体利益最大的最佳羊只数量。设在该草地上羊只的总数为 Q，则总得益为

$$u=Q(100-Q)-4Q=96-Q^2$$

使总得益 u 最大的养羊数 Q^* 必使总得益函数的导数为 0，即

$$96-2Q^2=0$$

解之得 $Q^*=48$ 代入总得益函数，得 $u^*=2304$。该结果比三农户各自独自决定自己的养羊数量时三农户得益的总和 1728 大了许多。而此时的养羊数 $Q^*=48$ 则比三农户独立决策时草地上的羊只总数 $3*24=72$ 小。因此，三农户独立决策时实际上使草地处于过度放牧的情况，浪费了资源，农户也没有获到最好的效益。如果各农户能将养羊数自觉限制在 48／3=16 只，则他们都能得到更多的利益。但问题是他们面临的也是一种囚徒困境局面，因此很难实现这种理想的合作的结果。这个例子再一次证明了纳什均衡，或者说非合作博弈的结果有可能是低效率的。在本例中，如果利用上述草地资源的农户数进一步增加，则纳什均衡策略的效率会更低。如允许外来者任意加入利用该公共资源的行列，则所有利用该资源的人的利益很快都会消失，即羊只总数会随着放牧农户数的增加而增加到刚好不至于亏损的水平，各农户将完全不能从在公共草地上养羊得到任何好处，公共资源等于完全被浪费掉了。

在公共资源利用方面常会出现这样的悲剧，原因是每个人可以利用公共资源的人都相当于面临着一种囚徒困境：在总体上有加大利用资源可能（至少加大利用者自身还能增加得益）时，自己加大利用而他人不加大利用则自己得利，自己加大利用但其他人也加大利用则自己不至于吃亏，最终是所有人都加大利用资源直至再加大只会减少利益的纳什均衡水平，而这个水平对应的资源使用量肯定比实现资源最佳利用效率，同时也是个人最佳效率的水平要高。

公共资源的悲剧在我国有许多例子。如在我国受风沙、沙漠化威胁的地区，当地居民关于保护还是毁坏防风防沙林带的选择，就可看作一种公共资源博弈问题：每个人都想，如果只有自己砍几

棵树，只要别人不砍就无关紧要，自己却可得利，而如果其他人都砍而只有自己不砍，则防护林也保护不了，还不如自己也砍。最后的结论是砍总是合算的。大家这样想的结果是，防护林带完全被破坏，整个地区都被沙漠吞没，人人都被迫离乡背井，最终倒霉的还是自己。

公共设施问题也是类似的问题。在许多需要人类生产、提供的公共设施的问题上，做搭便车者（Free Rider）总是比做提供者合算，因此许多必需的公共设施，如楼道里的电灯等就总是没人提供。这些公共资源博弈问题的结果说明了在公共资源的利用、公共设施的提供方面，政府的组织、协调和制约是非常必要的，这也可以说是政府之所以有必要存在的主要理由之一。

5. 反应函数的问题和局限性

反应函数法的概念和思路非常简洁明了，它解决了我们分析一般的具有无限多种策略，有连续空间的博弈模型，或者有离散的大量策略，可以看作有连续策略空间的博弈模型（如上述公共草地养羊数博弈）的问题。因此反应函数法在博弈分析中非常有用。

但这并不等于说有了反应函数的概念，就可能解决所有博弈的分析，或者分析出所有博弈的最终结果。因为在许多博弈中，博弈方的策略是很有限的而不是很多的，更不是连续的，博弈方的得益函数并不是连续的可导函数，所以无法用先求导数找出各个博弈方的反应函数，再解联立方程组的方法求纳什均衡，到现在为止所介绍的反应函数法在分析这样的博弈时不能发挥作用。

更进一步，即使我们讨论的博弈问题中各博弈方的得益函数可以求导，可以导出各个博弈方的反应函数，也并不意味着反应函数法就一定能完全解决这些博弈。因为在有些博弈问题中，各个博弈方的得益函数比较复杂，因而各自的反应函数也比较复杂，并不总是能够保证各个博弈方的反应函数有交点，特别是不能保证有唯一的交点。

图 7-23 中的两种反应函数的情形，可以证明上述观点。图 7-23 中（a）图是反应函数不相交的情况，（b）图则是交点不唯一的情况。虽然这些图形本身是虚构的，但具有这样特点的反应函数是完全可能存在的，事实上我们将反应函数扩展到混合策略时，就很容易出现多重交点的反应函数图形。

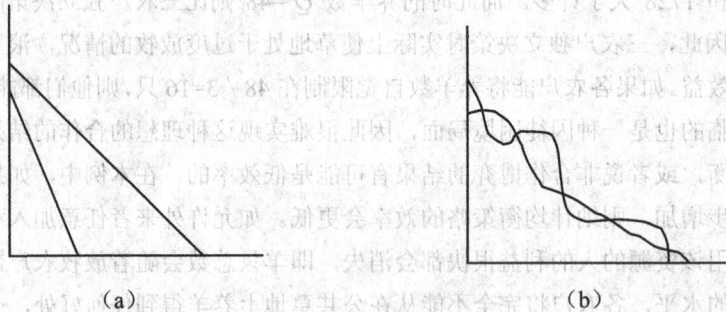

（a）   （b）

图 7-23　反应函数的问题

7.2.4　混合策略的引进、混合策略和混合策略纳什均衡

前面介绍的纳什均衡分析方法对如猜硬币、齐威王田忌赛马或夫妻之争博弈这些不存在纳什均衡或者纳什均衡不唯一，就无法对博弈方的选择和博弈结果作明确的预测，无法给博弈方提供明确的建议。因此到目前为止介绍的纳什均衡分析方法，还不能完全满足完全信息静态博弈分析的需要。为此，本小节将对不存在纳什均衡和存在多个纳什均衡的博弈作一些讨论，为此引进分析这两类博

弈时非常重要的"混合策略"和"混合策略纳什均衡"概念。

1. 严格竞争博弈和混合策略的引进

我们首先各博弈方的利益和偏好始终是不一致的，在通常策略的基础上没有纳什均衡的博弈问题进行分析。这类博弈也可以称为"严格竞争博弈"。

第一节中介绍猜硬币博弈和齐威王田忌赛马博弈时曾经说过，如果这些博弈只进行一次，那么我们无法明确预测博弈结果，不管是哪个博弈方，也不管他们选择的是哪个策略，都不能保证得到较好的结果。通过本章前面的分析我们进一步知道，之所以上述博弈没有可预测的明确结果，不能确定博弈方的策略，根本原因在于这些博弈中没有纳什均衡策略组合。那么这是否意味着在这样的博弈中，各个博弈方选择任何策略都是一样的，因此可以随意选择呢？

这个问题的答案是否定的。事实上，在这些博弈中，博弈方的选择仍然是很有讲究的，策略选择的好坏对博弈方的利益仍然有很大的影响。导论中介绍齐威王田忌赛马博弈和猜硬币博弈时，我们已经简单讨论过这两个博弈中各个博弈方策略选择的基本原则。当时得出的结论是，在这两个博弈中，各博弈方必须保证自身策略的随机性，以及重视选择各个策略的概率分布，以防止其他博弈方猜到自己的策略或利用自己对策略选择的偏好获胜。这里我们以猜硬币博弈为例，进一步沿着这种思路分析此类博弈中博弈方的策略选择和博弈结果。

猜硬币博弈的得益矩阵（见图 7-24）我们已经很熟悉了。该博弈在双方"正面""反面"两种策略的意义上，不存在纳什均衡策略组合。因为无论双方采用的是哪个策略组合，结果都是一方赢一方输，而输的一方又总是可以通过单独改变策略而反输为赢。这个博弈是一个零和博弈，是一个典型的严格竞争博弈。

	猜硬币方	
	正面	反面
盖硬币方 正面	$-1, 1$	$1, -1$
盖硬币方 反面	$1, -1$	$-1, 1$

图 7-24 猜硬币博弈

虽然上述结论对预测博弈的结果并没有多少用处，但却引出了在这个博弈中各博弈方决策的第一个原则：自己的策略选择不能预先被另一方知道或猜测到。如盖硬币方所选的面被猜硬币方预先知道或猜中，猜硬币方就可以猜你所选的面而保证赢你。反过来，如果猜硬币方准备猜的面被盖硬币方预先知道或猜到，他就会出与猜硬币方将猜的面相反的面而立于不败之地。因此，保持秘密，不让其他博弈方事先了解你的选择，是该博弈中各博弈方首先必须遵循的原则，除非你存心要自找失败。这正是没有纳什均衡的博弈与存在唯一纳什均衡的博弈之间的一个重要的本质区别。

从上述原则再推论下去又可知道，在该博弈的多次重复中，博弈方一定要避免自己的选择带有规律性。因为一旦自己的选择有某种规律性并被对手发觉，则对手可以根据这种规律预先猜到你的选择，从而做针对性地选择轻易战胜你。例如你是盖硬币方，若你总是一次正面、一次反面轮流出，则猜硬币方就可以根据你前一次的策略，轻易猜中你本次将出的面，这样当然你就有输无赢了。因此在该博弈中博弈方必须随机选择策略，或者说，在这个博弈中两个博弈方最正确的决策方法就是将自己当作一台抽签的机器。

更进一步，如果盖硬币方已经采用随机选择的方法决定出正面还是反面，但总体上出正面的机会（概率）大于出反面的机会（概率），那么猜硬币方仍然有机可乘。设盖硬币方出正面的概率为 P，出反面的概率就是 $1-P$，出正面多于出反面意味着 $P>1-P$ 或 $P>1/2$。在这种情况下，如猜硬币方全猜正面，则他的期望得益为

$$P \cdot 1+(1-P) \cdot (-1)=2P-1=2(P-1/2)>0$$

即平均来讲，猜硬币方一定是赢多输少，当然反过来盖硬币方就是输多赢少了。同样的，如果盖硬币方出反面多于出正面，一样也会给猜硬币方可乘之机，他只要全猜反面，则平均下来就能获胜。因此对盖硬币方来说，最可靠的方法是以相同的概率随机出正面和反面，即取 $P=1/2$。这样，猜硬币方就无法从你对策略的偏好中占到任何便宜。同样的讨论也适用于猜硬币方随机选择的概率，结论是他要不让盖硬币方占到任何便宜，也必须以 $1/2$ 的相同概率随机选择猜正面和猜反面，否则就会给对方获利的机会，而给自己带来损失。

2. 混合策略和混合策略纳什均衡

很显然，当两个博弈方都以 $1/2$ 的相同概率随机选择正面、反面时，双方都无法根据对方的选择方式，选择或调整自己的策略或选择方式获得利益，从而在双方对两种可选策略随机选择概率分布的意义上达到了一种稳定，或者说均衡。这种博弈方以一定的概率分布在可选策略中随机选择决策方式，在分析原来没有纳什均衡的博弈和有多个均衡的博弈时有非常重要的意义。我们称这种策略选择方式为"混合策略"（Mixed Strategies）。与此相对，则把博弈中原来意义上的策略称为"纯策略"（Pure Strategies）。由于混合策略概念非常重要，这里给出它的一个较正式的定义：

在博弈 $G=\{S_1,\cdots,S_n; u_1,\ldots,u_n\}$ 中博弈方 i 的策略空为 $S_i=\{S_{i1},\cdots, S_{ik}\}$，则博弈方 i 以概率分布 $p_i=(p_{i1},\cdots,p_{ik})$ 随机在其 k 个可选策略中选择的"策略"称为一个"混合策略"，其中 $0\leqslant p_{ij}\leqslant 1$ 对 $j=1,\cdots,k$ 都成立，且 $p_{i1}+\cdots+p_{ik}=1$。

其实，纯策略也可以看作混合策略，即选择相应纯策略的概率为1，选择其余纯策略的概率为0的混合策略。反过来，混合策略又可以看作纯策略的扩展。

当我们把博弈方的策略从纯策略扩展到混合策略，把策略空间从纯策略策略空间扩展到混合策略策略空间的时候，纳什均衡的基础也就扩大了。换句话说，我们现在可以在混合策略的意义上定义纳什均衡。事实上，把策略扩展到包括混合策略时，纳什均衡概念仍然成立，其本质规定性也仍然相同，即如果一个策略组合满足各博弈方的策略相互是对其他博弈方策略的最佳对策时，就是一个纳什均衡。不过现在其中的策略既可以是纯策略，也可能是混合策略。这时候纳什均衡意味着任何博弈方单独改变自己的策略，或者随机选择各个纯策略的概率分布，都不能给自己增加任何利益。如果确实是一个严格意义上的混合策略组合（即未退化为策略组合的）构成一个纳什均衡，称则为一个"混合策略纳什均衡"。

根据混合策略纳什均衡的定义，容易知道猜硬币博弈中两博弈方都以（1/2, 1/2）的概率分布随机选择正面和反面的混合策略组合，就是一个混合策略纳什均衡，而且是这个博弈唯一的混合策略纳什均衡。因为这个博弈没有纯策略纳什均衡，因此这个混合策略纳什均衡也是这个博弈唯一的纳什均衡。在这个猜硬币博弈中，采用这个混合策略纳什均衡的策略，是两博弈方唯一正确的选择。

混合策略和混合策略纳什均衡概念在其他严格竞争博弈中也是适用的。而且猜硬币博弈中找混合策略纳什均衡概率分布的思路，即令各个博弈方随机选择纯策略的概率分布，满足使对方或其他博弈方采用不同策略的期望得益相同，从而计算出各个博弈方随机选择各纯策略概率的方法，在求其他严格竞争博弈的混合策略纳什均衡时也适用。当然，在博弈方人数较多，各个博弈方的纯策略

数量较多，而且也不那么对称的博弈中，寻找混合纳什均衡要困难一些。下面再给出几个混合策略纳什均衡分析的例子。

3. 一个数值例子

首先分析图 7-25 中得益矩阵表示的博弈问题。用划线法很容易发现它不存在纯策略纳什均衡，也即任何一个纯策略组合都有一个博弈方可通过单独改变策略而得到更好的得益。那么这个博弈有没有混合策略纳什均衡呢？事实上，用猜硬币博弈中找出混合策略纳什均衡概率分布相同的方法，不难找出这个博弈的混合策略纳什均衡。

博弈方2　博弈方1	C	D
A	2, 3	5, 2
B	3, 1	1, 5

图 7-25　一个数值例子的混合策略均衡

首先，本博弈中两博弈方决策的第一个原则，同样是不能让对方知道或猜到自己的选择，因而必须在决策时利用随机性。第二个原则是他们选择每种策略的概率一定要恰好使对方无机可乘，即让对方无法通过针对性地倾向某一策略而在博弈中占上风。因此如果我们设博弈方 1 选 A 的概率为 p_A，选 B 的概率为 p_B，博弈方 2 选 C 的概率为 p_C，选 D 的概率为 p_D，那么根据上述第二个原则，博弈方 1 选 A 和 B 的概率 p_A 和 p_B，一定要使博弈方 2 选 C 的期望得益和选 D 的期望得益相等，即

$$p_A \cdot 3 + p_B \cdot 1 = p_A \cdot 2 + p_B \cdot 5$$

简化后可得 $p_A = 4p_B$。又因为 $p_A + p_B = 1$，因此 $p_A = 0.8$，$p_B = 0.2$，这就是博弈方 1 应该选择的混合策略。同理，博弈方 2 选择 C 和 D 的概率 p_C 和 p_D，也应使博弈方 1 选择 A 的期望得益和选择 B 的期望得益相等，即

$$P_C \cdot 2 + p_D \cdot 5 = p_C \cdot 3 + p_D \cdot 1$$

简化后得 $4p_D = p_C$。因为 $p_C + p_D = 1$，因此 $p_C = 0.8$，$p_D = 0.2$，这是博弈方 2 的混合策略。

当博弈方 1 以（0.8，0.2）的概率随机选择 A 和 B，博弈方 2 以（0.8，0.2）的概率随机选择 C 和 D 时，由于谁都无法通过单独改变自己随机选择的概率分布改善自己的期望得益，因此这个混合策略组合是稳定的。这就是本博弈唯一的混合策略纳什均衡。当双方采用该策略组合时，虽然不能确定单独一次博弈的结果究竟会是四组得益中的哪一组，但双方进行该博弈的期望得益，也就是多次独立重复该博弈的平均结果，应该分别为

$$u_1^e = p_A \cdot p_C \cdot u_1(A,C) + p_A \cdot p_D \cdot u_1(A,D) + p_B \cdot p_C \cdot u_1(B,C) + p_B \cdot p_D \cdot u_1(B,D)$$
$$= 0.8 \times 0.8 \times 2 + 0.8 \times 0.2 \times 5 + 0.2 \times 0.8 \times 3 + 0.2 \times 0.2 \times 1 = 2.6$$

和

$$u_2^e = p_c \cdot p_A \cdot u_2(A,C) + p_c \cdot p_B \cdot u_2(B,C) + p_D \cdot p_A \cdot u_2(A,D) + p_D \cdot p_B \cdot u_2(B,D)$$
$$= 0.8 \times 0.8 \times 3 + 0.8 \times 0.2 \times 1 + 0.2 \times 0.8 \times 2 + 0.2 \times 0.2 \times 5 = 2.6$$

4. 齐威王田忌赛马

齐威王与田忌赛马博弈在第一节中也没有得到彻底解决。这里我们作为混合策略纳什均衡分析的一个应用，来分析当齐威王也开始在马的出场次序上使用策略以后，双方应该怎样决定自己马的出场次序，最后的结果又会如何。

与猜硬币博弈一样，本博弈中两博弈方的利益也是完全对立的，因此这也是一个严格竞争的零

和博弈，不会有纯策略纳什均衡，必然是一个混合策略博弈问题。为了简便起见，我们将图 7-26 中齐威王的策略从上到下分别称为策略 a、b、c、d、e 和 f，将田忌的策略从左到右分别称为策略 g、h、i、j、k 和 l。设齐威王分别以概率 p_a、p_b、p_c、p_d、p_e 和 p_f 随机选择相应的策略，则田忌采用 g 的期望得益为 $-3p_a-p_b-p_c+p_d-p_e-p_f$，采用 h 的期望得益为 $-p_a-3p_b+p_c-p_d-p_e-p_f$，采用 i 的期望得益为 $-p_a-p_b-3p_c-p_d+p_e+p_f$，采用 j 的期望得益为 $-p_a-p_b-p_c-3p_d+p_e-p_f$，采用 k 的期望得益为 $p_a-p_b-3p_c-p_d-3p_e-p_f$，采用 l 的期望得益为 $-p_a+p_b-p_c-p_d-p_e-3p_f$。齐威王若是想让田忌没有任何可乘之机，所选概率分布必须使上述六个期望得益都相等，解之得 $p_a=p_b=p_c=p_d=p_e=p_f$。又因为 $p_a+p_b+p_c+p_d+p_e+p_f=1$，因此 $p_a=p_b=p_c=p_d=p_e=p_f=1/6$。同样的，如果我们设田忌以概率 p_g、p_h、p_i、p_j、p_k 和 p_l 随机选择相应策略，则该六个概率也必须使齐威王选择各种策略的期望得益都相等，因而得 $p_g=p_h=p_i=p_j=p_k=p_l=1/6$。齐威王和田忌都以 1/6 的相同概率随机选择各自的六个纯策略，构成本博弈唯一的混合策略纳什均衡。

齐威王 \ 田忌	上中下 g	上下中 h	中上下 i	中下上 j	下上中 k	下中上 l
上中下 a	3, −3	1, −1	1, −1	1, −1	−1, 1	1, −1
上下中 b	1, −1	3, −3	1, −1	1, −1	1, −1	−1, 1
中上下 c	1, −1	−1, 1	3, −3	1, −1	1, −1	1, −1
中下上 d	−1, 1	1, −1	1, −1	3, −3	1, −1	1, −1
下上中 e	1, −1	1, −1	1, −1	−1, 1	3, −3	1, −1
下中上 f	1, −1	1, −1	−1, 1	1, −1	1, −1	3, −3

图 7-26　齐威王和田忌赛马

本博弈有这样的混合策略纳什均衡是理所当然的。因为在上一节中已经说明了每种纯策略对齐威王和田忌来说本身都无好坏之分，结果怎样主要取决于双方策略的组合情况，并且他们对任一纯策略的偏爱都只会给对方以可乘之机，因此以平均的概率随机选择各纯策略确实是他们的最佳策略。

在上述混合策略下，齐威王的期望得益为

$$1/6（3+1+1+1+1-1）=1$$

田忌的期望得益则为

$$1/6（1-3-1-1-1-1）=-1$$

即多次进行这样的赛马，齐威王平均每次能赢田忌一千金铜，这是因为齐威王三匹马的总体实力略胜田忌三匹马总体实力的缘故。

7.2.5　多重均衡博弈和混合策略

前面引进混合策略概念和混合策略纳什均衡分析方法，是以没有纯策略纳什均衡的严格竞争博弈为基础的。其实，混合策略和混合策略均衡在分析博弈方的利益有很大一致性的，有多个纯策略纳什均衡的博弈中也有重要作用。我们用第一节中讨论过的"夫妻之争"博弈作为例子来说明。

1. 夫妻之争的混合策略纳什均衡

夫妻之争博弈的得益矩阵如图 7-27 所示。我们已经用划线法得出结论，夫妻之争博弈有两个纳什均衡，即（时装，时装）和（足球，足球）。这个博弈与没有纯策略纳什均衡的严格竞争博弈是明显不同的，如果一方知道另一方已选择了某种策略，则前者唯一明智的选择就是与对方保持一致，以免得最差的得益 0。这就是这个博弈中两博弈方的利益一致性所在。换句话说，本博弈的两个博弈方都不会害怕对方猜到自己的选择，他们主观上并不想隐藏自己的选择。因此，该博弈中两博弈方的决策思路和原则应该与没有纯策略纳什均衡的严格竞争博弈有所不同。

		丈夫	
		时装	足球
妻子	时装	2, 1	0, 0
	足球	0, 0	1, 3

图 7-27　夫妻之争

但是，由于这个博弈有两个纳什均衡，而且夫妻双方对两个纳什均衡的偏好显然有矛盾，妻子偏好前一个纳什均衡，而丈夫则偏好后一个纳什均衡。因此当夫妻两人首先从自身的最大利益出发独立同时决策时，我们也不能肯定他们究竟会作怎样的选择，无法知道博弈的结果最终会是哪个纯策略组合。也就是说，在纯策略的范围内，该博弈也是无法对两博弈方的选择提出确定性建议的。因此也需要考虑博弈方采用混合策略的可能性。

现在设 $p_w(C)$ 和 $p_w(F)$ 分别为妻子选择时装表演和足球的概率，如果妻子不想让丈夫利用自己的选择倾向占上风，则自己的概率选择应使丈夫选择两种策略的期望得益相同：

$$p_w(C) \cdot 1 + p_w(F) \cdot 0 = p_w(C) \cdot 0 + p_w(F) \cdot 3 \text{ 即 } p_w(C) = 3 p_w(F)$$

由于 $p_w(C) + p_w(F) = 1$，因此 $p_w(C) = 0.75$，$p_w(F) = 0.25$。

同样的，设 $p_h(C)$ 和 $p_h(F)$ 为丈夫选择时装表演和足球赛的概率，那么丈夫为了不让妻子占上风，其随机选择纯策略的概率分布的决定原则，也是要让妻子选两种策略的期望相同即：

$$p_h(C) \cdot 2 + p_h(F) \cdot 0 = p_h(C) \cdot 0 + p_h(F) \cdot 1$$

化简得 $2 p_h(C) = p_h(F)$。由于 $p_h(C) + p_h(F) = 1$，因此 $p_h(C) = 1/3$，$p_h(F) = 2/3$。

当妻子以（0.75，0.25）的概率分布随机选择时装表演和足球，丈夫以（1/3，2/3）的概率随机选择时装表演和足球时，双方都无法通过单独改变策略，即单独改变随机选择纯策略的概率分布而提高利益，因此双方上述概率分布的组合构成一个混合策略纳什均衡。该混合策略纳什均衡给妻子和丈夫各自带来的期望得益为

$$p_w(C) \cdot p_h(C) \cdot 2 + p_w(C) \cdot p_h(F) \cdot 0 + p_w(F) \cdot p_h(C) \cdot 0 + p_w(F) \cdot p_h(F) \cdot 1$$
$$= 3/4 \times 1/3 \times 2 + 1/4 \times 2/3 \times 1 \approx 0.67$$

和 $\quad p_w(C) \cdot p_h(C) \cdot 1 + p_w(C) \cdot p_h(F) \cdot 0 + p_w(F) \cdot p_h(C) \cdot 0 + p_w(F) \cdot p_h(F) \cdot 3$
$$= 3/4 \times 1/3 \times 1 + 1/4 \times 2/3 \times 3 = 0.75$$

不难发现，这个结果明显不如夫妻双方能交流协商时，任何一方迁就另一方时双方的得益好，因为那时任何一方都至少得 1。这是因为双方缺乏沟通时很可能出现最差结果而造成的。也就是说，如果不强行设定双方不能交流串通的博弈规则，双方决策时没有被客观或人为的原因隔离开来，也没有因为赌气而采取不理性的态度，那么这种夫妻之间的决策问题一般不应该用上述博弈方式解决。

2. 制式问题

在经济活动中有许多与夫妻之争相似的博弈问题，制式问题就是其中典型的一例。电器和电子设备往往有不同的原理或相关技术标准，我们称之为不同的制式。如果生产相关电器或电子设备的厂商采用相同的制式，那么产品之间就能相互匹配，零配件也可能相互通用。这对于推广各自的产

品和在生产经营中进行合作是很有帮助的。设有两个厂商同时计划引进彩电生产线，而彩电有 A、B 两种不同的制式，那么这时候两个厂商之间就有一个选择制式的博弈问题。

为了使问题更加清楚起见，我们假设两厂商同时采用 A 制式时厂商 1 有 1 单位好处，厂商 2 有 3 单位好处，同时采用 B 制式时两厂商都有 2 单位好处，制式不同时大家都没有好处，则本博弈的得益矩阵如图 7-28 所示。

		厂商2	
		A	B
厂商1	A	1, 3	0, 0
	B	0, 0	2, 2

图 7-28　制式问题

容易看出，该博弈与夫妻之争博弈一样，也有两个纯策略纳什均衡，分别为（A，A）和（B，B）。从得益情况看，厂商 1 更喜欢后一个均衡而厂商 2 更喜欢前一个均衡，因此，究竟哪个纳什均衡会出现也没有必然的结论，这又是一个混合策略问题。利用与夫妻之争博弈同样的分析方法，很容易解出该博弈的混合策略纳什均衡，就是厂商 1 以概率分布（0.4，0.6）随机选择 A 和 B，厂商 2 则以概率分布（0.67，0.33）随机选择 A 和 B。在该混合策略纳什均衡下，双方的期望得益分别为 0.664 和 1.296。

从这个结果看，两博弈方采取不相互协商，各自独立选择制式的方法也是不理想的。因为如果他们通过协商，共同决定采用两个纯策略纳什均衡中的任意一个，双方的得益都比混合策略的期望得益更高。这个博弈也从一个侧面证明了在像引进技术、投资，开发产品等问题中，不同厂商各自为政的行为方式常常会导致低效率。

7.2.6　纳什均衡的存在性及其意义

1. 纳什定理

猜硬币博弈、齐威王田忌赛马博弈等许多常见博弈都不存在纯策略纳什均衡，但如果把策略扩展到包括混合策略，那么这些博弈在混合策略的意义上就有了纳什均衡。虽然混合策略纳什均衡与纯策略纳什均衡有差别，如对一次性博弈结果的预测作用很小，但混合策略纳什均衡在揭示博弈方决策的方法，揭示博弈问题的效率意义等方面还是非常有用的。如果混合策略纳什均衡具有普遍性，换句话说如果所有没有纯策略纳什均衡的博弈都有混合策略纳什均衡，对博弈分析的理论和应用价值就是非常重要的支持。幸运的是，这个问题的结论是肯定的。1950 年纳什提出的纳什定理，首先证明了这个结论。纳什在他 1950 年的经典论文中，首先提出了他自己称为"均衡点"(Equilibrium Point) 的纳什均衡概念，并且同时证明了在相当广泛的博弈类型中，混合策略意义上的纳什均衡是普遍存在的。纳什的这个存在性证明，实际上正是他提出的"均衡点"被称为"纳什均衡"的主要原因。纳什的这个经典成果可以表述为下述定理。

纳什定理（Nash 1950）：在一个有 n 个博弈方的博弈 $G=\{S_1,\cdots,S_n;u_1,\cdots,u_n\}$ 中，如果 n 是有限的，且 S_i 都是有限集（对 $i=1,\cdots,n$），则该博弈至少存在一个纳什均衡，但可能包含混合策略（证明相对比较复杂这里从略）。

2. **纳什定理的意义和扩展**

纳什均衡的普遍存在性，意味着纳什均衡分析在我们所遇到的大多数博弈问题中，都是一种基本的分析方法。正是因为有普遍存在性，纳什均衡是博弈结果"一致预测"的性质才有意义，纳什均衡才会成为分析博弈和预测博弈结果的中心概念和基本出发点。如果纳什均衡没有普遍存在性，多数博弈不存在纳什均衡，那么即使纳什均衡与博弈的结果关系很强，是博弈结果的一致预测，纳什均衡和纳什均衡分析的意义也是很有限的。因此纳什均衡的存在性是纳什均衡概念最重要的性质。这就是为什么纳什首先证明纳什均衡存在性的开创性工作特别重要的原因所在。

1950 年以后，纳什自己和其他人又用不同的方法，或对不同的博弈类型范围，重新证明了纳什均衡的存在性。其中最重要的扩展是将针对有限策略形博弈的纳什定理，推广到行为或策略不可数，有连续得益函数的无限博弈中。基本结论是，纳什均衡在相当广泛的博弈类型中是普遍存在的，至少可以保证存在一个混合策略纳什均衡，在有些类型的博弈中更可以证明至少存在一个纯策略纳什均衡。当然，纳什均衡的普遍存在性通常是在允许采用混合策略的情况下才成立的，对限定比较少的一般非合作博弈，纯策略纳什均衡的存在性并没有保证，前面的许多例子都已经说明了这一点。

纳什均衡在相当广泛的博弈类型中普遍存在，保证了这个均衡概念在博弈分析中的作用和地位。事实上，不仅完全信息静态博弈中的绝大多数可以用纯策略和混合策略纳什均衡进行分析，而且在动态博弈、不完全信息博弈或不完美信息博弈等其他类型的非合作博弈中，纳什均衡也是最基本的分析概念，或者说是均衡分析概念的基础。分析其他这些类型博弈的核心均衡概念，本身都是纳什均衡，都是纳什均衡的某种精炼。我们必须注意，纳什均衡分析同样并不一定能彻底解决一个博弈问题，因为纳什均衡的存在性不等于唯一性，在许多博弈中纳什均衡是不唯一的，而且不同的纳什均衡相互之间也没有明显的优劣关系，从而博弈方的选择会遇到困难。这些情况的存在，表明纳什均衡分析仍然是有局限性的，说明对有些博弈问题仅仅进行纳什均衡分析是不够的，必须在纳什均衡分析的基础上再作进一步的深入分析。要了解进一步的内容，可参阅谢识予《经济博弈论》第三版第二章第六节相关内容。

7.3 案例分析

7.3.1 案例一

海盗分赃

五个海盗抢得100颗钻石，他们为分赃发生了争议，最后达成协议，由抓阄确定出分赃顺序，然后按照民主程序进行分赃。首先由抓到1号的海盗提出分赃方案，五人共同举手表决。若赞成的占一半以上（不包括一半的情况），就按1号提出的方案分赃，否则1号将被扔到海里喂鲨鱼。接着由2号提出方案，四人共同举手表决。若赞成的占一半以上（不包括一半的情况），就按2号提出的方案分赃，否则2号将被扔到海里喂鲨鱼，依此类推。并且

（1）五个强盗都很聪明，而且大家知道大家很聪明，大家知道大家知道大家很聪明，如此等等。

（2）每个海盗都很贪婪，希望获得尽可能多的钻石，但是又不想为了钻石丢掉性命。

（3）一颗宝石是不能被分割的，不可以你半颗我半颗。

（4）每个海盗抓取的序号不同，而且所有海盗都知道别人的序号，也就是说，每个海盗都知道自己和别人在这个提出方案中序列的位置。

（5）给定一个方案，只有该方案大于他的备选方案所获的钻石时，海盗才选择赞成。

结果是第一个海盗提议：按顺序五个海盗分别分得钻石数目为97，0，1，0，2，得到了3个海盗的同意，并按方案分赃。

案例思考题

1. 何为逆推法，利用逆推法的目的是为了解决动态博弈的什么问题？

2. 第一个海盗的方案为何能被3个海盗同意？第一个海盗有没有其他对自己同样有利的分配方案也可以被3个海盗同意，说明理由。

7.3.2　案例二

李尔王的难题

《李尔王》是威廉·莎士比亚四大悲剧之一，叙述了年事已高的李尔王意欲把国土分给3个女儿的故事。李尔王担心等他年纪大了，孩子们不会孝顺他，于是打算利用手中的遗产来约束她们。假设李尔王制定一个标准，他希望孩子们每周探望一次，电话问候两次。为了给孩子们一个正确的激励，李尔王威胁说谁若达不到这个标准，就会失去继承权。他的财产将在所有符合要求的孩子之间平均分配。

案例思考题

（1）你认为李尔王为什么要制定一个标准，而不是让探望次数最多的孩子获得最大的遗产份额？

（2）假设李尔王的财产必定会传给自己的子女，孩子们有没有可能串通一气，一起减少探望的次数，最后降到一次也不去？

（3）若孩子们有可能串通一气，请帮忙李尔王修改他的遗嘱，以解决这个问题。

7.3.3　案例三

智猪博弈

猪圈中有一头大猪和一头小猪，在猪圈的一端设有一个按钮，每按一下，位于猪圈另一端的食槽中就会有10单位的猪食进槽，但每按一下按钮会耗去相当于2单位猪食的成本。如果大猪先到食槽，则大猪吃到9单位食物，小猪仅能吃到1单位食物；如果两猪同时到食槽，则大猪吃7单位，小猪吃3单位食物；如果小猪先到，大猪吃6单位而小猪吃4单位食物。这个

智猪博弈-动画演说

博弈的支付矩阵如下：

		小猪	
		按	等待
大猪	按	5，1	4，4
	不按	9，-1	0，0

这个博弈的纳什均衡是{按，等待}，即小猪将选择"搭便车"策略，也就是舒舒服服地等在食槽边；而大猪则不得不疲倦地奔忙于踏板和食槽之间。因为小猪踩踏板将会使吃到的食物无法补充耗去的成本，不踩踏板反而能吃上食物。对小猪而言，无论大猪是否踩动踏板，不踩踏板总是好的选择。反观大猪，应该明白小猪是不会去踩动踏板的，自己亲自去踩踏板总比不踩强，所以只好亲力亲为了。

案例思考题

1. 股市上等待庄家抬轿的散户；等待产业市场中出现具有赢利能力新产品、继而大举仿制牟取暴利的游资；公司里不创造效益但分享成果的人都是类似智猪博弈中的小猪。"智猪博弈"给你的启发是什么？

2. 有些广告具有"外部性"，例如某企业宣传其产品能强健国人体质，不仅仅增加了人们对该企业产品的需求，也增加了对其他厂商同类产品的需求。试结合"智猪博弈"说明为什么只有大企业才愿意花巨额费用打广告？

3. 为了鼓励创新，避免新产品被模仿而损害创新企业的利益，该如何改变游戏规则或制度创新？

课后习题

1. 利用囚徒困境博弈

（1）说明这两个囚徒的困境在哪里？从"囚徒困境"博弈中你得到了什么启示？

（2）利用"囚徒困境"博弈说明美国与苏联两国为何曾经常会晤，甚至签订核不扩散条约，但军费一年高过一年？

（3）请试举一例"囚徒困境"博弈，并给出一种走出"囚徒困境"的方法。

2. 信任博弈：设想在原始社会，人们靠狩猎为生。某一天有两个猎人围住了一头鹿，他们各卡住鹿可能逃跑的两个路口中的一个。只要他们齐心协力，鹿就会成为他们的猎物，不过仅凭一个人的力量是无法猎捕到鹿的。如果此时周围跑过一群兔子，两位猎人中的任何一个只要去抓兔子一定会获得成功，他会抓住 4 只兔子。从能够填饱肚子的角度来看，4 只兔子可以供一个人吃 4 天，1只鹿如果被抓住将被两个猎人平分，可供每人吃 10 天。

（1）写出这两个猎人博弈的支付矩阵；

（2）找出这个博弈的纳什均衡；

（3）若这两个猎人都是风险厌恶型，则该博弈最有可能出现的结果是什么？

3. 假设三个人要在纸上写下金额，而且不可以说出来。他们必须在 1 元到 100 元之间挑一个整数（包括 1 和 100），所编写数字最小的人则可以得到他所编写的金额。如果有平手的情形，总奖金则由赢的人平分。所以如果 A 写 53 元，B 写 22 元，C 写 30 元，则 B 可以得到 22 元；如果 A 写 53 元，B 写 22 元，C 也写 22 元，则 B 和 C 就会各自得到 11 元，因为他们要平分这 22 元。在所有人都很理性的情况下，找出这个博弈的合理结果，并给出分析过程。

4. 请用博弈论来说明"破釜沉舟"和"穷寇勿追"的道理。

5. 假设有 10 个信封，在 9 个信封里各装了 100 元，第 10 个信封里则没有装东西。这些信封混在一起，小张可以随便挑了一个信封打开来看。小李提议他出一笔钱买下小张所挑选的信封，但他在提出这项建议时，并不知道小张的信封里有没有钱。小张可以接受小李的出价，收入归为己有，也可以拒绝并把信封留下来。小李应该出多少钱买小张的信封？请说明理由。

6. 请比较分析下面的三个博弈，（1）请找出协调博弈、斗鸡博弈和猜硬币博弈；

（2）假设你是参与人 2。每个博弈都是你先行动，接着你可以选择要不要参与人 1 看到你怎样做，最后才由参与人 1 采取行动。在哪几个博弈中，你希望让参与人 1 看到你怎样做？

		参与人 2	
		X	Y
参与人 1	A	-7, -7	10, 1
	B	1, 10	1, 1

		参与人 2	
		X	Y
参与人 1	A	7, 7	0, 0
	B	0, 0	1, 1

		参与人 2	
		X	Y
参与人 1	A	7, -3	0, 5
	B	0, 5	7, -3

7. 试计算下表中的战略式博弈的重复剔除劣战略均衡。

		B		
		L	M	R
A	U	1, 5	3, 1	2, 4
	M	5, 4	7, 1	2, 6
	D	3, 1	2, 0	7, 8

8. 试给出下述战略式表述博弈的所有纳什均衡。

		2	
		L	R
1	U	2, 2	3, 3
	D	4, 4	1, 2

9. 市场里有两个企业 1 和 2。每个企业的成本都为 0。市场的逆需求函数为 $P=16-Q$。其中 P

是市场价格，Q 为市场总产量。

求古诺（Cournot）均衡产量和利润。

扩展阅读

博弈论与诺贝尔
经济学奖

PBS.约翰·纳什.
伟大的疯狂.

博弈纵览 01

博弈纵览 02

博弈纵览 03

第8章 福利经济学及市场失灵

经济学的研究方法可分为实证分析和规范分析，在这一章中，我们对一些经济现象进行评价与规范分析，这部分内容称为福利经济学（Welfare Economics）。福利经济学产生于 20 世纪的英国，研究各种经济行为与资源配置如何影响社会成员的经济处境。福利经济学具有规范性质，它与实证分析的不同之处在于要涉及人们的价值判断。所谓价值判断，指通过一些价值标准判断各种可供选择的行为是否符合个人和社会的愿望。福利经济学主要回答"应该怎么样"的问题。回答这类问题往往需要用人们的价值标准去判断事物的"好"与"坏"，而不是通过事实来检验。

8.1 帕累托最优条件

帕累托最优这个概念是以意大利经济学家维弗雷多·帕累托的名字命名的，他在关于经济效率和收入分配的研究中最早使用了这个概念。

8.1.1 帕累托标准

如何判断不同资源配置方式的优劣，如何确定所有可能的资源配置中的最优资源配置呢？为了回答这个问题，先来考虑如下的简单情况：假定整个社会只包括两个人，甲和乙，且只有两种可能的资源配置状态，A 和 B。甲和乙在 A 和 B 之间进行选择，是状态 A 优于状态 B，还是状态 B 优于状态 A？或者状态 A 与状态 B 二者无差异？

对于每一个人，假定他可以在两种资源配置状态 A 和 B 中做出明确的选择，即他或者认为 A 优于 B，或者认为 A 劣于 B，或者认为 A 与 B 无差异。三者必居其一。因此，单个人甲对 A 和 B 的选择具有如下三种可能。

$$A>B \qquad A=B \qquad A<B$$

其中，符号 ">" "=" 和 "<" 分别表示甲的三种看法，即 "优于" "无差异于" 和 "劣于"。同样地，乙对 A 和 B 的选择也具有如下 3 种可能，即

$$A>'B \qquad A='B \qquad A<'B$$

其中，符号 ">'" "='" 和 "<'" 分别表示乙的 "优于" "无差异于" 和 "劣于" 3 种看法。

现在的问题是，从社会（即由甲和乙两个人构成的社会）的观点来看，这两种资源配置状态 A 和 B 孰优孰劣呢？如果甲和乙持有同样的看法，即都认为 A 优于 B（或 A 劣于 B 或 A 与 B 无差异），则从社会的观点看，亦有 A 优于 B（或 A 劣于 B 或 A 与 B 无差异）。可惜的是，这种情况并不总是会出现。特别是当一个社会包括许多单个人的时候，要使所有这些单个人的意见完全一致几乎是不可能的。具体讨论如下。

由于甲有三种可能的选择，乙也有三种可能的选择，因此从整个社会来看，就存在九种可能的

选择情况。

（1）$A>B$，$A>'B$　　　（2）$A>B$，$A='B$　　　（3）$A>B$，$A<'B$

（4）$A=B$，$A>'B$　　　（5）$A=B$，$A='B$　　　（6）$A=B$，$A<'B$

（7）$A<B$，$A>'B$　　　（8）$A<B$，$A='B$　　　（9）$A<B$，$A<'B$

这九种可能的选择情况，按甲和乙的不同态度可分为三大类型。第一种类型是甲和乙的意见完全相反。这包括上述（3）和（7）两种情况；第二种类型是甲和乙的意见完全相同，这包括（1）、（5）和（9）三种情况；第三种类型是甲和乙的意见基本一致。这包括剩余的（2）、（4）、（6）和（8）四种情况。

首先来看第一种类型。如果甲和乙的意见完全相反，那么是否能够从社会角度对状态 A 和 B 的优劣做出明确的说明？显然，除非假定甲的意见（或者乙的意见）无关紧要、可以不加考虑，否则不能判断 A 与 B 的优劣。换句话说，在这种情况下，从社会的观点看，状态 A 与 B 是"不可比较的"，即没有任何"客观"的标准对它们进行判断。

如果去掉不可比较的第一种类型的两种情况，则剩下的其余两大类型共七种情况可看成是可以比较的。就第二种类型而言，甲和乙的看法完全一致，此时自然可以认为甲和乙两人的共同看法就代表了社会的看法。因此，（1）、（5）和（9）这三种情况分别意味着从社会的角度看，A 优于、无差异于或劣于 B。

在第三种类型中，甲和乙的看法基本一致，但不是完全一致。不过，在这种情况下，也可能由个人的观点形成社会的看法。以其中的（2）情况为例。此时有 $A>B$、$A=B$，即甲认为 A 优于 B，而乙认为二者无差异。这表明，如果让资源配置状态从 B 变动到 A，则从整个社会来看，这种改变至少使得甲的状况变好，而没有使乙的状况变坏。也就是说，这种变动的净结果是增进了甲的福利，从而也增进了社会的福利。因此，在（2）情况下，可以得到的结论是：社会认为 A 优于 B。第三种类型中其余（4）、（6）和（8）等情况亦可按上述方法同样分析。

现在将上述"可以比较"的七种情况，按它们形成的社会观点重新加以分类如下。

（1）A 优于 B。包括三种情况：（1）$A>B$、$A>'B$；（2）$A>B$、$A='B$；（4）$A=B$、$A>'B$。这表明：如果甲和乙中至少有一人认为 A 优于 B，而没有人认为 A 劣于 B，则从社会的观点看，A 优于 B。

（2）A 与 B 无差异。包括一种情况：（5）$A=B$、$A='B$。这表明：如果甲和乙都认为 A 和 B 无差异，则从社会的观点看，A 与 B 也无差异。

（3）A 劣于 B。包括三种情况：（6）$A=B$、$A<'B$；（8）$A<B$、$A='B$；（9）$A<B$、$A<'B$。这表明：如果甲和乙中至少有一个人认为 A 劣于 B，而没有人认为 A 优于 B，则从社会的观点看，A 劣于 B。

将上述情况总结起来，便可得到两人社会在两种可能的资源配置状态中的一种选择标准：如果两人中至少有一人认为 A 优（或劣）于 B，而没有人认为 A 劣（或优）于 B，则从社会的观点看，A 优（或劣）于 B。如果两人都认为 A 与 B 无差异，则从社会的观点看，A 与 B 无差异。

显而易见，上述结论不只适用于两人社会在两种可能的资源配置中进行选择的简单情况，它也可以很容易地推广到多人社会在多种资源配置状态中进行选择的一般情况。社会的选择标准如下（其中 A 与 B 是任意两种状态）：如果至少有一人认为 A 优于 B，而没有人认为 A 劣于 B，则认为从社会的观点看 A 优于 B。

这就是所谓的帕累托最优标准，简称帕累托标准。

8.1.2 帕累托改进及帕累托最优状态

利用帕累托标准，可以对资源配置状态的任意变化做出"好"与"坏"的判断：如果既定的资源配置状态的改变使得至少有一个人的状况变好，而没有使任何人的状况变坏，则认为这种资源配置状态的变化是"好"的；否则就认为是"坏"的。这种以帕累托标准衡量为"好"的状态改变称为帕累托改进。更进一步，如果对于某种既定的资源配置状态，不存在帕累托改进的可能，即在该状态上，任意改变都不可能使至少有一个人的状况变好而又不使任何人的状况变坏，则称这种资源配置状态为帕累托最优状态。换言之，如果对于某种既定的资源配置状态，还存在帕累托改进的可能，即在该状态上，存在某种（或某些）改变可以使至少一个人的状况变好而不使任何人的状况变坏，则这种状态就不是帕累托最优状态。

帕累托最优状态又称作经济效率。满足帕累托最优状态就是具有经济效率；反之，不满足帕累托最优状态就是缺乏经济效率。例如，产品在消费者之间的分配已经达到这样一种状态，即任何重新分配都会至少降低一个消费者的满足水平，那么，这种状态就是最优的或最有效率的状态。同样的，如果要素在厂商之间的配置已经达到这样一种状态，即任何重新配置都会至少降低一个厂商的产量，那么，这种状态就是最优的或最有效率的状态。

从经济运行整体的角度讲，帕累托最优状态所必须满足的条件被称为帕累托最优条件，包括三个条件：交换的最优条件、生产的最优条件，以及交换和生产的最优条件。

8.2 完全竞争市场的有效性

微观经济学的一个最重要任务就是要证明完全竞争市场机制是最有效率的，也就是说，完全竞争经济能够满足帕累托最优的三个条件，下面分别加以说明。

8.2.1 交换的帕累托最优条件及其证明

1. 问题和假定

首先考虑两种既定数量的产品在两个单个消费者之间的分配问题，然后将所得的结论推广到一般情况。

假定两种产品分别为 X 和 Y，且其既定数量为 $\overline{X}$ 和 $\overline{Y}$。两个消费者分别为 A 和 B。两种产品在两个消费者之间分配，我们要确定什么样的分配方式是有效率的。

2. 埃奇沃思盒形图中的交换

下面用一种叫作埃奇沃思盒形图的工具来分析这两种产品在两个消费者之间的分配。

如图 8-1 所示，盒子的水平长度表示整个经济中第一种产品 X 的数目 $\overline{X}$，盒子的垂直高度表示第二种产品 Y 的数量 $\overline{Y}$。O_A 为第一个消费者 A 的原点，O_B 为第二个消费者 B 的原点。从 O_A 水平向右测量消费

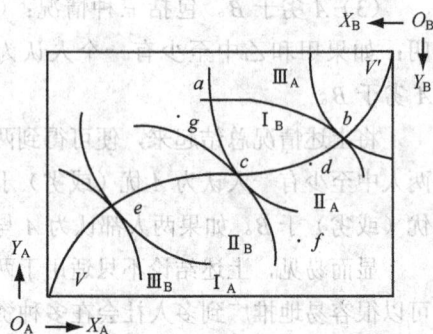

图 8-1　埃奇沃思盒形图中的交换

者 A 对第一种商品 X 的消费量 X_A；垂直向上测量他对第二种商品 Y 的消费量 Y_A；从 O_B 水平向左测量消费者 B 对第一种商品 X 的消费量 X_B，垂直向下测量他对第二种商品 Y 的消费量 Y_B。

盒中任意一点确定了一组数量，表示每一个消费者对每一种商品的消费，如 a 点，它对应于消费者 A 的消费量 (X_A, Y_A) 和消费者 B 的消费量 (X_B, Y_B)，且满足下式

$$X_A + X_B = \overline{X} \qquad Y_A + Y_B = \overline{Y}$$

因此，盒子（包括边界）确定了两种物品在两个消费者之间的所有可能的分配情况。现在的问题是，在埃奇沃思盒中的全部可能的产品分配状态之中，哪一些是帕累托最优状态呢？为了分析这一点，需要在埃奇沃思盒状图中加入消费者偏好的信息，即加入每个消费者的无差异曲线。图中 I_A、II_A 和 III_A 是消费者 A 的 3 条代表性无差异曲线，它们向右下方倾斜且凸向消费者 A 的原点 O_A，其中 I_A 代表较低的效用水平。从 O_A 点向右移动，消费者 A 的效用水平增加。另一方面，I_B、II_B 和 III_B 是消费者 B 的 3 条代表性无差异曲线，它们向左上方倾斜，且凸向消费者 B 的原点 O_B，其中 I_B 代表较低的效用。值得注意的是，从 O_B 点向左移动，标志着消费者 B 的效用水平增加。

现在埃奇沃思盒状图中任选一点表示两种商品在两个消费者之间的一个初始分配。例如，选择点 a。由于假定效用函数是连续的，故点 a 必然处于消费者 A 的某条无差异曲线上，同时也处于消费者 B 的某条无差异曲线上，即消费者 A 和消费者 B 分别有一条无差异曲线经过 a 点。因此，这两条无差异曲线或者在 a 点相交，或者在 a 点相切。假定两条无差异曲线在 a 点相交（如图 8-1 所示，点 a 是无差异曲线 II_A 和 I_B 的交点）。容易看出，a 点不可能是帕累托最优状态。这是因为，通过改变该初始分配状态，例如从 a 点变动到 b 点，则消费者 A 的效用水平从无差异曲线 II_A 提高到 III_A，而消费者 B 的效用水平并未变化，仍然停留在无差异曲线 I_B 上。因此，a 点变动到 b 点就是典型的帕累托改进。当然，在点 a，还存在其他形式的帕累托改进。例如，从 a 点变动到 c 点，则消费者 A 的效用水平不变，它仍然在无差异曲线 II_A 上，但消费者 B 的效用水平却得到了提高：从无差异曲线 I_B 提高到 II_B。而如果让 a 点变动到 d 点，则消费者 A 和消费者 B 的效用水平均会提高。由此得到结论：在交换的埃奇沃思盒状图中，任意一点，如果它处在消费者 A 和消费者 B 的两条无差异曲线的交点上，则它就不是帕累托最优状态，因为在这种情况下，总存在帕累托改进的余地，即总可以改变该状态，使至少有一个人的状况变好而没有人的状况变坏。

如果假定初始的产品分配状态处于两条无差异曲线的切点，如点 c 上，则容易看出，此时不存在任何帕累托改进的余地，即它们均为帕累托最优状态。改变 c 点状态只有如下几种可能：向右上方移到消费者 A 较高的无差异曲线上，则消费者 A 的效用水平提高了，但消费者 B 的效用水平却下降了；向左下方移到消费者 B 的较高的无差异曲线上，则 B 的效用水平提高了，但消费者 A 的效用水平却下降了；剩下来的唯一可能则是消费者 A 和消费者 B 的效用水平都降低。例如，从 c 点移到 g 点或 f 点，都属此种情况。由此可得结论：交换的埃奇沃思盒状图中，处于消费者 A 和消费者 B 的两条无差异曲线的切点上，就是处于帕累托最优状态，称之为交换的帕累托最优状态。在这种情况下，不存在帕累托改进的余地。

3. 交换的契约曲线

无差异曲线的切点不只是一个点 c，还有点 b 和点 e 等其他无差异曲线的切点，它们都代表帕累托最优状态。连接所有无差异曲线的切点，构成曲线 VV'，叫作交换的契约曲线（Contract Curve）（或效率曲线）它表示两种产品在两个消费者之间的所有最优分配（即帕累托最优状态）的集合。

在交换的帕累托最优集合，即在交换的契约曲线 VV' 上，两个消费者的福利分配具有不同的情

况。当我们沿着 VV' 曲线从 e 点移到 c 点时，消费者 A 通过牺牲消费者 B 的利益而好起来；反之亦然。根据帕累托标准，我们不能说 VV' 曲线上的任何点比曲线上的其他点要更好一些。例如，我们不能说点 c 比点 e 代表更好的分配。因为从点 e 移到点 c（或者相反）使一个人的状况变好，却使另一个人的状况变坏。根据帕累托标准，它们是不可比较的。我们可以讲，给定任何不在曲线 VV' 上的点，总存在比它更好的点，而这些点在曲线 VV' 上。

从交换的帕累托最优状态可以得到交换的帕累托最优条件。我们知道，交换的帕累托最优状态是无差异曲线的切点，而无差异曲线的切点的条件是在该点上两条无差异曲线的斜率相等。无差异曲线的斜率的绝对值又叫作两种商品的边际替代率（更准确地说，是商品 X 代替商品 Y 的边际替代率）。因此，交换的帕累托最优状态的条件可以用边际替代率来表示：要使两种商品 X 和 Y 在两个消费者 A 和 B 之间的分配达到帕累托最优状态，则对于两个消费者来说，这两种商品的边际替代率必须相等。对于消费者 A 和 B 来说，X 代替 Y 的边际替代率分别用 MRS_{XY}^A 和 MRS_{XY}^B 来表示，则交换的帕累托最优状态条件的公式就是

$$MRS_{XY}^A = MRS_{XY}^B$$

8.2.2 生产的帕累托最优条件及其证明

1. 问题和假定

生产的帕累托最优则要研究两种既定数量的要素在两个生产者之间的分配情况。假定这两种要素分别为 L 和 K，其既定数量为 $\bar{L}$ 和 $\bar{K}$，两个生产者分别为 C 和 D。于是要素 L 和 K 在生产者 C 和 D 之间的分配状况亦可以用埃奇沃思盒形图来表示。

2. 埃奇沃思盒形图中的生产

如图 8-2 所示，盒子的水平长度表示整个经济中第一种要素 L 的数量 $\bar{L}$，盒子的垂直高度表示第二种要素 K 的数量 $\bar{K}$。O_C 为第一个生产者 C 的原点；O_D 为第二个生产者 D 的原点。从 O_C 水平向右测量生产者 C 对第一种要素的生产消费量 L_C，垂直向上测量它对第二种要素的生产消费量 K_C；从 O_D 水平向左测量生产者 D 对第一种要素 L 的生产消费量 L_D，垂直向下测量它对第二种要素 K 的生产消费量 K_D。

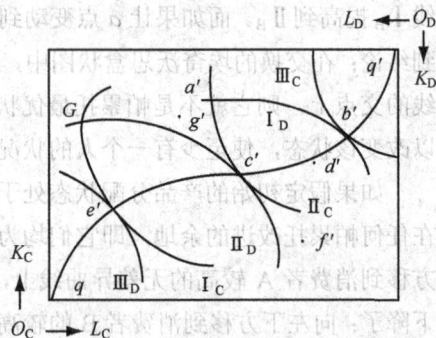

图 8-2　埃奇沃思盒形图中的生产

盒中任意一点确定了两种要素在两个生产者之间的所有可能的分配情况，如点 a'，它对应于生产者 C 的生产消费量 (L_C, K_C) 和生产者 D 的生产消费量 (L_D, K_D)。很明显，满足下式成立。

$$L_C + L_D = \bar{L} \qquad K_C + K_D = \bar{K}$$

在埃奇沃思盒中的全部可能的要素分配状态中，哪一些是帕累托最优状态呢？为此，在盒中加入每个生产者的生产函数的信息，即等产量线。由于 O_C 是生产者 C 的原点，故 C 的等产量线如 I_C、II_C 和 III_C 所示。其中 III_C 代表较高的产量水平，I_C 代表较低的产量水平。一般说来，从 O_C 点向右移动，标志着生产者 C 的产量水平增加。另一方面，由于 O_D 是生产者 D 的原点，故 D 的等产量线如 I_D、II_D 和 III_D 所示。其中，值得注意的是，III_D 代表较高的产量水平，I_D 代表较低的产量水平。

一般说来，从 O_D 点向左移动，标志着生产者 D 的产量水平增加。

在埃奇沃思盒中任选一点，如 a'。由于假定生产函数是连续的，故点 a' 必然处于生产者 C 和 D 的等产量线的交点或切点上。假设点 a' 是等产量线的交点（如图 8-2 所示，a' 点是等产量线 II_C 和 I_D 的交点）。容易看出，a' 点不可能是帕累托最优状态。这是因为，通过改变该初始分配状态，例如让 a' 点变动到 b' 点，则生产者 C 的产量水平从等产量线 II_C 提高到 III_C，而生产者 D 的产量水平并未变化，仍然停留在等产量线 I_D 上。因此，在点 a' 上仍然存在帕累托改进的余地。此外，让 a' 点变动到 c' 点，则生产者 C 的产量未提高，但生产者 D 的产量却提高了。如果让 a' 点变动到 d' 点，则生产者 C 和 D 的产量均会提高。由此得到结论：在生产的埃奇沃思盒中，任意一点，如果它是生产者 C 和 D 的两条等产量线的交点，则它就不是帕累托最优状态。

如果假定初始的要素分配状态处于两条等产量线的切点如 c' 点，则容易看出此时不存在任何帕累托改进的余地，即它们均为帕累托最优状态。只有如下几种可能改变 c' 点状态：向右上方移到生产者 C 较高的等产量线上，则生产者 D 的产量会下降；向左下方移到生产者 D 较高的等产量线上，则生产者 C 的产量水平会下降；剩下的唯一一种可能则是使生产者 C 和 D 的产量水平都降低。例如，从 c' 点移到 g' 点和 f' 点，都属此种情况。由此可得结论：在生产的埃奇沃思盒状图中，生产者 C 和 D 的两条等产量线的所有切点，都是帕累托最优状态，称之为生产的帕累托最优状态。

3. 生产的契约曲线

等产量线的切点包括 c' 点、b' 点和 e' 点，都是帕累托最优状态点。所有等产量线切点的连线构成曲线 qq'。qq' 曲线叫作生产的契约曲线（或效率曲线）。它表示两种要素在两个生产者之间所有最优分配（即帕累托最优）状态的集合。

与交换的契约曲线一样，在生产的契约曲线上，即在生产的帕累托最优集合中，两个生产者的福利分配也具有不同的情况。当我们沿着 qq' 曲线从 e' 点移到 c' 点时，生产者 C 通过牺牲生产者 D 的利益而好起来；反之亦然。根据帕累托标准，e' 点和 c' 点是不可比较的。但我们可以说，给定任何不在曲线 qq' 上的点，总存在比它更好的点，而这些点在曲线 qq' 上。

从生产的帕累托最优状态可以得到生产的帕累托最优条件。生产的帕累托最优状态是等产量线的切点，而等产量线的切点的条件是在该点上，两条等产量线的斜率相等。等产量线的斜率的绝对值又叫作两种要素的边际技术替代率（更准确地说，是要素 L 代替要素 K 的边际技术替代率）。因此，生产的帕累托最优状态的条件可以用边际技术替代率来表示：要使两种要素 L 和 K 在两个生产者 C 和 D 之间的分配达到帕累托最优状态，则对于这两个生产者来说，两种要素的边际技术替代率必须相等。如对于生产者 C 和 D 来说，L 代替 K 的边际技术替代率分别用 $MRTS_{LK}^C$ 和 $MRTS_{LK}^D$ 来表示，则生产的帕累托最优状态条件表示为

$$MRTS_{LK}^C = MRTS_{LK}^D$$

8.2.3 生产与交换的帕累托最优条件及其证明

1. 问题和假定

前面分别讨论了交换的帕累托最优条件和生产的帕累托最优条件，现在要将交换和生产这两个方面综合起来，讨论交换和生产的帕累托最优条件。应当注意的是：交换和生产的最优条件并不是将交换的最优条件和生产的最优条件简单地并列起来。交换的最优只是说明消费是最有效率的；生

产的最优只是说明生产是最有效率的。两者的简单并列，只是说明消费和生产分开来看时各自独立地达到了最优，但并不能说明，当交换和生产综合起来时，也达到了最优。

为了把交换和生产结合在一起加以论述，我们合并分别研究时所做的那些假定，即假定整个经济包括两个消费者 A 和 B，它们在两种产品 X 和 Y 之间进行选择，以及两个生产者 C 和 D，它们在两种要素 K 和 L 之间进行选择以生产两种产品 X 和 Y。为方便分析问题，假定 C 生产 X，D 生产 Y，并假定消费者的效用函数即无差异曲线簇为给定不变的，生产者的生产函数即等产量线簇也给定不变。我们先从生产方面开始讨论，再过渡到消费问题，最后推出交换和生产的帕累托最优条件。

2. 生产可能性曲线

（1）从生产契约曲线到生产可能性曲线

由以上假定，现在的生产问题是两个生产者 C 和 D 在两种要素 L 和 K 之间进行选择，分别生产两种产品 X 和 Y。可以用生产的埃奇沃思盒形图加以分析。回到图 8-2，我们知道生产契约曲线 qq' 代表了所有生产的帕累托最优状态的集合，每一点表示两种投入在两个生产者之间的最优投入方式。同时，生产契约曲线还向我们提供了另一有用的信息，即在该曲线上的每一点也表示了一定量投入要素在最优配置时所能生产的一对最优的产出：曲线上每一点均为两个生产者的等产量线的切点，故它同时处在（两个生产者的）两条等产量线上，从而代表了两种产品的产量；这两种产出还是帕累托意义上的最优，即在现有资源约束下，要增加某一产出的数量，就不得不减少另一种产出的数量。

例如，图 8-2 中生产契约曲线上一点 c'。它是两条等产量线 II_C 和 II_D 的切点。如果设 II_C 所表示的产出 X 的数量为 X_1，II_D 所表示的产出 Y 的数量为 Y_1，则点 c' 就表示最优产出量 (X_1, Y_1)。同样，生产契约曲线上的另一点 e' 是等产量线 I_C 和 III_D 的切点。如果设 I_C 和 III_D 所表示的产出分别为 X_2 和 Y_2，则 e' 点就表示最优产出量 (X_2, Y_2)。遍取生产契约曲线上的每一点，都可得到相应的所有最优产出量。

现在考虑上述所有最优产出量的集合的特点。如图 8-3 所示，横轴表示最优产出量中 X 的数量，纵轴表示最优产出量中 Y 的数量。利用图 8-3，可以画出最优产出量的轨迹。例如，对应于图 8-2 中生产契约曲线上的点 c'，最优产出量为 (X_1, Y_1)，该产出量在图 8-3 中就是图中的 c'' 点。同样，对应于生产契约曲线上的 e'，最优产出量为 (X_2, Y_2)，该产出量在图 8-3 中就是 e'' 点。将生产契约曲线上每一点均通过这种方法"转移"到图 8-3 中来，便得到曲线 PP'。曲线 PP' 通常称作生产可能性曲线（Production Possibilities' Frontier）或产品转换曲线。

显而易见，生产可能性曲线 PP' 就是最优产出量的几何表示。

（2）生产可能性曲线的特点

在图 8-3 中，生产可能性曲线 PP' 具有两个特点：第一，它向右下方倾斜；第二，它向右上方凸出。第一个特点容易解释。从生产的契约曲线可知，当沿着该曲线运动时，一种产出的增加必然伴随

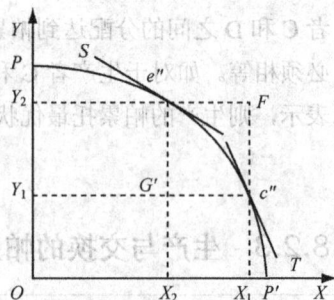

图 8-3　生产可能性曲线

着另一种产出的减少，即在最优产出量中，两种最优产出的变化是相反的。例如，当我们从点 e'' 移到点 c'' 时，X 的产出增加了，但 Y 的产出却下降了。这种反方向变化说明两种最优产出之间的一种"转换"关系，即可以通过减少某种产出数量来增加另一种产出的数量。因此，我们也称生产可能性

曲线为产品转换曲线。如果设产出 X 的变动量为 ΔX，产出 Y 的变动量为 ΔY，则它们比率的绝对值 $|\Delta Y/\Delta X|$ 可以衡量 1 单位 X 商品转换为 Y 商品的比率。该比率的极限被定义为 X 商品对 Y 商品的边际转换率 MRT，如果两种商品可以无限细分，那么边际转换率可以表示为导数形式，即

$$MRT = \lim_{x \to 0}\left|\frac{\Delta Y}{\Delta X}\right| = \left|\frac{dY}{dX}\right|$$

上式表示，产品的边际转换率就是生产可能性曲线的斜率的绝对值。

现在来看生产可能性曲线的第二个特点：凸向右上方。借用产品的边际转换率概念，则可以将该特点描述为：产品的边际转换率递增。例如，在图 8-3 中，当 X 的数量为 X_2 时，相应的边际转换率等于生产可能性曲线上 e'' 点的切线 S 的斜率绝对值，而当 X 的数量增加到 X_1 时，相应的边际转换率等于 c'' 点的切线 T 的斜率的绝对值。显而易见，T 的斜率绝对值要大于 S 的斜率绝对值。因此，随着 X 产品数量的增加，X 转换为 Y 的边际转换率也在增加。

产品的边际转换率递增的原因在于要素的边际报酬递减。我们将生产的埃奇沃思盒形图中两种生产要素 L 和 K "捆" 在一起，看成一种要素，称为 (L+K) 要素，并假定该要素在产品 X 和 Y 生产上的边际报酬是递减的。为什么产品 X 可能转换成产品 Y？因为通过减少产量 X，可以 "释放" 出一部分要素 (L+K)，而释放出的这部分要素 (L+K) 可以用来生产产品 Y。由此，在 c'' 点上产品的边际转换率高于 e''。由于要素 (L+K) 的边际生产力递减，在处于较高的 X 产出水平和较低的 Y 产出水平上，减少一单位 X 所释放的要素更多，同时释放的要素生产 Y 的边际生产力也较高，故 X 产品替换 Y 产品的边际转换率也较高。

上述推理可以用公式简单推导如下。首先将产品边际转换率公式稍稍变动为

$$MRT = \left|\frac{dY}{dX}\right| = \left|\frac{dY}{d(L+K)} \cdot \frac{d(L+K)}{dx}\right| = \left|\frac{\dfrac{dY}{d(L+K)}}{\dfrac{dx}{d(L+K)}}\right|$$

式中，(L+K) 被看作一种要素；$dy/d(L+K)$ 和 $dx/d(L+K)$ 分别为要素 (L+K) 生产 Y 和 X 的边际生产力。随着产品 X 的增加，产品 Y 的减少，$dx/d(L+K)$ 减少，而 $dy/d(L+K)$ 增加，从而产品的边际转换率 MRT 不断增加。因此，生产可能性曲线凸向右上方。

（3）生产可能性区域和生产无效率区域

在图 8-3 中，生产可能性曲线将整个产品空间分为 3 个互不相交的组成部分：曲线 PP' 本身，曲线 PP' 右上方区域，以及曲线 PP' 左下方区域。由于生产可能性曲线上每一点均表示在现有资源 $(\overline{L}, \overline{K})$ 和技术条件下整个经济所能达到的最大产出组合，故在生产可能性曲线右上方的区域实际上是在目前条件下所不可能达到的区域，即在现有资源和技术条件下，不可能生产出如点 $F(X_1, Y_2)$ 那样的产出组合。因此，右上方区域称为 "生产不可能性区域"。另一方面，在生产可能性曲线左下方的区域则是 "生产无效率" 区域，就是说，如果经济处于该区域中，则它还没有达到其可能有的最大产出。例如，在生产可能性曲线左下方一点 G'，所对应的产量为 X_2 和 Y_1。在生产的埃奇沃思盒形图 8-2 中，X_2 的产出由等产量线 I_C 表示，Y_1 的产出由等产量线 II_D 表示，故 G' 点就相交于等产量线 I_C 和 II_D 的交点，即图 8-2 中的点 G。点 G 不是等产量线的切点，不在生产契约曲线上，故不是

生产的帕累托最优状态，其投入要素的配置不是最优，从而它所代表的产出量也不是最优的。通过重新配置投入要素，例如，让图 8-2 中 G 点沿等产量线 I_C 移到 e' 点，则产出 X 没有变化，但产出 Y 增加到等产量线 III_D 所代表的较高水平。在图 8-3 中，这相当于 G' 点向上垂直移动到点 e''。如果让图 8-2 中 G 点沿等产量线 II_C 移到 c'，则产出 Y 没有变化，但产出 X 却增加到由等产量线 II_C 所代表的较高水平。在图 8-3 之中，这相当于从 G' 点向右水平移动到点 c''。如果让图 8-2 中 G 点沿等产量线 I_C 和 I_D 之间任一路线移到 e' 和 c' 两点之间的生产契约曲线上，则这相当于在图 8-3 中让 G' 沿任一路线移动到点 e'' 和 c'' 之间的生产可能性曲线上。

可以给生产可能性曲线另外一个解释，即它是生产可能性区域的"边界"，或简单地叫作生产可能性边界。

3. 生产与交换的帕累托最优条件

在详细地讨论了生产可能性曲线的情况之后，我们来研究如何利用该曲线将生产和交换两个方面综合在一起，从而得到生产和交换的帕累托最优条件，如图 8-4 所示。

首先，在图中的生产可能性曲线上任选一点，例如为 B 点。由生产可能性曲线的性质可知，B 点是生产契约曲线上的一点，故满足生产的帕累托最优条件。另一方面，B 点表示一对产出的最优组合，即生产和交换的最优，即 $(\overline{X}, \overline{Y})$。如果从 B 点出发分别引一条垂直线到 X 和一条水平线到 Y，则得到一个矩形 $A\overline{Y}B\overline{X}$。该矩形恰好与上文中引入的交换的埃奇沃思盒状图相同：它的水平长度和垂直高度分别表示两种产出的给定数量 $\overline{X}$ 和 $\overline{Y}$。如果设点 A 和 B 分别为消费者 A 和 B 的原点，则

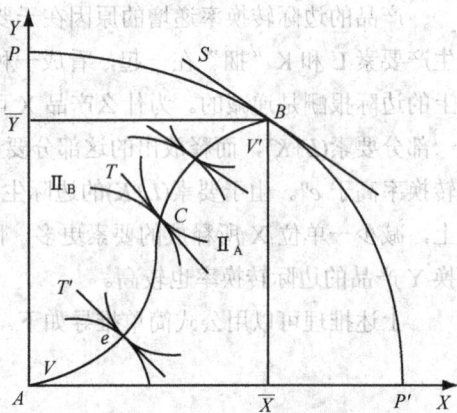

图 8-4　生产与交换的帕累托最优条件

该矩形中任意一点也表示既定产出 $\overline{X}$ 和 $\overline{Y}$ 在两个消费者之间的一种分配。

按照前面分析，埃奇沃思盒状图 $A\overline{Y}B\overline{X}$ 中的交换契约曲线 VV，其上任意一点均为交换的帕累托最优状态。给定生产契约曲线上的一点，即给定一个生产的帕累托最优状态，在交换的契约曲线 VV 上有无穷多个交换的帕累托最优状态与之对应。在这无穷多个交换的帕累托最优状态之中，任意一个点，如 C 点都表示交换在单独来看时已经处于最优状态，但并不一定表示与生产联合起来时亦达到了最优状态。

我们利用产品的边际转换率和边际替代率这两个概念来加以说明。在图 8-4 中，生产可能性曲线上 B 点的切线 S 的斜率绝对值是产品 X 在该点上转换为产品 Y 的边际转换率 MRT，交换契约曲线上 C 点是无差异曲线 II_A 和 II_B 的切点。II_A 和 II_B 的共同切线 T 的斜率绝对值是产品 X 在该点上替代产品 Y 的边际替代率 MRS。切线 S 和 T 可能平行，也可能不平行，即产品的边际转换率与边际替代率可能相等，也可能不等。如果边际转换率与边际替代率不相等，则可以证明这时并未达到生产和交换的帕累托最优状态。举例说明如下。

假定产品的边际转换率为 2，边际替代率为 1，即边际转换率大于边际替代率。边际转换率等于 2 意味着生产者通过减少 1 单位 X 的生产可以增加 2 单位的 Y。边际替代率等于 1 意味着消费者愿意通过减少 1 单位 X 的消费来增加 1 单位 Y 的消费。在这种情况下，如果生产者少生产 1 单位 X，从而少给消费者 1 单位 X，但多生产出 2 单位的 Y。从多增加的两个单位 Y 中拿出 1 个单位给消费

者即可维持消费者的满足程度不变，从而多余的 1 单位 Y 就代表了社会福利的净增加。这就说明了如果产品的边际转换率大于边际替代率，则仍然存在帕累托改进的余地，即仍未达到生产和交换的帕累托最优状态。

同样可以分析产品的边际转换率小于边际替代率的情况。例如假定产品的边际转换率为 1，边际替代率为 2。此时如果生产者减少 1 单位 Y 的生产，从而少给消费者 1 单位 Y，但多生产出 1 单位的 X。从多增加的 1 单位 X 中拿出半个单位 X 给消费者即可维持消费者的满足程度不变，从而多余的半个单位 X 就代表了社会福利的净增加。这就说明了，如果产品的边际转换率小于边际替代率，则仍然存在帕累托改进的余地，即未达到生产和交换的帕累托最优状态。

由此，我们给出生产和交换的帕累托最优条件

$$MRS_{XY} = MRT_{XY}$$

即产品的边际替代率等于边际转换率。例如，在图 8-4 中的交换契约曲线上，e 点的边际替代率与生产可能性曲线上 B 点的边际转换率相等，因为过点 e 的无差异曲线的切线 T' 与过 B 点的生产可能性曲线的 S 切线恰好平行。因此，e 点满足生产和交换的帕累托最优条件。

8.3 市场失灵及微观经济政策

微观经济学的主旨在于论证所谓"看不见的手"的原理，即：完全竞争市场经济在一系列理想化假定条件下，可以导致整个经济达到一般均衡，导致资源配置达到帕累托最优状态。但是，由于完全竞争市场以及其他一系列理想化假定条件并不是现实资本主义经济的真实写照，这个原理并不真正适用于现实的资本主义经济。因此，西方学者认为，在现实资本主义经济中，"看不见的手"的原理一般来说并不成立，帕累托最优状态通常不能得到实现。换句话说，现实的资本主义市场机制在很多场合不能导致资源的有效配置。这种情况被称为"市场失灵"。本节将分别论述市场失灵的几种情况，即垄断、外部性、公共物品、不完全信息，以及相应的微观经济政策。

市场失灵及应对
——企业行为与
社会责任

8.3.1 垄断

1. 垄断与低效率

首先来看某代表性垄断厂商的利润最大化情况。如图 8-5 所示，横轴表示产量，纵轴表示价格。曲线 D 和 MR 分别为该厂商的需求曲线和边际收益曲线。为简单起见，假定平均成本和边际成本相等且固定不变，由水平直线 $AC = MC$ 表示。根据利润最大化原则：边际成本等于边际收益，垄断厂商的利润最大化产量为 q_m。在该产量水平上，垄断价格为 P_m。

垄断的社会代价

显然，在利润最大化产量上价格高于边际成本，$P_m > MC$。这表明，消费者愿意为增加额外一单位产量所支付的数额超过了生产该单位产量所引起的成本。进一步考虑，如果让垄断厂商再多生产一单位产量，让消费者以低于垄断价格但高于边际成本的某种价格购买该单

位产量，则垄断厂商和消费者都从中得到了好处：因为最后一单位产量带来的收益大于支出的成本，垄断厂商的利润得以提高；同时，消费者的福利进一步提高，因为他对最后一单位产量的实际支付价格低于愿意支付的价格。这就是典型的帕累托改进过程。既然存在帕累托改进，可见，垄断状态下的均衡并没有达到帕累托最优状态。

帕累托最优状态在 q^* 的产量水平上达到。在 q^* 的产出水平上，需求曲线与边际成本曲线相交，即消费者为额外一单位产量愿意支付的价格等于生产该额外 1 单位产量的成本。此时，不再存在任何帕累托改进的余地。因此，q^* 是帕累托意义上的最优产出。如果设法使产量从垄断水平 q_m 增加到最优水平 q^*，那么就可以实现帕累托最优。一种可能的方法是：垄断厂商同意生产产量 q^*，并在等于边际成本的价格 P^* 上出售该产量；其结果是垄断厂商的利润下降了 $(P_m-P^*)\cdot q_m$。为了弥补该损失，消费者之间达成一项协议，共同给予垄断厂商至少等于该损失的一揽子支付。在给予这一揽子支付之后，消费者的福利与垄断条件下的情况相比，仍然有所改善，因为垄断厂商将价格从 P_m 下降到 P^* 给消费者带来的全部好处可表示为消费者剩余的增加，即区域 $P_m abP^*$。这部分增加的消费者剩余扣除垄断厂商的利润损失部分 $(P_m-P^*)\cdot q_m$ 之后，还剩余了三角形区域 abc 的面积。这就是当产量从垄断的 q_m 增加到最优的 q^* 时，垄断厂商的利益没有改变，但消费者的利益增进了，这是典型的帕累托改进过程。

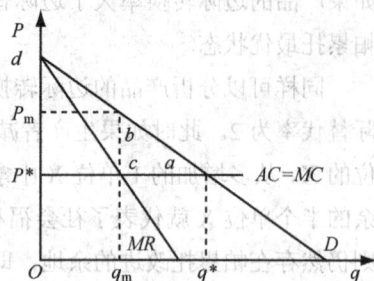

图 8-5　垄断与低效率

应用实例：从钻石恒久远，一颗永流传想到的

在实际中，为什么均衡产量不是发生在帕累托最优状态 q^* 上呢？原因是垄断厂商和消费者之间，以及消费者本身之间难以达成一致意见。例如，消费者之间在如何分摊弥补垄断厂商利润损失的一揽子支付问题上难以达成一致，同时某些消费者不愿意负担一揽子支付，却要享受低价格的好处，即存在"免费搭车者"。因此，实际中的垄断通常是无效率的。

上述关于垄断情况的分析，也适用于垄断竞争或寡头垄断等其他非完全竞争情况。实际上，只要市场不是完全竞争的，厂商面临向右下方倾斜的需求曲线，根据利润最大化原则确定的均衡价格就会高于边际成本，这样就出现了低效率的资源配置状态，均衡于低效率之中。

2. 对垄断的公共管制

以上分析表明，垄断会导致资源配置缺乏效率。此外，垄断利润通常也被看成是不公平的。这样就有必要对垄断进行政府干预。政府对垄断的干预是多种多样的。我们先来讨论政府对垄断价格和垄断产量的管制。

图 8-6 反映的是某垄断厂商的情况。曲线 $D=AR$ 和 MR 是它的需求曲线（也是平均收益曲线）和边际收益曲线。曲线 AC 和 MC 是其平均成本和边际成本曲线。这里的平均成本曲线具有向右上方倾斜的部分。在没有管制的条件下，垄断厂商生产其利润最大化产量 q_m，并据此确定垄断价格 P_m，P_m 高于边际成本，因此这种垄断均衡缺乏效率。现在考虑政府的价格管制。政府应当制定什么样的价格呢？如果政府的目标是提高效率，则政府应当将价格定在 P_c 的水平上。此时，最大化产量为 q_c。在该产量水平上，价格恰好等于边际成本，实现了帕累托最优。

当政府将价格定为 P_c 时，垄断厂商仍然可以得到一部分经济利润，即平均收益 P_c 超过平均成本 AC 的部分。如果政府试图制定一个更低的"公平价格"以消除经济利润，则该价格须为 P_z。在

价格定为 P_z 时，产量为 q_z。此时，平均收益恰好等于平均成本。因此，P_z 可称为零经济利润价格。但现在出现另一个问题，即在零经济利润价格水平上，帕累托最优条件被违反了，此时边际成本大于价格。因此，按帕累托最优条件而言，在垄断情况下，产量太低、价格太高；而在零经济利润情况下，价格太低、产量太高。

图 8-6 反映的是平均成本具有向右上方倾斜部分的垄断情况。现在考虑平均成本曲线不断下降的所谓自然垄断情况，如图 8-7 所示。

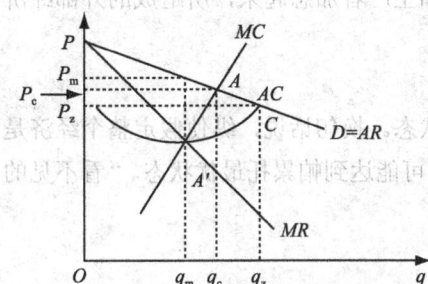

图 8-6 对垄断的管制：递增成本

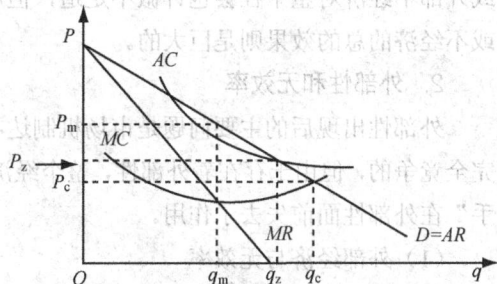

图 8-7 对垄断的管制：递减成本

如图 8-7 所示，由于平均成本曲线 AC 一直下降，故边际成本曲线 MC 总位于其下方。在不存在政府管制时，垄断厂商的产量和价格分别为 q_m 和 P_m。当政府管制价格为 P_c 时，产量为 q_c，达到帕累托最优状态。但是，如果要制定零经济利润价格 P_z，则在这种情况下，P_z 高于 P_c。值得注意的是，在自然垄断情况下帕累托最优价格 P_c 和最优产量 q_c 上，垄断厂商的平均收益小于平均成本，从而出现亏损！在这种情况下，政府往往会对亏损的垄断厂商进行补贴。

8.3.2 外部性

1. 外部性及其分类

某个生产者或消费者的一项经济活动会给社会上其他成员带来好处，但他自己却不能由此而得到补偿；或者，该项经济活动给社会上其他成员带来危害，但他自己却并不为此而支付足够抵偿这种危害的成本。此时，我们说经济里出现了"外部性"。外部性可以分为正的外部性和负的外部性；根据经济活动的主体是生产者还是消费者，也可以分为生产的外部性和消费的外部性。

应用实例：解决两个
企业争端的办法

当一个生产者采取的经济行动对他人产生了有利的影响，而自己却不能从中得到报酬时，便产生了生产的正外部性，即生产的外部经济。例如，一个企业对所雇佣的工人进行培训，而这些工人可能不久就到其他单位去工作。该企业并不能从其他单位索回培训费用或得到其他形式的补偿。因此，该企业从培训工人中得到的私人利益就小于该活动的社会利益。

当一个消费者采取的行动对他人产生了有利的影响，而自己却不能从中得到补偿时，便产生了消费的正外部性，即消费的外部经济。例如，当某个人对自己的房屋和草坪进行保养时，他的隔壁邻居也从中得到了不用支付报酬的好处。

当一个生产者采取的行动使他人付出了代价而又未给他人以补偿时，便产生了生产的负外部性，即生产的外部不经济。例如，一个企业排放脏水而污染了河流，或者排放烟尘而污染了空气。这种行为使附近的人们和整个社会都遭到了损失。

当一个消费者采取的行动使他人付出了代价而又未给他人以补偿时，便产生了消费的外部不经济。例如，吸烟者的行为危害了被动吸烟者的身体健康，但并未对此负担代价。此外，还有在公共场所随意丢果皮等现象。

上述各种外部影响在现实生活中很常见。尽管就单个生产者或消费者来说，他造成的外部经济或外部不经济对整个社会也许微不足道，但所有这些消费者和生产者加总起来，所造成的外部经济或不经济的总的效果则是巨大的。

2. 外部性和无效率

外部性出现后的主要问题是市场机制达不到帕累托最优状态。换句话说，纵使假定整个经济是完全竞争的，但由于存在着外部性，整个经济的资源配置也不可能达到帕累托最优状态。"看不见的手"在外部性面前失去了作用。

（1）外部经济与无效率

假定某个人采取某项行动所产生的私人利益和社会利益分别为V_p和V_s。由于存在外部经济，故私人利益小于社会利益：$V_p < V_s$。如果这个人采取该行动所付出的私人成本C_p大于私人利益而小于社会利益，即有$V_p < C_p < V_s$，那么他显然不会采取这项行动，尽管从社会的角度看，该行动是有利的。在这种情况下，帕累托最优状态没有得到实现，因为存在着帕累托改进的余地。如果这个人采取这项行动，则他所受损失部分为$(C_p - V_p)$，社会上其他人由此而得到的好处为$(V_s - V_p)$。由于$(V_s - V_p)$大于$(C_p - V_p)$，故可以从社会上其他人所得到的好处中拿出一部分来补偿行动者的损失。结果使社会上某些人的状况变好而没有任何人的状况变坏。一般而言，在存在外部经济的情况下，私人活动的水平常常要低于社会所要求的最优水平。

（2）外部不经济与无效率

假定某个人采取某项活动的私人成本和社会成本分别为C_p和C_s。由于存在外部不经济，故私人成本小于社会成本，$C_p < C_s$。如果这个人采取该行动所得到的私人利益V_p大于其私人成本而小于社会成本，即有$C_p < V_p < C_s$，那么他显然会采取该行动，尽管从社会的观点看，该行动是不利的。在这种情况下，也存在着帕累托改进的余地。如果这个人不采取这项行动，则他放弃的好处即损失为$(V_p - C_p)$，但社会上其他人由此而避免的损失却为$(C_s - C_p)$。由于$(C_s - C_p)$大于$(V_p - C_p)$，如果以某些方式重新分配损失，可以使每个人的损失都减少，也就是使每个人的"福利"增大，这也是帕累托改进过程。一般而言，在存在外部不经济的情况下，私人活动的水平常常要高于社会所要求的最优水平。

3. 有关外部性的政策

西方经济学理论提出以下政策建议，用以纠正外部影响所造成的资源配置低效率。

（1）使用税收和津贴

对造成外部不经济的企业，国家应该征税，其数额应该等于该企业给社会其他成员造成的损失，从而使该企业的私人成本恰好等于社会成本。例如，政府向排放污染者征税，其税额等于治理污染所需要的费用。反之，对造成外部经济的企业，国家则可以采取津贴的办法，使得企业的私人利益与社会利益相等。无论是何种情况，只要政府采取措施使得私人成本和私人利益与相应的社会成本和社会利益相等，则资源配置便可达到帕累托最优状态。

（2）使用企业合并的方法

例如，一个企业的生产影响到另外一个企业。如果影响是正的（外部经济），则第一个企业的生产就会低于社会最优水平；反之，如果影响是负的（外部不经济），则第一个企业的生产就会高于社会最优水平。但是如果把这两个企业合并为一个企业，则外部影响就"消失"了，即被"内部化"了。合并后的单个企业为了自己的利益将使自己的生产确定在边际成本等于边际收益的水平上。由于此时不存在外部性，故合并企业的成本与收益就等于社会的成本与收益。于是资源配置达到帕累托最优状态。

4. 科斯定理

关于科斯定理（Coase Theorem），科斯本人并没有一个明确的说法，其他西方经济学家则给出了许多不同的表达方式。下面是一种比较通行的表述。

只要财产权是明确的，并且其交易成本为零或者很小，则无论在开始时将财产权赋予谁，市场均衡的最终结果都是有效率的。

我们举例来说明科斯定理。假设有一个工厂，它的烟囱冒出的烟尘使得居住于工厂附近的 5 户居民所洗晒的衣服受到污染，由此造成的损失每户为 75 元，从而 5 户的损失总额为 5×75=375 元。再假设存在着两种治理污染的办法：一是在工厂的烟囱上安装一个除尘器，其费用为 150 元；二是给每户居民提供一个烘干机，使它们不需要到外面去晒衣服。烘干机的费用为每户 50 元，5 户的成本总和是 250 元。显而易见，在这两种解决办法中，第一种的成本低，因而代表着最有效率的解决方案。这种最有效率的解决方案在西方经济学中就被称为帕累托最优状态。

按照科斯定理的含义，在上面的例子中，不论给予工厂以烟囱冒烟的权利，还是给予 5 户居民以晒衣服不受烟尘污染的权利（即上述的财产所有权的分配），只要工厂与 5 户居民协商时其协商费用（即上述的交易成本）为零或者很小，那么，市场机制（即自由进行交易）总是可以得到最有效率的结果（即采用安装除尘器的办法）。

如果把排放烟尘的权利给予工厂，即工厂有权排放烟尘，那么，5 户居民便会联合起来，共同给工厂的烟囱义务安装一台除尘器，因为除尘器的费用只有 150 元，远远低于 5 台烘干机的费用 250 元，更低于未装除尘器时晒衣服所受到的烟尘之害（375 元）。另一方面，如果把晒衣服不受烟尘之害的权利给予 5 户居民，那么，工厂便会自动地给自己安装除尘器，因为，在居民具有不受污染之害的权利的条件下，工厂就有责任解决污染问题，而在两种解决污染的办法中，安装除尘器的费用较低。因此，科斯定理宣称，只要交易成本为零或者很小，则不论财产权归谁，自由的市场机制总会找到最有效率的办法，从而达到帕累托最优状态。当然，科斯定理的结论只有在交易成本为零或者很小的情况下才能得到。如果不是这样，结果就会不同。

在科斯定理提出以之前，西方经济学家一般认为，市场机制这一"看不见的手"只有在不存在外部性的情况下才会起作用。如果存在着外部性，市场机制就无法导致资源的最优配置。科斯定理的出现则进一步强调了"看不见的手"的作用。按照这个定理，只要那些假设条件成立，则外部性也不可能导致资源配置不当。也就是说，市场力量足够强大，总能够使外部影响"内部化"，从而仍然可以实现帕累托最优状态。

运用科斯定理解决外部性问题在实际中并不一定真的有效，主要原因是有以下几个难题：第

什么是科斯定理

一，资产的财产权不一定能明确地加以规定；第二，即使可以明确财产权，但财产权不一定能顺利转让；最后，假使财产权可以顺利转让，则可能使资源配置效率得以改善，但并不总能实现资源的最优配置。

8.3.3 公共物品

1. 公共物品性质

到目前为止，我们讨论的对象主要是所谓的"私人物品"。私人物品具有两个鲜明的特点。第一是"排他性"，只有对商品支付价格的人才能够使用该商品；第二是"竞用性"，如果某人已经使用了某个商品，则其他人就不能再同时使用该商品。实际上，市场机制只有在具备上述两个特点的私人物品的场合才真正起作用，才有效率。

从草原悲剧看公共品

然而，在现实的经济中，还存在着许多不满足排他性或竞用性特点的物品。如果一件物品不具有排他性，即无法排除一些人"不付费便使用"，毫无疑问这会带来外部性，并造成市场机制的失灵。"国防"和"海鱼"是缺乏排他性的两个生动例子。一个公民即使拒绝为国防支付成本，也可以享受国防的好处；同样，我们也很难阻止渔民自由地在公海上捕捞海鱼。"国防"和"海鱼"的区别在于"竞用性"方面。容易看到，国防除了不具有排他性之外，同时也不具有竞用性。例如，新生人口一样享受国防提供的安全服务，但原有人口对国防的"消费"水平不会因此而降低。另外，道路和广播等也与国防一样既不具有排他性也不具有竞用性。在达到一定点之前，道路上多一辆汽车不会妨碍原有汽车的行驶；某个人打开广播同样不会影响其他人收听。"海鱼"则毫无疑问是"竞用性"的：当某个人捕捞到一些海鱼时，其他人所能捕捞到的海鱼数量就减少了。

通常把"国防"这样一类既不具有排他性也不具有竞用性的物品叫作公共物品，而把"海鱼"这样一类不具有排他性却具有竞用性的物品叫作公共资源。公共物品和公共资源可以看成是外部性造成市场失灵的两个特殊例子。

2. 公共物品与市场失灵

微观经济学告诉我们，有效的生产水平必须满足边际成本等于边际收益这一条件。公共物品的非竞用性意味着边际成本几乎等于0，那么边际收益也应为0，可是边际收益为0意味着产品应缺乏供给。公共物品的非排他性决定它不适宜由私人生产，因为不能排他，使收费变得十分困难。首先，单个消费者通常并不很清楚自己对公共物品的需求价格，更不用说去准确地陈述他对公共物品的需求与价格的关系；其次，即使单个消费者了解自己对公共物品的偏好程度，他们也不会如实地说出来。为了少支付价格或不支付价格，消费者会低报或隐瞒自己对公共物品的偏好。他们在使用公共物品时都想当"免费乘车者"，不支付成本就得到利益。因此我们难以得到公共物品的市场需求曲线并进而确定公共物品的最优数量。

尽管如此，我们却可以有把握地说，市场本身提供的公共物品通常将低于最优数量，即市场机制分配给公共物品生产的资源常常会不足。因为在竞争的市场中，如果是私人物品，则市场均衡时的资源配置是最优的。生产者之间的竞争将保证消费者面对的是等于商品边际成本的价格，消费者则在既定的商品产出量上展开竞争，没有哪个消费者会得到低于市场价格而买到商品的好处。但是，如果是公共物品，情况将完全不同。任何一个消费者消费一单位商品的机会成本总为0。这意味着，没有任何消费者要为他所消费的公共物品去与其他任何人竞争。因此，市场不再是竞争的。如果消费者认识到他自己消费的机会成本为 0，他就会尽量少支付给生产者以换取消费公共物品的权利。如果所有消费者均这样行事，则消费者们支付的数量就将不足以弥补公共物品的生产成本。结果产出低于最优数量，甚至是 0。

3. 公共物品提供方式

（1）政府提供公共物品

既然公共物品造成市场失灵，政府介入就成为一种必然。政府的主要职责就是提供社会所需要的公共物品，创造社会经济正常而有效运行的基本条件，而不是经营一般企业能够生产的私人物品。

但是，政府提供公共物品绝不等于政府生产全部公共物品，更不等于完全取代公共物品的"市场"。单纯由政府生产和经营公共物品，由于多种原因往往缺乏效率：第一，政府在生产和经营公共物品时，没有私人部门与之竞争，处于垄断地位，容易造成效率低下；第二，从政府部门生产和经营公共物品的非营利性来看，缺乏利润动机的刺激，因而不可能实现高效率；第三，政府部门生产和经营公共物品的支出来自预算，不同的部门为了各自的利益，往往强调本部门公共物品的重要性，尽可能地扩大预算比例，结果势必造成某些部门的过度供给，损害效率。因此，要区别"政府提供"和"政府生产"这两个概念。后者是政府对公共物品进行直接生产，而前者是通过某种适当方式，也许是自己直接生产某些公共物品，也许是将某些公共物品委托给其他组织，包括私人企业进行直接生产。政府的职能应该是"提供"，而不是自己"生产"全部的公共物品。

（2）公共物品成本补偿

公共物品的生产和供给总是要花费成本的，这些成本支出最终也都是要补偿的。公共物品的补偿大致有三种。

① 以税收形式补偿。由政府承担公共物品供给的条件下，有一部分是无须消费者直接支付代价的纯公共物品，如国防、立法、环保、新闻、天气预报等。这些公共服务的消费表面上看是免费的，而且是所有人共享的，但是，政府可以通过征税的形式获得提供这类公共服务所需要的经费，因此消费者实际上还是支付了代价。

② 以价格形式补偿。有一部分公共物品是由政府或其他公共部门提供的，但可以通过市场并按照市场机制获得他们的价格，像邮电、交通、供水、供电、供气等就是如此。

③ 补贴加收费形式的补偿。在由政府管理的公共物品供给部门中，有时考虑到社会公平、政治安定等因素，往往也采取部分由政府给予补贴、部分按较低的价格收费的成本补偿形式，如教育、医疗等。

（3）公共资源保护

对许多产权比较模糊的公共资源来说，外部性往往带来资源不恰当的、过度的使用。在现实生活中，我们常常可以看到公海里的鱼类被过度捕捞，森林被过度砍伐，野生动物被毁灭性猎杀，矿产资源被掠夺性地开发等，这些都是公共资源的悲剧。

对这一问题的一个简单的解决办法，就是让这些资源有一个明确的所有者。所有者为了避免资源的过早耗竭，就会限定使用资源的数量或确定应该征收的资源使用费。然而，公共资源的规模过于庞大，个体所有权显然不可行，因此在公共资源领域仍然需要保留政府所有和政府的硬性管制，并用有效的法律支持必要规则的实施。我们可以找到很多政府采取措施规定休渔、禁猎、封山、划定自然保护区或限制开采矿藏的成功案例。

8.3.4　信息不完全

1．信息、信息的不完全和不对称

信息是一种很有价值的资源，它能够提高经济主体的效用和利润。信息在"质"和"量"上有其独特的性质。从质的方面看，信息类似于前面讨论过的"公共物品"。但信息不具有竞用性，因为信息可以被许多人同时利用；在一定的程度上也可以说没有排他性：信息的最初所有者可以封锁信息，秘而不宣，可是，一旦信息被卖出去之后，他就很难阻止信息的买主再向其他人传播。从量的方面看，确定信息的价值大小也不像确定普通商品的价格那样简单。我们采用比较的方法来计算信息的价值：获得新的信息可能会促使经济主体改变自己的决策，而决策的改变又可能导致预期收益的变化，于是可以用预期收益的变化来确定这一新增信息的价值。

完全竞争模型的一个重要假定是完全信息，即市场的供求双方对于所交换的商品具有充分的信息。例如，消费者充分地了解自己的偏好函数，了解在什么地方、什么时候存在何种质量的以何种价格出售的商品；生产者充分地了解自己的生产函数，了解在什么地方、什么时候存在何种质量以何种价格出售的投入要素等。完全信息的假定（以及其他一些关于完全竞争市场的假定）保证了帕累托最优状态的实现。

显然，上述关于完全信息的假定并不符合现实。在现实经济中，信息常常是不完全的，甚至是很不完全的。在这里，信息不完全不仅是指那种绝对意义上的不完全，即由于认识能力的限制，人们不可能知道在任何时候、任何地方发生的或将要发生的任何情况，而且是指"相对"意义上的不完全，即市场经济本身不能够生产出足够的信息并有效地配置它们。这是因为，作为一种有价值的资源，信息不同于普通的商品。人们在购买普通商品时，先要了解它的价值，看值不值得买。但是，购买信息商品却无法做到这一点。人们之所以愿意出钱购买信息，是因为还不知道它，一旦知道了它，就没有人会愿意再为此进行支付。这就出现了一个困难的问题：卖者让不让买者在购买之前就充分地了解所出售的信息的价值呢？如果不让，则买者就可能因为不知道究竟值不值得而不去购买它；如果让，则买者又可能因为已经知道了该信息也不去购买它。在这种情况下，要能够做成"生意"，只能靠买卖双方并不十分可靠的相互信赖，卖者让买者充分了解信息的用处，而买者则答应在了解信息的用处之后即购买它。市场的作用在这里受到了很大的限制。

进一步分析会发现，不同的经济主体缺乏信息的程度往往是不一样的。市场经济的一个重要特点是产品的卖方一般要比产品的买方对产品的质量有更多的了解。例如，出售二手汽车的卖主要比买主更加了解自己汽车的缺陷；

应用实例："从北京到南京，买的不如卖的精"

应用实例：二手车市场的逆向选择

扩展阅读：劣币驱逐良币

信息不对称对市场效率的影响

出售"风险"的投保人要比保险公司更加了解自己所面临风险的大小；出售劳动的工人要比雇主更加了解自己劳动技能的高低。上述种种情况都是所谓"信息不对称"的具体表现，即有些人比其他人拥有更多的相关信息。

在信息不完全和不对称的情况下，市场机制有时就不能很好地起作用。例如，由于缺乏足够的信息，生产者的生产可能会带有一定的"盲目"性；有些产品生产过多，而另一些产品又生产过少；消费者的消费选择也可能会出现"失误"，比如购买了一些有害健康的"坏"商品，而错过了一些有益健康的"好"商品。

2. 信息与商品市场

在现实的经济生活中，存在着一些似乎与常规不相一致的东西。例如，我们知道，如果降低某种商品的价格，对该商品的需求量就会增加，这是一般商品的需求规律——需求曲线向右下方倾斜。但是，当消费者掌握的市场信息不完全时，他们对商品的需求量就不可能不随价格的下降而增加，而是相反，随价格的下降而减少。这时，就出现了所谓的"逆向选择"问题。

在不完全信息情况下，消费者常常根据商品的价格来判断商品的"平均"质量。我们知道，随着某种商品的价格下降，市场上该商品的供给量就会减少。但是，在减少的供给量中，主要是那些质量较高的商品，而不是质量较低的商品，因为生产高质产品在较低价格之下将不再划算，其结果是，剩下来的商品的平均质量就会下降；另一方面，随着价格的上升，供给将增加，但主要增加的是那些质量更高一些的商品，因为现在生产它们也变得有利可图，其结果是，商品的平均质量上升了。总之，消费者有理由相信，随着某种商品价格的上升，该商品的平均质量也将上升，反之亦然。价格变动对平均质量的影响是"递减"的，在价格下降到零之前，平均质量已经下降到"零"。

从商品的价格与其质量之间的关系，可以得到商品的价格与其所谓"价值"之间的关系，而从后面这种关系，就可以推导在消费者信息不完全条件下的商品需求曲线。消费者在购买商品时不仅要考虑它的价格，而且要考虑它的质量。一件商品，即使价格很低，如果质量太差，也不会有人问津；反之，如果价格较高，但质量很好，也值得购买。价格和质量这两个指标可以综合在一起构成一个新的指标，即每单位价格上的质量。这个指标可以叫作商品的"价值"。消费者购买时要考虑他在该商品上支出的每单位价格所得到的质量，即要考虑该商品的"价值"。在不同的价格水平上，商品的平均质量是不同的，该平均质量与价格的比值即商品的"价值"也是不同的，消费者愿意支付的价格与商品的"价值"同向变动。

3. 信息与保险市场

以上说的是，在消费者的信息为不完全的条件下，降低商品的价格不一定能够刺激对该商品的需求；同样，在生产者的信息为不完全的条件下，提高商品的价格也不一定能够刺激该商品的供给。

我们以保险市场为例来加以说明。保险实际上是一种特殊的商品，它由专门的保险公司提供。这种特殊商品的价格就是保险费用。保险公司的信息也是不完全的。它对于投保人的情况既有所了解，又不很了解。例如，拿汽车保险来说，保险公司知道，在购买汽车保险的人当中，有一些人相对来说更加容易出事故，这些人开车时总是漫不经心，有时还喜欢喝一点酒，等等，保险赔偿主要就是被支付给了这些人。如果保险公司能够事先从投保人中区分出易出事故者，它就可以提高这些"高危"人群的保险价格，用来弥补可能的损失。但可惜的是，这一点很难做到。漫不经心的开车者不会自动向保险公司承认自己的弱点，喜欢酒后开车的人则会千方百计对保险公司隐瞒。保险公司所能做的不过是"亡羊补牢"：在续签保险合同时，提高那些已经出过事故的人的保险价格。

问题还不仅仅局限于此。对保险公司来说，更坏的情况是，那些最容易出事故的开车人常常也是购买保险最积极的人！保险公司不知道他们的底细，但他们自己知道自己的底细。他们知道自己出事故的可能性比较大，因而更加需要保险公司的帮助，也愿意接受较高的费用。与此不同，那些一直谨慎驾驶的人，也知道自己的"优点"——出事故的可能性较小。这些"好"的投保人购买保险的心情就不如"坏"的投保人那么迫切，也不像后者那么愿意为保险支付高费用。

这就引起了一个重要的结果：提高保险价格当然会减少人们对保险这种商品的需求，但是，在减少的保险需求中，主要的却是那些相对"好"的投保人对保险的需求，他们现在不再愿意为保险支付过高的价格，而在留下来的投保人中，主要的则是那些相对"坏"的投保人，因为他们宁愿为得到保险支付更高一些的价格。这样一来，随着保险价格的上升，投保人的结构就发生了变化："坏"的投保人所占的比例越来越大，"好"的投保人所占比例越来越小。随着"坏"投保人的比例越来越高，保险公司对每一投保人的平均赔偿也将增加，因为平均赔偿要取决于出事故的平均概率的大小。如果为简单起见，假定保险公司的全部成本就是对投保人所遭受损失的赔偿，而不考虑例如工作人员的工资等其他成本，则在这种情况下，保险公司的平均损失就等于它的平均赔偿。由此便可得到这样的结论：保险公司的平均损失将随保险价格的提高而提高。特别是，当保险价格在较高水平上继续增加时，投保人的结构会急剧恶化，从而平均损失会急剧上升，超过上升的保险价格所带来的好处。

从保险价格与平均损失之间的关系可以了解到保险供给的特殊性质。一方面，如果保险价格过低，经营保险肯定亏损，保险公司将不再愿意提供保险；另一方面，如果保险价格过高，经营保险也会发生亏损，保险公司也不会愿意提供保险。由此可以推出一个结论：存在一个对保险公司来说是"最优"的保险价格，当保险价格恰好等于该价格时，保险供给量达到最大。如果让保险价格从这个最优水平上开始上升，保险供给量将不是增加，反而是下降！

实际上，在保险市场中，信息的不完全性不仅会"扭曲"保险市场中供给者即保险公司的行为，而且也会"扭曲"保险市场的需求者即投保人的行为。当保险公司很难了解到投保人具体情况的条件下，"保险"这种商品往往会诱发投保人的"败德"行为：在没有购买到保险以前，那些潜在的投保人总是小心翼翼地提防着风险，随时随地准备采取避免风险的行动，以尽量减少由于风险出现而可能导致的损失，因为在这种情况下，风险所造成的损失是完全由他自己"自负"的；然而，一旦购买到保险之后，这些投保人往往就变得"粗心大意"起来，不再像以前那样谨慎，因为此时出现风险的损失不再只由投保人自己来承担，而是要由保险公司承担一部分甚至全部。从保险公司的角度来看，投保人的这种"败德"行为，就是他们所面临的"道德危险"。在信息不完全的时候，投保人的"败德"行为或保险公司所面临的"道德危险"会进一步造成市场机制的困难。

4. 信息与劳动市场

在劳动市场上，招聘者应该实行什么样的工资策略呢？是用较低的工资来降低经营的成本呢，还是用较高的工资吸引高效率人才？一句话，什么是招聘者的最优工资策略？

对这个问题的回答在很大程度上取决于劳动市场的性质。同其他市场一样，劳动市场的一个典型特点也是信息不完全。其中一个重要方面是招聘者的信息不完全。招聘者对应聘者的情况是既有所了解又不很了解。招聘者知道，不同的应聘者具有不同的工作效率，有的高些，有的低些，但不知道究竟哪一个或者哪一些人的效率高，哪一个或者哪一些人的效率低。招聘者可以通过面谈、审查简历、看推荐信等方法来试图尽可能多地了解应聘者的情况。这些做法尽管有所帮助，但无论如何不能真正确定应聘者效率的实际高低；招聘者也可以对决定雇用的人员规定一个试用期。如果在试用期中发现应聘者的表现并不令人满意，就可以及时解聘他们。不过，这种补救措施的作用也不会很大。无论解聘如何及时，已经造成的损失是无法挽回的，而且，雇佣有用人才的机会也可能已经丧失，不会再来。

信息不完全对招聘者行为的影响是很重要的。如果招聘者能够真正了解应聘者，他就会设定不同的工资水平来招收具有不同工作效率的应聘者，即用高工资招聘高效率者，用低工资招聘低效率者。总之，他会力图做到使所支付的工资与从相应应聘者身上得到的回报相等。但是，招聘者实际上并不能够真正了解每一个具体的应聘者，更无法做到使工资与回报相等。在这种情况下，招聘者常常只好对所有的（或至少是很大一批数量的）应聘者"一视同仁"，即用相同的工资水平来招聘他们。

现在的问题是，招聘者如何来确定这个"一视同仁"的工资水平呢？招聘者当然知道，如果他降低工资，应聘者的数量肯定就会减少。但是，他还会发现，在由于低工资而减少的应聘者中，主要的是那些工作效率较高的人，而不是工作效率较低的人。这是因为，工作效率较高的人明白自己的"价值"，认为不值得为低工资而工作；而工作效率较低的人也清楚自己的底细，尽管工资低一些，还是愿意接受。这样一来，工资下降的结果就是应聘队伍结构的变化：高效率应聘者所占比例不断下降，低效率应聘者所占比例不断上升。这种应聘队伍结构的变化意味着什么呢？它当然意味着整个应聘队伍的平均效率的下降。反过来说，如果招聘者提高工资，应聘者的数量就会增加，而在这些增加的应聘者中主要的可能是一些工作效率较高的人才，这些人认为现在的高工资才值得他们应聘，结果整个应聘队伍的平均效率就上升了。

由此可见，在招聘者所提供的工资水平与应聘者的平均效率之间存在着一个同方向变化的关系：平均效率随着工资水平的下降而下降，反之亦然。进一步研究这个关系还会发现，它具有如下两个特点：一个特点是，当工资水平下降到一个很低水平（但仍然大于零）时，平均效率就可能已经下降到"零"——因为此时应聘者的数量将减少到零。即使是那些工作效率很低的人也会认为这样的工资水平太低了，从而拒绝应聘。另一个特点是，随着工资水平的不断提高，尽管应聘者的平均效率也在不断提高，但提高的"速度"是越来越慢的，就是说，工资增加对平均效率的影响是"递减"的。例如，当工资处于较低水平时，应聘队伍的平均效率较低，仍在应聘队伍之外的高效率人才也较多，故此时提高工资水平吸引高效率人才参聘能够较大程度地提高平均效率；但是，当工资水平已经处于较高水平时，情况就不一样了。一方面应聘队伍的平均效率比以前高了许多，另一方面，仍在"局外观看"的高效率人才比以前也少了许多，故此时继续提高工资水平对平均效率的影响也将比以前小许多。

招聘者在招聘时不仅要考虑所支付的工资水平，而且要考虑应聘者的工作效率。一个应聘者，即使要求的工资很低，如果工作效率更差，也不会有人问津；反之，如果应聘者要求的工资很高，但其工作效率更高，也值得雇用。工资和效率这两个指标可以综合在一起构成一个新的指标，即每个单位工资水平上的效率。这个指标可以叫作"工资效率"。于是，招聘者在招聘时要考虑的就是他在所支付的每个单位工资上能够得到的效率，即"工资效率"。招聘者在招聘中追求的显然就是最大的工资效率，而不是别的什么东西。

5. 委托—代理问题

在现实经济中，"委托—代理"关系是非常普遍的。例如，雇主和雇员，股东和经理，医院和医生，被告和律师等。在这些例子中，前者是"委托人"，后者是"代理人"。委托人委托代理人处理与自己有关的一些事务，并支付相应的报酬。但是，由于代理人的利益往往与委托人的利益并不一致（有时甚至可能完全不同），因此，对委托人来说，一个至关重要的问题就是：如何确保代理人按照自己的要求行事？这就是所谓的"委托—代理"问题。

如果委托人对代理人的行为及其可能造成的后果有充分的了解，即具有完全的信息，则解决委托—代理问题就不会有太大的困难：他可以与代理人订立一份详细的合同，规定代理人应尽的责任，并对代理人的行为进行严格的监督，如果发现代理人有违约之处，即按照合同规定对其实施处罚。在这种情况下，委托—代理关系就不会出现严重的问题。但是，在现实生活中，委托人对代理人的情况往往缺乏足够的了解，委托人很难有足够的时间和精力来监视代理人的一举一动；即使有这样的时间和精力，也可能缺乏必要的知识和能力；更何况，在许多场合，监督本身也许都不可能。在这种信息不完全、委托人无法对代理人行为进行直接"监控"的条件下，委托人设定某种机制来确保代理人不偷懒、不耍滑，严格按照合同的规定来为自己的利益服务。否则就会出现代理人损害委托人利益的问题，给市场机制的正常运行带来困难，从而造成低效率的结果。

8.4 案例分析

8.4.1 案例一

排污权的买卖

我国经济在近30年来取得了令人瞩目的增长，但是，与高速经济增长相伴随的环境恶化日益成为制约我国社会经济可持续发展的重要因素。目前酸雨面积已占国土面积的30%，区域性酸雨污染严重。据河南省环保局提供的资料，该省有一半的城市居民生活在大气环境质量不宜人类居住的城市，半数城市进入二氧化硫和酸雨控制区。

酸雨的危害已经引起中国政府的高度重视，但是，传统的行政手段控制大气污染存在诸多的困难，并且效果不理想。

长期以来，中国大气污染治理建立在单一的"浓度控制"基础上，但是，单一的"浓度标准"控制排污模式阻止不了污染源数量和排放总量的增加，因为企业会用各种"巧妙办法"让排放标准"达标"，而企业排放污染"不超标"，环保部门没有办法促进企业治理污染。另据调查，管理部门也没有完全将超标排放污染物作为一种违法行为来处理。以企业排放二氧化硫为例，中国相关法规要求超标排放企业缴纳罚款，企业每排放1千克二氧化硫，有关管理部门收取0.2元的排污费，而企业减排1千克二氧化硫的支出远远超过0.2元。所以，由于受利益驱使，企业宁肯缴排污费也不愿积极治污，而监督和处罚违法者让政府也承担了很大的成本，因此我国政府希望用更多的市场机制来控制污染问题。

在美国环保协会的协作下，我国开始探索排污权交易制度，该制度最早在南通与本溪两城市试点，并取得成功。现在，在山东、陕西、江苏、河南、上海、天津、湖南也相继展开。

以河南省二氧化硫排放权交易制度为例，环保部门按照国家二氧化硫排放总量控制目标，确定地区环境容量允许范围内的排放总量，对现有排污单位一次性无偿分配某个时期的二氧化硫年排放总量控制指标，并以排放许可证的形式发放到企业，无证企业不能排污。分配给排污单位的指标可以进行交易，剩余指标可以储存，储存指标长期有效，指标用完的企业将停止排放，否则将受到极为严厉的处罚；为了鼓励企业少排污、节约指标，每个交易年度结束时，环保部门将每个企业的剩余指标自动划入下年度的排放指标。为了保证许可证制度的实施，河南省还利用在线自动监测网（CEMS系统）技术全天候不间断地监测、记录企业的二氧化硫排放情况，并向环保部门传送相关数据。在排污权交易制度下，排污权的交易价格由市场双方参照二氧化硫的削减成本和市场供求情况自行确定，达成交易意向后还需经当地环保部门批准才能生效。

案例思考题

1. 污染是一种比较常见的负外部性。利用法律禁止排污，颁布相关的气体或水质标准，或者制定最高污染限量，向那些减少污染排放物的企业提供补贴，或者向那些排放污染物的企业征收特定的排污税，一体化等多种方式都可以减少或避免污染产生的外部性。试比较不同的解决外部性的办法的实施成本及相应的结果。

2. 如何理解由于排污权交易价格由市场确定，市场确定价格的过程就是优化资源配置的过程，也是优化污染治理责任的过程？即排污权交易是一种追求使用最少排放指标的市场手段？

8.4.2 案例二

樱桃是柠檬吗？这听起来似乎有点"鹿马不分"的诡异，但事实上这是经济学发展过程中的一则小典故，而且相当有趣。

1970年经济学者阿卡洛夫教授发表一篇论文《旧车市场：质量不确定性和市场机制》，讨论旧车市场的特色。因为车主所卖的旧车已经使用过一段时间，所以很清楚车子的性能，但买车的人多半不能判断车的好坏。所以，卖主和买主对车子拥有不同的信息，也就是两者之间存在着一种"信息的不对称"。而且，性能好的车通常没有人舍得卖，所以被送到二手车市场的多半是有问题的车，被称为"尝之令人龇牙咧嘴的柠檬"。

既然买卖双方所拥有的信息不同，而出现在旧车市场的又多半是"柠檬"。那么，即使有人想买车，有人想卖车，最后也可能谈不成买卖，从而市场里没有交易发生。

旧车市场的例子很深刻地反映出，"信息"这个因素对市场交易的关键性影响。这对当时被经济学者奉为圭臬的观念"市场里有人想买、有人想卖，就会有交易发生"，可以说是直接的冲击和挑战。因此，阿卡洛夫这篇开创性的论文也就成为经济学文献的经典之作。他也因此在2001年被授予诺贝尔经济学奖。

"柠檬"市场的特性除了学理探讨上的兴味之外，也对我们的日常生活有所启示。

美国西北角的华盛顿州盛产樱桃，产品销往全美各州。樱桃有大有小，大的漂亮可口，价格比较高。因此，樱桃可以依大小先拣选，然后按规格分级出售。当然，樱桃也可以不拣，大小参差地"混合出售"。同时，拣樱桃要耗用人力、物力，而且生手和熟手筛选的功力大不相同。所以，樱桃商自己会决定要不要费事拣樱桃。经过一段时间的发展摸索，产地的樱桃商人变成两类：第一类商人完全不拣樱桃，樱桃全部"混合出售"；第二类商人一方面拣樱桃，一方面也会任某几批樱桃混合不拣。

分好等级的樱桃固然可以依等级在价格上有高低之分，可是那些"混合"的呢？既然卖樱桃的人知道这些樱桃的品质如何，而买樱桃的商人可能是身在数千里之外的纽约或波士顿，因而买卖双方之间也有信息上的不对称，那么这些樱桃会不会就像阿卡洛夫的"柠檬"一样，因为"混合"不分，所以被一视同仁，而只有"一种"价格呢？

可是，仔细想想，第二类商人所卖的"混合"型樱桃事实上有点不同。既然这些商人可以拣而不拣，很可能就是因为他们看到这几批樱桃成色不佳，不值得拣。所以，同是"混合"型樱桃，第二类商人卖的"平均品质"很可能比第一类商人卖的"平均品质"来得差。如果这个推论成立的话，同是"混合出售"的樱桃，第二类商人卖的价格应该会比第一类商人卖的价格低。

两位美国经济学者针对1983年的1 000多次交易资料加以分析，他们发现：同是"混合出售"的樱桃，第二类商人的价格"确实"比第一类商人的低。也就是说，在信息不对等的情形下，只要根据这些"混合出售"的樱桃是来自于第一类或第二类商人的这个"信号"，市场已经发展出一种机能来分辨樱桃的品质。因此，经过这么一番探讨，两位学者的结论是"樱桃不是柠檬"！乍听之下，这句话似乎有点荒谬，但是，如果了解背后的曲折，恐怕你现在也会微笑领首吧！

案例思考题

1. 何谓"樱桃不是柠檬"？

2. 对一般消费者而言，这段典故的启示是，只要市场发挥作用，就可以从"价格"上来粗略地判断商品品质的好坏。而且，更深一层的意义是，每一个人事实上都可以试着成为一个（小）市场，培养自己的判断力，然后再斟酌、取舍。想一想，为什么你"总是"会去固定的水果摊、杂货店、医院、餐馆呢？是不是你也找到了一些"信号"，也发展出一些判断力了？

课后习题

1. 什么是帕累托最优状态和帕累托改进？

2. 什么是交换契约曲线？当资源配置状态不在交换契约曲线上时，市场会怎样调整？

3. 什么是生产契约曲线？当资源配置状态不在生产契约曲线上时，市场会怎样调整？

4. 在应用埃奇沃斯盒式图的交换分析中，为什么两个消费者的边际替代率在契约曲线上的每一点都相等？

5. 简述生产可能性曲线。

6. 为什么说完全竞争市场是具有帕累托效率的？

7. 什么是市场失灵？市场失灵的原因有哪些？

8. 为什么说垄断会导致市场失灵？政府应如何解决垄断问题？

9. 若垄断企业面临的市场需求曲线为$Q=1000-10P$，其成本函数为$TC=40Q$，求：

（1）该企业的最优产量、产品价格和利润；

（2）达到帕累托最优时的产量与产品价格；

（3）垄断造成的社会福利损失。

10．举例说明什么是外部影响。

11．试分析为什么说外部影响会造成市场失灵，政府在解决外部影响问题上应发挥哪些积极作用？

12．公共物品的特征是什么？如何决定公共物品的最优数量？

13．假定某社会只有甲、乙、丙三个公民，他们对公用品的需求分别为：$P_1=100-X$，$P_2=100-2X$，$P_3=100-3X$，其中 X 是公用品数量，公用品的供给函数为 $P=4X$。求：

（1）社会对公用品的需求函数。

（2）该社会公用品的最优数量是多少？

（3）每个公民的价格是多少？

14．一家垄断钢铁厂的成本函数为 $c(q)=q^2+60q+100$，该企业面临的需求曲线为 $p=200-q$，该厂每生产 1 单位的钢铁将产生 0.1 单位的污染物 z，即 $z=0.1q$。清理污染的成本函数为：污染总成本 $=100+400z$，其中 z 为污染物数量。

（1）如果企业可以自由排放污染，其产品价格（单位：元）和产出水平是多少？

（2）假定企业必须内部化其外部性，即它必须支付污染成本，则其产品价格和产出水平为多少？

（3）上述计划能否消除污染？请分别计算（1）、（2）两种情况下的污染物数量。

15．分析道德风险和逆向选择对市场活动的影响。

扩展阅读

福利和效率的评判
标准是什么

帕累托标准

第9章 | 国民账户核算体系

从本章开始，我们将学习西方经济学宏观经济部分。

宏观经济学与微观经济学既有联系又有区别，宏观经济学着眼于一个社会的经济整体，而微观经济学着眼于一个经济个体。在学习过程中要始终注意这一区别。通过本章的学习，应当掌握宏观经济学研究对象，国民收入各个总量的概念及其关系，特别要掌握国内生产总值的概念，掌握国民收入核算的基本方法和国民收入核算中的恒等式。

9.1 | 宏观经济概述

9.1.1 宏观经济学的研究对象及体系概述

1. 研究对象

经济学是研究一国如何合理配置与充分利用稀缺资源，以便最大限度地满足人类欲望的科学。微观经济学研究一国在市场经济条件下如何合理配置稀缺资源，以增加社会福利；宏观经济学的研究一个国家的国民经济整体，包括国民经济运行方式、运行状况、运行规律，以及政府如何运用经济政策来影响国民经济的运行。

宏观经济学发展与演变

经济增长常用国民收入增长来衡量。因此，宏观经济学主要是研究一国如何充分利用稀缺资源，以促进国民收入增长的学说。

任何国家的收入增长都是一种波浪式的推进或螺旋式的上升过程。国民收入增长率在短期会波动，有时增长很快，出现较高的通货膨胀；有时增长很慢甚至下降，产生大量的失业，稀缺资源不能被充分利用。无论是通货膨胀还是产生失业，都不利于社会经济的顺利发展和社会福利的增加。从长期来看，各国的国民收入虽然总是不断增长，但有些国家增长较快，有些国家增长较慢。

宏观经济学主要研究一国收入的短期波动与长期增长的决定因素。宏观经济学试图弄清一国收入短期波动和长期增长的原因，找出消除或减轻经济波动的对策，促进一国国民收入沿着充分就业轨迹持续（长期）而又稳定地增长。故宏观经济学又叫国民收入决定理论。

2. 对宏观问题研究的历史考察

从宏观的角度研究经济问题由来已久。古典经济学研究了一些宏观的问题。比如，威廉·配第在历史上第一次估算了国民收入的数量，亚当·斯密提出了与现代经济学中的"国民生产总值"十分相近的"国民财富"的概念，布阿吉尔贝尔对国民财富的来源作了分析，萨伊的"生产三要素理论"实际上成为国民收入核算理论与方法的出发点。再如，魁奈的《经济表》对社会总资本再生产与流通的分析，实际上要把经济中的许多变量归结为总收入、总消费、总投资等经济总量，这是古典经济学宏观分析的典范。又如，配第、斯密、休谟、李嘉图、洛克等对货币的交易作用、货币数量、利率等有关问题进行了分析。另外，古典经济学对国家的防务、救助贫困的职能也做过分析，特别对财政政策进行了论述。在 19 世纪 70 年代至 20 世纪 30 年代，新古典经济学的古典宏观经济模型分析了整个经济的产量、就业、消费、储蓄、利率、工资等经济总量的决定，瑞典学派对储蓄与投资不一致问题的分析涉及了整个经济的总量分析。这个时期，许多经济学家都研究了属于宏观经济范围的国民收入核算、经济周期、经济政策实践等内容。

3. 现代宏观经济学理论体系的建立与发展

1936 年，英国经济学家约翰·梅纳德·凯恩斯出版了《就业、利息与货币通论》，建立了现代宏观经济学理论体系的基础。古典经济学与新古典经济学对宏观经济问题的研究是支离破碎的，并没有形成一个完整的体系，直到 1936 年，凯恩斯在对 1929—1933 年资本主义世界经济危机进行分析的基础上写出了《就业、利息与货币通论》，才标志着初步建立了现代宏观经济学理论体系。此后，凯恩斯的追随者比如哈罗德、希克斯、汉森、莫迪利安尼、索洛、奥肯等人又进一步发展了凯恩斯的宏观经济理论，希克斯提出了 $IS—LM$ 模型，哈罗德与多马建立了经济增长模型，托宾发展了凯恩斯的货币理论。另外，在消费函数、投资函数、总供给理论、通货膨胀理论、开放经济理论、宏观经济计量模型、宏观经济政策等方面，宏观经济理论都得到了发展。20 世纪 70 年代以后，西方国家"滞胀"现象的出现，使凯恩斯主义遭受到了重大打击。以凯恩斯主义反对者面目出现的货币主义、理性预期学派、供给学派等所谓的新保守主义，大力抨击凯恩斯主义的政府干预理论，极力坚持自由放任的经济主张。此后，另一学派——新凯恩斯主义重新对凯恩斯主义进行了解释，并不断吸收经济自由主义的合理部分。这样，随着各国与世界经济的变化与发展，在新保守主义与新凯恩斯主义的争论中，宏观经济学在货币、经济周期、经济增长等方面得到了许多重要的进展，宏观经济学在不断发展。

9.1.2 宏观经济学研究的主要内容

1. 宏观经济学研究的主要内容

（1）国民收入决定理论。国民收入是衡量一个社会国民经济状况的基本指标，国民收入决定理论从总供求关系来分析国民收入决定因素、国民收入决定过程、国民收入量的多少及其变动规律。

（2）通货膨胀与失业理论。市场经济国家都会出现通货膨胀与失业现象，通货膨胀与失业伴随着一个国家的经济发展，一些宏观经济理论的建立与发展都与通货膨胀和失业有关。通货膨胀与失业理论就是分别研究通货膨胀与失业的性质、分类、原因与对策等问题。

（3）经济增长与经济周期理论。一个国家的经济增长会出现正增长、零增长甚至负增长，经济增长理论就是要研究经济增长的影响因素或源泉、经济增长过程与结果以及经济增长的长期趋势。经济周期理论就是通过对有关经济波动统计资料的分析，探寻经济周期的特点、形成原因、影响后果，探讨政府反经济周期的应对措施，以实现经济的长期、稳定、均衡增长。

（4）开放经济理论。各国之间存在着日益密切的经济联系，每个国家的经济运行状况都会受到世界经济的影响，开放经济理论就是在世界经济的框架内研究国民收入的决定、通货膨胀与失业、经济增长与经济周期等，进而说明一个国家的经济政策如何对国民收入进行调整。

（5）宏观经济政策。经济理论是经济政策的基础与依据，经济政策是经济理论的运用与实践，在国民收入决定理论、通货膨胀与失业理论等宏观经济学主要理论的基础上，宏观经济政策研究的是政府宏观经济政策的目标、政策工具、政策机制、政策效果等内容。

对以上所述宏观经济理论，各个经济学流派表现出不同的观点；对具体宏观经济问题的分析，各个经济学流派所运用的方法也不尽相同；对解决国民经济运行中出现的问题，各个经济学流派的政策主张也是不同的，甚至是对立的。西方宏观经济理论并没有形成一个内容上完整、逻辑上一致、方法上统一的体系，而是多种宏观经济理论并存。

2. 宏观经济学以国民收入与就业分析为中心

由于凯恩斯主义的宏观经济理论认为，由消费、投资、政府购买、净出口组成的社会总购买如果小于整个经济社会所能提供的商品总供给，将会导致社会生产下降，国民收入减少，失业增多。反之，当社会总购买大于社会总供给时，则会出现通货膨胀，社会生产水平将上升，国民收入增多，就业增加。由于国民收入的决定是分析其他宏观经济问题的基础，或者说其他宏观经济问题都是运用国民收入决定理论来分析、解释的，因此，国民收入决定理论是宏观经济学的中心内容。又由于就业状况是伴随国民收入的变化而变化的，与国民收入相联系的就业量的变化也反映在经济周期、经济增长，乃至政府的经济政策方面，因而，宏观经济学也就以国民收入与就业分析为中心。

9.1.3 宏观经济学的研究方法

宏观经济学的研究方法主要是总量分析方法。经济总量是指反映国民经济整体运行状况的经济变量。经济总量包括两类，一类是个量之和，比如国民收入、总消费、总投资、总储蓄、总供给、总需求、财政盈余与赤字等。当然，这类总量中有的总量并非个量的简单相加，而是根据需要、运用数学或统计学中的各种方法所得出的总量。另一类经济总量是平均量，比如价格总水平、失业率、利率、经济增长率等。总量分析方法是研究经济总量的决定、变动及其相互关系，以及以此为基础说明国民经济运行状况和宏观经济政策选择的方法。另外，宏观经济学的研究方法还有短期与长期分析方法、静态和比较静态与动态分析方法、均衡分析方法、边际分析方法等。需要说明的是，在宏观经济分析中，这些方法中运用的经济变量大多是经济总量。

9.1.4 宏观经济学的中心问题

我们已经知道，微观经济学的中心问题，是价格问题。价格的形成、决定以及变化规律，是微观经济学研究的重点。

宏观经济学研究的中心问题则是整个经济社会生产出来的国民收入总量。这个国民收入总量如何决定，如何增长，是宏观经济学关注的焦点。

很显然，宏观经济学关注国民收入总量的决定与增长，并不考虑这些财富总量为哪些人占有、支配和使用。也就是说，财富只要生产出来，不管它处在社会的哪个角落，被何人占有，都是我们的社会财富，都是总量财富的一部分。宏观经济学就是关注这个总量的增长。因为这个总量增长了，国家才能富强，人民生活才能提高。

国民收入是下一节将要定义的 GDP，是广义的国民收入。围绕国民收入决定，宏观经济学各种问题都将全面展开。国民收入决定理论，是整个宏观经济学理论的核心，它为其他宏观经济理论的建立提供了基础。国民收入决定理论，是在均衡的前提下得到的，也基本上是短期的收入决定。

围绕国民收入决定这个中心问题，在宏观经济政策目标里面，还包含一个经济增长目标。这个经济增长，实际就是国民收入的长期增长趋势。长期看，国民收入变化是周期性波动的。但是它长期的趋势是增长的，各国政府领导调控经济，就是希望本国经济能够长期增长，以不断提高和改善本国人民的生活水平。所以，经济增长或者国民收入的长期增长，也是宏观经济学中心问题演化出来的一个重要课题。

宏观经济学——微观经济学 VS 宏观经济学

9.2 | 国内生产总值

本节我们从国内生产总值的定义入手，学习宏观经济学度量的方法。

9.2.1 国内生产总值定义

个人或家庭，所能得到的收入，通常以货币量表示。而一个国家或地区，所能得到的总收入，却不能是货币量，只能是这个国家或地区能够生产出来的全部最终产品或服务。这些产品或服务在生产过程中，一步一步增加价值，从而形成最终产品的价值。这些最终产品的总价值，就是我们所要度量和核算的宏观经济核心指标——国内生产总值（Gross Domestic Product，GDP）。

GDP 和 GNP

国内生产总值（GDP）是指一个国家或地区在一定时期内（通常为一年）运用生产要素所生产的全部最终产品的市场价值之总和。

为了清晰地认识和理解 GDP 的含义，我们举一个比较单纯的产业链例子来说明。

设有丝绸生产产业链，其生产工序和各工序产值、增值如下。

工序　　种桑——蚕茧——抽丝——织绸——印染——制衣——成衣售卖

增值　3 000 元　3 000 元　2 000 元　6 000 元　2 000 元　6 000 元　4 000 元

产值　3 000 元　6 000 元　8 000 元　14 000 元　16 000 元　22 000 元　26 000 元

上面的增值部分加总起来，3 000＋3 000＋2 000＋6 000＋2 000＋6 000＋4 000＝26 000（元）。

可见，生产各环节的增值部分加总起来，正好等于售卖环节的产值。这个售卖环节的产值就是最终产品的市场价值。对于现实经济活动，许多时候都难以把产业链理清，因此很少能够清楚地找到最终产品。但可参照这里的办法，将各企业的生产增值部分统计、加总起来，就能得到全部最终产品的市场价值，也就是国内生产总值。

1. 国内生产总值的意义诠释

国内生产总值 GDP，是宏观经济学上第一个最重要的概念。理解这个概念，才能进入宏观经济学氛围。因此，这里将对这一概念予以充分的诠释。

（1）GDP 是产品，不是货币。从 GDP 的英文原意理解，它是最终产品的总量。但是由于最终产品是多种多样的不同质的物品或服务，其总量无法累加，所以就用其市场价值来度量它们，然后才可加总。加总以后，听起来是以货币为单位的价值总量，其实质还是产品总量。所以要明确，GDP 指的是产品总量，而不能理解为货币量。是物或服务，不是货币。宏观经济中，货币不是财富，只是一种手段；而 GDP 是实实在在的财富或服务。

什么是 GDP

在日常理解中，我们称 3 000 亿元的 GDP，就是指有 3 000 亿元的货物或服务存在，而不是指 3 000 亿元货币本身。货币在这里只起一个度量单位的作用。

（2）GDP 是最终产品总量，不是中间产品。理解国内生产总值的含义，就要先搞清楚最终产品的意义。所谓最终产品，就是由最后的使用者购买的产品或服务。而用于再出售或者供生产别种产品用的产品，则称作中间产品。前面的例子中，除了成衣是最终产品外，其他产品如桑叶、蚕茧、丝、绸等，都是中间产品。

这样理解是为了不重复计算。如果把中间产品也加进去，必然会出现同一种最终产品，多个中间产品同时加总起来，造成重复，计量将失去意义。

（3）GDP 是生产出来的产品，不是指售卖掉的产品。只要是这一年内生产出来的产品，即使没有卖掉，也作为厂商自己以成本价购买的存货而计入 GDP。当然，如果只生产了 100 万元产品，却卖掉了 120 万元产品，也只能计入 100 万元，另外 20 万元产品只能是存货减少，而存货已经计入上期或上上期的 GDP，故本期不能计入。

（4）GDP 附加了地域限制。定义中"一个国家或地区"，表明 GDP 是以地理区域为界限进行统计的产品总量。这就是说，只要在规定的国境线（地区线）以内的企业，无论这个企业主权属于哪个国家，都在统计之列。

这样一来，中国人在美国办的企业，其产量将计入美国的 GDP；而美国人在中国兴办的企业，它的产量也计入中国的 GDP。

（5）GDP 附加了时间限定。因而它是一个流量，不是存量。定义中的"一定时期内（通常为一年）"，表明 GDP 是单位时间内的产出量。这类似于流体力学中的流量概念。

流量，指单位时间通过某一截面的液体量；宏观经济中的流量是指单位时间内的产出量，也可以理解为单位时间内，从自然界流入人类社会的产品量。

存量，只有某一时刻的限制，就像水库里的水量，不管是何时进来的，只要现在时刻还存在，就是这个水库里的水。

所以，可以这样理解 GDP，当年新生产出来的产品或服务，就计入 GDP；而以前生产的产品，就只能是财富存量，不能计入 GDP。

例如，今年生产了 100 万辆汽车，计入今年的 GDP；而一个兵马俑，假如价值 1 000 万元，也不能计入 GDP。如果要计入，也应该计入秦王朝的 GDP。而今天只能把兵马俑计入存量财富。

（6）GDP 强调市场价值。在统计口径上，GDP 只计入用于市场交换的产品。按照 GDP 的原意，只要是这一年新生产出来的产品，都应当计入 GDP。但由于市场价值的限制，只计入用于交换的产品，不用于或没有用于市场交换的产品不计入 GDP。

例如，深山里的一家农户，自产了许多生活用品，但都是自己和家人消费了，就不计入 GDP。城市家庭中，妻子的家务劳动，没有进入市场交换，也不计入。而保姆的家务劳动，因为有交换存在，所以应当计入 GDP。

强调市场价值，就忽略了市场以外的产品，导致能够统计的 GDP 小于实际的总产量。这表明 GDP 统计出来的总产品是保守的、完全实在的，在原理上是没有水分的。

2. 国内生产总值的特点

GDP 是宏观经济学财富度量的一个主要指标，GDP 度量方式，实现了不同性质的千差万别的产品累加，给宏观经济学计量带来了方便。在理解 GDP 含义的基础上我们来探讨 GDP 度量方式的特点。

（1）不同质的财富可加总

GDP 是以货币为单位，以价格为度量手段而得到的产品总量。价格是现实市场上每时每刻都在发生的现象。价格的本质，本来就是货币量与产品量之间的一个对应比例。只要有价格的产品或劳务，都可以测出 GDP 的量。

在没有价格度量以前，产品是一些不同质的物品或劳务。数学上的加法原则，必须是同质的东西才能累加。而不同的产品不同质，当然无法累加。

通过 GDP 度量以后，各种产品都以其市场价值计量，在市场价值这个属性上，不同产品具有共同的价值属性，所以不同质的产品实现了累加。这是 GDP 度量的一个优点。

（2）可度量财富范围宽

GDP 采取了价格度量，由于价格范围非常广泛，只要有用的物品或服务，都可以有价格。所以，只要是有用的物品或服务，都可以用 GDP 来度量。这使得 GDP 度量具有极大的广泛性，它涵盖了一切最终产品。

关于最终产品，可以以人的需要为标准，划分为生活用品、能力扩展用品、生产用品三大类。而 GDP 是以价格来度量的，完全涵盖了以上三大类产品，所以其度量范围非常广泛，为宏观经济学提供了一个普适的计量手段。这是 GDP 度量的另一个优点。

（3）价格度量的缺点

GDP 度量具有一定优点，但也存在一些缺陷。我们说 GDP 度量是一种间接度量，号称价值度量。其实它并没有真正度量价值，因为经济学上的价值、效用等概念，是不能用货币单位度量的，二者具有不同的性质。

这里所谓的价值总量，其实是一个价格总量。而价格只是产品量与货币量之间的一个对应。并不能用货币来衡量产品本身的价值。比如，花 40 元买了一份肯德基食品，而这个人不喜欢吃；花 8 元钱买了一份盒饭，却吃饱了。从人的消费价值看，显然盒饭价值高。但从计入 GDP 的量来看，肯德基的产值高。

因此，GDP 计量是间接的。在某些时候，度量的数值与人们的福利感受是不一致的。在宏观经济方面，这个间接性度量有时会带来明显的问题。

例如，A 地方，环境优美，山清水秀，老人长寿，社会和谐。可是，没有工业发展，人均 GDP 较低。B 地方，到处都是工厂，家家富裕，人均 GDP 很高；可是污水横流，臭气熏天，人的健康受到严重损害。这种情况下，GDP 就无法反映社会财富和人们福利的真实情况。其原因，主要是优美的环境，并没有反映到市场价值中，故 GDP 没有度量这些财富。

正因为 GDP 指标有这些局限性，世界银行于 1997 年开始利用绿色 GDP 国民经济核算体系来衡量一国的真实财富。

绿色 GDP 是一个国家或地区在考虑了自然资源（主要包括土地、森林、矿产、水和海洋）与环境因素（包括生态环境、自然环境、人文环境等）影响之后经济活动的最终成果，即将经济活动中所付出的资源耗减成本和环境降级成本从 GDP 中予以扣除。从 20 世纪 70 年代开始，联合国和世界银行等国际组织在绿色 GDP 的研究和推广方面做了大量工作。近年来，我国也在积极开展绿色 GDP 核算的研究。2004 年，国家统计局、国家环保总局正式联合开展了中国环境与经济核算绿色 GDP 研究工作。

许多学者研究并计算了中国环境污染经济损失相当于 GDP 的比重。过孝民、张慧勤计算的 1983 年的数据为 6.75%；郑易生计算的 1993 年的数据为 3.16%，1995 年的数据为 3.29%；夏光计算的 1992 年的数据为 4.04%；孙炳彦计算的 1994 年的数据为 5.8%；美国东西方研究中心计算的 1990 年的数据为 2.17%；世界银行计算的 1997 年的数据为 3.4%（低估）、7.7%（中估）。

3. 国内生产总值与国民生产总值

宏观经济学发展早期，都使用国民生产总值（Gross National Product，简称 GNP）来度量经济总量。而现在都改用 GDP，使用 GNP 已经成为历史。但我们对 GNP 的含义也应当清楚。其实，GNP 与 GDP 几乎完全相同，唯一差别是 GNP 以国民身份统计产品总量；而 GDP 则以国境范围统计产品总量。

按 GNP 口径统计产品，中国公民在美国经营企业得到的产品，要计入中国 GNP；美国公民在中国经营企业获得的收入，将计入美国的 GNP。这样操作起来很不方便。相比之下，GDP 统计则方便很多。在数量方面，GDP 与 GNP 相差不大，几乎可以互相替代。现在各国都使用 GDP 来统计，GNP 已经渐渐过时。

9.2.2 国内生产总值的统计、计算方法

GDP 作为最重要的宏观经济指标，它的统计，是国家统计局最重要的工作之一。这里我们介绍几种常用的统计方法。

1. 国内生产总值计算、统计原理

GDP 的统计原理，已经在 GDP 定义中基本规定好了，就是价格度量方法。市场价格一经形成，在货币量与产品量之间，就形成了一个比例关系，这个比例，实际就是一个价格测度。我们通常的表述是，这些产品值若干货币。这里的若干货币，就是对产品的一个度量。

为了满足 GDP 定义的各项要求，这个量必须既不重复，又不遗漏。

我们要统计 GDP，也就是国内生产总值，这是一个国家的一年内生产的产品总量。这个产品总量，一个国家一年只有一个。这个产品在生产出来的过程中，要经历三个环节。

首先，产品要生产出来，剥离自然；其次，一旦生产出来，立刻就形成这个国家的国民收入；最后，生产出来的产品要被买走，要有支出。这是 GDP 形成过程的三个环节，但产品只有那一个。所以，在 3 个不同的环节点上，统计的同一个产品总量，理论上应当是完全相等的。

这就形成了 3 种方法：支出法、生产法、收入法。

2. 国内生产总值 3 种统计方法

（1）支出法

在用支出法统计国内生产总值前，首先要弄清，一个国家的总产品，最终要被哪些人或组织买去。我们通常把买家分成四类：消费者、投资者、政府和外国，即四大经济部门。

消费者，买走消费品，供人们消费，这是经济最重要、最直接的原动力。经济的最终目的是生产消费品。

投资者，主要是厂商，他们为了投资而购买，或者说为了生产而购买，买走的都是资本品。资本品是为了生产未来的消费品而购买的。

政府，其购买的产品复杂，消费品、资本品都可以买，还买一些军火。

外国，指一切外国的集合，其购买也是多样化的。不分消费品和资本品，也包括一些军火。

这四个买家，要购买总量产品，就得按价格支付货币。价格一出现，度量就实现了。将这四家支出的货币量加总起来，就得到以货币计量的产品总量。

如果消费品总量用 C 表示，资本品总量以 I 表示，政府购买以 G 表示，出口用 X 表示，进口用 M 表示。那么，GDP 就是这四项之总和。即

$$GDP = C + I + G + (X - M)$$

这里 $X - M$ 是净出口，它是出口减去进口的差额。

上面的 GDP 公式，就是支出法的统计方法。

（2）生产法

生产法统计 GDP，也叫增值法。它是按照 GDP 定义来实现总产量计量的。我们还用前面讲过的种桑、养蚕、织绸、制衣的生产为例，介绍生产法。

工序　种桑———蚕茧———抽丝———织绸———印染———制衣———成衣售卖

增值　3 000 元　　3 000 元　2 000 元　6 000 元　2 000 元　6 000 元　4 000 元

产值　3 000 元　　6 000 元　8 000 元　14 000 元　16 000 元　22 000 元　26 000 元

根据 GDP 的定义，它是最终产品的市场价值总量，所以 GDP=26 000 元。

上面各生产环节的增值部分加总起来，为 26 000（元），正好等于最终产品的市场价值。对于现实经济活动，许多时候都难以把产业链理清，因此很少能够清楚地找到最终产品。但是，根据这个原理，将各企业的生产增值部分统计、加总起来，就能得到全部最终产品的市场价值。这就是生产统计方法。

（3）收入法

一国的 GDP，最终总是要分配到这个国家的各个组织或个人，成为社会各阶层人民的收入。因此，将这些形形色色的收入加总起来，也就等于 GDP。

在西方国家，企业的产品最终主要分成三大类要素收入，即工资、利息和地租。但实际的统计口径还要复杂一些。收入法基本的累加公式如下。

$$GDP = 工资 + 利息 + 租金 + 利润 + 间接税和企业转移支付 + 折旧$$

具体统计的项目包括以下几项。

① 三要素收入，即工资、利息和租金。工资包括个人纳税前的一切收入，如工资、奖金、津贴等。利息指货币资本提供方得到的利息，如银行利息、企业债券利息等，但不包括政府债券利息和消费信贷利息。租金包括出租土地、房产等的租赁收入及专利版权收入。

② 非公司企业收入，这些收入中各种要素混在一起，不必细分，笼统计入。

③ 公司税前利润。

④ 企业转移支付和企业间接税。

⑤ 资本折旧。

以上三种统计方法，是对同一个量在不同环节点上进行测度，从理论上说，统计结果应当完全相等。但实际上由于统计口径的细微差异和操作误差的存在，不同统计方法得到的总量会存在略微的差异。

9.2.3 国内生产总值系列指标

国内生产总值（GDP），过去就是国民生产总值，通常称为国民收入，这是广义的国民收入，也是宏观经济学最重要的总量。但是除了这个指标以外，它还衍生出一系列的总量，下面逐个进行讨论。

1. 国内生产总值（GDP）

GDP 的定义已经详细讨论过了，它是指一国一年内新生产出来的进入市场的全部最终产品。只要是新产出，都要归算进去。显然，用于补偿当期生产消耗的折旧，也是当期新生产出来的，也一定包含在 GDP 之中。

2. 国内生产净值（NDP）

国内生产净值（NDP），是指这一年新产出的总产品弥补了资本设备折旧以后剩下的部分，即净增产值。GDP 未扣除设备折旧，所以是总值；NDP 扣除了折旧，所以是净值。

$$NDP = GDP - 折旧$$

3. 国民收入（狭义 NI）

这个狭义的国民收入，是指以生产要素报酬计算的国民收入，也就是企业层面上获得的所得税以前的收入。但是，已经缴纳了企业间接税，扣除了企业转移支付，又加进了政府的补助金，可以理解为企业的税前收入。它的计算方法如下。

$$NI = NDP - 间接税 - 转移支付 + 政府补助金$$

4. 个人收入（PI）

NI 通过一定处理，要最终分配到个人名下，形成个人收入（PI）。

NI 不能全部分配到个人，要先扣除公司未分配利润，缴纳公司所得税和社会保险税（费），然后还要加上政府给个人的转移支付。这样就得到了个人收入（PI）。所以 PI 的计算公式如下。

$$PI = NI - 未分配利润 - 公司所得税 - 保险税 + 政府给个人的转移支付$$

5. 个人可支配收入（DPI）

个人可支配收入，是指个人收入（PI）缴纳个人所得税之后的收入，也就是税后的个人收入。这个收入可以由个人用于消费和储蓄。计算公式如下。

$$DPI = PI - 个人所得税$$

以上五大指标，是宏观经济学的常用指标，它们各自都有自己的用途。如无特别说明，GDP 就是人们经常说的国民收入（广义）。在 GDP 的意义上，一国的总收入、总支出和总产量应当相等，因为它们是同一个量。

9.2.4 名义国内生产总值与实际国内生产总值

GDP 是以价格度量、以货币单位计算的，实际中的 GDP 会发生变化，变化的原因：一是实际生产的物品或劳务数量变动；二是价格发生变动。

实际物品和劳务的增加是真实的 GDP 增加；而即便真实产品总量不变，由于价格变动，测量到的 GDP 也会变化。这种变化只是名义 GDP 变化。

名义 GDP 是指用生产物品或劳务的当年价格计算的全部最终产品的市场价值。而实际 GDP 是指以某一年度作为基期的价格计算出来的全部最终产品的市场价值。

1. 度量尺度的不可伸缩性

我们为什么要专门讨论名义 GDP 和实际 GDP？因为依据计量学的要求，要保证度量准确，度量结果可比较、可传递，必须要求度量尺度本身具有刚性，不能变动。例如丈量一匹布料，如果使用的尺子是橡皮尺子，度量出来的结果就不具备可比较、可传递的性质，就失去了度量的意义。

GDP 度量也是一样的，也要求它的"尺子"不改变。而它的尺子就是货币，这个货币本身的"长度"就是指它本身的购买力，这个购买力实际上经常变动的，也就是说，价格每时每刻都在变动，以现实价格度量出来的 GDP，也在不断变化中，它只能是一个名义上的 GDP 值。头脑清醒的读者，经常会感觉 GDP 似乎不可靠，正是这个原因。

为了消除这个弊端，经济学家设法让度量尺度本身"刚性化"，当然不可能让现实市场价格凝固，而采取了基准期价格的办法，用基准期的价格作为测量用价格，这样价格尺度就刚性化了。度量的结果自然有了可比较、可传递的性质。

2. 名义与实际国内生产总值的折算

实际统计、计算 GDP，还是按当年现实价格测度，先得到一个名义 GDP 值。然后再折算到选定好的基准期价格，就得到了实际的 GDP。这就需要一个 GDP 折算指数。

GDP 折算指数，将在后续章节中详细讲解。现在我们只给定义，同种同量产品，当期价格水平与基准期价格水平的比值，就是 GDP 折算指数。它实际就是一个价格折算指数。

$$GDP 折算指数 = 名义 GDP \div 实际 GDP$$

通过这个公式，名义 GDP 和实际 GDP 之间可以相互折算。

名义 GDP 并不具有计量学要求的可比较、可传递的性质，它也不能反映实际最终产品总量的增减。而实际 GDP 则满足了计量要求，数据可比较、可传递，它客观地反映了一国最终产品总量的变化。以后如不特别注明，GDP 一般都指实际 GDP。

国民总收入、国内生产总值、人均国内生产总值查询

9.3   国民收入的几个公式

在完全认识了 GDP 度量以后，我们初步进入宏观经济学内部，来研究一下宏观经济学最基本的几个恒等式，即储蓄—投资恒等式。

9.3.1   GDP概念中的恒等关系

为了说明 GDP 概念中的恒等关系，我们以图 9-1 来示意说明。

在图 9-1 中，我们将企业、买方、居民收入方，分别用企业截面、购买截面和收入截面来表示，在产品流管道中，截面 A、B 恒等；货币流管道中，截面 C、D、E 恒等。

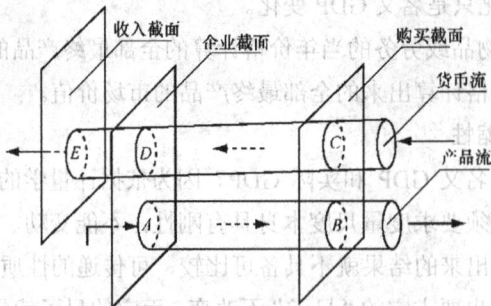

图 9-1　GDP 恒等关系示意图

实际上，截面 C 和 B 也相等。因为流过 B 的产品流，就是 GDP 的实物形态。在实际 GDP 度量中，流过 C 截面的货币流正好是 GDP 的价值形态。二者指代同一个对象——总产品量。

于是，在图 9-1 中，A、B、C、D、E 各截面的流量互为恒等。

这个示意图中，截面 A、C、E 分别表示前面 GDP 三种统计方法对应的流量。

通过截面 A 的流量，是生产法统计出的 GDP，这个截面表示自然界与人类社会的分界面；通过截面 C 的流量，就是支出法统计的 GDP，这个截面是购买者的"钱袋子"出口处分界面；通过截面 E 的流量，就是收入法统计的 GDP，这个截面表示要素提供方"钱袋子"的入口处分界面。

显然，通过这三个截面的流量，在实际 GDP 的意义上，是指同一个产品总量，是恒等的。

下面几个恒等公式，是利用图 9-1 中 C、E 两个截面恒等关系推导出来的。

9.3.2　两部门到四部门结构下的总量恒等公式

我们将从最少的两部门经济开始，由简单到复杂，逐步展示出全部四大经济部门之间的逻辑关系。最少的经济部门是两部门，最完整的经济部门是四部门，下面分别讨论。

1. 两部门公式

最基本的两大经济部门是居民和厂商。这两个部门可以形成最原始的经济社会。这里暂时没有政府和外国存在，是孤立的原始的经济体系，如图 9-2 所示。

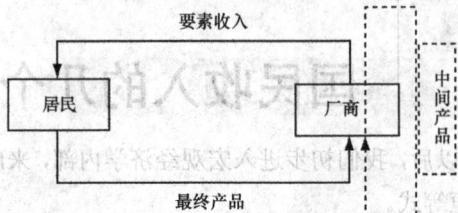

图 9-2　两部门经济示意图

在两部门情况下，支出可分为两部分，一是居民购买消费品支出，用 C 表示；二是厂商购买中间产品或资本品支出，用 I 表示；GDP 用 Y 表示。则应当有

$$Y=C+I$$

这是支出法统计 GDP 的思路，这是流过图 9-1 中 C 截面的流量。

两部门条件下，收入可用作两个出路，一是用于消费，也用 C 表示；二是用于储蓄，用 S 表示，总收入 GDP 还用 Y 表示。则有

$$Y=C+S$$

这是收入法统计的 GDP，相当于图 9-1 中流过截面 E 的流量。

显然，由图 9-1 可知，截面 C、E 恒等，所以有

$$C+I=Y=C+S$$

$$C+I=C+S$$

$$I=S$$

这个公式表明，投资等于储蓄。这就是储蓄—投资恒等式。

2. 三部门公式

假设现有三个经济部门，除了居民、厂商外，又增加一个政府部门。其经济流程如图 9-3 所示。

在三部门经济条件下，社会总支出增加了政府购买这一项，用 G 表示。原有支出项目依然存在，所以用支出法统计的 GDP 为

$$Y=C+I+G$$

在总收入中，增加了税收用途项，用 T 表示。其余项目依然不变。因为转移支付数量较小，暂时忽略。则用收入法统计的 GDP 为

$$Y=C+S+T$$

于是，依据与两部门同样的理由，可得

$$C+I+G=Y=C+S+T$$

$$I+G=S+T$$

$$I=S+(T-G) \tag{1}$$

这就是三部门经济的储蓄—投资恒等式。

（1）式中，（T-G）项，如果是正的，就是财政盈余；如果是负的，就是财政赤字。

（1）式表明，总投资等于私人储蓄与政府储蓄之和。

3. 四部门公式

把全部经济部门考虑进去，就是四部们经济。它是在三部门基础上增加了一个外国部门。其经济流程如图 9-4 所示。

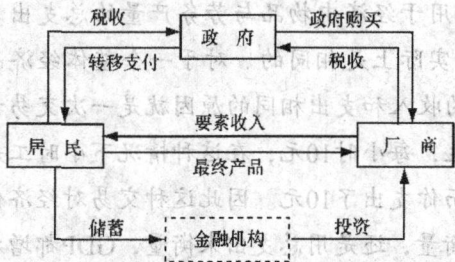

图 9-3　三部门经济示意图　　　　图 9-4　四部门经济示意图

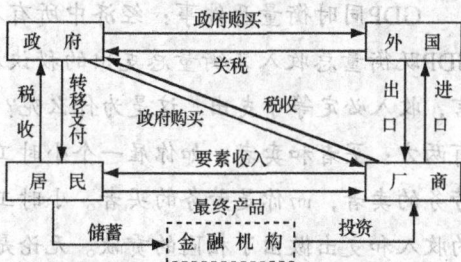

从支出角度看，四部门在三部门基础上，增加了一个出口量，用 X 表示。暂时忽略国内外之间的转移支付，所以总支出为

$$Y=C+I+G+X$$

从收入角度看，总收入比三部门增加一项进口花费的用途，用 M 表示进口量。总收入则为：

$$Y=C+S+T+M$$

于是由恒等关系得到

$$C+I+G+X=Y=C+S+T+M$$

$$I+G+X=S+T+M$$

$$I=S+(T-G)+(M-X) \tag{2}$$

（2）式中，$(T-G)$ 为财政盈余，是政府储蓄；$(M-X)$ 为净进口，视作外国储蓄。

因此，社会总投资等于私人储蓄、政府储蓄及外国储蓄之和。

上文推导出了两部门、三部门、四部门经济中最基本的几个宏观经济基本恒等式，为读者展示了一个宏观经济学的基本结构模型。后续的各章节，都将在这个结构模型的基础上展开。

9.4 案例分析

9.4.1 案例一

20世纪最伟大的发现之一

美国著名的经济学家保罗·萨缪尔森说："GDP是20世纪最伟大的发现之一"。没有GDP这个发明，我们就无法进行国与国之间经济实力的比较、贫穷与富裕的比较，我们就无法知道我国的GDP总量在2010年排在全世界的第2位，不到美国的一半；没有GDP，我们也无法知道我国人均GDP在2010年虽已超过4200美元，但只排在世界第95位；没有GDP这个总量指标，我们无法了解我国的经济增长速度是快还是慢，是需要刺激还是需要控制。因此GDP就像一把尺子、一面镜子，是衡量一国经济发展和生活富裕程度的重要指标。

如果你要判断一个人在经济上是否成功，你首先要看他的收入。高收入的人享有较高的生活水平。同样的逻辑也适用于一国的整体经济。当判断经济是富裕还是贫穷时，要看人们口袋里有多少钱。这正是国内生产总值（GDP）的作用。

GDP同时衡量两件事：经济中所有人的总收入和用于经济中物品与劳务产量的总支出。GDP既衡量总收入又衡量总支出的秘诀在于这两件事实际上是相同的。对于一个整体经济而言，收入必定等于支出。这是为什么呢？一个经济体的收入和支出相同的原因就是一次交易都有两方：买者和卖者。如你雇一个小时工为你打扫卫生，每小时10元，在这种情况下小时工是劳务的卖者，而你是劳务的买者。小时工赚了10元，而你支出了10元。因此这种交易对经济体的收入和支出做出了相同的贡献。无论是用总收入来衡量，还是用总支出来衡量，GDP都增加了10元。由此可见，在经济中，每支出一元钱，就会产生一元钱的收入。

案例思考题

1. 国内生产总值的含义。

2. 计算国内生产总值的支出法和收入法。

3. 为什么说国内生产总值（GDP）是20世纪最伟大的发明之一？

9.4.2 案例二

从人均GDP看我国的差距

世界银行为了确认每个国家的借贷资格，每年7月1日，都会根据前一年的人均国民总收入(GNI)水平来修订世界经济体的分类。最新的人均国民总收入的估计值也被用来指导世行基于经济体的业务分类，以确定它们的借贷资格。

2013年7月1日，世界银行根据人均国民总收入水平做出的收入组分类如下：低收入为1 035美元以下；下中等收入指1 036美元至4 085美元；上中等收入指4 086美元至12 615美元；高收入为12 616美元以上。

2015年中国GDP总量达到67.67万亿，人均GDP为49 351元，即便按照1:6.2的汇率计算，还是不到8 000美元。假如今后5年的名义GDP年均增速为7%，美元兑人民币汇率以1:6.5计算，则到2020年的人均GDP为1.04万美元，依然与12 616美元这一高收入国家门槛有不小的差距。

那么，今后十年中国能否迈入高收入国家行列呢？假如未来十年名义GDP的平均增速降至6%(15年为6.3%)，2025年的美元兑人民币汇率为1:7，则到2025年的人均GDP为1.21万美元，还是无法跨入高收入国家的门槛。即便今后十年的经济状况要比假设的好，实际人均GNI超过了12 616美元，也不确定可否真正跨入，因为，未来中国要成为高收入国家，面临三大障碍：未来GDP增速能否维持6%左右的水平；人民币汇率能否保持稳定；十年之后的高收入国家标准是否还未提高。

因此，即使我国GDP总量有望在2020年提前5年赶上美国，但要进入高收入国家行列还需继续努力，而人均量赶上美国更是任重道远。

案例思考题

1. 我国与发达国家在GDP上的差距说明了什么？

2. 怎样才能增加我国的GDP总量和人均GDP量？

9.4.3 案例三

GDP不是万能的，但没有GDP是万万不能的

越来越多的人包括非常著名的学者，对GDP衡量经济增长的重要性发生了怀疑。斯蒂格利茨曾经指出，如果一对夫妇留在家中打扫卫生和做饭，这将不会被列入GDP的统计之内，假如这对夫妇外出工作，另外雇人做清洁和烹调工作，那么这对夫妇和佣人的经济活动都会被计入GDP。说得更明白一些，如果一名男士雇佣一名保姆，保姆的工资也将计入GDP。如果这位男士与保姆结婚，就不会再给保姆发工资了，GDP就会减少。德国学者厄恩斯特·B.冯·魏茨察

克和两位美国学者艾墨里·B.洛文斯，L.亨特·洛文斯在他们合著的《四倍跃进》中对GDP在衡量经济增长中的作用更是提出了诘难，他们生动地写道："乡间小路上，两辆汽车静静驶过，一切平安无事，它们对GDP的贡献几乎为零。但是，其中一个司机由于疏忽，突然将车开向路的另一侧，连同到达的第三辆汽车，造成了一起恶性交通事故，'好极了'，GDP说。因为，随之而来的是：救护车、医生、护士，意外事故服务中心、汽车修理或买新车、法律诉讼、亲属探视伤者、损失赔偿、保险代理、新闻报道，等等，所有这些都被看作正式的职业行为，都是有偿服务。即使任何参与方都没有因此而提高生活水平，甚至有些还蒙受了巨大损失，但我们的'财富'——所谓的GDP依然在增加。"有学者指出："平心而论，GDP并没有定义成度量财富或福利的指标，而只是用来衡量那些易于度量的经济活动的营业额"。需要进一步指出的是，国内生产总值中所包括的外资企业虽然在我们境内从统计学的意义上给我们创造了GDP，但利润却是汇回他们自己的国家的。一句话，他们把GDP留给了我们，把利润转回了自己的国家，这就如同在天津打工的安徽民工把GDP留给了天津，把挣的钱汇回了安徽一样。看来GDP只是一个"营业额"，不能反映环境污染的程度，不能反映资源的浪费程度，看不出支撑GDP的"物质"内容。

尽管GDP存在着种种缺陷，但这个世界上本来就不存在一种包罗万象、反映一切的经济指标，在我们现在使用的所有描述和衡量一国经济发展状况的指标体系中，GDP无疑是最重要的一个指标。正因为有这些作用，所以我说，GDP不是万能的，但没有GDP是万万不能的。

案例思考题

1. GDP有哪些局限性？

2. 为什么说GDP不是万能的，但没有GDP是万万不能的？

3. 我国连续三十年保持经济高速增长，但现在，环境污染问题和能源紧张问题十分突出。你认为这与GDP的这种核算指标有关系吗？其缺陷是什么？有何改进方案？

课后习题

1. 已知某一经济中的消费额=6亿元，投资额=1亿元，间接税=1亿元，政府用于物品和劳务的支出额=1.5亿元，出口额=2亿元，进口额=1.8亿元，则（　　）。

    A．NDP=8.7亿元　　　B．GDP=7.7亿元　　　C．GDP=8.7亿元　　　D．NDP=5亿元

2. 假设一个经济体第1年基年的当期产出为500亿元，如果第8年GDP物价平减指数为2，而实际产出增加了50%，则第8年的名义产出等于（　　）。

    A．2000亿元　　　　B．1500亿元　　　　C．1000亿元　　　　D．750亿元

3. 假定国内生产总值是5000，个人可支配收入是4100，政府预算赤字是200，消费是3800，贸易赤字是100（单位都是亿元）。

    试计算：（1）储蓄；（2）投资；（3）政府支出。

4. 假设某国某年发生了以下活动：（a）一银矿公司支付7.5万美元工资给矿工开采了50千克银卖给一银器制造商，售价10万美元；（b）银器制造商支付5万美元工资给工人加工一批项链卖给

消费者，售价 40 万美元。求：

（1）用最终产品生产法计算 GDP。

（2）每个生产阶段生产了多少价值？用增值法计算 GDP。

（3）在生产活动中赚得的工资和利润各共为多少？用收入法计算 GDP。

5. 请根据下表计算：GDP、NDP、NI、PI、PDI。（单位：亿美元）

净投资	125	政府转移支付	120	个人消费支出	500
净出口	15	企业间接税	75	未分配利润	100
储蓄	25	政府购买	200	公司所得税	50
折旧	50	社会保险金	130	个人所得税	80

6. 某国企业在本国的总收益为 200 亿元，在外国的收益为 50 亿元；该国国民在本国的劳动收入为 120 亿元，在外国的劳动收入为 10 亿元；外国企业在该国的收益为 80 亿元，外国人在该国的劳动收入为 12 亿元。求该国的 GNP 与 GDP。

7. 一经济社会生产三种产品：书本、面包和菜豆。它们在 2015 年和 2016 年的产量和价格如下表所示，试求：

	2015 年		2016 年	
	数量	价格	数量	价格
书本	100	10 美元	110	10 美元
面包	200	1 美元	200	1.5 美元
菜豆	500	0.5 美元	450	1 美元

（1）2015 年名义 GDP；

（2）2016 年名义 GDP；

（3）以 2015 年为基期，2015 年和 1999 年的实际 GDP 是多少，这两年实际 GDP 变化多少百分比？

（4）以 2016 年为基期，2015 年和 2016 年的实际 GDP 是多少，这两年实际 GDP 变化百分比？

（5）"GDP 的变化取决于我们用哪一年的价格作衡量实际 GDP 的基期的价格。"这句话对否？

（6）用 2015 年作为基期，计算 2015 年和 2016 年的 GDP 折算指数。

8. 下列项目是否计入 GDP，为什么？

（1）政府转移支付；

（2）购买一辆用过的卡车；

（3）购买普通股票；

（4）购买一块地产。

9. 为什么从公司债券得到的利息应计入 GDP，而人们从政府得到的公债利息不计入 GDP？

10. 如果甲乙两国合并为一个国家，对 GDP 总和会有什么影响（假定两国产出不变）？

11. 储蓄与投资恒等式是否意味着计划储蓄总是等于计划投资？为什么？

12. 在国民收入账户中，以下的区别是什么？

（1）厂商为总经理购买了一辆汽车和厂商支付给总经理另外一份收入让他为自己购买一辆汽车。

（2）雇佣你的配偶收拾房子，不愿意让他做没有报酬的工作。

（3）你决定购一辆美国产的汽车，而不是一辆德国产的汽车。

13. 如果政府雇用失业工人并把他们看成是无事可做政府雇员，这些人以前得到相当于 TR 美元的失业救济金，现在政府付给他们 TR 美元。那么，这会对 GDP 产生什么影响？并加以解释。

14. 某地区居民总是把相当于GDP60%的部分存起来，并且不用缴税也不购买外地商品。今年该地区将总值 2000 万元的汽车销往邻省，这对该地区的 GDP 产生影响，试问：

（1）该地区的 GDP 增加了多少？

（2）假如当地政府增加同样 2000 万元购买本地汽车，是否会产生与（1）相同的结果？为什么？

（3）假如政府将 2000 万元以补贴形式发给居民，该地 GDP 是否会增加？与（1）相比如何？为什么？

15. 宏观经济学和微观经济学有什么联系和区别？为什么有些经济活动从微观看是合理的，有效的，而从宏观看却是不合理的，无效的？

扩展阅读

约翰·梅纳德·凯恩斯及其学术贡献

读懂 2017 中国经济之 GDP

淡化 GDP 增速突显中国经济新方位

绿色 GDP

绿色 GDP2.0 核算：全面反映经济活动的环境代价

财经郎眼：王福重主讲《国富论》

第 9 章我们讨论了国民收入核算，本章我们将研究国民收入的决定，即经济社会的生产或收入水平是怎样决定的。主要研究不考虑利率变动的，只考虑产品市场的简单国民收入决定理论；有利率影响的，但在一般价格水平固定不变的假定下，产品市场和货币市场的一般均衡；取消了价格水平固定不变假定后产量和价格水平的决定，即总需求—总供给模型。

10.1 简单国民收入决定理论

在宏观经济学中，市场按交易对象划分，可分为产品市场、货币市场、劳动市场和外汇市场等 4 种市场。本节介绍简单国民收入决定理论，即撇开其他市场，仅仅分析产品市场上均衡国民收入的决定和变动。后面的各节将在产品市场收入决定理论基础上，依次引进其他市场，更深入地探讨国民收入的决定。通过本节的学习，应当掌握凯恩斯的消费理论，两部门、三部门、四部门经济中国民收入的决定，掌握投资乘数等乘数概念。

10.1.1 均衡产出

1. 简单的经济关系

说明一个国家的生产或收入是如何决定的，要从最简单的经济关系分析开始。为此，我们先做出以下几个假定。

（1）两部门经济的假设。在一个只有居民部门与厂商部门的两部门经济也就是经济关系最简单的经济社会中，居民部门的经济行为是消费与储蓄，厂商部门的经济行为是投资与生产，厂商的投资是不随利率与产量变动的自主投资。

（2）假定折旧与公司未分配利润都为零，从而使得 GDP、NDP、NI、PI 在数量上都相等。

（3）在价格黏性的条件下，社会总需求的变动只会引起社会产量的变动，从而使社会总供求相等，价格总水平则不发生变动。这也就是所谓的凯恩斯定律。凯恩斯写作《就业、利息与货币通论》的背景是 1929—1933 年的资本主义世界大萧条，资源大量闲置，产品大量积压，工人大批失业。此时，社会总需求的增加，可使闲置资源得到利用，从而使生产增加，就业也有所增加，或者使积压产品售出，但产品成本和产品价格基本上保持不变。

2. 均衡产出的概念

均衡产出是指与总需求相等的产出。

均衡产出条件下，经济社会总收入刚好等于所有居民和全体厂商想要有的消费支出与投资支出。这就是说，企业的产量以至于整个社会的产量一定稳定在社会对产品的需求水平上。由于两部门经济中的总需求只包括居民的消费需求和厂商的投资需求，因此，均衡产出用公式就表示为

$$y = c + i$$

　　小写的 y、c、i 分别表示实际产出、实际消费与实际投资。同时，c 和 i 分别代表居民、厂商实际想要有的消费与投资，即意愿消费和意愿投资的数量，而不是国民收入构成公式中实际发生的消费与投资。因为企业的产量如果比市场的需求量多出一部分价值，多出来的这部分价值就成为企业的非意愿存货投资或非计划存货投资。在国民收入核算中，这部分存货投资是投资支出的一部分，但不是计划投资，故国民收入核算中的实际产出就等于计划支出与非计划存货投资之和，但在国民收入决定理论中，由于均衡产出是指与计划支出相等的产出，故在均衡产出水平上，计划支出和计划产出正好相等，非计划存货投资也就等于零。当国民经济处于均衡收入水平上时，实际收入一定与计划支出量相等。若用 E 代表总支出，y 代表总收入，则经济均衡条件就是 $E=y$。$E=y$ 也表示总支出（即总需求）决定总收入。这一关系可以用图 10-1 来表示。

　　图中的横轴表示总收入，纵轴表示总支出。45° 线上的任何一点都表示总支出与总收入相等。假定总支出，即包括总消费与总投资的总需求，为 100，图中的 A 点表示总支出与总收入相等，都是 100，A 点也就是均衡点，表明生产总额正好等于总需求；B 点表示总收入大于总支出，非计划存货投资大于零，产生库存，企业就要削减生产，直到总供求相等的 A 点表示的 100 为止，实现总供求相等。反之，C 点表示总收入小于总支出，社会生产额小于社会需求量，企业就要增加生产，也是到总供求相等的 A 点表示的 100 为止，实现总供求相等。当然，总支出（即总需求）变化了，总收入也就相应发生变化。

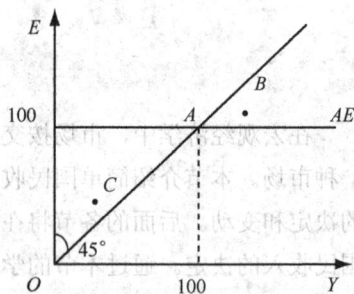

图 10-1　支出决定收入

　　由于计划支出用 $E=c+i$ 表示，生产创造的总收入等于计划消费与计划储蓄之和，即 $y=c+s$，所以均衡产出的条件 $E=y$，就可简化为

$$i=s$$

这表示计划投资等于计划储蓄。即当计划投资与计划储蓄相等时，国民收入就达到均衡状态。

　　要注意这里的投资等于储蓄是指经济要达到均衡，计划投资必须等于计划储蓄。而实际的投资和储蓄，根据定义，必然是相等的。

10.1.2　凯恩斯的消费理论

　　本书将主要从消费函数，储蓄函数，消费函数与储蓄函数的关系，社会消费函数四个方面介绍凯恩斯消费理论。

1. 消费函数

（1）消费函数概述

　　消费函数就是消费与收入的依存关系。影响消费的因素很多，如收入水平、利率水平、收入分配、消费者财富、个人偏好以及制度、风俗习惯等。凯恩斯认为影响消费的众多因素中，具有决定意义的是消费者的收入。因此如果用 c 代表消费，用 y 代表收入，则消费函数可以表示为

$$c=f(y)$$

　　边际消费倾向（MPC），指收入微小变动所引起的消费支出的变动，可以用公式表示为

$$MPC = \frac{\Delta c}{\Delta y}$$

由于边际消费倾向会被经常用到，为书写方便，就用 β 代替 MPC，于是，边际消费倾向可以表达为另外一种方式

$$\beta = \frac{\Delta c}{\Delta y}$$

如果收入增量极小，边际消费倾向又可以表达为

$$MPC = \frac{dc}{dy} \text{ 或 } \beta = \frac{dc}{dy}$$

消费随着收入的增加而增加，但消费的增量不如收入的增量多，这就是边际消费倾向递减规律。凯恩斯认为，边际消费倾向递减规律是引起总需求不足的三个基本心理规律之一。

平均消费倾向是指消费支出在收入中所占的比重，平均消费倾向的公式是

$$APC = \frac{c}{y}$$

由于消费增量只是收入增量的一部分，故边际消费倾向的取值范围为 0~1；由于消费可能大于、等于、小于收入，因此平均消费倾向可能大于、等于、小于 1。

（2）消费曲线

消费与收入的关系也可以用消费曲线表示，消费曲线包括线性的消费曲线与非线性的消费曲线。

消费与收入存在线性关系的消费函数可表示为

$$c = \alpha + \beta y$$

α 为生活中必不可少的消费部分，被称为自发消费，即与收入没有关系的消费，即使收入为 0 时，也会借债或者动用过去的储蓄进行的基本生活消费支出；β 为边际消费倾向，边际消费倾向为一常数；β 与 y 之积是引致消费，这是边际消费倾向既定条件下与收入相联系的消费。$c = \alpha + \beta y$ 的经济含义是：消费等于自发消费加上引致消费。如果 $\alpha = 200$，$\beta = 0.8$，则 $c = 200 + 0.8y$，即收入增加 1 单位，其中的 80% 就被用于消费，只要知道了收入 y，就可以计算出消费者的全部消费量了。线性消费曲线如图 10-2 所示。

在图 10-2 中，横轴表示收入 y，纵轴表示消费 c，45°线上的任何一点都表示消费等于收入。$c = f(y)$ 曲线是消费曲线，表示消费和收入之间的函数关系。E 点是消费曲线与 45°线的交点，表示此时的消费等于收入。位于消费曲线上 E 点左下方的点，如 A 点，表示消费大于收入；而位于 E 点右上方的点，如 B 点，则表示消费小于收入。消费曲线向右上方倾斜，表示消费随收入的增加而增加。OF 或 Gy_b 为自发消费 α，BG 为引致消费 βy_b，By_b 为消费总量，即自发消费与引致消费之和。

图 10-2　线性的消费曲线

消费曲线上某一段或某一点的斜率，就是边际消费倾向，所以，线性的消费曲线上任意一段或一点的斜率都相等，都等于数值不变的边际消费倾向。消费曲线上任一点与原点连线的斜率，是与该点相对应的平均消费倾向。随着消费曲线向右上方延长，曲线上各点与原点连线的斜率越来越小，

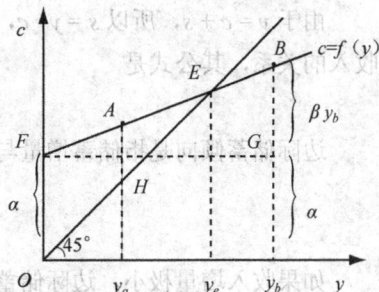

即平均消费倾向是递减的。

从图中还可看到，消费曲线上任意一点与原点连线的斜率都比线性的消费曲线的斜率大，说明平均消费倾向总是大于边际消费倾向，即 $APC > MPC$。即使从公式看，$APC > MPC$ 也是成立的。

因为：$APC = \dfrac{c}{y} = \dfrac{\alpha + \beta y}{y} = \dfrac{\alpha}{y} + \beta$，由于 α 和 y 都是正数，因而 $\dfrac{\alpha}{y} > 0$，所以 $APC > MPC$。当然，

随着收入的增加，$\dfrac{\alpha}{y}$ 会越来越小，表明 APC 逐渐接近 MPC。

图 10-3 为非线性消费曲线。同样，横轴表示收入 y，纵轴表示消费 c，45°线上的任何一点都表示消费等于收入。$c = f(y)$ 曲线是消费曲线，表示消费和收入之间的函数关系。消费曲线上某一段或某一点的斜率，也就是边际消费倾向；消费曲线上的任一点与原点连线的斜率，也是与该点相对应的平均消费倾向。E 点是消费曲线与45°线的交点，表示此时的消费等于收入。消费曲线上的点，比如 A 点，表示消费大于收入；B 点表示消费小于收入。从图中也可以看到，随着非线性消费曲线向右上方延伸，曲线上各点与原点连线的斜率越来越小，即平均消费倾向也是递减的。消费曲线上

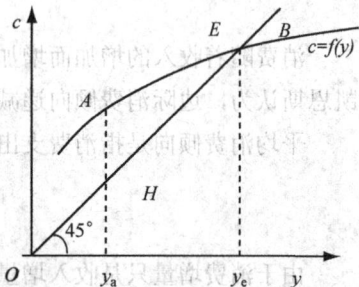

图 10-3 非线性的消费曲线

任意一点与原点连线的斜率都比消费曲线的斜率大，说明平均消费倾向总是大于边际消费倾向的，亦即 $APC > MPC$。

与线性消费曲线相比，非线性消费曲线的特殊性在于：随着收入的增加，非线性消费曲线的斜率越来越小，即非线性消费曲线上各点的切线越来越平缓，各点的切线的斜率越来越小，非线性消费曲线越来越以递减的速率向右上方倾斜，这表现出边际消费倾向的递减。这一点在图 10-3 上可直观看到：随收入增加，非线性消费曲线在 E 点和45°线相交之前，与45°线的距离越来越小，而在相交之后，与45°线的距离越来越大，表示消费增加的幅度越来越小于收入增加的幅度，即边际消费倾向递减。

2. 储蓄函数

（1）储蓄函数概述

由于 $y = c + s$，所以 $s = y - c$，故储蓄是收入减去消费后的剩余部分。储蓄函数表示的是储蓄与收入的关系，其公式是

$$s = f(y)$$

边际储蓄倾向是指储蓄增量与收入增量之比，可用公式表示为

$$MPC = \frac{\Delta c}{\Delta y}$$

如果收入增量极小，边际储蓄倾向又可以表达为

$$MPC = \frac{dc}{dy}$$

平均储蓄倾向是指任一收入水平上储蓄在收入中的比例，用公式表示为

$$APS = \frac{s}{y}$$

（2）储蓄曲线

与消费函数一样，储蓄与收入的关系也可以用储蓄曲线表示，储蓄曲线包括线性的储蓄曲线与非线性的储蓄曲线。

储蓄与收入存在线性关系的储蓄函数可表示为

$$s = -\alpha + (1-\beta)y$$

这是因为 $s = y - c$，$c = \alpha + \beta y$，故有

$$s = y - c = y - (\alpha + \beta y) = -\alpha + (1-\beta)y$$

图 10-4 表示了线性储蓄函数。横轴表示收入，纵轴表示储蓄，储蓄曲线向右上方倾斜，表明储蓄随收入的增加而增加。OA 为 $-\alpha$，表示收入为 0 时储蓄的减少量，即储蓄是自发消费的来源。B 点是储蓄曲线与横轴的交点，表示收入为 OB 时全部的收入都用于消费，此时的储蓄是 0；位于储蓄曲线上横轴以上的点，比如 C 点，表示存在正储蓄，而位于储蓄曲线上横轴以下的点，比如 D 点，表示存在负储蓄。

储蓄曲线上任意任一点的斜率，就是边际储蓄倾向，所以，线性储蓄曲线上任意一点的斜率都相等，都等于数值不变的边际储蓄倾向。储蓄曲线上任何一点与原点连线的斜率，就是平均储蓄倾向。

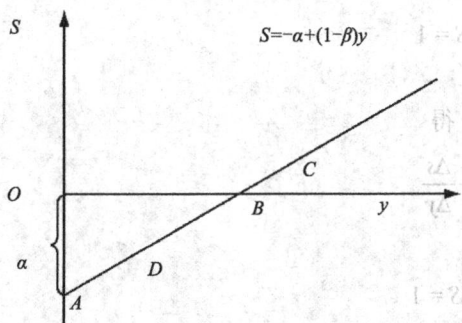

图 10-4　线性储蓄曲线

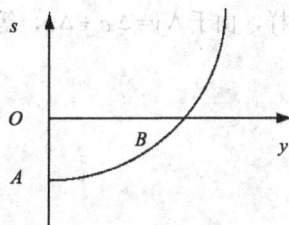

图 10-5　非线性储蓄曲线

图 10-5 为非线性储蓄曲线。与线性储蓄曲线相比，非线性储蓄曲线有自己的特殊性。随着收入的增加，非线性储蓄曲线的斜率越来越大，即非线性储蓄曲线上各点的切线越来越陡峭，各点的切线斜率越来越大，非线性消费曲线越来越以递增的速率向右上方倾斜，这表明了边际储蓄倾向递增的状况。图 10-5 中，随收入的增加，非线性储蓄曲线向右上方延伸，在 B 点与横轴相交后，与横轴的距离越来越大，越来越陡直，表示储蓄增加的幅度越来越大，边际储蓄倾向是递增的。

3. 消费函数与储蓄函数的关系

从 $y = c + s$，$s = y - c$ 中可以看到消费函数与储蓄函数的关系。

第一，消费函数与储蓄函数互为补数，消费与储蓄之和总是等于收入。

由于 $c = \alpha + \beta y, s = -\alpha + (1-\beta)y$，故而有

$$c + s = (\alpha + \beta y) + [-\alpha + (1-\beta)y] = y$$

消费与储蓄的这一关系还可用图 10-6 表示。

在图 10-6 中，消费者的收入等于 y_0 时，消费曲线与 45° 线相交于 A 点，储蓄曲线与横轴相交于点 y_0，此时消费等于收入，储蓄等于 0；A 点左下方、在 45° 线以上的消费曲线上的各点，表示消费大于收入，相应的储蓄曲线位于横轴以下，有负储蓄；A 点右上方、位于 45° 线下方的消费曲线上的各点，表示消费小于收入，相应的储蓄曲线位于横轴以上，有正储蓄。

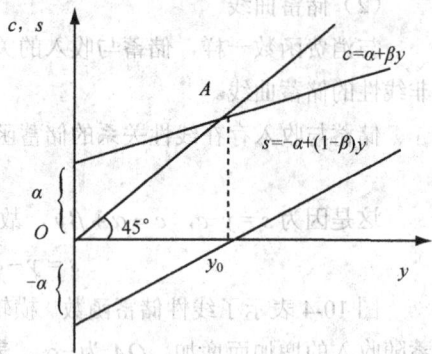

第二，由于 APC、MPC 都随着收入的增加而递减，但 $APC > MPC$，相应地，APS、MPS 都随着收入的增加而递增，但 $APS < MPS$。这一点在图 10-6 上表现为：消费曲线上任何一点与原点连线的斜率都大于消费曲线上该点的斜率，同时，y_0 点右上方的储蓄曲线上任何一点与原点连线的斜率都小于消费曲线上该点的斜率。

图 10-6　消费曲线与储蓄曲线的关系

第三，APC 与 APS 之和恒等于 1，MPC 与 MPS 之和也恒等于 1。这两个恒等式可以证明如下。

$y = c + s$，等式两边都除以 y，得 $\dfrac{y}{y} = \dfrac{c}{y} + \dfrac{s}{y}$，即

$$APC + APS = 1$$

由上式可得 $1 - APC = APS$，$1 - APS = APC$。

同样，由于 $\Delta y = \Delta c + \Delta s$，等式两边都除以 Δy，得

$$\frac{\Delta y}{\Delta y} = \frac{\Delta c}{\Delta y} + \frac{\Delta s}{\Delta y}$$

即

$$MPC + MPS = 1$$

由上式可得 $1 - MPC = MPS$，$1 - MPS = MPC$。

根据以上消费函数与储蓄函数的关系，只要知道其中的一个，另一个就可简单推算出来。

4. 社会消费函数

在以上分析的单个消费者的消费函数的基础之上，可以得出整个社会的消费函数，也就是总消费与总收入之间的函数关系。毫无疑问，社会消费函数是单个消费者消费函数之和，但社会消费函数并不是单个消费者消费函数的简单加总，社会消费函数的形成除了受消费者消费函数影响之外，还受到其他因素的影响，这些影响因素如下。

（1）国民收入分配的平等程度。社会成员因拥有的财富数量不同，便具有不同的消费能力与储蓄能力。国民收入分配越不平等，富有者拥有的社会财富越多，其储蓄能力越强，但其边际消费倾向较低，社会消费曲线的位置就较低。反之，国民收入分配较为平等，社会成员的边际消费倾向就较高，社会消费曲线的位置也就较高。

（2）政府的税收政策。如果实行的是累进个人所得税制，高收入者一些可能的储蓄就会转化为政府税收，政府将这部分税收以政府购买支出和政府转移支付的方式花费掉，会直接或间接增加消费，最终使得社会消费总量增加。这样，社会消费曲线就较高。

（3）公司未分配利润的数量。公司利润中未分配的数量较少，意味着股东得到了更多的红利，从而消费就多，社会消费曲线位置就较高。反之，公司利润中未分配的数量较多，社会消费数量就

少，社会消费曲线就靠下。

尽管社会消费曲线并非个人消费曲线的简单相加，但社会消费曲线与个人消费曲线的形状是相似的。

10.1.3 两部门经济中国民收入的决定及变动

1. 两部门经济中国民收入的决定

两部门经济中总需求与总供给组成部分中的任何一项，都会对国民收入产生影响。如果假定投资为自发投资，即投资是一个固定的量，不随收入的变动而变动，或者说投资 i 是一个常数，则可以分别依据消费函数与储蓄函数来求得均衡国民收入。

（1）消费与均衡国民收入的决定

由于收入恒等式为 $y = c + i$，$c = \alpha + \beta y$，将这两个方程联立并求解，就得到均衡收入，公式如下。

$$y = \frac{\alpha + i}{1 - \beta}$$

根据上式，如果已知消费函数与投资，便可求出均衡的国民收入。例如，消费函数为 $c = 600 + 0.8y$，自发投资为 200 亿美元，则均衡收入为

$$y = \frac{600 + 200}{1 - 0.8} = 4\,000$$

表 10-1 说明了消费函数 $c = 600 + 0.8y$ 和自发投资为 200 亿美元时的均衡收入决定情况。

表 10-1　　　消费函数 $c = 600 + 0.8y$ 和自发投资为 200 亿美元时均衡收入决定情况

收入 y	消费 c	储蓄 s	投资 I
1 000	1 400	-400	200
2 000	2 200	-200	200
3 000	3 000	0	200
4 000	3 800	200	200
5 000	4 600	400	200
6 000	5 400	600	200
7 000	6 200	800	200

表 10-1 中的数据表明，$y = 4\,000$ 亿美元时，$c = 3\,800$ 亿美元，$i = 200$ 亿美元，$y = c + i = 3\,800 + 200 = 4\,000$（亿美元），说明 4 000 亿美元是均衡收入。在收入小于 4 000 亿美元时，c 与 i 之和都大于相应的总供给，这意味着企业的产量小于市场需求。于是，企业增加工人的数量，增加生产，使均衡收入增加。相反，收入大于 4 000 亿美元时，c 与 i 之和都小于相应的总供给，这意味着企业的产量比市场需求多，产生了存货投资，这会迫使企业解雇一部分工人，减少生产，使均衡收入减少。两种不同情况变化的结果都是产量正好等于需求量，即总供求相等，收入达到均衡水平。

均衡收入的决定还可用图 10-7 来表示。图中的横

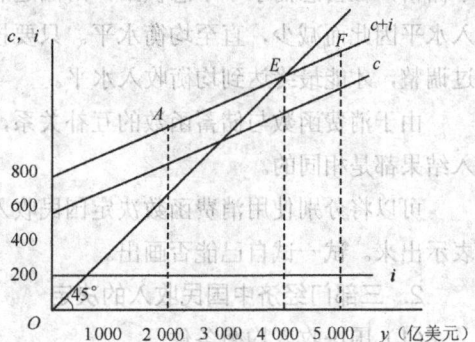

图 10-7　消费加投资决定国民收入

轴表示收入，纵轴表示消费、投资。消费曲线 c 上加投资曲线 i 就得到总支出曲线 $c+i$，因投资为自发投资，自发投资总等于 200 亿美元，故总支出曲线 $c+i$ 与消费曲线 c 是平行的，两条曲线在任何收入水平上的垂直距离都等于自发投资 200 亿美元。总支出曲线与45°线相交于 E 点，E 点为均衡点，E 点决定的收入是均衡收入 4 000 亿美元。如果经济处于总支出曲线 E 点之外的其他点上，就出现了总供求不相等的情况，这会引起生产的扩大与收缩，直至回到均衡点。比如，A 点的总需求为 2 400 亿美元，比总供给 2 000 亿美元多出 400 亿美元，这会使得国民收入增加，直到达到均衡的 4 000 亿美元为止。F 点的总需求为 4 800 亿美元，比总供给 5 000 亿美元少 200 亿美元，国民收入就会减少，直到达到均衡的 4 000 亿美元为止。

（2）储蓄与均衡国民收入的决定

由于 $y=c+i$，$y=c+s$，得 $i=y-c=s$。

而 $s=-\alpha+(1-\beta)y$。

将以上两个方程联立并求解，可得均衡收入为

$$y=\frac{\alpha+i}{1-\beta}$$

上例中，$c=600+0.8y$，$s=-600+(1-0.8)y=-600+0.2y$，$i=200$，令 $i=s$，即 $200=-600+0.2y$，得 $y=4\,000$（亿美元）。这一结果在表 10-1 中也体现出来，即 $y=4\,000$ 亿美元时，投资 i 与储蓄 s 正好相等，从而实现了均衡。可以看到，这一结果与使用消费决定均衡收入的方法得到的结果是一样的。

储蓄与均衡国民收入的决定也可以用图 10-8 表示。图中横轴表示收入，纵轴表示投资、储蓄。s 为储蓄曲线，由于储蓄随收入的增多而增多，故储蓄曲线向右上方倾斜。i 代表投资曲线，由于投资为自发投资，自发投资不随收入的变化而变化，其值总等于 200 亿美元，故投资曲线是一条水平线。储蓄曲线与投资曲线相交于 E 点，E 点为 $i=s$ 的均衡点，由 E 点决定的收入是均衡收入，即 4 000 亿美元。

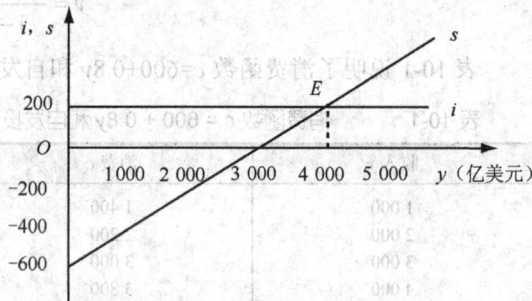

图 10-8 储蓄与投资相等决定国民收入

如果实际产量小于均衡收入，比如实际产量为 2 000 亿美元，此时的投资大于储蓄，社会总需求大于总供给，产品供不应求，存货投资为负，企业就会扩大生产，社会收入水平就会增加，直至均衡水平。反之，实际产量大于均衡收入，比如实际产量为 5 000 亿美元，此时的投资小于储蓄，社会总需求小于总供给，产品过剩，产生了非计划存货投资，企业就会缩小生产，社会收入水平因此而减少，直至均衡水平。只要投资与储蓄不相等，社会收入就处于非均衡状态，只有经过调整，才能最终达到均衡收入水平。

由于消费函数与储蓄函数的互补关系，无论使用哪种函数决定收入的方法，最后得到的均衡收入结果都是相同的。

可以将分别使用消费函数决定国民收入的方法与使用储蓄函数决定国民收入的方法在一个图中表示出来。试一试自己能否画出。

2．三部门经济中国民收入的决定

（1）国民收入均衡条件

三部门经济中，从总支出（即总需求）的角度看，国民收入由消费、投资、政府购买支出构成；

从总收入（即总供给）的角度看，国民收入由消费、储蓄、税收组成。因此，三部门经济的国民收入均衡条件是消费、投资、政府购买支出之和等于消费、储蓄、税收之和，即

$$c+i+g=c+s+t$$

消去等号两边的 c，便得到

$$i+g=s+t$$

上式是三部门经济的国民收入均衡条件，在此条件下的国民收入就是均衡收入。

（2）不同税收形式下的收入决定

税收可以分为定量税与比例税两种，定量税是不随收入变动而变动的税收，比例税则是与收入变动相关的税收。定量税与比例税对均衡收入产生不同的影响。

先看定量税的情况。

假定有消费函数 $c=1\,000+0.8y_d$，y_d 为可支配收入，定量税 $t=50$，投资 $i=100$，政府购买性支出 $g=150$，以上数字的单位均为亿美元。

根据以上条件可得 $y_d=y-t=y-50$。

又由于

$$s=-\alpha+(1-\beta)y_d$$
$$=-1\,000+(1-0.8)(y-50)$$
$$=0.2y-1\,010$$

将已知和已求出的变量代入经济均衡的公式 $i+g=s+t$ 中，即

$$100+150=(0.2y-1\,010)+50，求解，得出均衡收入为$$

$$y=6\,050（亿美元）$$

如果其他条件不变，税收形式由定量税改为比例税，税率为 0.25，

则税收 $t=0.25\,y$，可支配收入 $y_d=y-t=y-0.25y=0.75y$，相应地，

储蓄

$$s=-\alpha+(1-\beta)y_d$$
$$=-1\,000+(1-0.8)\times0.75y$$
$$=0.15y-1\,000$$

此时也将已知和已求出的变量代入经济均衡的公式 $i+g=s+t$ 中，即

$$100+150=0.15y-1\,000+0.25\,y，求解，得出均衡收入为$$

$$y=3\,125（亿美元）$$

从以上的例子可以看出不同的税收政策将导致不同的均衡收入。

3. 四部门经济中国民收入的决定

四部门经济是开放经济，国家之间通过对外贸易等形式与其他国家建立了经济联系。所以，一个国家均衡的国民收入不仅决定于国内的消费、投资、政府购买支出，还决定于其净出口，即

$$y=c+i+g+(x-m)$$

上式中的各个组成部分进行如下分解。

$$c=\alpha+\beta y_d$$

$y_d=y-T+TR$，其中，T 为总税收，TR 为政府转移支付。

$T=T_0+ty$，其中 T_0 为定量税，ty 为比例税收量。

$i = \bar{i}$，假定投资既定。

$g = \bar{g}$，假定政府购买既定。

$TR = \overline{TR}$，假定政府转移支付既定。

$x = \bar{x}$，假定出口既定。

$m = m_0 + \theta y$，式中：m_0 为自发进口，即不受国民收入变化影响的进口，θ 为边际进口倾向，

$\theta = \dfrac{\Delta m}{\Delta y}$，$\theta y$ 为引致进口。

经整理，得到四部门经济的均衡的国民收入为

$$y = \frac{1}{1 - \beta(1-t) + \theta}(\alpha + \bar{i} + \bar{g} - \beta T_0 + \beta TR + \bar{x} - m_0)$$

10.1.4 乘数论

不论从总需求看，还是从总供给看，组成国民收入的任何一个因素（比如投资、政府购买、税收等）在数量上的变动都会对国民收入数量的变动产生影响。乘数理论就是要说明国民收入变动量与引起这种变动量的某一因素变动量在数量上的对比关系。

1. 投资乘数

（1）投资乘数的概念与公式

投资乘数就是收入的变化量与带来收入变化量的投资变化量的比率。如果用 k_i 表示投资乘数，用 Δy 表示收入的增量，用 Δi 表示投资的增量，则投资乘数用公式可表示为

$$k_i = \frac{\Delta y}{\Delta i}$$

由于收入与投资是同方向变动关系，故 $k_i > 0$，即投资乘数为正数。

（2）投资乘数原理

假定某企业决定新建一个工厂投资为 100 亿美元，这些投资增量是用来购买生产所用的劳动、资本、土地、企业家才能等生产要素的，于是，100 亿美元就相应地以工资、利息、地租、利润等形式成为要素所有者即居民的收入而流入到居民手中，社会收入就增加了 100 亿美元。居民收入增加了 100 亿美元后，因 $\beta=0.8$，故居民会有 80 亿美元的消费支出，生产部门相应得到出售产品的 80 亿美元。生产部门用此 80 亿美元购买 80 亿美元的生产要素，80 亿美元就以工资、利息、地租、利润等形式又流回到居民手中，即社会收入增加了 80 亿美元。在边际消费倾向仍然是 0.8 的条件下，居民会有 64 亿美元的消费支出，生产部门就相应得到 64 亿美元，而生产部门又用此购买 64 亿美元的生产要素，64 亿美元便以工资、利息、地租、利润等形式流回到居民手中，社会收入因此而增加了 64 亿美元。在不变的 $\beta=0.8$ 条件下，居民消费会有 51.2 亿美元，生产部门得到 51.2 亿美元。生产部门再购买 51.2 亿美元的生产要素——51.2 亿美元以工资、利息、地租、利润等形式又流回到居民手中，社会收入再次增加，增加了 51.2 亿美元。这样的过程不断持续下去，投资、收入、消费就一轮一轮地增加，最终的社会收入会增加 500 亿美元。可以用以下公式表示出收入的增加。

$$100 + 80 + 64 + 51.2 + \cdots$$
$$= 100 + 100 \times 0.8 + 100 \times 0.8^2 + 100 \times 0.8^3 + \cdots + 100 \times 0.8^{n-1}$$
$$= 100\ (1 + 0.8 + 0.8^2 + 0.8^3 + \cdots + 0.8^{n-1})$$
$$= 100\frac{1}{1-0.8} = 500\ (\text{亿美元})$$

$\dfrac{500}{100} = 5$ 就是投资乘数。

很显然，根据以上例子，投资乘数公式又可写为

$$k_i = \frac{1}{1-\beta}$$

又由于 $1-\beta = MPS$，投资乘数又可表示为

$$k_i = \frac{1}{MPS}$$

可见，投资乘数与边际消费倾向成正比，与边际储蓄倾向成反比，且 $k_i > 0$，即收入的变化量与投资变化量呈同方向变动。

（3）投资乘数效应图示

如图 10-9 所示，横轴表示收入，纵轴表示消费与投资，$c+i$ 表示原有的总支出曲线，相应的均衡收入为 y_l；$c+i_n$ 表示新的总支出曲线，$i_n = i + \Delta i$，相应的均衡收入为 y_n，$y_n - y_l = \Delta y = k_i \cdot \Delta i$。当投资增加 100 亿美元即 $\Delta i = 100$ 时，收入增加 500 亿美元，即 $\Delta y = 5 \times 100 = 500$（亿美元）。

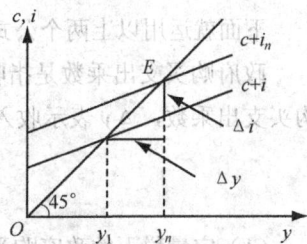

（4）投资乘数是一把"双刃剑"

以上例子和图示说明了投资增加会导致收入成倍增加，同时，

图 10-9　乘数效应

如果投资减少，收入则成倍减少。这就是说，无论是增加的投资还是减少的投资，都具有乘数作用，都会对收入产生或增加或减少的作用。因而，投资乘数是一把"双刃剑"。

（5）影响投资乘数作用发挥的因素

在现实生活中，投资增加对国民收入增加的影响即投资乘数作用与社会的经济状况有密切关系，以下四个因素影响着投资乘数作用的发挥。第一，经济中为零或较小的过剩生产能力。如果经济中没有过剩的生产能力或者过剩的生产能力较小，增加投资只会引起总需求的增长，却不会或难以使生产增加，最终结果只能是物价水平上升。只有在社会过剩的生产能力大、社会的闲置资源比如生产设备、劳动力等数量多的情况下，增加投资才会较充分利用闲置资源，从而更多地增加国民收入。第二，投资与储蓄的关联性。如果投资与储蓄的联系非常密切，投资增加会产生对货币需求的增长，从而提高利率水平，进而引起储蓄增加，消费相应减少，最终部分抵消投资增加对国民收入增加的影响。反之，只有投资与储蓄独立性较强时，投资增加才不会使利率上升，也就不会增加储蓄和减少消费，收入自然就能增多。第三，货币供给量的非适应性。如果货币供给量不能随投资的增加而增加，即投资增加得不到货币的相应支持，投资增加只会增加货币需求，促使利率上升，从而抑制总需求水平的提高，国民收入的增长就会遇到阻碍。第四，投资的外购性。如果增加的投资用于购

买进口的生产要素，则不会对国内的总需求产生什么影响，也就不会增加多少国民收入。

2. 政府购买乘数

如果税收为定量税，三部门经济的总支出或总需求为

$$y = c + i + g = \alpha + \beta(y - T + TR) + i + g$$

整理后，得定量税下均衡国民收入公式为

$$y = \frac{\alpha + i + g - \beta T + \beta TR}{1 - \beta}$$

其中的税收 T 是定量税。

如果定量税之外再加上比例税，三部门经济的总支出或总需求的公式会有一些变化。

定量税、比例税并存条件下的可支配收入为

$$y_d = y - T - ty + TR = y(1-t) - T + TR$$

$$y = c + i + g$$

$$= \alpha + \beta(y - T - ty + TR) + i + g$$

$$= \alpha + \beta y(1-t) - \beta T + \beta TR + i + g$$

整理后，得定量税、比例税并存条件下的均衡国民收入的公式为

$$y = \frac{\alpha + i + g - \beta T + \beta TR}{1 - \beta(1-t)}$$

下面就运用以上两个公式，分别分析政府购买支出乘数、税收乘数、政府转移支付乘数等。

政府购买支出乘数是指收入变动与引起收入变动的政府购买支出变动的比率。用 k_g 表示政府购买支出乘数，Δy 表示收入变动，Δg 表示政府购买支出变动，则有

$$k_g = \frac{\Delta y}{\Delta g}$$

（1）定量税下的政府购买支出乘数

假定除 g 之外，组成收入的其他因素保持不变，当政府购买支出从 g_1 变为 g_2 时，收入分别为

$$y_1 = \frac{\alpha + i + g_1 - \beta T + \beta TR}{1 - \beta}$$

$$y_2 = \frac{\alpha + i + g_2 - \beta T + \beta TR}{1 - \beta}$$

$$y_2 - y_1 = \Delta y = \frac{g_2 - g_1}{1 - \beta} = \frac{\Delta g}{1 - \beta}$$

整理得 $\dfrac{\Delta y}{\Delta g} = k_g = \dfrac{1}{1 - \beta}$

可见，政府购买支出乘数等于1减去边际消费倾向 β 的倒数，与边际消费倾向 β 成正比。由于 $1 - \beta > 0$，故 $k_g > 0$，即收入变动与政府购买支出变动呈同方向变动。

（2）定量税与比例税并存条件下的政府购买支出乘数

同样假定除 g 之外，组成收入的其他因素保持不变，当政府购买支出从 g_1 变为 g_2 时，收入分别为

$$y_1 = \frac{\alpha + i + g_1 - \beta T + \beta TR}{1 - \beta(1-t)}$$

$$y_2 = \frac{\alpha + i + g_2 - \beta T + \beta TR}{1 - \beta(1-t)}$$

$$y_2 - y_1 = \Delta y = \frac{g_2 - g_1}{1 - \beta(1-t)} = \frac{\Delta y}{1 - \beta(1-t)}$$

整理得 $\dfrac{\Delta y}{\Delta g} = k_g = \dfrac{1}{1 - \beta(1-t)}$

可见，政府购买支出乘数与比例税 t 成反比。

显然，定量税、比例税并存条件下的政府购买支出乘数小于仅有定量税的政府购买支出乘数。

3. 税收乘数

税收乘数是指收入变动与引起收入变动的税收变动的比率。用 k_T 表示税收乘数，Δy 表示收入变动，ΔT 表示税收变动，则有

$$k_T = \frac{\Delta y}{\Delta T}$$

$$\frac{\Delta y}{\Delta T} = k_T = \frac{-\beta}{1 - \beta}$$

上式为定量税下的税收乘数的另外一种表达式。试着自己推导出来。

可见，税收乘数等于边际消费倾向 β 与 1 减去边际消费倾向 β 之比的负值，$k_T < 0$ 表明收入变动与税收变动呈反方向变动。

定量税与比例税并存条件下的定量税收乘数是

$$k_T = \frac{-\beta}{1 - \beta(1-t)}$$

可见，定量税收乘数与税率 t 成正比。

显然，定量税、比例税并存条件下的税收乘数的绝对值小于仅有定量税的税收乘数的绝对值。

4. 政府转移支付乘数

政府转移支付的增加，会增加居民的可支配收入，社会消费因此而增加，从而国民收入增加。所以，政府转移支付也具有乘数作用。

政府转移支付乘数是指收入变动与引起收入变动的政府转移支付变动的比率。用 k_{TR} 表示政府转移支付乘数，Δy 表示收入变动，ΔTR 表示政府转移支付变动，则有

$$k_{TR} = \frac{\Delta y}{\Delta TR}$$

定量税下的政府转移支付乘数的另外一种表达式为

$$\frac{\Delta y}{\Delta TR} = k_{TR} = \frac{\beta}{1 - \beta}$$

可见，政府转移支付乘数等于边际消费倾向 β 与 1 减去边际消费倾向 β 的倒数，政府转移支付乘数与边际消费倾向 β 成正比，且政府转移支付乘数为正值，表明收入变动与政府转移支付变动成正比。

定量税与比例税并存条件下的政府转移支付乘数可表示为

$$k_{TR} = \frac{\beta}{1 - \beta(1-t)}$$

可见，政府转移支付乘数与税率 t 成反比。

显然，定量税、比例税并存条件下的政府转移支付乘数小于仅有定量税的政府转移支付乘数。

5. 平衡预算乘数

平衡预算乘数是指政府支出和政府收入同时以相等的数量增加或减少时，国民收入变动与政府收支变动的比率。

用 k_b 表示平衡预算乘数，Δy 表示政府支出和政府收入同时以相等的数量变动时国民收入的变动量，则有

$$\Delta y = k_g \Delta g + k_T \Delta T = \frac{1}{1-\beta}\Delta g + \frac{-\beta}{1-\beta}\Delta T$$

由于政府支出和政府收入相等，即 $\Delta g = \Delta T$，所以可得

$$\Delta y = \frac{1}{1-\beta}\Delta g + \frac{-\beta}{1-\beta}\Delta g = \frac{1-\beta}{1-\beta}\Delta g = \Delta g$$

同样得 $\Delta y = \dfrac{1}{1-\beta}\Delta T + \dfrac{-\beta}{1-\beta}\Delta T = \dfrac{1-\beta}{1-\beta}\Delta T = \Delta T$

因而，$\dfrac{\Delta y}{\Delta g} = \dfrac{\Delta y}{\Delta T} = \dfrac{1-\beta}{1-\beta} = 1 = k_b$

上式是定量税条件下的平衡预算乘数，可见，定量税条件下的平衡预算乘数等于1。

在定量税、比例税并存条件下，平衡预算乘数则小于1，即

$$k_b = \frac{1-\beta}{1-\beta(1-t)}$$

由于 $1-\beta < 1-\beta(1-t)$，故而 $k_b < 1$。

6. 对外贸易乘数

上一节曾推导出如下公式。

$$y = \frac{1}{1-\beta(1-t)+\theta}(\alpha + \bar{i} + \bar{g} - \beta T_0 + \beta TR + \bar{x} - m_0)$$

则对外贸易乘数为 $\dfrac{dy}{d\bar{x}} = \dfrac{1}{1-\beta(1-t)+\theta}$

对外贸易乘数表明，在 β 与 t 既定的条件下，对外贸易乘数取决于 θ，二者呈反方向变动。由于 $\theta = \dfrac{\Delta m}{\Delta y}$，即增加的收入中有一部分用于进口而未用于国内需求，对外贸易乘数就小于政府购买支出乘数 $\dfrac{1}{1-\beta(1-t)}$。

10.2 IS—LM模型

本节在简单国民收入决定理论的基础上，引进货币市场，关注利率变化的影响，构建 IS—LM 模型。由产品市场与货币市场的同时均衡，说明国民收入的决定。本节仍然假定有效需求不足导致了经济处于低于充分就业的状态，需求的增加只增加收入，不会提高价格。

通过本节的学习，应当掌握投资的概念及其影响因素，掌握 IS 曲线和 LM 曲线的概念及其移动，掌握货币需求动机和货币需求函数，了解利率的决定，掌握 IS—LM 模型的分析方法和凯恩斯主义的主要理论内容。

IS—LM模型

10.2.1 投资的决定

现实经济社会中的投资含义很多，本章所分析的投资是指资本的形成，即社会实际资本的增加，包括厂房、设备、新住宅的增加等，其中主要是指厂房、设备的增加。从价值形态讲，投资就是增加厂房、设备所投入的货币量

1. 资本边际效率

（1）贴现率和现值的公式

下面举例对贴现率和现值加以说明。假定本金为 100 美元，年利息率为 5%，则

第 1 年本利之和为 $100 \times (1+5\%) = 105$

第 2 年本利之和为 $105 \times (1+5\%) = 100 \times (1+5\%)^2$

$$= 110.25$$

第 3 年本利之和为 $110.25 \times (1+5\%) = 100 \times (1+5\%)^3$

$$= 115.76$$

依此可类推以后各年的本利之和。

如果以 r 表示利率，R_0 表示本金，R_1、R_2、R_3、$\cdots$、R_n 分别表示第 1 年、第 2 年、第 3 年、$\cdots$、第 n 年本利之和，则各年本利之和为

$$R_1 = R_0(1+r)$$
$$R_2 = R_1(1+r) = R_0(1+r)^2$$
$$R_3 = R_2(1+r) = R_0(1+r)^3$$
$$\cdots\cdots$$
$$R_n = R_0(1+r)^n$$

现在将以上的问题逆向分析，即已知利率 r 和各年的本利之和，利用以上公式求本金。仍使用以上具体数字为例。已知 1 年后的本利之和 R_1 为 105 美元，利率 r 为 5%，则可以求得本金 R_0。

$$R_0 = \frac{R_1}{1+r} = \frac{105}{1+5\%} = 100 \text{（美元）}$$

上式求出的 100 美元就是在利率为 5%时，1 年后所获得的本利之和 105 元的现值。以同样的方

法，可以求出以后各年本利之和的现值，这些现值都是 100 美元。从以上例子中，可以得出现值的一般公式为

$$R_0 = \frac{R_n}{(1+r)^n}$$

这里的 r 就可以认为是贴现率，R_0 就是 n 年后 R_n 元的现值。

（2）资本边际效率的概念及其公式

利用现值可以说明资本边际效率（MEC）。假定某企业花费 50 000 美元购买一台设备，该设备使用期为 5 年，5 年后该设备损耗完毕；再假定除设备外，生产所需的人工、原材料等成本不予考虑；以后 5 年里各年的预期收益分别为 12 000 美元、14 400 美元、17 280 美元、20 736 美元、24 883.2 美元，这些预期收益是预期毛收益。

如果贴现率为 20%，则 5 年内各年预期收益的现值之和正好等于 50 000 美元，即

$$R_0 = \frac{12000}{(1+20\%)} + \frac{14400}{(1+20\%)^2} + \frac{17280}{(1+20\%)^3} + \frac{20736}{(1+20\%)^4} + \frac{24883.2}{(1+20\%)^5}$$

$$= 10\,000 + 10\,000 + 10\,000 + 10\,000 + 10\,000$$

$$= 50\,000（美元）$$

上例中，20% 的贴现率表明了一个投资项目每年的收益必须按照固定的 20% 的速度增长，才能实现预期的收益，故贴现率也代表投资的预期收益率。

可以将上例用一般公式表达如下

$$R = \frac{R_1}{(1+r)} + \frac{R_2}{(1+r)^2} + \frac{R_3}{(1+r)^3} + \cdots + \frac{R_n}{(1+r)^n}$$

式中的 R 为投资品在各年预期收益的现值之和，也是资本品的价格，r 为资本边际效率。

因此，资本边际效率是一种贴现率，这种贴现率（也代表投资的预期收益率）使一项资本品在使用期内各个预期收益的现值之和正好等于该资本品的供给价格或重置成本。

显然，作为预期收益率的资本边际效率如果大于市场利率，就值得投资；反之，如果资本边际效率小于市场利率，就不值得投资。在资本边际效率既定的条件下，市场利率越低，投资的预期收益率相对而言也就会越高，投资就越多；而市场利率越高，投资的预期收益率相对而言也就会越低，投资就越少。因此，与资本边际效率相等的市场利率是企业投资的最低参考界限，所以，可将资本边际效率与投资的反方向变动关系表现为市场利率与投资量的反方向变动关系，如图 10-10 所示。

如图 10-10 所示，横轴表示投资量，纵轴表示资本边际效率或利率，MEC 为资本边际效率曲线。资本边际效率曲线向右下方倾斜，表示投资量与利率之间存在反方向变动关系，即利率越高，投资量越小；利率越低，投资量越大。

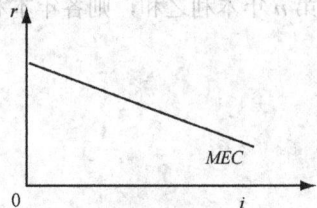

图 10-10　资本边际效率曲线

2. 投资边际效率

以上对资本边际效率曲线的分析，仅仅涉及一个企业的投资活动，分析的是一个企业的投资受利率影响的状况，并没有把这一企业的投资活动与其他企业的投资活动联系在一起。实际上，所有企业的投资都会受到利率的影响，如果把一个企业的投资活动纳入到所有企业都参与的整个社会范围内，在此条件下的某一特殊企业的投资与利率的数量关系会发生一些变化，从而该企业的资本边

际效率曲线也就发生位置的移动。比如，当市场利率下降时，如果经济社会中的每个企业都增加投资，就会增加对资本品的需求，从而推动资本品的价格上升。资本品价格的上升，表现在资本边际效率式中，就是资本品供给价格 R 增大，在预期收益 R_1、R_2、R_3、$\cdots$、R_n 不变的假定下，必然要求资本边际效率 r 减少，以保持等号两边相等。由于资本品供给价格的上升，缩小后的资本边际效率就叫投资边际效率（MEI）。图 10-11 中的 r_i 就是投资边际效率。很明显，投资边际效率 r_i 是资本边际效率 r_c 的一部分，是缩小后的资本边际效率，资本边际效率 r_c 的缩小量是 $r_c r_i$。

从图 10-11 中可以看出，MEI 曲线与 MEC 曲线一样，都表现出了投资与利率之间的反方向变动关系。由于 $MEI < MEC$，故 MEI 曲线比 MEC 曲线陡峭。同时，MEI 曲线表示的利率变动对投资变动的影响小于 MEC 曲线表示的利率变动对投资变动的影响。由于投资边际效率的分析更符合经济的现实，所以，更准确地表示投资与利率关系的曲线是 MEI 曲线。于是，就用 MEI 曲线表示投资与利率的关系，即用 MEI 曲线表示投资曲线，以后所涉及的投资曲线，就是指 MEI 曲线。

图 10-11　资本边际效率曲线 MEC 与投资边际效率曲线 MEI

3. 投资函数

以上分析的投资与利率之间的反方向变动关系就是投资函数，投资函数可表示为

$$i=f(r)$$

一个较为具体的投资函数表达式是

$$i=e-dr$$

式中，e 为自发投资，即不受利率影响的投资；d 是投资对利率变动的反应程度，表示利率变动一定幅度时投资的变动程度，可称 d 为利率对投资需求的影响系数或投资的利率弹性，可简单表示为 $d=\dfrac{\Delta i}{\Delta r}$；$r$ 为实际利率，即名义利率与通货膨胀率的差额；dr 为引致投资，即受利率影响的投资。投资函数表达式表明，投资是自发投资与引致投资之和，且投资与利率之间存在反方向变动关系。

10.2.2　IS 曲线

1. IS 曲线的概念与推导

上一节分析两部门经济的消费与均衡国民收入的决定时，曾得到如下均衡收入公式

$$y=\frac{\alpha+i}{1-\beta}$$

又因为

$$i=e-dr$$

将 $i=e-dr$ 式代入 $y=\dfrac{\alpha+i}{1-\beta}$ 中，均衡收入公式就变为

$$y=\frac{\alpha+e-dr}{1-\beta}$$

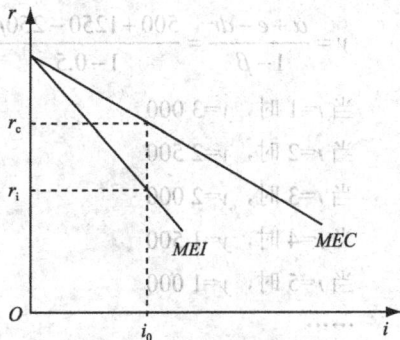

上式表明均衡的国民收入与利率之间存在反方向变动关系。下面用例子来说明。本例中的单位为亿美元。

假设投资函数 $i=1\,250-250r$，消费函数 $c=500+0.5y$，相应的储蓄函数 $s=-\alpha+(1-\beta)y=500+(1-0.5)y=-500+0.5y$，根据 $y=\dfrac{\alpha+e-dr}{1-\beta}$ 式可得

$$y=\frac{\alpha+e-dr}{1-\beta}=\frac{500+1250-250r}{1-0.5}=3500-500r$$

当 $r=1$ 时，$y=3\,000$

当 $r=2$ 时，$y=2\,500$

当 $r=3$ 时，$y=2\,000$

当 $r=4$ 时，$y=1\,500$

当 $r=5$ 时，$y=1\,000$

……

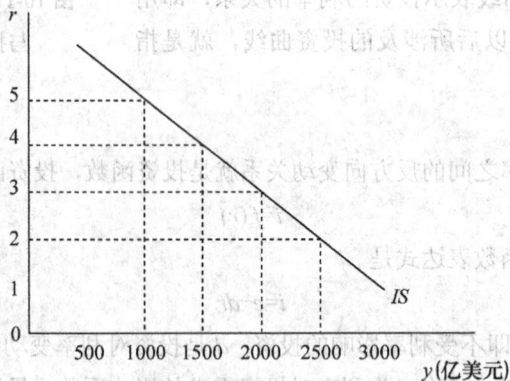

图 10-12　IS 曲线

如果用横轴代表收入，纵轴代表利率，由此便得到一条向右下方倾斜的曲线。这条向右下方倾斜的曲线就是 IS 曲线，如图 10-12 所示。IS 曲线是表示在投资与储蓄相等的产品市场均衡条件下，利率与收入组合点的轨迹。IS 曲线上任何一点都代表一定的利率与收入的组合，在任何一个组合点上，投资与储蓄都相等，即产品市场是均衡的，故把这条曲线称作 IS 曲线。

IS 曲线是从表示投资与利率关系的投资函数、储蓄与收入关系的储蓄函数，以及使投资与储蓄相等的关系中推导出来的。IS 曲线的推导还可以用图 10-13 来描述。

（1）在图 10-13（a）中，横轴表示投资，纵轴表示利率，投资曲线表示投资是利率的减函数，该曲线是根据上例中的投资函数 $i=1\,250-250r$ 画出来的。

（2）在图 10-13（b）中，横轴表示投资，纵轴表示储蓄，从原点出发的倾角为 45° 的直线上的任何一点，都表示投资与储蓄相等。

（3）在图 10-13（c）中，横轴表示收入，纵轴表示储蓄，储蓄曲线表示储蓄是国民收入的增函数，该曲线是根据上例中的储蓄函数 $s=-500+0.5y$ 画出来的，比如，图（a）中的 $r=3$ 时，$i=500$；图（b）中由于 $s=i$，储蓄也就等于 500；在图（c）中，由储蓄函数 $s=-500+0.5y$ 可知，与 500 储蓄相对应的收入应当是 2\,000。当然，如果利率 r 上升到 4，投资就减少到 250，储蓄也是 250，均

衡收入就减少到 1 500。

图 (c) 储蓄函数 $s=-\alpha+(1-\beta)y$　　图 (b) 投资储蓄均衡 $i=s$

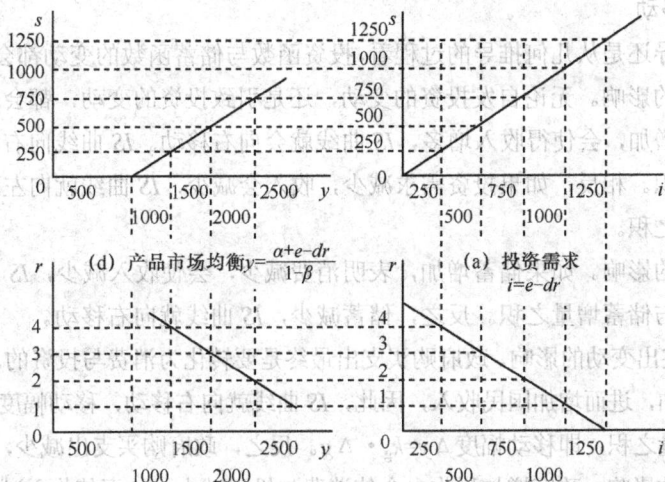

图 (d) 产品市场均衡 $y=\dfrac{\alpha+e-dr}{1-\beta}$　　图 (a) 投资需求 $i=e-dr$

图 10-13　IS 曲线的推导

（4）在图 10-13（d）中，横轴表示收入，纵轴表示利率。当利率为 3 时，收入为 2 000；利率为 4 时，收入为 1 500；利率为 5 时，收入为 1 000，等等。每一利率下的收入，都是通过 $s=i$ 得到的。将均衡利率与均衡收入的众多数量组合点连接起来，就得到了 IS 曲线。由于 IS 曲线代数式 $y=\dfrac{\alpha+e-dr}{1-\beta}$ 表明收入是利率的减函数，所以 IS 曲线是向右下方倾斜的。

2. IS 曲线的斜率

将 $y=\dfrac{\alpha+e-dr}{1-\beta}$ 式改写成：$r=\dfrac{\alpha+e}{d}-\dfrac{1-\beta}{d}y$。

式中 y 前面的系数 $-\dfrac{1-\beta}{d}$ 就是 IS 曲线的斜率。由于收入是利率的减函数，故 IS 曲线的斜率为负。为了更方便地比较 IS 曲线斜率的大小，取斜率 $-\dfrac{1-\beta}{d}$ 的绝对值 $\left|-\dfrac{1-\beta}{d}\right|$。显然，IS 曲线的斜率既取决于 β，也取决于 d。

β 是边际消费倾向。如果 β 较大，意味着投资乘数就大，即投资较小的变动会引起收入较大的增加，因而 IS 曲线就较平缓，表明 IS 曲线的斜率的绝对值就小。反之，β 较小，IS 曲线的斜率的绝对值就大。所以，IS 曲线的斜率的绝对值与 β 成反比。

d 是投资对利率变动的反应程度，表示利率变动一定幅度时投资的变动程度。如果 d 较大，表示投资对利率反应比较敏感，即利率较小的变动引起投资较大的变动，进而引起收入的更多增加，IS 曲线就较平缓，IS 曲线斜率的绝对值就小。反之，d 较小，IS 曲线斜率的绝对值大。所以，IS 曲线斜率的绝对值与 d 成反比。

另外，在三部门经济中，由于存在政府购买性支出与税收，消费是个人可支配收入的函数，即 $c=\alpha+\beta(1-t)y$，则 IS 曲线斜率的绝对值就变为 $\dfrac{1-\beta(1-t)}{d}$。在 β 和 d 既定时，t 越小，投资乘数就越大，收入增加就越多，*IS* 曲线就越平缓，于是 *IS* 曲线斜率的绝对值就越小。反之，*t* 越大，*IS* 曲线斜率的绝对值就大。因此，*IS* 曲线斜率的绝对值与 *t* 成正比。

3. *IS* 曲线的移动

不论从公式推导还是从几何推导的过程看，投资函数与储蓄函数的变动都会使 *IS* 曲线发生移动。

（1）投资变动的影响。无论自发投资的变动，还是引致投资的变动，都会使得投资需求发生变化。如果投资需求增加，会使得收入增多，*IS* 曲线就会向右移动。*IS* 曲线向右移动的幅度等于投资乘数与投资增量之积。相反，如果投资需求减少，收入会减少，*IS* 曲线就向左移动，移动幅度为投资乘数与投资增量之积。

（2）储蓄变动的影响。如果储蓄增加，表明消费减少，会使收入减少，*IS* 曲线就向左移动，移动幅度为投资乘数与储蓄增量之积。反之，储蓄减少，*IS* 曲线就向右移动。

（3）政府购买支出变动的影响。政府购买支出最终是要转化为消费与投资的。政府购买支出增加，会使消费与投资增加，进而增加国民收入，因此，*IS* 曲线就向右移动，移动幅度为政府购买支出乘数与政府购买支出增量之积，即移动幅度 $\Delta y = k_g \cdot \Delta g$。反之，政府购买支出减少，*IS* 曲线就向左移动。

（4）税收变动的影响。政府增加税收，会使消费与投资减少，从而使收入减少，*IS* 曲线就向左移动，移动幅度为税收乘数与税收增量之积，即移动幅度 $\Delta y = -k_T \cdot \Delta T$。税收减少，*IS* 曲线则向右移动。

10.2.3 利率的决定

1. 货币的供求决定利率

以上两节的内容说明了投资的决定因素是利率，但利率又是由什么因素决定的呢？对这个问题，古典学派认为，投资与储蓄都与利率相关，投资是利率的减函数，即利率越高，投资越少，利率越低，投资越多；储蓄是利率的增函数，即利率越高，储蓄越多，利率越低，储蓄越少；投资与储蓄相等时，利率就确定下来了。但是，宏观经济学的奠基人凯恩斯则认为，利率不是由投资与储蓄决定的，利率是由货币的供给量与货币的需求量决定的。由于货币的实际供给量是由代表国家对金融运行进行管理的中央银行控制的，因而，实际供给量是一个外生变量，在分析利率决定时，只需分析货币的需求就可以了。

宏观经济学——
利率

2. 货币的需求动机

货币的需求是指个人与企业在不同条件下出于各种考虑而产生的对货币的需要。

凯恩斯认为个人与企业需要货币出于三种动机。

一是交易动机。交易动机是指个人与企业为了正常的交易活动而需要货币的动机。比如，个人购买消费品需要货币，企业购买生产要素也需要货币。尽管收入、商业制度、交易惯例等都影响着交易所需的货币量，但出于交易动机的货币需求量主要决定于收入，收入越多，用于交易的货币量就越多；收入越少，用于交易的货币量就越少。

二是谨慎动机或预防性动机。谨慎动机或预防性动机是指为预防诸如事故、疾病、失业等意外开支而需要事先持有一部分货币的动机。交易动机下的货币交易需求主要用于即时支出，预防性动机下的货币需求则用于以后的支出。货币的预防性需求产生于个人今后收入与支出的不确定性，其量的多少尽管取决于个人的预期与判断，但从全社会来看，出于预防性动机的货币需求仍然取决于收入，其量的多少与收入成正比。

三是投机动机。投机动机是指人们为了抓住有利的购买有价证券的机会而持有货币的动机。假定财富的形式有两种，一种是货币，一种是有价证券。人们在货币与有价证券之间进行选择以确定保留财富的形式。对货币与有价证券进行选择，就是利用利率与有价证券价格的变化进行投机。有价证券的价格与有价证券的收益成正比，与利率成反比，即

$$有价证券的价格 = \frac{有价证券收益}{利率}$$

可见，有价证券的价格会随着利率的变化而变化，人们对有价证券和货币的选择也就随利率的变化而变化。市场利率越高，则意味着有价证券的价格越低，当预计有价证券的价格不会再降低而是将要上升时，人们就会抓住有利的机会，用货币低价买进有价证券，以便今后证券价格升高后高价卖出，于是，人们手中出于投机动机而持有的货币量就会减少。相反，市场利率越低，则意味着有价证券的价格越高，当预计有价证券的价格再也不会上升而将要下降时，人们就会抓住时机将手中的有价证券卖出，于是，人们手中出于投机动机而持有的货币量就会增加。由此可见，对货币的投机需求取决于利率，其需求量与利率成反比。

3. 货币需求函数

（1）货币的交易需求函数

由于出于交易动机与预防性动机的货币需求量都取决于收入，所以把出于交易动机与预防性动机的货币需求量统称为货币的交易需求量，并用 L_1 来表示，用 y 表示实际收入，那么货币的交易需求量与收入的关系可表示为

$$L_1 = f(y)$$

具体表达式为

$$L_1 = ky$$

式中的 k 为货币的交易需求量对实际收入的反应程度，也可叫货币需求的收入弹性，可简单表示为 $k = \dfrac{\Delta L_1}{\Delta y}$。$L_1 = ky$ 式反映出货币的交易需求量与实际收入之间的同方向变动关系。

（2）货币的投机需求函数

货币的投机需求取决于利率，如果用 L_2 表示货币的投机需求，用 r 表示利率，则货币的投机需求与利率的关系可表示为

$$L_2 = f(r)$$

具体表达式为

$$L_2 = w_0 - hr$$

式中的 w_0 为投机者的全部金融资产的实际货币值，h 为货币的投机需求量对实际利率的反应程度，可以称作货币需求的利率弹性，可简单表示为 $h = \dfrac{\Delta L_2}{\Delta r}$。$L_2 = w_0 - hr$ 式反映出货币的投机需求量与实际利率之间的反方向变动关系。

（3）货币的需求函数

对货币的总需求就是对货币的交易需求与对货币的投机需求之和，因此，货币的需求函数 L 就表示为

$$L=L_1+L_2=ky+w_0-hr$$

（4）货币需求曲线

货币需求函数如图 10-14 所示。图 10-14（a）中的横轴表示货币需求量或货币供给量，纵轴表示利率。L_1 为货币的交易需求曲线，由于 L_1 取决于收入，与利率无关，故其是一条垂线。L_2 为货币的投机需求曲线，它最初向右下方倾斜，表示货币的投机需求量随利率的下降而增加，即货币的投机需求与利率呈反方向变动；货币投机需求曲线的右下端为水平状，在这一区段，即使货币供给增加，利率也不会降低。图 10-14（b）中的曲线 L 为包括货币的交易需求与投机需求在内的货币需求曲线，其上的任何一点表示的货币需求量都是相应的货币交易需求量与投机需求量之和。L 曲线向右下方倾斜，表示货币需求量与利率之间的反方向变动关系，即利率上升时，货币需求量减少；利率下降时，货币需求量增多。

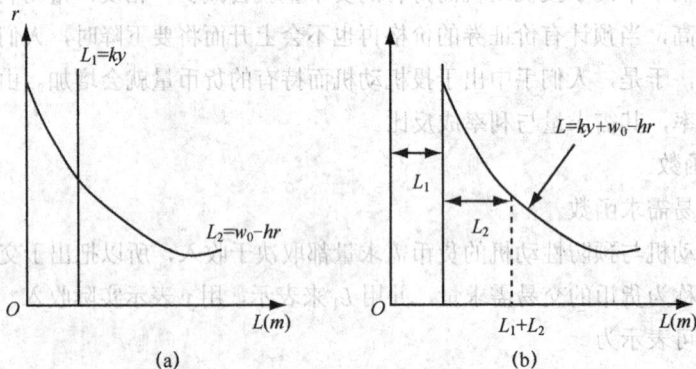

图 10-14 货币需求曲线

对货币的需求函数 $L=L_1+L_2=ky+w_0-hr$ 中的货币需求量与收入之间的同方向变动关系、货币需求量与利率之间的反方向变动关系，可用图 10-15 表示。

图 10-15 中有代表无数条货币需求曲线的三条货币需求曲线 L'、L''、L'''，分别代表收入水平为 y_1、y_2、y_3 时的货币需求量。货币需求量与收入的同方向变动关系表现为三条货币需求曲线的左移与右移，货币需求量与利率的反方向变动关系则都表现为三条货币需求曲线向右下方倾斜。图 10-15（a）表示，利率同为 r_1 时，由于收入水平不同，实际货币需求量分别为 L'、L''、L'''，即 $y=y_1$ 时，$L=L'$；$y=y_2$ 时，$L=L''$；$y=y_3$ 时，$L=L'''$。图 10-15（b）表示，收入水平相同，如都为 y_1 时，由于利率水平不同，实际货币需求量也不同，即 $r=r_1$ 时，$L=L_a$；$r=r_2$ 时，$L=L_b$。

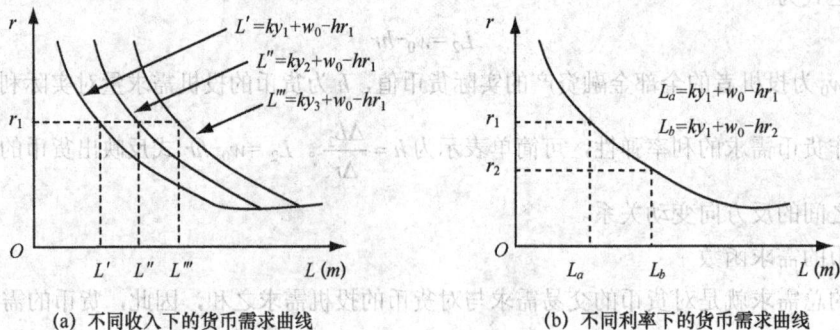

(a) 不同收入下的货币需求曲线   (b) 不同利率下的货币需求曲线

图 10-15 不同收入、利率下的收入曲线

4. 均衡利率的决定

货币供给是一个存量概念，是指一个经济社会在某一时点上所持有的不属于政府与银行的硬币、纸币与银行活期存款的总和。

货币供给分狭义的与广义的两种。狭义的货币供给是指硬币、纸币与银行活期存款的总和，狭义的货币供给用 M_1 表示。由于银行活期存款可以随时提取，并可当作货币在市场上流通，因而属于狭义的货币供给。狭义的货币供给加上银行定期存款便是广义的货币供给，广义的货币供给用 M_2 表示。如果 M_2 加上个人与企业持有的政府债券等流动资产或"货币近似物"，就是意义更广泛的货币供给 M_3。以后分析中使用的货币供给是指狭义的货币供给即 M_1。

另外，分析中所使用的货币供给量是指实际的货币供给量。如果用 M、m、P 分别表示名义的货币供给量、实际的货币供给量、价格指数，三者的关系为

$$m = \frac{M}{P}$$

以后所提到的货币供给就是指实际的货币供给量。

由于货币供给量是一个国家或中央银行来调节的，因而是一个外生变量，其多少与利率无关，因此，货币供给曲线是一条垂直于横轴的直线。货币的供给与需求决定利率，在图 10-16 中，作为垂线的货币供给曲线 m 与向右下方倾斜的货币需求曲线 L 在 E 点相交，交点 E 决定了利率的均衡水平 r_0，它表示，只有当货币需求与货币供给相等时，货币市场才达到了均衡状态。因而，均衡利率就是货币供给数量与需求数量相等时的利率。

货币市场的调节，会使货币供求关系发生变化，从而形成均衡利率。图 10-16 说明了均衡利率的形成。如果市场利率 r_1 低于均衡利率 r_0，说明货币需求大于货币供给，人们感到持有的货币量少，此时，人们就会售出手中的有价证券。随着证券供给量的增加，证券价格就会下降，利率相应就会上升，货币需求也会逐步减少。货币需求的减少、证券价格的下降与利率

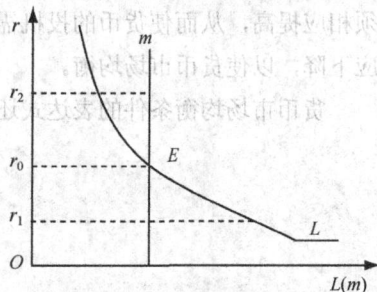

图 10-16 均衡利率的决定与形成

的上升一直持续到货币供求相等，均衡利率 r_0 形成为止。反之，如果市场利率 r_2 高于均衡利率 r_0，说明货币需求小于货币供给，人们认为持有的货币量太多，此时，人们就会利用手中多余的货币购买有价证券。随着证券需求量的增加，证券价格就会上升，利率也就会下降，货币需求会逐步增加。货币需求的增加、证券价格的上升与利率的下降会一直持续到货币供求相等，形成均衡利率 r_0 为止。只有当货币供求相等时，利率才会相对静止不变。

均衡利率仍然会随着货币供求的变化而变化。大家可尝试用图进行说明。

5. 流动偏好陷阱

在分析投机动机时，可看到利率会影响人们对有价证券和货币的选择。当利率非常低时，人们认为利率不会再降低而只能上升，或者说有价证券的价格不会再上升而只会跌落，因而会将所持有的有价证券售出来换成货币，即使手中又另外新增了货币，也决不肯再去购买有价证券，以免证券价格下跌而遭受损失，即人们不管有多少货币都会持在手中，这种情况叫作"凯恩斯陷阱"，也叫作

"流动偏好陷阱"。流动偏好是指人们持有货币的偏好，即人们愿意以货币形式保留财富，而不愿以有价证券形式保留财富的心理。对货币产生偏好，是因为货币流动性很强，货币随时可以用于交易、应付不测、投机等，故把人们对货币的偏好就称为流动偏好。利率极低时，人们不论有多少货币，都要留在手中而不会去购买有价证券，流动偏好趋于无限大，此时，即使银行增加货币供给，也不会使利率下降。

在图 10-17 中，货币供给曲线 m_1 与货币需求曲线 L 相交于 A 点，由此决定的均衡利率为 r_0。由于货币需求曲线 L 上的 A 点之右呈现水平状，当货币供给增加、货币供给曲线由 m_1 右移至 m_2 时，利率并没有降低，仍然是 r_0。货币需求曲线 L 上 A 点之右的水平区段，就是"流动偏好陷阱"。

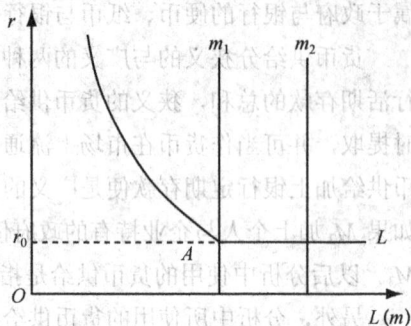

图 10-17　流动偏好陷阱

10.2.4　LM 曲线

1. LM 曲线的概念与推导

货币供给用 m 表示，货币需求为 $L=L_1+L_2=ky+w_0-hr$，则货币市场的均衡条件就是 $m=L$，即

$$m=ky+w_0-hr$$

从上式可知，m 一定时，L_1 与 L_2 是此消彼长的关系。货币的交易需求 L_1 随收入的增加而增加，货币的投机需求 L_2 随利率的上升而减少。因此，国民收入的增加使货币的交易需求增加时，利率必须相应提高，从而使货币的投机需求减少，货币市场才能保持均衡。相反，收入减少时，利率须相应下降，以使货币市场均衡。

货币市场均衡条件的表达式还可写为

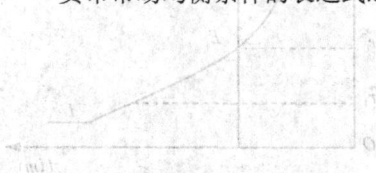

$$y=\frac{h}{k}r+\frac{m-w_0}{k}$$

$$或\ r=\frac{k}{h}y+\frac{w_0-m}{h}$$

下面用例子来说明货币市场的均衡。

假定货币的交易需求函数 $L_1=m_1=0.5y$，货币的投机需求函数 $L_2=m_2=1000-250r$，货币供给量 $m=1250$，（例子中的单位为亿美元）。货币市场均衡时，$m=L=L_1+L_2$，即

$1250=0.5y+1\ 000-250r$，

整理得 $y=500+500r$，

当 $r=1$ 时，$y=1000$

当 $r=2$ 时，$y=1500$

当 $r=3$ 时，$y=2000$

当 $r=4$ 时，$y=2500$

当 $r=5$ 时，$y=3000$

……

将这些点在坐标图上描绘出来，即为 LM 曲线，如图 10-18 所示。

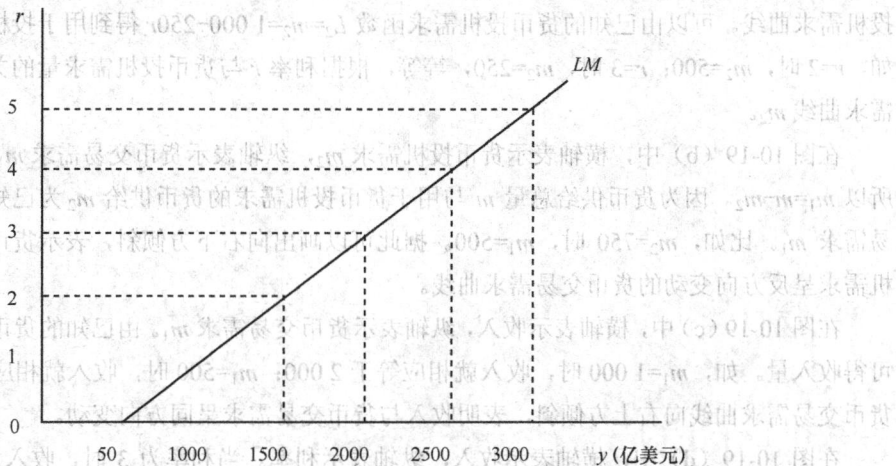

图 10-18 LM 曲线

图中的横轴代表收入，纵轴代表利率，向右上方倾斜的曲线就是 LM 曲线。LM 曲线是表示货币供给与货币需求相等的货币市场均衡条件下，利率与收入组合点的轨迹。从图中可以看出，LM 曲线上任何一点都代表一定的利率与收入的组合，在任何一个组合点上，货币供给与货币需求都相等，即货币市场是均衡的，故把这条曲线称作 LM 曲线。

LM 曲线是从表示货币交易需求与收入关系的交易需求函数、货币投机需求与利率关系的投机需求函数，以及使货币供求相等的关系中推导出来的。LM 曲线的推导过程还可以用图 10-19 来描述。

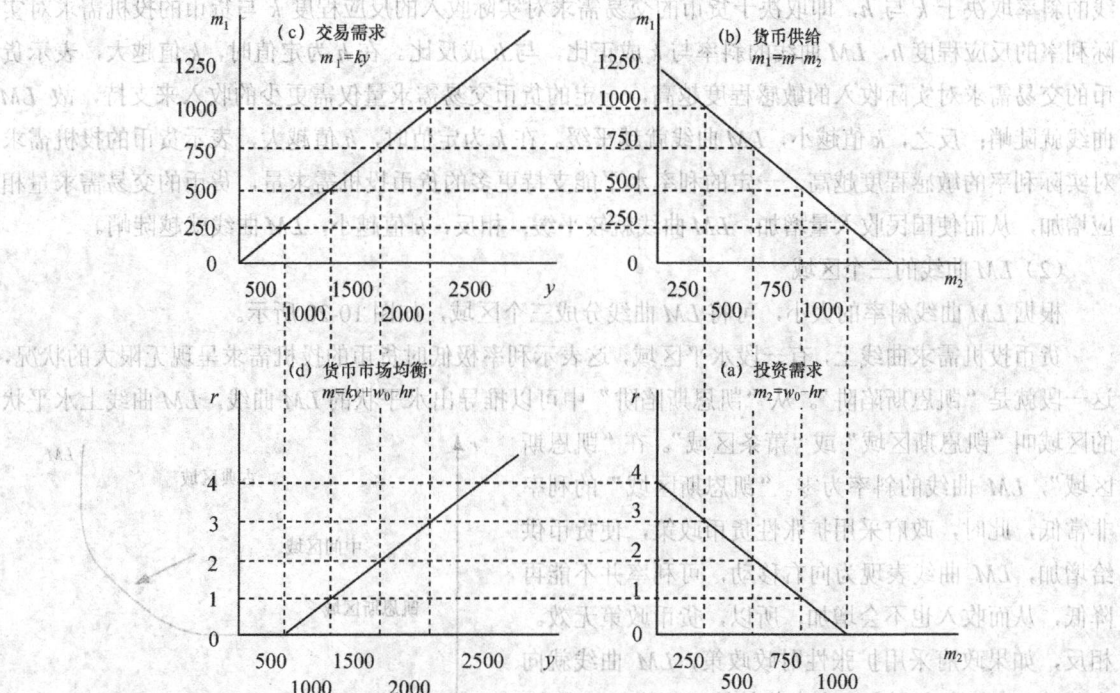

图 10-19 LM 曲线的推导

在图 10-19（a）中，横轴表示货币投机需求 m_2，纵轴表示利率，向右下方倾斜的曲线是货币的投机需求曲线。可以由已知的货币投机需求函数 $L_2=m_2=1\,000-250r$ 得到用于投机的货币供给量。比如，$r=2$ 时，$m_2=500$；$r=3$ 时，$m_2=250$，等等，根据利率 r 与货币投机需求量的关系，画出货币投机需求曲线 m_2。

在图 10-19（b）中，横轴表示货币投机需求 m_2，纵轴表示货币交易需求 m_1。由于 $m=m_2+m_1$，所以 $m_1=m-m_2$。因为货币供给总量 m 与用于货币投机需求的货币供给 m_2 为已知，故可求出货币交易需求 m_1。比如，$m_2=750$ 时，$m_1=500$。据此可以画出向右下方倾斜，表示货币交易需求与货币投机需求呈反方向变动的货币交易需求曲线。

在图 10-19（c）中，横轴表示收入，纵轴表示货币交易需求 m_1。由已知的货币交易需求 $m_1=0.5y$，可得收入量。如，$m_1=1\,000$ 时，收入就相应等于 $2\,000$；$m_1=500$ 时，收入就相应等于 $1\,000$，等等。货币交易需求曲线向右上方倾斜，表明收入与货币交易需求呈同方向变动。

在图 10-19（d）中，横轴表示收入，纵轴表示利率。当利率为 3 时，收入为 $2\,000$；利率为 2 时，收入为 $1\,500$，等等。每一利率下的收入，都是通过货币供求相等的关系而得到的。将货币市场均衡条件下得到的利率与收入的众多数量组合点连接起来，就得到了 LM 曲线。LM 曲线向右上方倾斜，这与 $y=\frac{h}{k}r+\frac{m-w_0}{k}$ 表示的收入是利率的增函数是一致的。

2. LM 曲线的斜率

（1）LM 曲线的斜率

在公式 $r=\frac{k}{h}y+\frac{w_0-m}{h}$ 中，等号右边的变量 y 前面的系数 $\frac{k}{h}$ 就是 LM 曲线的斜率。显然，LM 曲线的斜率取决于 k 与 h，即取决于货币的交易需求对实际收入的反应程度 k 与货币的投机需求对实际利率的反应程度 h，LM 曲线的斜率与 k 成正比，与 h 成反比。在 h 为定值时，k 值越大，表示货币的交易需求对实际收入的敏感程度越高，一定的货币交易需求量仅需更少的收入来支持，故 LM 曲线就陡峭；反之，k 值越小，LM 曲线就越平缓。在 k 为定值时，h 值越大，表示货币的投机需求对实际利率的敏感程度越高，一定的利率水平能支持更多的货币投机需求量，货币的交易需求量相应增加，从而使国民收入量增加，LM 曲线就较平缓；相反，h 值越小，LM 曲线就越陡峭。

（2）LM 曲线的三个区域

根据 LM 曲线斜率的大小，可将 LM 曲线分成三个区域，如图 10-20 所示。

货币投机需求曲线上，有一段水平区域，这表示利率极低时货币的投机需求呈现无限大的状况，这一段就是"凯恩斯陷阱"。从"凯恩斯陷阱"中可以推导出水平状的 LM 曲线，LM 曲线上水平状的区域叫"凯恩斯区域"或"萧条区域"。在"凯恩斯区域"，LM 曲线的斜率为零。"凯恩斯区域"的利率非常低，此时，政府采用扩张性货币政策，使货币供给增加，LM 曲线表现为向右移动，可利率并不能再降低，从而收入也不会增加，所以，货币政策无效。相反，如果政府采用扩张性财政政策，LM 曲线就向右移动，收入会在利率没有变化的情况下增加，因此，财政政策有效。

同样，当利率非常高时，人们不会为投机而持有

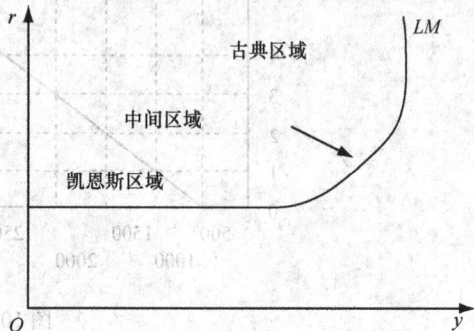

图 10-20 LM 曲线的三个区域

货币，货币投机需求则为零，货币需求全部为货币的交易需求，*LM* 曲线就呈现垂直形状。此时实行扩张性财政政策，*IS* 曲线表现为向右移动，这只能使利率提高，而收入并不能增加，故财政政策无效。如果实行扩张性货币政策，*LM* 曲线向右移动，会使利率下降，从而提高收入水平，所以货币政策是有效的。这一结论符合"古典学派"和基本上以"古典学派"理论为基础的货币主义的观点，因而，*LM* 曲线呈垂直状态的这一区域被称为"古典区域"。

LM 曲线上的凯恩斯区域与古典区域之间的区域为"中间区域"，中间区域的斜率大于零。在中间区域，财政政策与货币政策都有一些效果，效果大小取决于 *LM* 曲线的倾斜程度，*LM* 曲线越平缓，财政政策的效果就越大；*LM* 曲线越陡峭，货币政策的效果就越大。

3. *LM* 曲线的移动

LM 曲线会随货币的交易需求、投机需求与货币供给的变动而变动。

（1）*LM* 曲线与货币供给量之间存在同方向变动关系。假定货币需求不变，货币供给量增加时，*LM* 曲线就向右移动，会促使利率下降，从而刺激包括消费与投资在内的总需求，国民收入因此而增加。相反，货币供给量减少时，*LM* 曲线就向左移动，利率上升，消费与投资减少，从而使国民收入减少。

（2）*LM* 曲线与货币交易需求曲线之间存在同方向变动关系。假定其他因素不变，货币交易需求曲线右移，即货币交易需求减少，*LM* 曲线会右移，因为完成同量交易所需的货币量减少，即同量货币可以完成更多收入的交易了。反之，货币交易需求增加，*LM* 曲线就向左移动。

（3）*LM* 曲线与货币投机需求量之间存在反方向变动关系。其他因素不变，如果货币投机需求量增加，则会相应减少货币的交易需求量，国民收入因此减少，故 *LM* 曲线左移。相反，货币投机需求量减少，*LM* 曲线会右移。

10.2.5　*IS—LM*分析

1. 产品市场与货币市场同时均衡的利率与收入

IS 曲线表明在产品市场均衡条件下，存在着一系列利率与收入的组合；*LM* 曲线表明在货币市场均衡条件下，也存在着一系列利率与收入的组合。产品市场均衡时，货币市场不一定处于均衡状态；货币市场均衡时，产品市场不一定处于均衡状态。产品市场与货币市场的同时均衡，表现在 *IS* 曲线与 *LM* 曲线的交点上，在这个交点上，产品市场与货币市场同时实现了均衡。也就是说，表示两个市场同时均衡的利率与收入仅有一个。两个市场同时均衡的利率与收入可以通过联立 *IS* 曲线方程与 *LM* 曲线方程而求解得到。

两个市场同时均衡还可用图 10-21 表示。在图 10-21 中，*IS* 曲线与 *LM* 曲线相交于 *E* 点，*E* 点代表利率3%和收入 2 000 亿美元是产品市场与货币市场同时实现均衡的利率与收入。此时，产品市场上，投资 $i=1\,250-250\times3=500$（亿美元），储蓄 $s=-500+0.5y=-500+0.5\times2\,000=500$（亿美元），投资与储蓄相等，产品市场实现了均衡。与此同时，在货币市场上，货币的需求 $L=L_1+L_2=0.5y+1\,000-250r=0.5\times2\,000+1\,000-250\times3=1\,250$（亿美元），货币市场也实现了均衡。所以，在 *E* 点上，产品市场与货币市场同时实现了均衡。

图 10-21 中 *E* 点之外的任何地方都没有同时实现两个市场的均衡。*IS* 曲线与 *LM* 曲线上，分别有 $i=s$、$L=M$；*IS* 曲线与 *LM* 曲线之外的点，i 与 s、L 与 M 都不相等。相交的 *IS* 曲线与 *LM* 曲线，

把坐标平面分成四个区域：Ⅰ区域、Ⅱ区域、Ⅲ区域、Ⅳ区域，每个区域中，产品市场与货币市场都处于非均衡状态。四个区域的非均衡状态如表 10-2 所示。

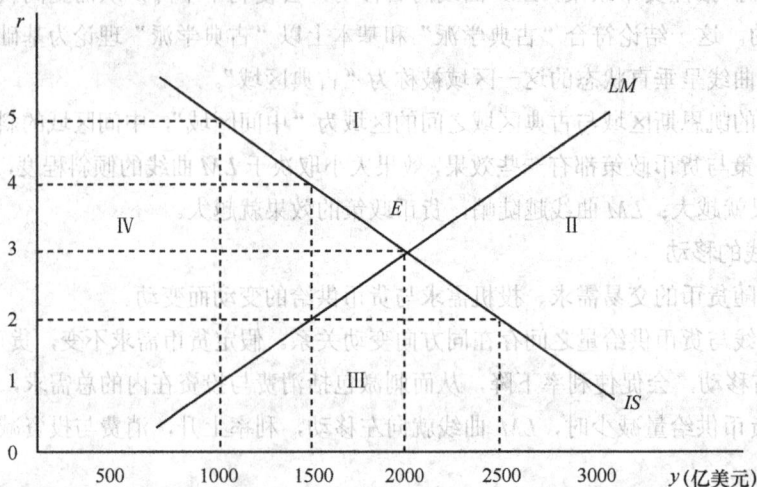

图 10-21　产品市场与货币市场的一般均衡

表 10-2　　　　　　　　　　　　　产品市场与货币市场的非均衡

区域	产品市场的非均衡	货币市场的非均衡
Ⅰ	$i<s$ 有超额产品供给	$L<M$ 有超额货币供给
Ⅱ	$i<s$ 有超额产品供给	$L>M$ 有超额货币需求
Ⅲ	$i>s$ 有超额产品需求	$L>M$ 有超额货币需求
Ⅳ	$i>s$ 有超额产品需求	$L<M$ 有超额货币供给

　　四个区域中存在着不同的非均衡状态，经过调整，非均衡状态会逐步地趋向均衡。IS 的不均衡会导致收入变动：$i>s$ 会导致收入增加，$i<s$ 会导致收入减少。LM 的不均衡会导致利率变动：$L>M$ 会导致利率上升，$L<M$ 会导致利率下降。这种调整最终使经济趋向于均衡利率与均衡收入，如表 10-3 所示。

表 10-3　　　　　　　　　　　　　　从非均衡到均衡的调整

象限	产 品 市 场		货 币 市 场	
	非均衡	产量的调整方向	非均衡	利率的调整方向
Ⅰ	供给过度	下降	需求过度	上升
Ⅱ	供给过度	下降	供给过度	下降
Ⅲ	需求过度	上升	供给过度	下降
Ⅳ	需求过度	上升	需求过度	上升

2．均衡收入与均衡利率的变动

　　IS 曲线与 LM 曲线的交点表示产品市场与货币市场同时实现了均衡，但这一均衡并不一定是充分就业的均衡。比如，在图 10-22 中，IS 曲线与 LM 曲线相交于 E 点，均衡利率与均衡收入分别是 r_e、y_e，但充分就业的收入是 y_f，均衡收入低于充分就业的收入，即 $y_e<y_f$。此时，需要政府运用财政政策、货币政策来调整，以实现充分就业。如果政府运用或增支，或减税，或增支

宏观经济学——金融
市场和货币的供求关系

减税双管齐下的扩张性财政政策，IS 曲线会向右移动至 IS' 的位置，与 LM 曲线相交于 E' 点，均衡收入就增至 y_f，从而实现充分就业的收入水平。政府也可以运用扩张性货币政策，即增加货币供给量，LM 曲线会向右移动至 LM' 的位置，与 IS 曲线相交于 E'' 点，均衡收入也能增至 y_f，同样可以达到充分就业的收入水平。

从图 10-22 中也可以看出，IS 曲线和 LM 曲线的移动，会改变利率与收入水平。比如，在 LM 曲线不变的假定下，IS 曲线向右移动，会使利率上升、收入增加。这是因为 IS 曲线右移是或消费，或投资，或政府支出增加的结果，即总支出或总需求增加，这会使得生产与收入增加，从而增加对货币的交易需求。在货币供给不变的情况下，人们只能通过出售有价证券获取货币，以用于交易。这样，在有价证券供给增多的情况下，有价证券价格下降，亦即利率上升。用同样的道理，也可以说明 LM 曲线不变而 IS 曲线向左移动时，收入减少、利率下降的状况。

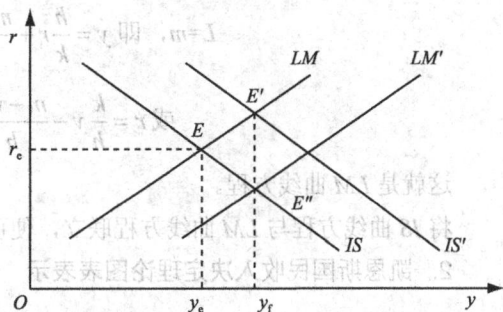

当然，在 IS 曲线不变时，LM 曲线的移动也会引起利率与收入的变化。例如，假定 IS 曲线不变，LM 曲线向右移动，利率会下降，收入会增加。这是因为 LM 曲线向右移动，或者是货币需求不变而货币供给增加的结果，或者是货币供给不变而货币需求减少的结果。在 IS 曲线不变，即产品市场供求不变的情况下，LM 曲线的向右移动，意味着货币供给大于货币需求，利率必然下降。利率的下降，会刺激消费与投资的增加，从而使收入增加。相反，IS 曲线不变、LM 曲线向左移动后，收入会减少，利率会上升。

另外，IS 曲线与 LM 曲线同时移动时，收入与利率也会发生变化，其变化取决于两条曲线的最终交点。

图 10-22　均衡收入与均衡利率的变动

10.2.6　凯恩斯国民收入决定理论的基本框架

凯恩斯宏观经济学的基本理论要点，可以分别用数学模型、图表、文字的形式进行概括与阐述。

1. 凯恩斯宏观经济理论的数学模型表示

（1）投资函数

$$i=f(r)，即 \; i=e-dr$$

（2）储蓄函数

$$s=f(y)，即 \; s=-\alpha+(1-\beta)y$$

（3）产品市场均衡条件

凯恩斯消费函数和
两时期模型

$$i=s，即 \; y=\frac{\alpha+e-dr}{1-\beta}$$

$$或 \; r=\frac{\alpha+e}{d}-\frac{1-\beta}{d}y$$

这就是 IS 曲线方程。

（4）货币需求函数

$$L=L_1+L_2=ky+w_0-hr$$

（5）货币供给函数

$$m=\frac{M}{P}=m_1+m_2$$

（6）货币市场均衡条件

$$L=m，即\ y=\frac{h}{k}r+\frac{m-w_0}{k}，y=\frac{1}{k}\cdot\frac{M}{P}-\frac{1}{k}w_0+\frac{h}{k}r$$

$$或\ r=\frac{k}{h}y-\frac{m-w_0}{h}，r=\frac{k}{h}y-\frac{1}{h}\cdot\frac{M}{P}+\frac{1}{h}w_0$$

这就是 LM 曲线方程。

将 IS 曲线方程与 LM 曲线方程联立，便可求得产品市场与货币市场同时均衡时的收入与利率。

2. 凯恩斯国民收入决定理论图表表示

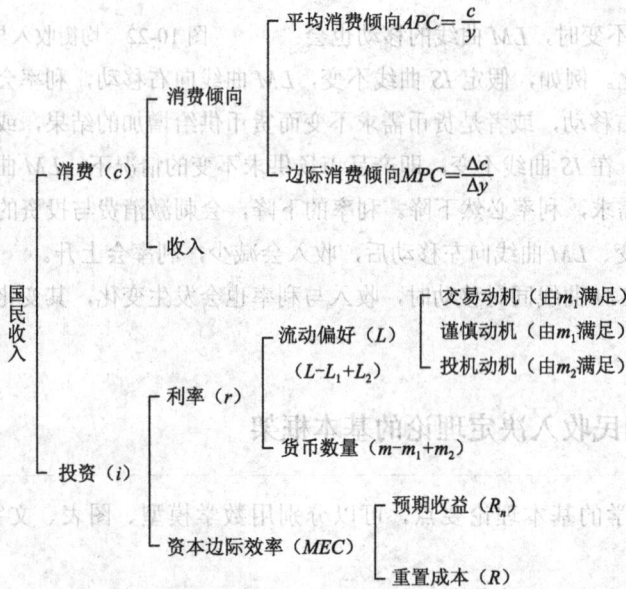

3. 凯恩斯国民收入决定理论的文字概括

第一，国民收入取决于消费与投资。消费与投资是总需求或总支出的组成部分，凯恩斯认为总需求决定国民收入，也就是消费与投资决定国民收入。

第二，消费由消费倾向与收入决定。消费倾向包括平均消费倾向与边际消费倾向。边际消费倾向大于 0 且小于 1，因此，收入增加时，消费也增加，但在增加的收入中用来增加消费的部分会越来越少，而用于储蓄的部分会越来越多。

第三，国民收入的变动主要受投资的影响。消费倾向相对比较稳定，故投资成为影响国民收入变动的主要因素。投资或增加或减少的变动引起国民收入成倍地增加或减少。投资乘数与边际消费倾向成正比，而边际消费倾向大于 0 且小于 1，故投资乘数大于 1。

第四，投资由利率与资本边际效率决定。投资与利率成反比，与资本边际效率成正比。如果利率小于资本边际效率，就值得投资；如果利率大于资本边际效率，就不值得投资。

第五，利率决定于流动偏好与货币数量。流动偏好是货币需求，由对货币的交易需求与对货币的投机需求组成，其中，对货币的交易需求来自于交易动机与谨慎动机，对货币的投机需求来自于投机动机。货币数量是货币供给，由满足交易动机、谨慎动机的货币数量和满足投机动机的货币数量组成。

第六，资本边际效率由投资的预期收益与资本资产的供给价格或重置成本决定。资本边际效率与预期收益成正比，与重置成本成反比。

第七，凯恩斯认为，资本主义经济萧条的根源在于由消费需求与投资需求组成的总需求不足，而总需求不足的原因是三大基本心理规律。边际消费倾向递减规律决定了消费需求不足。边际消费倾向小于 1，人们不会把增加的收入全部用来增加消费，并且增加的收入用于增加的消费会越来越少，这就造成消费不足。资本边际效率递减规律决定了投资需求不足。增加一笔投资，既会增加对资本资产的需求，增加重置成本，又会在将来形成生产能力、增加产品供给、促使产品价格下降后，收益减少。因此，资本边际效率会随重置成本的增加、预期收益的减少而降低，从而使得投资需求不足。作为货币需求的流动偏好，会在利率极低时形成"流动性陷阱"，从而使利率在货币供给增加的情况下也不会降低，即流动偏好限制了利率的降低，最终抑制投资需求。这样，三大基本心理规律造成了有效需求不足。为解决有效需求不足，必须发挥政府的作用。政府应当运用增加政府支出或减少税收的财政政策和增加货币供给、降低利率的货币政策，以刺激消费与投资，从而增加收入，实现充分就业。由于"流动性陷阱"的存在，货币政策效果有限，增加收入应主要靠财政政策。

10.3 | 总供给—总需求模型

利用 *IS—LM* 模型讨论收入决定存在着不足，如没有分析劳动市场，不知道两市场均衡时的收入是否是充分就业收入；没有说明一般价格水平对总支出与均衡收入的影响；没有分析总供给变动对收入的影响。

本节引进一般价格水平与劳动市场，在产品市场、货币市场与劳动市场三个市场中，构建总需求—总供给模型，分析一般价格水平和收入的决定。

在前两节没有引入价格水平，所有变量都可以看成是实际变量。这一节引进价格水平，变量就有名义变量值和实际变量值之区分。实际变量和名义变量的关系是

$$实际变量值 = \frac{名义变量值}{一般价格水平}$$

通过本节的学习，应当掌握总需求曲线和总供给曲线的基本形状与基本含义，了解总供求曲线的得出过程，掌握总供求的均衡模型和总供求曲线移动的效应，了解总供求模型的应用及凯恩斯主义理论的局限。

10.3.1　总需求曲线

1. 总需求与总需求函数

（1）总需求

总需求（Aggregate Demand，简称 AD）是经济社会对物品和劳务的需求总量。在宏观经济学中，

总需求是指整个社会的有效需求，它不仅指整个社会对物品和劳务需求的愿望，而且指该社会对这些物品和劳务的支付能力。因此，总需求实际上就是经济社会的总支出。由总支出的构成可知，在封闭经济条件下，总需求由消费、企业投资、政府购买和净出口组成，公式如下

$$AD = C + I + G + (X-M)$$

（2）总需求函数

总需求函数（Aggregate Demand Function）被定义为产出（收入）和价格水平之间的关系，它表示在某个特定的价格水平下，经济社会需要多高水平的收入。它一般与产品市场和货币市场有关，可以从产品市场与货币市场的同时均衡中得到。总需求函数的几何表示称为总需求曲线。

（3）进一步的说明

① 单一市场中的均衡收入与两市场中的均衡收入都可以叫作总需求，因为收入均衡的条件是收入=总需求，因此，均衡收入≡AD。

② 由于对收入决定的研究已进入到三市场之中，为了思路的连贯起见，在以后的分析中，假定两市场中的均衡收入，即 IS 曲线与 LM 曲线交点所对应的收入，叫作总需求。

2. 总需求曲线的推导

（1）一般价格水平影响总需求的机制：财富效应与利率效应。

① 财富效应（庇古效应）

财富效应是指一般价格水平的变动会影响财富的实际价值，进而影响消费，最终影响总需求，即

$P\downarrow \to$ 财富的实际价值 $\uparrow \to$ 人们不急于增加储蓄 $\to C\uparrow \to$ 总需求 $\uparrow$

② 利率效应

利率效应是指价格水平的变动会影响实际货币供给量，进而影响利率与投资，最终影响总需求，即

$$P\downarrow \to \frac{M_0}{P}\uparrow \to r\downarrow \to I\uparrow \to Y_d\uparrow$$

（2）简单收入决定推导的总需求曲线。

总需求曲线（Aggregate Demand Curve）是产品市场和货币市场同时实现均衡时国民收入与价格水平的结合，描述了每一物价总水平与均衡支出或国民收入的关系。总需求曲线可由下述方法导出：从同时满足产品市场和货币市场的均衡条件出发，寻求国民收入与价格水平的关系。

在 $IS—LM$ 模型中，假设其他条件都不变，唯一变动的是价格水平。价格水平的变动并不影响产品市场的均衡，即不影响 IS 曲线。但是，价格水平的变动却会影响货币市场的均衡，即要影响 LM 曲线。这是因为，LM 曲线中所说的货币供给量是实际货币供给量，如果以 M 代表名义货币供给量，M/P 就是实际货币供给量。当名义货币供给量不变，而价格水平变动时，实际货币供给量就会发生变动。实际货币量的变动会影响货币市场的均衡，引起利率的变动，而利率的变动就会使总需求变动，即

$$P\downarrow \to M/P\uparrow \to M/P>L \to r\downarrow \to I\uparrow \to AD\uparrow$$

假定一般价格水平的变动只产生利率效应，没有财富效应，则总需求模型可以构造如下

$$\begin{cases} I(r) = S(Y) \\ \dfrac{M_0}{P} = L_1(Y) + L_2(r) \end{cases}$$

（3）总需求曲线的推导。

如图 10-23 所示，设初始的价格水平为 P_1 时，LM_1 曲线与 IS 曲线交点 E_1 点所对应的收入为 Y_1，Y_1 实际上就是与价格水平 P_1 相对应的总需求，这样，(P_1, AD_1) 便构成总需求曲线上的一点，即图 10-23 中的 D_1 点。现在，令价格水平下降到 P_2。价格水平的下降，意味着实际货币供给增加，导致 LM 曲线向右平移到 LM_2，并与 IS 曲线相交于 E_2 点，使总需求增加到 D_2，(P_2, AD_2) 构成总需求曲线上的另一点，即图 10-23 中的 D_2 点。假定总需求曲线是线性的，连接 D_1、D_2 两点就可以得到一条总需求曲线。

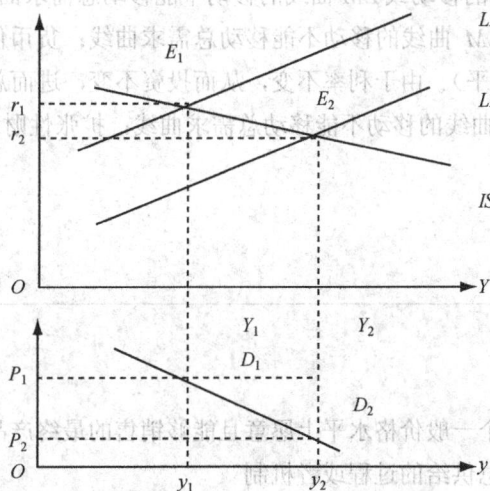

图 10-23　总需求曲线的推导

3. 总需求曲线的特征与移动

（1）总需求曲线的特征

从以上关于总需求曲线的推导中可知，总需求曲线表示社会的需求总量和价格水平之间存在反方向变化的关系，即总需求曲线是向右下方倾斜的。总需求曲线向右下方倾斜的原因主要有以下四个。

① 价格水平上升时，实际货币供给下降，货币供给小于货币需求，导致利率上升，投资下降，总需求量减少。

宏观经济学——经济
政策和总需求曲线

② 价格总水平上升时，资产的实际价值下降，人们实际拥有的财富减少，为了保持一定量的财富，人们必然增加储蓄，减少消费。

③ 价格总水平上升时，居民的名义收入水平增加，居民进入更高的纳税等级，从而增加居民的税收负担，减少可支配收入，进而减少消费。

④ 国内物价水平上升，在汇率不变条件下，使进口商品的价格相对下降，出口商品的价格相对上升，导致进口增加，出口减少。

通常总是假定消费函数比较稳定，即一般价格水平的变动不影响消费水平。故价格水平的变动只影响利率与投资，即仅仅移动 LM 曲线，而不移动 IS 曲线。

（2）总需求的变动或总需求曲线的移动

总需求既然是 IS、LM 曲线交点所对应的收入，那么，任何移动 IS、LM 曲线的因素，都有可能引起总需求的变动，即引起需求曲线移动。

① 如果经济处于中间区域，任何移动 IS、LM 曲线的因素，都将移动总需求曲线。

消费、投资、政府购买和出口等注入因素的增加导致的 IS 曲线的右移，货币供给量的增加导致的 LM 曲线的右移，将右移总需求曲线；而储蓄、税收与进口等漏出因素的增加所导致的 IS 曲线左移，货币供给量的减少所导致的 LM 曲线左移，将使总需求曲线左移。

因此，扩张性财政政策与货币政策，将增加总需求，右移总需求曲线；紧缩性财政政策与货币政策，将减少总需求，左移总需求曲线。

② 特殊情况下，IS 曲线的移动或 LM 曲线的移动不能移动总需求曲线。

第一，在凯恩斯区域，LM 曲线的移动不能移动总需求曲线：货币供给的增加，不会降低利率（因为利率已经降低到最低水平）。由于利率不变，从而投资不变，进而总需求不变。

第二，在古典区域，IS 曲线的移动不能移动总需求曲线：扩张性财政政策产生了 100% 的挤出效应，以至于总需求不变。

10.3.2 总供给曲线

1. 总供给的一般说明

（1）总供给的定义

总供给是指一国在每一个一般价格水平上愿意且能够销售的最终产品和劳务的总量。

（2）一般价格水平影响总供给的过程或者机制

一般价格水平影响总供给水平的过程分为三个阶段。

① 一般价格水平变化影响实际工资水平。在名义工资不变的情况下，实际工资与一般价格水平变化负相关，即实际工资 $= \dfrac{W}{P}$。

② 实际工资变动影响实际就业量。实际工资变动会影响劳动市场上的供求变动。一般说来，劳动供给是实际工资的增函数，劳动需求是实际工资的减函数。劳动供给与劳动需求共同决定实际就业量。

③ 就业量的变化引起产量或总供给的变化：就业量增加时，供给量（产量）随之增加。一般价格水平影响总供给水平的过程可以这样表示

$$P \to \frac{W}{P} \to N(N_\mathrm{d}, N_\mathrm{s}) \to y$$

（3）宏观生产函数

假设社会仅使用资本和劳动两种要素进行生产，则宏观生产函数可以表示为 $y=Af(N \cdot K)$（A 表示技术水平）。该函数说明，经济社会的产出取决于该社会的技术水平、就业量和资本存量。

收入决定理论主要限于短期分析。在短期，假定资本存量和技术水平不变，总产量仅取决于就业量，即总产量是就业量的函数，则有短期宏观生产函数 $y=f(N)$。短期宏观生产函数具有两个基

本性质:一是总产量随就业量的增加而增加;二是总产量的增加受边际报酬递减规律的制约,随就业量的增加而呈现出递减的增长趋势。因此,如果以横轴表示就业量,纵轴表示总产量,总产量曲线就是一条向右上方倾斜且凹向横轴的曲线,如图 10-24 所示。

(4)就业量的决定(就业量由劳动需求和劳动供给决定)

① 劳动需求函数与劳动需求曲线。

a.劳动需求函数。厂商对劳动的需求原则是 $MRP=MFC$。在完全竞争市场中,厂商对劳动的需求原则变为 $VMP=W$,或 $MP \cdot P=W$,即 $MP=\dfrac{W}{P}$。因此,劳动需求函数可以表示为

图 10-24　总产量曲线

$$N_d = N_d\left(\frac{W}{P}\right)$$

b.劳动需求曲线。

由于厂商对劳动的需求量总是确定在实际工资等于劳动的边际产量这种状态下,因此,厂商对劳动的需求曲线与劳动的边际产量曲线重合。劳动的边际产量曲线受边际报酬递减规律的作用向右下方倾斜,故厂商对劳动的需求曲线也向右下方倾斜,从而市场劳动需求曲线也向右下方倾斜,如图 10-25 所示。

② 劳动供给曲线。

劳动供给曲线如图 10-26 所示,详细内容已在分配理论中介绍过,这里不再赘述。

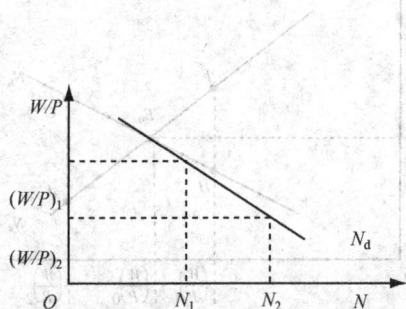

图 10-25　劳动需求曲线

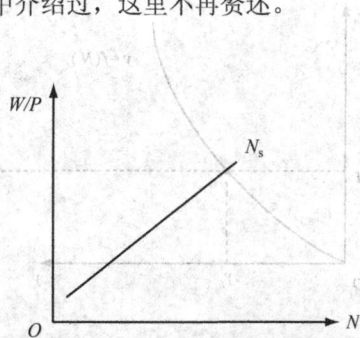

图 10-26　市场劳动供给曲线

③ 均衡就业量的决定。

a.均衡就业量的含义。劳动供给与劳动需求相等,即劳动市场出清时的就业量就叫均衡就业量。此时,所有愿意按现行工资率工作的人都找到了工作,故均衡就业量又叫充分就业量。

b.劳动市场就业量决定模型为
$$\begin{cases} N_d = N_s \\ N_d = N_d\left(\dfrac{W}{P}\right) \\ N_s = N_s\left(\dfrac{W}{P}\right) \end{cases}$$

c.均衡就业量的决定过程如图 10-27 所示。

2. （长期）总供给曲线

（1）假定条件

劳动市场完全竞争，货币工资弹性，就业量始终是充分就业量，收入始终是充分就业收入。

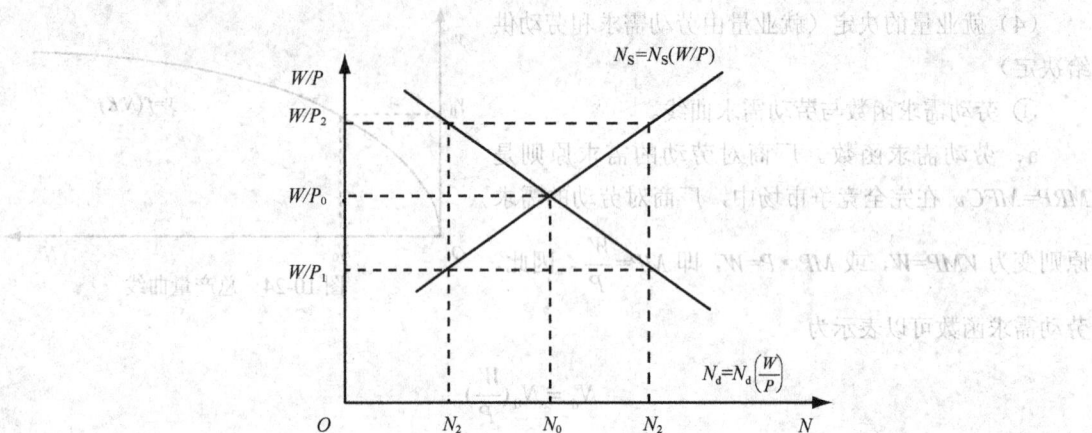

图 10-27　均衡就业量的决定

（2）古典（长期）总供给曲线的推导

古典总供给曲线是在充分就业产量水平上垂直的、供给价格弹性等于零的供给曲线，如图 10-28 所示。

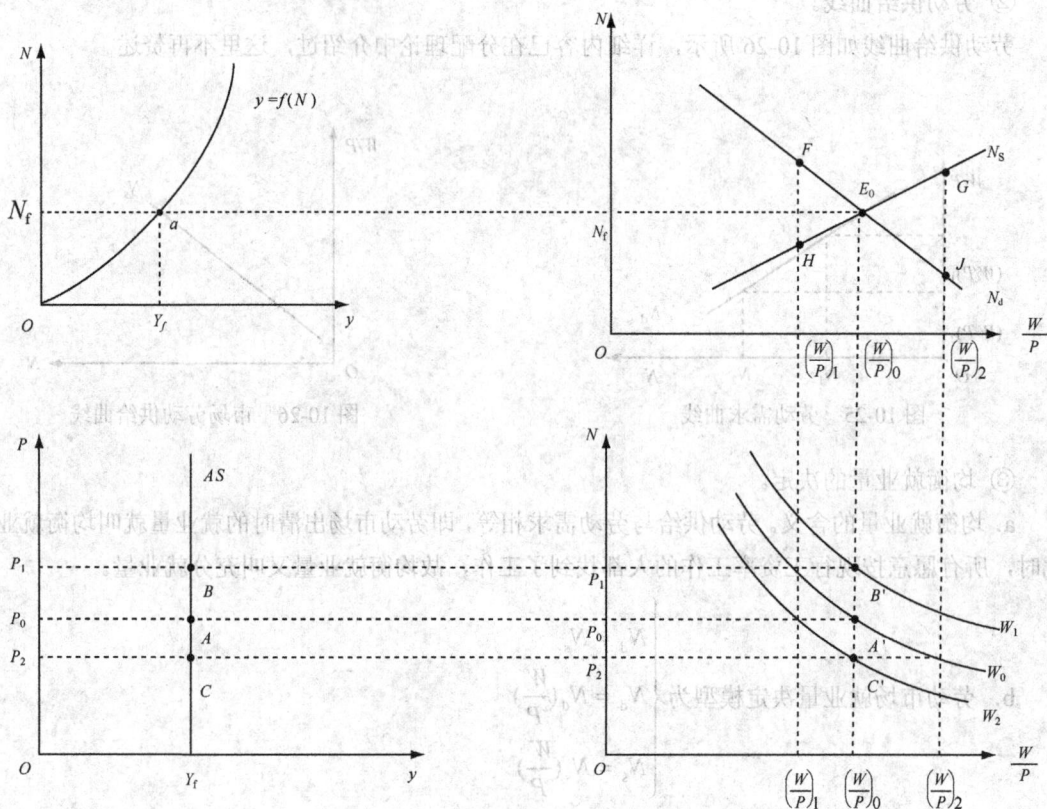

图 10-28　古典总供给曲线的推导

在图 10-28 中，初始的价格水平为 P_0，初始的货币工资为 W_0，与实际工资为 $(\frac{W}{P})_0$ 对应的就业量 N_f 正好就是均衡就业量，此时的实际收入就是充分就业收入 y_f。因此，与价格水平 P_0 对应的总供给为 y_f，显然，A 点（P_0，y_f）一定是总供给曲线上的一点。

现在价格上升到 P_1，如果货币工资不变，则实际工资下降到 $(\frac{W}{P})_1$，此时，劳动市场上的供给小于需求。为了雇佣到足够的劳动力，企业必然提高货币工资直到 W_1，使实际工资 $(\frac{W_1}{P_1})$ 等于均衡实际工资 $(\frac{W}{P})_0$。均衡工资下的就业量就是充分就业量 N_f，与充分就业量对应的收入就是充分就业收入 y_f。可见，B 点（P_1，y_f）也一定是总供给曲线上的一点。

如果价格从 P_0 处下降到 P_2，货币工资不变，仍然为 W_0，则实际工资上升到 $(\frac{W}{P})_2$，此时，劳动市场上的供给大于需求。为了找到工作，工人必然降低货币工资直到 W_2，使实际工资 $(\frac{W_2}{P_2})$ 等于均衡实际工资 $(\frac{W}{P})_0$。于是就业为充分就业量 N_f，收入就是充分就业收入 y_f。可见，与价格水平 P_2 对应的总供给也是 y_f，C 点（P_2，y_f）也一定是总供给曲线上的一点。

连接 A、B、C 三点所形成的一条与表示收入的横轴垂直的总供给曲线就是古典总供给曲线，因为古典经济学家相信市场机制的宏观有效性，认为宏观经济总是会处于充分就业状态。

由于几乎所有的经济学家都相信，从长期看，经济总是处于充分就业状态，因此，古典总供给曲线又叫作长期总供给曲线。

（3）古典（长期）总供给曲线的含义

① 充分就业是一种常态。

垂直的总供给曲线体现了古典经济学家关于市场机制宏观有效性的基本观点：价格和货币工资可以自由涨落，灵敏地对各种冲击做出反应，保证所有市场上的供求相等，使经济始终处于充分就业状态，实际收入始终是充分就业收入。

② 宏观经济活动应该自由放任，不需政府干预。

垂直的总供给曲线表明，政府没有必要干预宏观经济，因为宏观经济总是处于充分就业状态。如果政府硬要采取相机抉择的财政政策和货币政策干预宏观经济，除了引起价格等名义变量值发生变动以外，对就业和总产量没有任何影响。因此，宏观经济活动应该自由放任，政府不要干预。

3. 凯恩斯主义（或短期）总供给曲线

（1）凯恩斯主义（或短期）总供给曲线假设及推导

假定：劳动市场不完全竞争，货币工资向下刚性，实际就业量等于或低于充分就业量。凯恩斯主义（或短期）总供给曲线的推导如图 10-29 所示。初始的价格水平为 P_0，初始的货币工资为 W_0，与实际工资水平 $(\frac{W}{P})_0$ 对应的就业量 N_f 正好就是均衡就业量，此时的实际收入就是充分就业收入 y_f。

因此，与价格水平 P_0 对应的总供给为 y_f，显然，A 点（P_0，y_f）一定是总供给曲线上的一点。

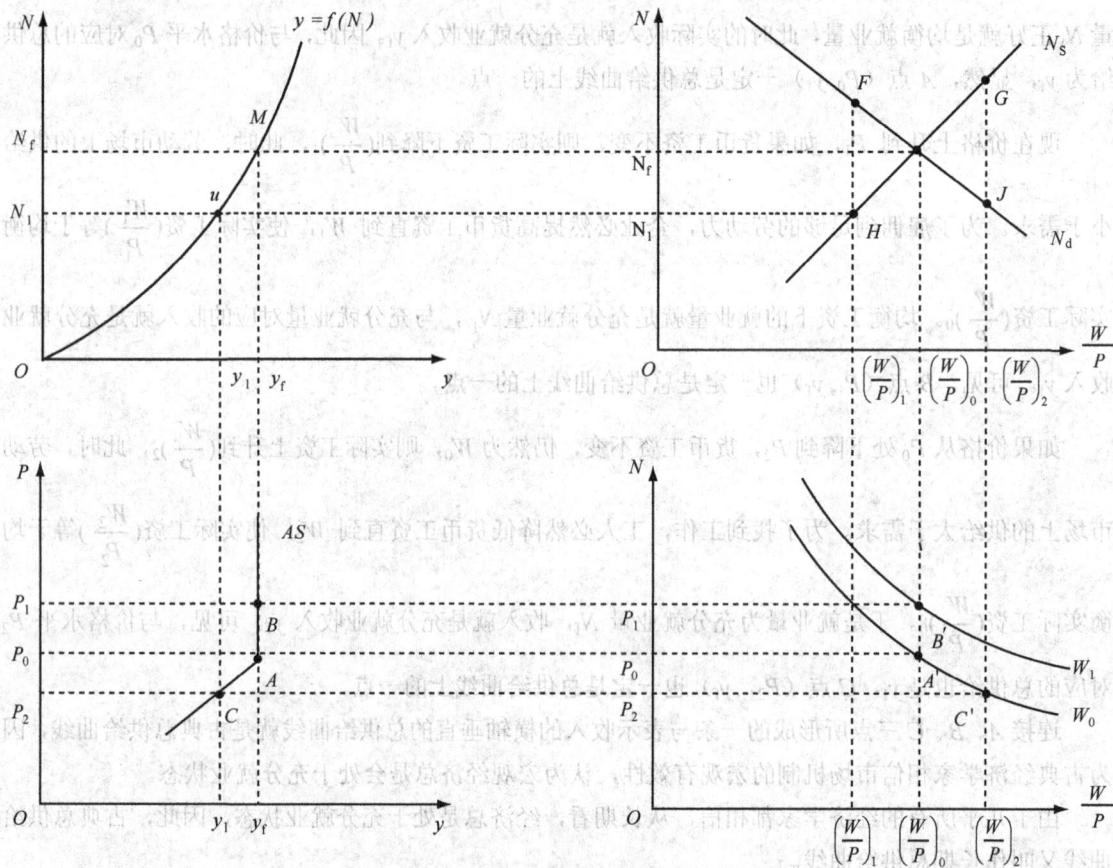

图 10-29　短期总供给曲线的推导

现在价格上升到 P_1，如果货币工资不变，则实际工资下降到 $\left(\dfrac{W}{P}\right)_1$，此时，劳动市场上的供给小于需求。为了雇佣到足够的劳动力，企业必然提高货币工资直到 W_1，使实际工资 $\left(\dfrac{W_1}{P_1}\right)$ 等于均衡实际工资 $\left(\dfrac{W}{P}\right)_0$。均衡工资下的就业量就是充分就业量 N_f，与充分就业量对应的收入就是充分就业收入 y_f。可见，B 点（P_1，y_f）也一定是总供给曲线上的一点。

如果价格从 P_0 下降到 P_2，货币工资不变，仍然为 W_0，则实际工资上升到 $\left(\dfrac{W}{P}\right)_2$，此时，尽管劳动市场上的供给大于需求，但由于种种原因，货币工资并不下降。此时的实际工资 $\left(\dfrac{W_0}{P_2}\right)$ 高于均衡实际工资 $\left(\dfrac{W}{P}\right)_0$。实际就业量由需求方决定，为 N_1，低于充分就业量 N_f，从而实际收入为 y_1，低于充分就业收入 y_f。这样，与价格水平 P_2 对应的总供给为 y_1，C 点（P_2，y_1）也一定是总供给曲线上的一点。

连接 A、B、C 三点所形成的一条先向右上方倾斜，然后在充分就业收入水平上垂直的曲线就是凯恩斯主义总供给曲线或短期总供给曲线，因为凯恩斯主义者不相信市场机制的宏观有效性，认为宏观经济至少在短期常常会处于低于充分就业的状态。

（2）凯恩斯主义者假设货币工资向下刚性的原因

① 长期劳动契约。

无论是工人寻找一份合适的工作，还是厂商雇佣一个合适的工人，都要花费成本（交易费用）。为了节约这种成本，劳资双方都愿意达成一个时间比较长的劳动契约（在美国一般为三年）。在契约期内，价格水平可能降低，但货币工资不变，实际工资因此上升，劳动需求随之减少，最终使实际就业量小于充分就业量。

② 政府的最低工资法规，导致非熟练工人的大量失业。

厂商雇佣劳动力的原则是劳动的边际产量等于实际工资，即 $MP_L = \dfrac{W}{P}$。在货币工资既定的条件下，价格水平下降，实际工资就会高于劳动的边际产量。为了最大化自己的利润，在政府最低工资法规前提下，厂商不能降低货币工资，必然减少劳动力的雇佣量，从而使大量的非熟练工人失业。

③ 工会组织。

强大的工会组织往往使厂商即使在价格下降时不能降低货币工资。在很多时候，即使失业增加，工会也坚持高工资。资方有时发现，满足工会的要求，比蒙受经久不决的劳资谈判或工人的罢工之苦要好一些，即使这样做可能对公司的长期健康发展不利。

④ 效率工资理论。

支付给工人的能提高工人劳动效率，降低产品的平均成本且高于市场工资水平的工资是效率工资。

亨利·福特在 1914 年开办他的汽车厂时，他支付给工人的工资为一天 5 美元，是当时平均工资的 2 倍多。他想用高工资使他的工人努力工作。许多现代公司采用了同样的方法。

当一个厂商降低所有工人的工资时，他常常担心最好的雇工最有可能离他而去。而将工资定在高于市场出清水平上，不仅可以留住优秀的雇员，还可以对偷懒进行有效的惩罚：如果工人偷懒被发现且被开除，他不得不失业一定时间，因为在高工资下劳动需求将减少，而且他不得不接受其他厂商提供的较低的工资。

（3）20 世纪 90 年代的凯恩斯主义总供给曲线

在 20 世纪 90 年代，大多数凯恩斯主义者相信，在达到充分就业收入之前，短期总供给曲线比较平坦地向右上方倾斜；在达到充分就业收入后，短期总供给曲线则变得相当陡峭，如图 10-30 所示。

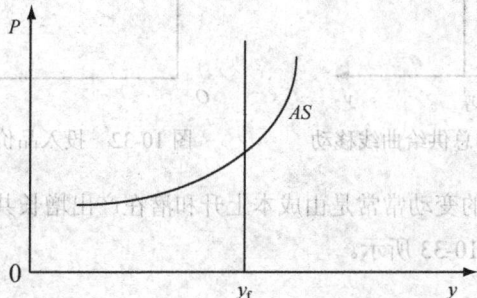

图 10-30　正统凯恩斯主义总供给曲线

（4）凯恩斯主义总供给曲线的含义

① 由于有效需求不足和货币工资的刚性，经济体系可能出现低于充分就业的状态。

② 相机抉择的总需求管理政策对就业与总产量有一定的影响。

当经济处于低于充分就业状态时，政府可以而且有必要采取相机抉择的财政政策和货币政策干预宏观经济活动，以增加就业和收入，即总需求管理政策具有一定的真实效应。

③ 在不同的就业或收入水平下，总需求管理政策对就业与总产量的影响程度不同。

在实现充分就业之前，总需求的变动对产出具有重大且持久的影响，对价格的影响则相当小。因为当时有大量的闲置资源，总需求的增加在增加厂商产量的同时，几乎不会提高资源或要素的价格。要素价格不变，使得产品的平均成本不变。因此，总需求的增加必然大量地增加产量，较少地提高价格水平。在充分就业以后，总需求的增加主要提高价格水平，很少会增加产量。因为充分就业以后，要增加产量，就必须提高货币工资，使那些自愿失业者参加工作，从而必然极大地增加边际成本，提高一般价格水平，而产量的增加却十分有限。故总供给曲线相当陡峭。此时，政策的作用比较小。

（5）凯恩斯主义总供给曲线的移动

① 潜在产出变动对总供给曲线的影响。

a. 潜在产出的定义。

潜在产出是指劳动市场与产品市场均衡时的产出，或者是指在资源（要素）和技术水平既定的条件下，一国所能提供的最大的可持续产出，也叫作充分就业产出。

b. 潜在产出的决定因素：一国所拥有的要素的数量、质量和技术水平。

c. 当潜在产出增长时，总供给曲线向右移动，如图 10-31 所示。

② 投入品价格变动对总供给曲线的影响。

投入品价格的上升，会引起产品的平均成本增加，只有在较高的价格水平上，厂商才愿意提供与以前相同数量的产出。故投入品价格的上升，将导致总供给曲线上移，如图 10-32 所示。

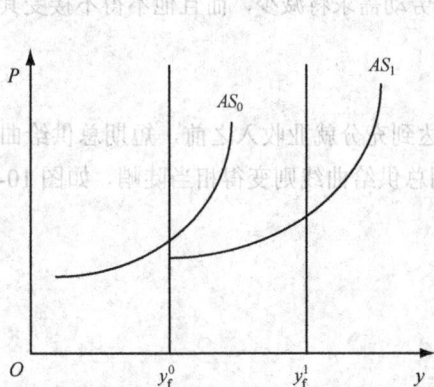

图 10-31　潜在产出增长引起的总供给曲线移动　　　　图 10-32　投入品价格上升引起的总供给曲线上移

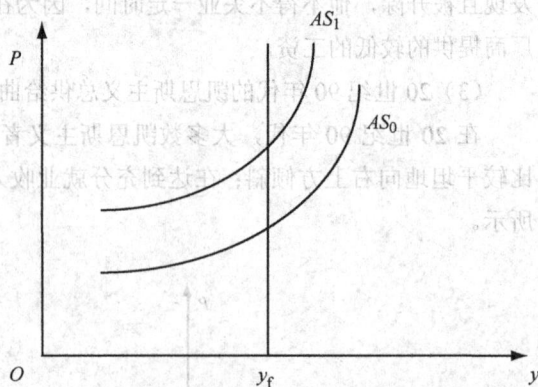

在现实生活中，总供给的变动常常是由成本上升和潜在产出增长共同造成的。因此，总供给曲线常常向右上方移动，如图 10-33 所示。

来相交上而同几个市场和市场的同时均衡。在图 10-34 中，长期总供给曲线 AS' 也应该与总需求曲线 IS—LM 的变化，而它则是价格曲线总收入是否充分就业收入，北要取决的就是它交点与产品市场、货币市场、劳动市场的情况。这些市场的均衡和状态不一定相联的，从实态。

（2）总需求—总供给模型

总需求曲线反映商品市场的均衡。总需求 AD 是来自各种投资与消费的支出及收入 y，它由各种均衡的投资的总需求曲线进行推导。

在总需求曲线的推导过程中，一般价格水平的变化会影响总需求曲线的移动，最终总需求曲线会变得平坦。在就业量不充分的，一般均衡就成立图 10-35 所示。

在图 10-35 中，P_0 与均衡需求曲线的交点 E 决定，此时均衡时总需求入为 AD；均衡需求曲线与 AS 相交于 E 点，此均衡决定。

引起总需求曲线 AS 相交于 E 点，一般价格水平为 P_1，为充分就业均衡。

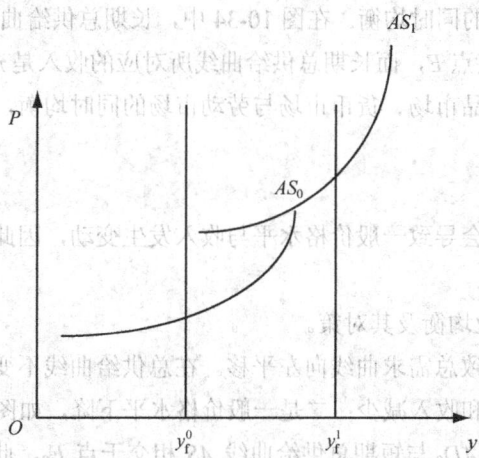

图 10-33 潜在产出增加和投入品价格上升共同引起的总供给曲线的移动

4. 总需求—总供给模型的应用及其局限

（1）总需求—总供给模型

① 总需求—总供给模型。

总需求与总供给二者联系起来，就可构建如下总需求—总供给模型。

$$\begin{cases} AD = AS \\ AD = AD(P) \\ AS = AS(P) \end{cases}$$

求解该模型，就可以得到均衡的一般价格水平与收入。

② 总供给总需求均衡及决定机制。

如图 10-34 所示，AS 表示短期总供给曲线，AS' 表示长期总供给曲线，AD 表示总需求曲线。均衡时即总供给曲线与总需求曲线的交点 E 所决定的一般价格水平与收入分别为 P^*、y_f。如果一般价格水平为 P_1，相对应的收入为 y_1，小于均衡收入。这时总需求大于总供给，导致一般价格水平上升。一般价格水平的上升，一方面使实际货币供给量减少，从而使利率提高，投资下降，总需求减少；另一方面使实际工资下降，从而使劳动需求增加，就业增加，总供给增加。这两方面的作用，最终使一般价格水平由 P_1 上升到 P^*，收入由 y_1 增加到 y_f，总需求和总供给重新相等，经济恢复均衡状态。

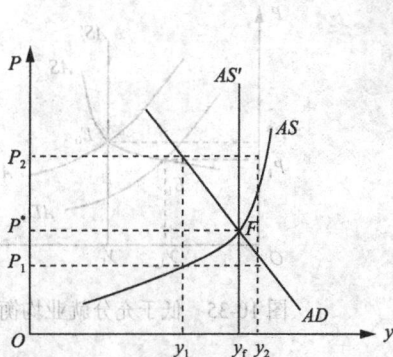

图 10-34 均衡时的一般价格水平与收入

如果一般价格水平为 P_2，相对应的收入为 y_2，大于均衡收入。这时总需求小于总供给，导致一般价格水平下降。一般价格水平的下降，一方面使实际货币供给量增加，从而使利率下降，投资增加，总需求增加；另一方面使实际工资上升，从而使劳动需求减少，就业减少，总供给减少，最终使一般价格水平由 P_2 下降到 P^*，收入由 y_2 减少到 y_f，总需求和总供给重新相等，经济恢复均衡状态。

短期总供给曲线与总需求曲线在长期总供给曲线上的 E 点相交，此时的均衡，是三市场即产品市场、货币市场、劳动市场的同时均衡。因为总需求曲线是根据 IS—LM 模型推导出的，所以总需求曲线上的点代表产品市场和货币市场的同时均衡。在图 10-34 中，长期总供给曲线 AS' 也经过短期总供给曲线 AS 与总需求曲线 AD 的交点 E，而长期总供给曲线所对应的收入是充分就业收入 y_f，此时的劳动市场也实现了均衡。这种产品市场、货币市场与劳动市场的同时均衡，是一种理想的经济状态。

（2）总需求—总供给模型及应用

总需求曲线和总供给曲线的移动，会导致一般价格水平与收入发生变动，因此可根据经济发展的实际情况及宏观调控的需要进行调整。

① 总需求减少引起的低于充分就业均衡及其对策。

消费、投资和净出口的减少都会导致总需求曲线向左平移。在总供给曲线不变的情况下，总需求曲线左移将产生两个结果：一是就业和收入减少；二是一般价格水平下降，如图 10-35 所示。

在图 10-35 中，初始的总需求曲线 AD_0 与短期总供给曲线 AS 相交于点 E_0，此时的收入为充分就业收入 y_f，一般价格水平为 P^*。现在总需求减少，总需求曲线由 AD_0 左移到 AD_1，总需求曲线 AD_1 与短期总供给曲线 AS 相交于点 E_1，一般价格水平下降到 P_1，收入减少到 y_1，此时的实际就业量小于充分就业量。

当经济处于低于充分就业均衡状态时，政府可以采取扩张性财政政策或货币政策，右移总需求曲线，增加就业与收入，实现充分就业均衡。

② 总需求增加引起的通货膨胀及其对策。

由于短期总供给曲线在充分就业以后比较陡峭，在总供给曲线不变的情况下，总需求增加或总需求曲线右移将产生两个结果：一是就业与收入的少量增加；二是一般价格水平的大幅度上升，如图 10-36 所示。

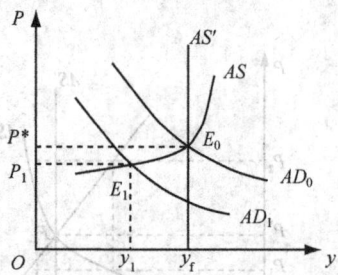

图 10-35　低于充分就业均衡状态　　　　图 10-36　通货膨胀

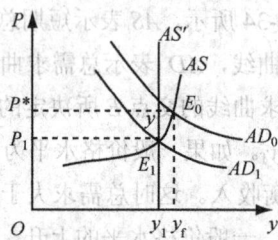

在图 10-36 中，初始的总需求曲线 AD_0 与短期总供给曲线 AS 相交于点 E_0，此时的收入为充分就业收入 y_f，一般价格水平为 P^*。现在总需求增加，总需求曲线由 AD_0 向右平移到 AD_1，AD_1 与 AS 相交于点 E_1，一般价格水平由 P^* 上升到 P_1，发生通货膨胀。此时，政府可以采取紧缩性财政政策和货币政策，左移总需求曲线，降低通货膨胀率。

（3）总供给减少引起的滞胀和凯恩斯主义需求管理政策的失灵

如果短期总供给曲线受到供给方面的冲击（如原材料价格上升或工资提高以及垄断等因素）左移时，就会形成收入减少，价格水平上升的"滞胀"局面，如图 10-37 所示。

在图 10-37 中，初始的短期总供给曲线 AS_0 与总需求曲线 AD_0 相交于点 E_0，此时的收入为充分就业收入 y_f，一般价格水平为 P_0。现在由于种种原因，总供给减少，短期总供给曲线由 AS_0 向左平

移到 AS_1，AS_1 与 AD_0 相交于点 E_1，一般价格水平由 P_0 上升到 P_1，而收入下降到 y_1，低于充分就业收入。这种现象被称为"滞胀"。

面对"滞胀"，凯恩斯主义的相机抉择的需求管理政策左右为难。如果政府采取紧缩性政策，将总需求曲线左移到 AD_1，可以降低价格，但同时使失业增加，收入减少到 y_2，经济更加萧条；如果政府采取扩张性政策，将总需求曲线右移到 AD_2，虽然会增加就业与收入，但同时使一般价格水平上升到 P_2，加剧通货膨胀。因此，"滞胀"宣告了凯恩斯主义需求管理政策的失灵。

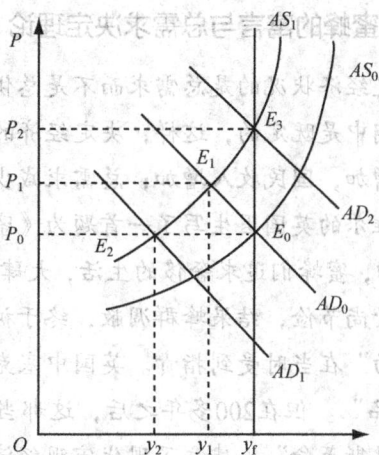

图 10-37 经济滞胀和需求管理政策的失灵

总之，总供给和总需求模型是用来表明产出与价格两者之间均衡水平的决定。总供给曲线 AS 表明，在各个价格水平上，企业愿意供给的实际产出数量。总需求曲线 AD 表示在各个价格水平上，产品和货币市场处于均衡时的产出水平，可以由不同价格水平时产品市场与货币市场的均衡推导出来。总供给曲线可以分为三种状态，凯恩斯总供给曲线是水平的，它意味着企业在现有价格水平上愿意供给所需数量的商品；古典总供给曲线是垂直的，它表示充分就业条件下的总供给状态；常规形态的总供给曲线是向右上方倾斜的，它表明随着价格的上升，厂商所提供的供给数量会不断提高。

总需求的扩张（如实施扩张性财政政策或货币政策等）会使 AD 向右上方移动。在凯恩斯主义的供给条件下，总需求的扩张会导致总供给的增加，但不会引致价格的上升。在古典供给条件下，总需求的上升只能引致价格的上涨。投入品价格的突然上升（例如 20 世纪 70 年代初的石油危机）会导致总供给曲线向左上方移动，其结果会导致产量的减少与价格的上涨。

西方主流经济学派认为总供给—总需求模型可以用来解释萧条状态、高涨状态和滞胀状态的短期收入和价格总水平的决定，也可以用来解释充分就业状态的长期收入和价格总水平的决定。在政策主张上，主流学派经济学家认为，虽然经济在长期内可以处在充分就业的均衡状态，但在短期内，萧条和过度繁荣，甚至滞胀状态是不可避免的，这些情况仍然会给社会带来经济损失，因此有必要推行凯恩斯主义的反周期经济政策，以熨平萧条和过度繁荣所带来的经济波动，使经济处于持续稳定的充分就业状态。

10.4 案例分析

10.4.1 案例一

蜜蜂的寓言与总需求决定理论

凯恩斯认为，在短期内决定经济状况的是总需求而不是总供给。这就是说，由劳动、资本和技术所决定的总供给，在短期中是既定的，这样，决定经济的就是总需求。总需求决定了短期内国民收入的水平。总需求增加，国民收入增加；总需求减少，国民收入减少。

18世纪初，一个名叫孟迪维尔的英国医生写了一首题为《蜜蜂的寓言》的讽喻诗。这首诗叙述了一个蜂群的兴衰史。最初，蜜蜂们追求奢侈的生活，大肆挥霍浪费，整个蜂群兴旺发达。后来它们改变了原有的习惯，崇尚节俭，结果蜂群凋散，终于被敌手打败而逃散。

这首诗所宣扬的"浪费有功"在当时受到指责。英国中塞克斯郡大陪审团委员们就曾宣判它为"有碍公众视听的败类作品"。但在200多年之后，这部当时声名狼藉的作品却启发凯恩斯发动了一场经济学上的"凯恩斯革命"，建立了现代宏观经济学和总需求决定理论。

在20世纪30年代之前，经济学家信奉的是萨伊定理。萨伊是18世纪的法国经济学家，他提出供给决定需求，有供给就必然创造出需求，所以，不会存在生产过剩性经济危机。这种观点被称为萨伊定理。但20世纪20年代英国经济停滞和30年代全世界普遍的生产过剩和严重失业打破了萨伊定理的神话。凯恩斯在批判萨伊定理的过程中建立了以总需求分析为中心的宏观经济学。

凯恩斯认为，在短期内决定经济状况的是总需求而不是总供给。这就是说，由劳动、资本和技术所决定的总供给，在短期内是既定的，这样，决定经济的就是总需求。总需求决定了短期内国民收入的水平。总需求增加，国民收入增加；总需求减少，国民收入减少。引起20世纪30年代大危机的正是总需求不足，或者用凯恩斯的话来说是有效需求不足。凯恩斯把有效需求不足归咎于边际消费倾向下降引起的消费需求不足和资本边际效率（预期利润率）下降与利率下降有限引起的投资需求不足。解决的方法则是政府用经济政策刺激总需求，包括增加政府支出的财政政策和降低利率的货币政策。凯恩斯强调的是财政政策。

在凯恩斯主义经济学中，总需求分析是中心。总需求包括消费、投资、政府购买和净出口（出口减进口）。短期内，国民收入水平由总需求决定。通货膨胀、失业、经济周期都是由总需求的变动所引起的。当总需求不足时就出现失业与衰退。当总需求过大时就出现通货膨胀与扩张。从这种理论中得出的政策主张称为需求管理，其政策工具是财政政策与货币政策。当总需求不足时，采用扩张性财政政策（增加政府各种支出和减税）与货币政策（增加货币供给量，降低利率）来刺激总需求。当总需求过大时，采用紧缩性财政政策（减少政府各种支出和增税）与货币政策（减少货币量，提高利率）来抑制总需求。这样就可以实现既无通货膨胀又无失业的经济稳定。

总需求理论的提出在经济学中被称为一场"革命"（凯恩斯革命）。它改变了人们的传统观念。例如，如何看待节俭。在传统观念中，节俭是一种美德。但根据总需求理论，节俭就是减少消费。消费是总需求的一个重要组成部分，消费减少就是总需求减少。总需求减少则使国民收入减少，经济衰退。由此看来，对个人来说是美德的节俭，对社会却是恶行。这就是经济学家经常说的"节约的悖论"。"蜜蜂的寓言"所讲的也是这个道理。

凯恩斯重视消费的增加。1933年当英国经济处于萧条时，凯恩斯曾在英国BBC电台号召家庭主妇多购物，称她们此举是在"拯救英国"。在《通论》中他甚至还开玩笑地建议，如果实在没有支出的方法，可以把钱埋入废弃的矿井中，然后让人去挖出来。已故的北京大学经济系教授陈岱孙曾说过，凯恩斯只是用幽默的方式鼓励人们多消费，并非真的让你这样做。但增加需求支出以刺激经济则是凯恩斯本人和凯恩斯主义者的一贯思想。

那么，这种对传统节俭思想的否定正确与否，还是要具体问题具体分析。生产的目的是消费，消费对生产有促进作用，这是人人都承认的。凯恩斯主义的总需求分析是针对短期内总需求不足的情况。在这种情况下刺激总需求当然是正确的。一味提倡节俭，穿衣服都"新三年、旧三年，缝缝补补又三年"，纺织工业还有活路吗？这些年当我国经济面临需求不足时政府也在努力寻求新的消费热点，说明这种理论不无道理。

当然，这种刺激总需求的理论与政策并不是普遍真理。至少在两种情况下，这种理论并不适用。其一是短期内当总供给已等于甚至大于总需求时，再增加总需求会引发需求拉动的通货膨胀。其二是在长期内，资本积累是经济增长的基本条件，资本来自储蓄，要储蓄就要减少消费，并把储蓄变为另一种需求——投资需求。这时提倡节俭就有意义了。

凯恩斯主义的总需求理论的另一个意义是打破了市场机制调节完善的神话，肯定了政府干预在稳定经济中的重要作用。战后各国政府在对经济的宏观调控中尽管犯过一些错误，但总体上还是起到了稳定经济的作用。战后经济周期性波动程度比战前小，而且没有出现20世纪30年代那样的大萧条，就充分证明了这一点。

世界上没有什么放之四海而皆准的真理。一切真理都是具体的、相对的、有条件的。只有从这个角度去认识凯恩斯主义的总需求理论才能得出正确的结论。其实就连"蜜蜂的寓言"这样看似荒唐的故事中不也包含了真理的成分吗？

案例思考题

1. 怎样看待节俭与浪费？
2. 总需求调节和政府有什么关系？

10.4.2 案例二

中国老百姓为什么喜欢储蓄？

据估算，美国的边际消费倾向现在约为0.68，中国的边际消费倾向约为0.48。也许这种估算不一定十分准确，但一个不争的事实是，中国的边际消费倾向低于美国。为什么中美边际消费倾向有这种差别呢？

一些人认为，这种差别在于中美两国的消费观念不同，美国人崇尚享受，今天敢花明天的钱；中国人有节俭的传统，一分钱要掰成两半花。但在经济学家看来，这并不是最重要的。消费观念属于伦理道德范畴，由经济基础决定，不同的消费观来自不同的经济基础。还要用经济与制度因素来解释中美边际消费倾向的这种差别。美国是一个成熟的市场经济国家，经济总体上是稳定的；美国的社会保障体系较为完善，覆盖面广而且水平较高。而我国的社会保障体系还没有充分地完善。

边际消费倾向低的另一面就是高储蓄率。表面上看，高储蓄率往往是高GDP增长的后果。道理很简单，普通老百姓收入增长后，会小心地"奖励"一下自己，但不愿大量花钱。日本在20世纪70年代GDP增长很快，在那个时期的储蓄存款率也是很高的。到了20世纪90年代，日本经济增长变缓，储蓄存款率也随之下降了。中国目前还是处在高GDP增长期间，较高的储蓄存款率其实是正常的。

缺少有吸引力的投资渠道是高储蓄率的一个重要原因。其实，不光老百姓缺少投资渠道，近来很多企业也因缺少投资欲望而把资金存入银行。在中国，企业存款增加后，广义货币M_2（定活期存款为主）就会随之增长。国家统计局2015年国民经济和社会发展统计公报显示，2015年末广义货币供应量（M_2）余额139.2万亿元，比上年末增长13.3%；狭义货币供应量（M_1）余额40.1万亿元，增长15.2%；流通中货币（M_0）余额6.3万亿元，增长4.9%。

老百姓储蓄多是对养老风险和医疗风险等没有信心。美国的经历证明了这一点。20世纪70年代，美国经济不景气，美国人储蓄较多。随着经济改善和各种社会保险机制的建立，大多数美国人对未来的担忧没有了。美国历史上全年储蓄率为负数的共有4年，分别是2005年和2006年以及经济"大萧条"时期的1932年和1933年，其中2005年全年美国的个人储蓄率为负1%，1933年的为负1.5%。储蓄率是负数，说明不仅不存钱，而且开始花过去的存款。不过，美国人并没有过度担心。储蓄是个复杂的现象，需要把居民存款余额放到更大的图像里去看。

案例思考题

1. 边际消费倾向和边际储蓄倾向的含义是什么？
2. 中国老百姓偏爱储蓄的根本原因是什么？

10.4.3 案例三

IS—LM模型与我国宏观经济政策选择

人们通常运用IS—LM模型来分析宏观经济政策的效力，并以该模型所体现的经济思想作为政府宏观经济政策选择的理论依据。但我国宏观经济调控的实践表明，以IS—LM模型为依据的扩张性宏观经济政策，尤其是扩张性货币政策并没有取得预期的效果。

IS—LM模型的形状取决于IS曲线和LM曲线的斜率。以我国投资的利率弹性对IS曲线斜率的影响看，由于市场经济体制在中国尚不完善，政府在企业投资中还起着一定的作用，企业自身还不能自觉地按市场经济原则办事，这必然导致企业投资对利率的反应没有一般市场经济国家敏感，从而导致中国的 IS 曲线比一般市场经济国家的 IS 曲线陡峭。从边际消费倾向变化对 IS 曲线的影响看，储蓄的超常增长表明，中国的边际消费倾向已经远远低于在目前收入水平应具有的水平，收入与消费之间已出现了严重的失衡，这种失衡必然导致我国的 IS 曲线比在正常情况下陡峭。

那么，中国的 LM 曲线的斜率如何呢？首先，中国正处于改革攻坚期的过程中，中国居民对货币的预防性需求急剧膨胀，从而打破了收入与消费之间的稳定关系，使中国的货币交易需求的收入弹性不再稳定，导致 LM 曲线不断趋向平坦。其次，从货币投机需求的利率弹性对我国 LM 曲线斜率的影响看，在目前的中国，由于金融市场、资本市场尚不十分完善，广大居民缺乏投资渠道，利率的变化对人们的投机性货币需求影响并不大，投机需求的利率弹性较小，其对 LM 曲线的影响是使 LM 曲线比较陡峭。

案例思考题

1. 我国应如何恰当选择宏观经济政策？
2. 试评价我国目前的主要宏观经济政策。

10.4.4 案例四

石油与经济

石油是生产许多物品和劳务的关键投入，它已经成为一国经济发展中不可缺少的因素，所以石油价格的变化对许多国家的经济产生了很大的影响。在欧洲存在一个主要利用石油生产许多产品的国家，该国经济中一些大的波动就主要源于石油价格的变化。

20 世纪 70 年代中期，为了阻止石油价格的不断降低，中东地区的主要产油国组成了一个卡特尔组织——欧佩克。欧佩克成功地提高了石油价格：从 1973—1975 年，石油价格几乎翻了一番；从 1978—1981 年，石油价格又翻了一倍还多。石油输入国的情况就不同了，由于石油供给的减少和石油价格的上升，这些国家里生产汽油、轮胎和许多其他产品的企业的成本迅速上升，而产品的价格不能同步迅速做出反应，所以这些企业都大量减少产量，或者干脆停业或破产。

案例思考题

1. 什么是总供给曲线？导致总供给曲线变动的因素有哪些？
2. 说明上述石油价格上升对总供给的影响机制。

课后习题

1. 什么是货币需求？人们需要货币的动机有哪些？
2. 什么叫"流动性陷阱"？
3. 简述 IS—LM 模型。

4．运用 $IS—LM$ 模型分析产品市场和货币市场失衡的调整过程。

5．在何种情况下，总供给曲线是水平的、垂直的、向右上方倾斜的？政府的宏观政策对总产出会有什么样的影响？

6．简析古典总供给-总需求模型与凯恩斯主义总供给-总需求模型的区别。

7．已知总需求曲线为 $Y_d=600-50P$，总供给函数为 $Y_s=500P$（单位：亿元）。

（1）求供求均衡点；

（2）如果总供给曲线不变，总需求增加 10%，求新的供求均衡点；

（3）如果总需求曲线不变，总供给增加 10%，求新的供求均衡点；

（4）求总需求曲线和总供给曲线同时变动后的供求均衡点。

8．若货币交易需求为 $L_1=0.20y$，货币投机性需求 $L_2=2000-500r$。

（1）写出货币总需求函数；

（2）当利率 $r=6$，收入 $y=10\,000$ 亿美元时，货币需求量为多少？

（3）若货币供给 $MS=2\,500$ 亿美元，收入 $y=6\,000$ 亿美元时，可满足投机性需求的货币是多少？

（4）当收入 $y=10\,000$ 亿美元，货币供给 $MS=2\,500$ 亿美元时，货币市场均衡时的利率为多少？

9．假定某经济中消费函数为 $C=0.8(1-t)Y$，税率为 $t=0.25$，投资函数为 $I=900-50r$，政府购买 $G=800$，货币需求为 $L=0.25y-62.5r$，实际货币供给为 500。

试求：（1）IS 曲线；（2）LM 曲线；（3）两个市场同时均衡时的利率和收入。

10．假设货币需求为 $L=0.20Y$，货币供给量为 200 美元，$C=90$ 美元$+0.8Y_d$，$t=50$ 美元，$I=140$ 美元$-5r$，$g=50$ 美元。

（1）导出 IS 和 LM 方程，求均衡收入，利率和投资；

（2）若其他情况不变，g 增加 20 美元，均衡收入、利率和投资各为多少？

（3）是否存在"挤出效应"？

（4）用草图表示上述情况。

11．某两部门经济中，假定货币需求为 $L=0.2y-4r$，货币供给为 200 亿美元，消费为 $c=100$ 亿美元$+0.8y$，投资 $i=150$ 亿美元。

（1）求 IS 和 LM 方程，画出图形；

（2）求均衡收入、利率、消费和投资；

（3）若货币供给增加 20 美元，货币需求不变，收入、利率、投资和消费有什么变化？

（4）为什么货币供给增加后收入不变而利率下降？

12．运用 $IS—LM$ 模型分析均衡国民收入与利率的决定与变动。

13．怎样理解 $IS—LM$ 模型是凯恩斯主义宏观经济学的核心？

14．在 IS 和 LM 两条曲线相交时所形成的均衡收入是否就是充分就业的国民收入？为什么？

15．解释下面每一个事件将使长期总供给增加、减少，还是没有影响。

（1）美国大量外来移民潮。

（2）国会把最低工资提高到每小时 10 美元。

（3）英特尔公司投资新的、更强劲的电脑芯片。

（4）严重的暴风雨危及东海岸的工厂。

扩展阅读

一张图看懂雾霾
经济学

供给侧结构性
改革

约翰·希克斯
（Hicks，John
Richard）及其
学术贡献

从供给侧发力，
避免掉进
"拉美漩涡"

第11章 | 宏观经济政策

11.1 | 宏观经济政策的作用原理

在短期内，国民收入波动的主要原因是需求，因此宏观经济政策的理论基础就是凯恩斯主义的总需求理论，即上一章分析的 *IS—LM* 模型。财政政策和货币政策作为总需求管理的两大基本政策工具，其作用原理和效果都可以通过 *IS—LM* 模型得到说明。

11.1.1 财政政策的作用原理

1. 财政政策作用的 *IS—LM* 分析

（1）财政政策概念

财政政策是国家干预经济的主要政策之一。财政政策是根据稳定经济的需要，政府变动税收和支出以便影响总需求进而影响就业和国民收入的政策。政府的财政政策主要包括两大类：改变政府支出和改变税收。其中政府支出包括政府公共工程支出（比如政府投资兴建基础设施）、政府购买（政府对各种产品和劳务的购买）和转移支付（各种福利支出）。税收主要是个人所得税、公司所得税和其他税收。增加政府支出，可以刺激总需求，从而增加国民收入，反之则压抑总需求，减少国民收入。税收对国民收入是一种收缩性力量，因此，增加政府税收，可以抑制总需求从而减少国民收入，反之，则刺激总需求增加国民收入。

根据财政政策在调节国民经济总量方面的不同功能，财政政策可区分为扩张型财政政策、紧缩型财政政策和中性财政政策三类。

扩张性财政政策是指通过财政分配活动来增加和刺激社会总需求。扩张性财政政策主要通过减税、增加支出的方式实现。由于减少财政收入、扩大财政支出的结果往往表现为财政赤字，因此，扩张性财政政策亦称赤字财政政策。

紧缩性财政政策是指通过财政分配活动来减少和抑制总需求。紧缩性财政政策主要通过增税、减少支出的方式实现。由于增加财政收入、减少财政支出的结果往往表现为财政结余，因此紧缩性财政政策也称盈余性财政政策。紧缩性财政政策是作为反通货膨胀的对策出现的。

中性财政政策是指财政的分配活动对社会总需求的影响保持中性，财政的收支活动既不会产生扩张效应，也不会产生紧缩效应，实践中这种情况是很少存在的。

（2） *IS* 曲线、*LM* 曲线的斜率与财政政策效果

尽管实行扩张性的财政政策和货币政策都会使国民收入增加，但国民收入增加的多少即政策效果的大小会因 *IS* 曲线和 *LM* 曲线斜率的不同而不同。

从 *IS—LM* 模型看，*LM* 曲线的斜率不变时，*IS* 曲线斜率的绝对值越小，*IS* 曲线越平坦，*IS* 曲线移动对国民收入变动的影响就越小，即财政政策效果越小；相反，*IS* 曲线斜率的绝对值越大，*IS*

曲线越陡峭，IS 曲线移动对国民收入变动的影响就越大，即财政政策效果越大，如图 11-1 所示。

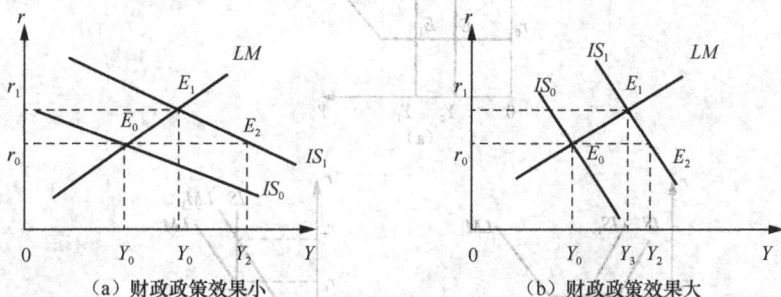

（a）财政政策效果小　　　　　　　（b）财政政策效果大

图 11-1　IS 曲线的斜率与财政政策效果

图 11-1（a）和（b）中，假设 LM 曲线的斜率相同，初始均衡收入 Y_0 和利率 r_0 也相同。现在政府实行扩张性财政政策，使 IS 曲线右移，从而使国民收入增加。由于 IS 曲线斜率不同，国民收入增加的多少会有所不同。

如果 IS 曲线的斜率不变，则 LM 曲线的斜率越大，LM 曲线越陡峭，则 IS 曲线移动对国民收入变动的影响就越小，即财政政策效果越小；相反，LM 曲线斜率越小，LM 曲线越平坦，IS 曲线移动对国民收入变动的影响就越大，即财政政策效果越大，如图 11-2 所示。

在图 11-2 中，LM 曲线逐渐由平坦变陡峭，其斜率由小变大。由图中可以看出，在 LM 曲线比较陡峭的阶段如由 IS_2 到 IS_3 的阶段，扩张性财政政策使国民收入增加较少，说明财政政策效果较小；而在 LM 曲线比较平坦的阶段如由 IS_0 到 IS_1 的阶段，扩张性财政政策使国民收入增加较多，说明财政政策效果较大。

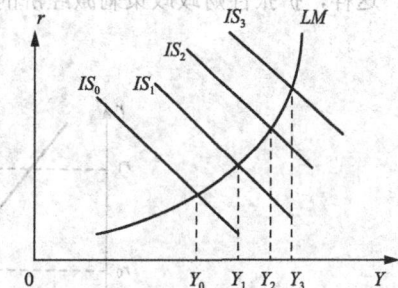

图 11-2　LM 曲线的斜率与财政政策效果

2. 凯恩斯主义的极端情况

凯恩斯极端有以下情况，如果 LM 越平坦或 IS 越陡峭，则财政政策效果大，货币政策效果小。如果出现一种 IS 曲线为垂直线而 LM 曲线为水平线的情况，则财政政策将完全有效，而货币政策将完全无效，如图 11-3 所示。

在图 11-3（a）中，在 LM 曲线的水平线阶段，扩张性财政政策的结果是使收入增加到 Y_1，而利率保持不变，仍然为 r_0。

在 LM 曲线水平线阶段即"凯恩斯陷阱"中，即使 IS 曲线不垂直而向右下方倾斜，政府实行财政政策也完全有效，如图 11-3（b）所示。

如果 IS 曲线为垂直线，说明投资需求的利率弹性系数等于零，则即使利率发生了变化，投资也不会发生变动。也就是说，即使 LM 线不为水平线，政府的货币政策能改变利率，收入也不会受到影响，如图 11-3（c）所示。

在凯恩斯极端情况下，货币需求利率系数为无限大，而投资需求的利率系数等于 0。因此财政政策挤出效应为 0，财政政策效果极大。反之，在古典主义极端情况下，货币需求利率系数为 0，而投资需求的利率系数极大。因此，挤出效应是完全的，政府支出增加多少，私人投资支出就被挤了多少，财政政策毫无效果。

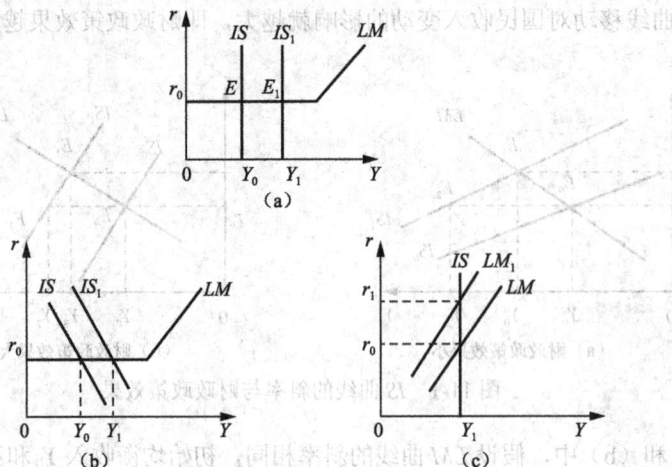

图 11-3 凯恩斯主义极端

3. 挤出效应

财政政策的"挤出效应"是指政府实行扩张性财政政策所引起的私人消费与投资减少的经济效应。这样，扩张性财政政策刺激经济的作用就减弱了。可用图 11-4 来说明财政政策的挤出效应。

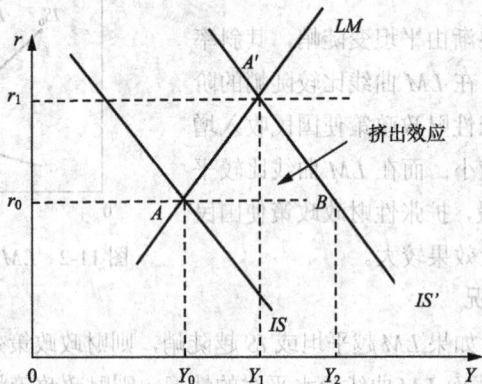

图 11-4 挤出效应

图 11-4 是 IS—LM 模型，当 IS 曲线与 LM 曲线相交于 A 点时，决定了均衡国民收入 Y_0 和均衡利率 r_0。在货币供应量不变的条件下，政府支出增加，加大采购开支或采取减税政策，即自发总需求增加，由于加大了总支出，宏观经济处于新的均衡状态，总需求就会随之上升，货币需求量必然加大，IS 会右移到 IS'，均衡利率也会攀升到 r_1。移动后的 IS'曲线上对应 r_0 利率的投资应当在 B 点，由于利率提高，人们会减少投资，B 点向新的均衡点 A' 逼近，货币需求量（M_d）上升，私人投资被挤掉一部分，造成投资（I）下降，减少的部分即为 Y_1Y_2，就是财政政策的"挤出效应"。挤出效应的大小直接影响到财政政策的效果。Y_0Y_1 为财政政策的效果。

一般可以认为，如果增加政府支出是用于公共产品领域（比如国防和城市公路这些私人不愿意投资的领域），挤出效应就会小一些；如果政府投资于纯粹的私人产品领域（私营企业愿意投资的领域），其挤出效应就会大一些。另外，政府支出在多大程度上"挤占"私人支出呢？这取决于以下几个因素。第一，支出乘数的大小。乘数越大，政府支出引起的产出增加越多，利率增加引起国民收入减少也越多，挤出效应越大。第二，货币需求对产出的敏感程度。政府支出引起的一定量产出水平增加所导致的对货币的需求（交易需求）的增加越大，利率上升也越多，挤出效应越大。第三，货币需求对利率变动的敏感程度。这一系数越小，货币需求稍有变动，就会引起利率大幅度变动，政府支出增加引起货币需求增加所导致的利率上升就越多，挤出效应越大。第四，投资需求对利率变动的敏感程度。即投资的利率系数越大，一定利率水平的变动对投资水平的影响就越大，挤出效应越大。

综合上述分析，针对扩张性财政政策，财政政策效果的大小与 IS 曲线和 LM 曲线的斜率可以用表 11-1 和表 11-2 说明。

表 11-1　　扩张性财政政策和 LM 曲线

LM 曲线	含　　义	给定正常的 IS 曲线，财政政策的效果	
		对产量	对利率
越平坦	利率的货币需求弹性更大 利率的国民收入弹性更大	越大	越小
越陡峭	利率的货币需求弹性更小 利率的国民收入弹性更小	越小	越大
垂直	古典情形	无	最大
水平	极端的凯恩斯主义情形	最大	无

表 11-2　　扩张性财政政策和 IS 曲线

IS 曲线	含　　义	给定正常的 LM 曲线，财政政策的效果	
		对产量	对利率
越平坦	利率的投资需求弹性更大 利率的国民收入弹性更大	越小	越大
越陡峭	利率的投资需求弹性更小 利率的国民收入弹性更小	越大	越小
垂直	极端的凯恩斯主义情形	最大	最大
水平	古典情形	无	无

11.1.2　货币政策的作用原理

1. 货币政策作用的 IS—LM 分析

（1）货币政策概念

宏观经济政策的第二大工具是货币政策，它是政府货币当局即中央银行通过银行体系变动货币供给量来调节总需求的政策。中央银行通过改变货币供给量能够影响到许多金融变量和经济变量，如利率、股价、房地产价格、汇率等。在经济萧条时，增加货币供给，降低利息率，刺激私人投资，进而刺激消费，使生产和就业增加。反之，在经济过热通胀率太高时，可以紧缩货币供给量，提高利率，抑制投资和消费，使生产和就业减少些或增长慢一些。前者是扩张性货币政策，后者是紧缩性货币政策。与财政政策一样，货币政策也体现了政府对国民经济的管理，但是这部分财力主要是指由银行信贷所代表的财力。另外货币政策并不像财政政策那样体现国家对一部分社会产品的分配管理。因此，货币政策与财政政策

扩展阅读：产业政策争论——有限政府，有为政府？

有相近功效，也有不同之处。

（2）IS 曲线、LM 曲线的斜率与货币政策效果

① IS 曲线的斜率与货币政策的效果。

图 11-5 说明了货币政策效果和 IS 曲线的关系。图中有三条 IS 曲线，一条是正常的，或者说绝大多数经济学家认同的斜率为负的 IS 曲线，第二条是水平的 ISA 曲线，第三条是垂直的 IS_B 曲线。

如果 IS 曲线为一条水平线 IS_A，货币供给量的上升，使得 LM_1 曲线右移至 LM_2，导致国民收入的增长量完全等于 LM 曲线的水平移动量。

当 IS 曲线为一水平线 IS_A 时，货币政策对产出具有完全的效应，但利率不变；当 IS 曲线为一垂线 ISB 时，货币存量的增加使得利率从 r_1 下降到 r_3，货币政策对利率有完全的效应，但对实际收入水平没有影响。因此，IS 曲线越平坦，货币政策对实际产量影响越大，对利率影响越小。

那么，在什么情况下有可能使 IS 曲线为一条水平线呢？在什么情况下有可能使 IS 曲线为一垂线呢？如前所述，只有当投资对利率具有完全弹性之时，IS 曲线才有可能为一条水平线，只有当投资对利率的变化没有反应，IS 曲线才有可能为一垂线。

以上讨论的两种情形都属极端特例。但是，我们至少可以得到以下结论，投资对利率的弹性越大，货币存量的变化对实际收入影响越大、对利率的影响越小。

② LM 曲线的斜率与货币政策的效果。

货币政策对产量和利率的效果不仅仅取决于 IS 曲线的斜率，还同时依赖于 LM 曲线的斜率。

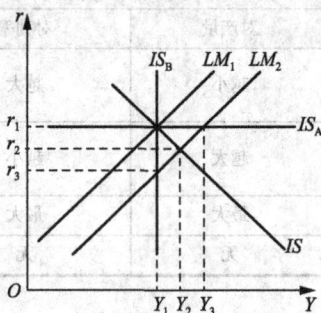

图 11-5　IS 曲线的斜率和货币政策效果　　　图 11-6　LM 曲线的斜率和货币政策效果

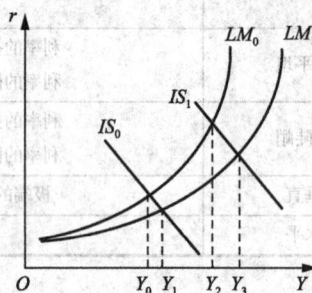

如果 IS 曲线的斜率不变，LM 曲线的斜率越大，LM 曲线越陡峭，则货币政策效果越大；相反，LM 曲线的斜率越小，LM 曲线越平坦，则货币政策的效果越小，如图 11-6 所示。

2. 水平的 LM 曲线：极端凯恩斯主义——流动性陷阱

流动性陷阱（Liquidity Trap）是指以下这种情形：在任一给定的较低利率水平上公众持有货币的机会成本小到可以忽略不计时，公众愿意持有任何数量的货币供给量，这就隐含着 LM 曲线为一条水平线，同时，改变货币存量使得 LM 曲线从 r_1ALM 变为 r_1ALM'，这样，货币供给量增加使得 LM 曲线在 r_1A 水平段上没有任何变化。在这种情况下，实施公开市场业务等货币政策对利率和收入水平均不会产生影响。货币政策在流动性陷阱里无力影响利率和产量，如图 11-7 所示。

流动性陷阱理论是极端的凯恩斯主义反对货币政策的一种理论。它认为，在某一给定的较低利率水平之上，如 r_1，公众愿意持有任意数量的货币供给量，因而 LM 曲线为一水平线。此时，增加货币供给对经济没有任何影响。

图中的 r_1 是一个人为给定的很低的利率，但是，至少在零利率上存在着流动性陷阱。当利率为零时，人们持有货币的机会成本几乎为零，因此，公众不愿意持有任何债券，同时，持有货币还具有利于交易的优势。相应地，如果由于某种原因利率为零，货币供给量的增加并不会引诱人们去购买债券，因此，这对利率没有任何影响，进而对产量也没有影响，该经济便处于流动性陷阱之中。

3. 古典主义的极端情况

当 LM 曲线为垂直线、IS 曲线为水平线时，货币政策十分有效，而财政政策完全无效。这种情况被称为古典主义极端，如图 11-8 所示。

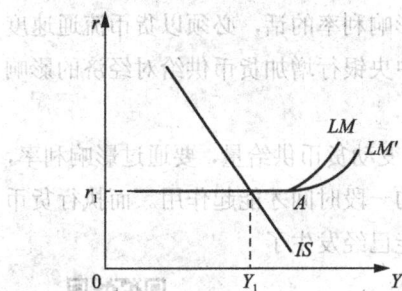

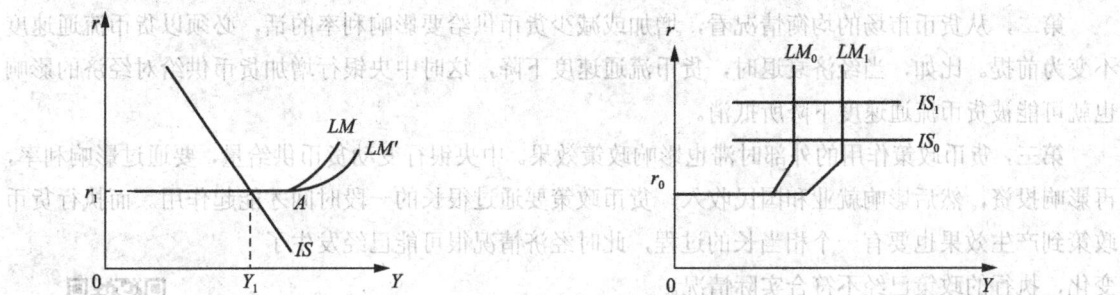

图 11-7 流动性陷阱　　　　图 11-8 古典主义的极端情况

在图 11-8 中，当 LM 曲线垂直时，说明货币需求的利率弹性系数等于零，人们不愿意为投机而持有货币。这时，如果增加政府支出或减税使利率上升时，私人投资会大大减少，挤出效应会非常大。这说明，在古典主义极端的情形下，财政政策完全无效。但是，如果实行扩张性的货币政策，则效果会很大。

综合上述分析，针对扩张性货币政策，货币政策效果的大小与 IS 曲线和 LM 曲线的斜率可以用表 11-3 和表 11-4 说明。

表 11-3　　　　　　　　　　　　扩张性货币政策与 IS 曲线

IS 曲线	含　义	给定正常的 LM 曲线，货币政策的效果	
		对产量	对利率
越平坦	利率的投资需求弹性更大 利率的国民收入弹性更大	越大	越小
越陡峭	利率的投资需求弹性更小 利率的国民收入弹性更小	越小	越大
垂直	极端的凯恩斯主义情形	无	最大
水平	古典情形	最大	无

表 11-4　　　　　　　　　　　　扩张性货币政策与 LM 曲线

LM 曲线	含　义	给定正常的 IS 曲线，货币政策的效力	
		对产量	对利率
越平坦	利率的货币需求弹性更大 利率的国民收入弹性更大	越小	越小
越陡峭	利率的货币需求弹性更小 利率的国民收入弹性更小	越大	越大
垂直	古典情形	最大	最大
水平	极端的凯恩斯主义情形（流动性陷阱）	无	无

4. 货币政策的局限性

货币政策在实施过程中也会遇到一些局限性，具体包括如下方面。

第一，在通货膨胀时期实行紧缩的货币政策可能效果比较显著，但在经济衰退时期，实行扩张的货币政策效果可能就不明显。经济衰退时期，公众对经济前景持悲观态度，即使中央银行松动银根，降低利率，投资者也不肯增加贷款从事投资活动，银行为了安全起见也不肯轻易贷款，特别是存在流动性陷阱的情况下，不论银根如何松动，利息率都不会降低。这样，货币政策作为反衰退的政策，效果就会差一些。进一步而言，对成本推进的通货膨胀，货币政策的效果也比较小。

第二，从货币市场的均衡情况看，增加或减少货币供给要影响利率的话，必须以货币流通速度不变为前提。比如，当经济衰退时，货币流通速度下降，这时中央银行增加货币供给对经济的影响也就可能被货币流通速度下降所抵消。

第三，货币政策作用的外部时滞也影响政策效果。中央银行变动货币供给量，要通过影响利率，再影响投资，然后影响就业和国民收入，货币政策要通过很长的一段时间才能起作用。而执行货币政策到产生效果也要有一个相当长的过程，此时经济情况很可能已经发生了变化，执行的政策已经不符合实际情况。

第四，在开放经济中，货币政策的效果还要因为资金在国际上流动而受到影响。比如，一国实行紧缩性货币政策，利率上升，国外资金流入，若汇率浮动，则本币升值，出口受到抑制，进口受到刺激，本国总需求比在封闭条件下有更大的下降。若实行固定汇率，央行要维持本币不升值，抛本币，购外币，本国货币供给增加，紧缩性货币政策效果下降。

扩展阅读：货币政策首提"中性"的深意

11.1.3 两种政策的配合作用

1. 财政政策与货币政策的作用特点比较

财政政策和货币政策是宏观调控的两大手段，它们各自的特点决定了在调节经济的过程中，彼此是互补的关系，缺一不可，不能互相替代。

（1）财政政策与货币政策调节范围的不同要求两者必须协调配合。财政政策和货币政策都是以调节社会总需求为基点来实现社会总供求平衡的政策，但两者的调节范围却不尽相同。具体表现为：财政政策主要在分配领域实施调节，货币政策对社会总需求的影响则主要是通过影响流通中的货币量来实现的，其调节行为主要发生在流通领域。正是这种调节范围的不同，使得不论财政政策还是货币政策，对社会总供求的调节都有局限性。

财政政策与货币政策的关系

（2）财政政策与货币政策目标的侧重点不同要求两者协调配合。财政政策与货币政策都对总量和结构进行调节，但在资源配置和经济结构上，财政政策比货币政策更强调资源配置的优化和经济结构的调整，有结构特征。而货币政策的重点是调节社会需求总量，具有总量特征。

（3）财政政策与货币政策时滞性不同要求两者协调配合。在政策制定上，财政政策的变动，需要通过立法机构、经过立法程序，而货币政策的变动通常由中央银行决定；在政策执行上，财政政策措施通过立法之后，还要交给有关执行单位具体实施，而货币政策具有很强的灵活性，在中央银行决策之后，可以立即付诸实施，作用快一些，一般受到的阻力也小。因此，财政政策的决策时滞一般比货币政策要长。但是，从效果时滞来看，财政政策则可能优于货币政策。由于财政政策直接影响消费总量和投资总量，从而直接影响社会的有效需求，效用会更强一些。而货币政策主要是影响利率水平的变化，通过利率水平变化引导经济活动的改变，对社会总需求的影响是间接的。从这一点分析，货币政策比财政政策对经济运行产生影响所需的时间要长。

2. 财政政策和货币政策的配合

财政政策包括国家税收政策和财政支出政策，增税和减支是"紧"的财政政策，可以减少社会需求总量，但对投资不利。反之，是"松"的财政政策，有利于投资，但社会需求总量的扩大容易导致通货膨胀。货币政策主要包括信贷政策和利率政策，收缩信贷和提高利率是"紧"的货币政策，能够抑制社会总需求，但制约投资和短期内发展，反之，是"松"的货币政策，能扩大社会总需求，对投资和短期内发展有利，但容易引起通货膨胀率的上升。

当经济中存在失业时，既可以实行扩张性的财政政策，也可以实行扩张性的货币政策，还可以将二者结合起来使用，如图 11-9 所示。

假定经济最初处于 E 点，而充分就业的收入为 Y_f，为了达到充分就业，政府可实行扩张性财政政策或扩张性财政政策使 IS 或 LM 曲线右移。但这会导致利率的大幅度上升或下降。为了增加收入而不使利率变动，可采用扩张性财政政策和货币政策相结合的方法。通过扩张性财政政策使收入增加到 Y_f，同时通过扩张性货币政策增加货币供应量，使利率保持原有水平。

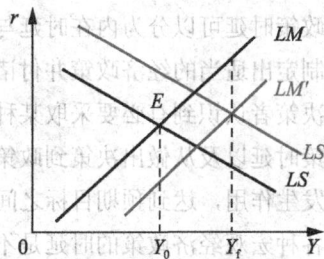

图 11-9 财政政策与货币政策的混合使用

财政政策与货币政策有四种不同的搭配组合，政府究竟采用哪种组合取决于客观的经济环境。概括地说，"一松一紧"主要是解决结构问题；单独使用"双松"或"双紧"主要为解决总量问题，如表 11-5 所示。

表 11-5　财政政策和货币政策混合使用的政策效应

	政策混合	产出	利率
1	扩张性财政政策和紧缩性货币政策	不确定	上升
2	紧缩性财政政策和紧缩性货币政策	减少	不确定
3	紧缩性财政政策和扩张性货币政策	不确定	下降
4	扩张性财政政策和扩张性货币政策	增加	不确定

当经济萧条但又不太严重时，可以采用第一种组合，用扩张性财政政策刺激总需求，用紧缩性货币政策控制通货膨胀；当经济发生严重通货膨胀时，可采用第二种组合，用紧缩性货币政策提高利率，降低总需求，同时紧缩财政防止利率过分提高；当经济出现通货膨胀又不太重时，可用第三种组合，用紧缩财政压缩总需求，扩张性货币政策降低利率，防止紧缩性财政引起衰退；当经济出现严重萧条时，可以用第四种组合，用扩张性财政增加总需求，用扩张性货币政策降低利率克服"挤出效应"。

3. 相机抉择

相机抉择是指政府在运用宏观经济政策来调节经济时，可以根据市场情况和各项调节措施的特点，在什么情况下不用采取政策措施，可以依靠经济本身的机制自发的调节；什么情况下必须机动地决定或选择当前应该采用哪一种或哪几种政策措施。这种对政策的配合要根据不同的经济形势采取不同的政策。

在经济发生严重的衰退时，政府不能运用作用缓慢的政策，而是要采用比较猛烈的政策，如通过紧急增加政府支出与政府购买，增加转移支付等扩张性的财政政策来刺激总需求，以实现充分就业。在经济开始出现衰退的苗头时，要采用一些较为温和的政策，如有计划地在金融市场上收购债券缓慢地增加货币供应量，降低利息率。

4. 政策实施的困难

宏观经济政策实施中会遇到一些困难，影响政策的实施效果，具体包括以下几种。

（1）政策时延

任何一项政策，从决策到在经济中达到预期的目标都会有一定的时间间隔，这种时间间隔就叫政策时延。这种政策时延的长短，对政策能否达到预期的目标有重要的影响。

政策时延可以分为内在时延与外在时延。内在时延是指从经济中发生了引起不稳定的变动到决策者制定出适当的经济政策并付诸实施之间的时间间隔。其中包括从经济中发生了引起不稳定的变动到决策者认识到有必要采取某种政策的认识时延；从认识到有必要采取某种政策到实际做出决策的决策时延以及从做出决策到政策付诸实施的实施时延。外在时延是指从政策实施到政策在经济中完全发生作用，达到预期目标之间的时间间隔。

各种宏观经济政策的时延是不同的。一般来说，财政政策从决策、议会批准到实施，需要经过许多中间环节，内在时延较长，但其作用比较直接，见效快，外在时延较短。货币政策由中央银行直接决定，所经过的中间环节少，内在时延较短，但它的作用比较间接，外在时延就较长。缩短政策时延，使政策更快地发挥作用是十分必要的。但是时延是客观存在的，无法消除。这样，在决定政策时一定要考虑到各种政策的时延，以免政策无法达到预定的目标。

（2）预期的影响

公众对政策本身和经济形势的预期也会影响到宏观经济政策的效果。如果公众认为政策的变动只是暂时的，从而不对政府出台的政策做出相应反应，政策就很难达到预期的目标。如果公众认为经济会发生严重衰退，这样即使政府采取了减税等措施，公众也不会增加消费或投资，减税也就不会起到刺激总需求的作用。因此，只有当公众认为政策是一种长期的政策，并与政府有相近的经济预期时，才会配合政策，达到政策出台的预期目标。

（3）非经济因素的影响

经济政策的出台与实施都不是孤立的，要综合考虑多方因素，也受到众多因素尤其是国内外政治因素的影响。比如，在大选前夕，尽管经济中已经出现了通货膨胀，但本届总统为了连任，一般也不会采取紧缩性政策，否则会导致失业增加，经济萧条，对其当选带来不利影响。再比如，减少政府支出的政策会受到接受政府补助的穷人的反对或抵制，政府出于政治上的考虑，也会中止或减缓这种政策。另外，国际政治关系的变动，某些重大事件的发生，意想不到的自然灾害等，都会影响政策的预期目标。

11.2 宏观经济政策的作用与实践

经济政策是指国家或政府为了增进社会经济福利而制定的解决经济问题的指导原则和措施。它是为了达到一定的经济目的而对经济活动有意识的干预。因此，任何一项经济政策的制定都是根据一定的经济目标而进行的。

11.2.1　经济政策目标

宏观经济政策的目标一般认为有四种，即充分就业、物价稳定、经济增长和国际收支平衡。

1. 充分就业

充分就业是宏观经济政策的第一目标。所谓充分就业是指一切生产要素包括劳动都有机会以自己愿意的报酬参加生产的状态。由于测量各种经济资源的就业程度非常困难，因此通常以失业率高低作为衡量充分就业与否的尺度。失业率指失业者人数与劳动力人数的比率。失业者是劳动力中想工作但尚未找到工作的人，失业人数等于全部劳动力人数与就业人数之差。

充分就业并非人人都有工作，在充分就业的状态下，有可能存在失业。这是由于在市场经济中，劳动力的供给与需求双方都有自由选择的权力，比如，有人对其工作不满意而辞掉工作，一般需要一段时间才能找到工作；学生从学校毕业也往往需要一段时间才能找到合适的工作。所以，从整个经济看来，任何时候都会有一些正在寻找工作的人，经济学家把在这种情况下的失业称为自然失业率，所以，经济学家对自然失业率的定义，有时被称作"充分就业状态下的失业率"，有时也被称作无加速通货膨胀下的失业率。在凯恩斯看来，失业一般分为三类：摩擦失业，自愿失业和非自愿失业。除此以外，还有所谓的结构性失业和周期性失业。凯恩斯认为，如果"非自愿失业"已经消除，失业仅限于摩擦失业和自愿失业的话，就是实现了充分就业。随着经济结构的调整和生产技术的进步，人员流动、职工下岗和失业都是难以避免的，国际上通常认为，失业率在 5% 以内是正常的。

2. 物价稳定

物价稳定是指价格总水平的稳定。一般采用价格指数来表示价格水平的变化，价格指数有消费价格指数（CPI）、批发价格指数（PPI）和 GDP 平减指数（GDP deflator）等。价格稳定不是指每种商品价格的固定不变，也不是指价格总水平的固定不变，而且指价格指数的相对稳定。市场物价总水平的适度变动，有利于国民经济的调整，有利于调节供求矛盾，但如果物价总水平出现大幅度上升或下降，则会给国民经济和人民生活带来极其不利的影响。

3. 经济增长

经济增长是指一定时期内经济的持续均衡增长。即在一个时期内经济社会所生产的人均产量或者人均收入的增长，它既包括维持一个较高的经济增长率，又包括培育一个经济持续增长的能力，一般认为，经济增长与就业目标是一致的。

4. 国际收支平衡

国际收支平衡是指一国净出口与净资本进出相等而形成的平衡，一国的国际收支状况不仅反映了这个国家的对外经济交往情况，还反映出该国经济的稳定程度。收入总额高于支出总额，就是国际收支顺差，反之，就是国际收支逆差。国际收支平衡一般用国际收支平衡表来反应。通过国际收支平衡表，可综合反映一国的国际收支平衡状况、收支结构及储备资产的增减变动情况，为制定对外经济政策，分析影响国际收支平衡的基本经济因素，采取相应的调控措施提供依据，并为其他核算表中有关国外部分提供基础性资料。

从根本上说，宏观调控的四个政策目标是一致的。但具体说来，这四个政策目标之间既存在着一致性或互补性，也存在着矛盾性或冲突性。

一致性或互补性是指政府对某一目标追求或某一目标的实现同时也能促进其他目标的实现。如充分就业与经济增长之间就存在一致性，国民经济越是能持续均衡增长，就业率就越高，失业率就越低；反之亦然。经济增长与就业之间的高度相关关系可以通过奥肯定律来说明，即当实际 GDP 增长相对于潜在 GDP 增长下降2%时，失业率上升大约 1%；当实际 GDP 增长相对于潜在 GDP 增长上升2%时，失业率下降大约 1%。需要注意的是，奥肯所提出经济增长与失业率之间的具体数量关系只是对美国经济所做的描述，而且是特定一段历史时期的描述。因此，奥肯定律的意义在于揭示了经济增长与就业增长之间的关系，而不在于其所提供的具体数值。

矛盾性是指政府要实现某一目标，就无法同时实现另一目标，甚至要牺牲另一目标为代价。物价稳定与充分就业之间存在一种此高彼低的交替关系。当失业过多时要实现充分就业的目标，就需要扩张信用和增加货币供应量，以刺激投资需求和消费需求，扩大生产规模，增加就业人数；同时由于需求的大幅增加，会带来一定程度的物价上升。反之，如果货币政策要实现物价稳定，又会带来就业人数的减少。

物价稳定与经济增长也存在矛盾。要刺激经济增长，就应促进信贷和货币发行的扩张，结果会带来物价上涨；为了防止通货膨胀，就要采取信用收缩的措施，这又会对经济增长产生不利的影响。

物价稳定与国际收支平衡存在矛盾。若其他国家发生通货膨胀，本国物价稳定，则会造成本国输出增加、输入减少，国际收支发生顺差；反之，则出现逆差，使国际收支恶化。

经济增长与国际收支平衡的矛盾。随着经济增长，对进口商品的需求通常也会增加，结果会出现贸易逆差；反之，为消除逆差，平衡国际收支，需要紧缩信用，减少货币供给，从而导致经济增长速度放慢。

综上所述，由于各目标间存在的矛盾性，政府应根据不同的情况选择具体的政策目标。

11.2.2 财政政策

1. 财政政策功能

财政政策作为宏观调控的重要手段，主要具有以下四种功能。

（1）导向功能。财政政策的导向功能就是通过调整物质利益进而对个人和企业经济行为的调节来引导国民经济的运行。具体表现在以下两个方面。第一，配合国民经济总体政策和各部门、各行业政策，提出明确的调节目标。第二，财政政策不仅规定应该做什么，不应该做什么，同时通过利益机制，引导人们的经济行为。

（2）协调功能。财政政策的协调功能是指对社会经济发展过程中出现的某些失衡状态的制约和调节，财政政策可以协调地区之间、行业之间、部门之间、阶层之间的利益关系。

（3）控制功能。财政政策的控制功能是指政府通过调节企业和居民的经济行为，实现对宏观经济的有效控制。如对个人所得征收超额累进税，可以防止两极分化。

（4）稳定功能。财政政策的稳定功能是指国家通过财政政策调节总支出水平，使货币支出水平恒等于产出水平，实现国民经济的稳定发展。其稳定功能主要体现为实施反周期操作。

2. 财政政策工具

财政政策是经济政策的重要组成部分，概括地说，它是政府财政行为的准则。政府财政行为主要是指政府财政收支行为，因此，财政政策就是政府管理财政收支的准则。财政政策手段的选取以有明确可行的财政政策目标为前提，而且必须以政策目标为转移，即它必须是既定政策目标所需要的，否则它就失去了意义。一般说来，财政政策手段主要包括预算、税收、公债、财政支出等。

（1）预算。国家预算是财政政策手段中的基本手段，它全面反映国家财政收支的规模和平衡状况，综合体现各种财政手段的运用结果，制约着其他资金的活动。国家预算对经济的调控主要是通过调整国家预算收支之间的关系实现的。当社会总需求大于社会总供给时，可以通过实行国家预算收入大于预算支出的结余预算政策进行调节，预算结余可在一定程度上削减社会需求总量；反之，社会总需求小于社会总供给时，可以实行国家预算支出大于预算收入的赤字预算政策来扩大社会总需求，刺激生产和消费。另外，通过调节国家预算支出结构还可调节社会供给结构与产业结构，例如，调整预算支出方向和不同支出方向的数量，促使形成符合国家要求的供给结构与产业结构；或者调整预算支出结构，形成相应需求结构以影响供给结构与产业结构的发展变化等。

（2）税收。税收是主要的财政政策手段，它具有强制性、无偿性、固定性特征，因而具有广泛强烈的调节作用。通过调节税收总量和税收结构，税收政策从两个方面对宏观经济产生影响。其一，税收对人们的收入产生直接影响，进而会影响到人们的消费和储蓄决策，其二，政府对企业征税会影响到商品和生产要素的价格，进而影响企业的激励机制和行为方向。

平衡收入差距的个人所得税

（3）公债。公债是一种特殊的财政政策手段，有偿性是其根本特征。政府通过对公债发行数量与期限、公债利率等的调整，可以将一部分消费基金转化为积累基金，可以从宏观上掌握积累基金流向，调节产业结构和投资结构，调节资金供求和货币流通量，从而影响金融市场。

（4）财政支出。财政支出又可分为两个方面，即财政投资与财政补贴。财政投资的主要方向是各种新兴工业部门、基础工业部门与基础设施等，以促进产业结构的更新换代或消除经济发展的瓶颈制约。财政补贴主要包括价格补贴、投资补贴、利息补贴与生活补贴等，它具有与税收调节方向相反的调节作用，即增加补贴可以刺激生产与需求，而减少补贴则可以起到抑制生产与需求的作用。

3. 自动稳定器

自动稳定器，也称内在稳定器，是指政府不需改变其政策，而是利用财政工具与经济运行的内在联系来影响经济运行的政策，它可以在经济周期中自动调节社会总需求变化所带来的经济波动。

（1）政府税收的自动调节。主要是个人所得税与公司所得税。在经济繁荣时期，个人收入与公司利润都增加，符合所得税纳税规定的个人或公司企业也随之增加，使所得税总额自动增加，因此，它能自动调节总需求；在经济萧条时，由于收入减少，税收也会减少，从而抑制了消费与投资的减少，有助于减轻萧条的程度。反之则相反。

（2）政府支出的自动调节。主要是失业救济金和各种福利支出。失业救济金的发放有一定标准，它发放的数量与失业人数有着直接的关系。经济萧条时、失业人数增多，失业救济金和各种福利发放增多，从而增加转移支付，抑制人们收入特别是可支配收入的下降，进而抑制消费需求的下降。

（3）对农产品的保护价格。经济萧条时，国民收入下降，农产品价格下降，政府以农产品支持价格收购农产品，使农民收入维持在一定水平上。反之，经济繁荣，农产品价格上升，政府减少收购并抛售农产品，限制农产品价格上升，抑制农民收入的增长。

这种内在稳定器自动地发生作用、调节经济，无需政府做出任何决策，但是，这种内在稳定器调节经济的做法是非常有限的，它只能减轻萧条和通货膨胀的程度，并不能改变萧条或通货膨胀的总趋势。

宏观经济学——乘数效应与财政政策

扩展阅读：2017 财政政策，撸起袖子怎么干？

11.2.3 货币政策

1. 商业银行与中央银行

现代西方的银行体系主要由中央银行、商业银行和其他金融机构组成。中央银行是国家的银行，它的主要职责是：第一，作为一国货币发行的银行，代表国家发行纸币。第二，作为商业银行的银行，接受商业银行的存款，向商业银行发放贷款，并领导与监督商业银行的业务活动。第三，作为国家的银行，运用货币政策调节经济。商业银行从事的业务包括：负债业务、资产业务和中间业务，它从这些活动中获得利润。负债业务主要是吸收存款，包括活期存款、定期存款和储蓄存款。资产业务主要包括放款和投资两类业务。中间业务是代为顾客办理支付事项和其他委托事项，从中收取手续费的业务。其他金融机构是指如保险公司、信托投资公司等非金融机构，它们都是重要的非金融中介。

2. 信用货币创造

（1）原始存款、派生存款与存款货币

原始存款，一般是指商业银行接受的客户现金和中央银行对商业银行的再贷款。原始存款是商业银行从事资产业务的基础。相对原始存款而言，派生存款是指由商业银行发放贷款、办理贴现或投资等业务活动引申出来的存款，也叫衍生存款。派生存款的产生过程，就是商业银行吸收存款、发放贷款，形成新的存款额……不断在各银行存款户之间转移，最终使银行体系的存款总量增加的过程。因此，银行创造派生存款的实质，是以非现金形式为社会提供货币供应量。

存款货币是指存在商业银行使用支票可以随时提取的活期存款。客户存入商业银行的活期存款，没有期限规定，如果所签发的支票被存款人用来从银行提取现金，它仅作为一种普通的记账凭证，证明存款转化为现金；当签发的支票被存款户用来支付货款或偿还债务，它就成了信用流通工具并执行着货币的部分职能。从一个国家各商业银行构成的整体来看，它们的活期存款形成了一个国家货币供应量的重要组成部分；而商业银行的存、放款信用业务又直接影响着活期存款的增减变化。

（2）信用货币的创造过程

商业银行的存款创造有两个基本前提条件。第一，储备金制度。商业银行的储备有法定储备和超额储备之分。所谓法定储备是指商业银行按照中央银行规定的"法定储备金率"对其所接受的存款按一定比例必须保有的储备额。法定储备一般表现在中央银行的负债方的项目；超额储备指商业银行持有的超过法定储备金的储备部分，也称过度储备金。商业银行在吸收存款后，必须按法定准备率保留准备金，其余的部分才可以作为贷款放出。第二，非现金结算制度。在非现金结算制度下，所有经济（支付）往来均通过开出银行支票的形式或转账的办法进行结算。只要在商业银行开立活期存款账户（可开支票的），则所有支付结算业务由银行来完成，因此人们对现金的需要转而成为对存款的需要，银行才具备创造存款这一能力。

由于支票作为货币在市场上流通，活期存款就是货币，所以客户在得到商业银行的贷款以后，一般并不取出现金，而是把所得到的贷款作为活期存款存入同自己有业务往来的商业银行，以便随时开支票使用。所以，银行贷款的增加又意味着活期存款的增加，货币供给量的增加。这样，商业银行的存款与贷款活动就会创造货币，在中央银行货币发行量并未增加的情况下，使流通中的货币量增加。而商业银行所创造货币的多少，取决于法定准备率。

假设法定准备金率为20%，最初某商业银行（A）所吸收的存款为1 000万元，该商业银行可放款800万元，得到800万元贷款的客户把这笔贷款存入另一家商业银行（B），该商业银行又可放款640万元，得到640万元贷款的客户把这笔贷款存入另一家商业银行（C），该商业银行又可放款512万元，……这样继续下去，各个银行存款总和为：

$$1000+1000\times(1-0.2)+1000\times(1-0.2)^2+1000\times(1-0.2)^3+\cdots\cdots$$
$$=1000+800+640+512+\cdots\cdots=1000/0.2=5000（万元）$$

这就是通常所说的银行通过存款和贷款"创造"货币。整个商业银行体系可以增加5 000万元存款，即1 000万元的存款创造出了5 000万元的货币。

（3）简单的存款创造乘数

从上例可见，新增一定存款，它会创造出新的贷款。这种贷款如全部在支票账户上，它们都是M_1，因此，存款会创造出货币，这就是所谓的"存款创造货币"理论，有时简称"存款创造"。存款总额与原始存款和法定储备率之间存在一定的关系。以R代表最初存款；D代表存款总额（即最初存款"创造"出的货币总额）；r代表法定准备率。$0<r<1$，$n\to\infty$。则商业银行体系所能创造出的货币量的公式是

$$D=R[1+(1-r)+(1-r)^2+(1-r)^3+\cdots\cdots(1-r)^n]$$
$$=R/r。$$

这里存款总额D是最初存款R的$1/r$倍，这个倍数就是货币乘数。以K_m表示货币创造乘数或货币乘数，即

$$K_m=1/r$$

这个公式表明，货币乘数的大小实际上取决于准备金率的大小，是准备金率的倒数。准备金率越大时，每家银行可留下来贷款的数量越少，所增加的存款也就越少，所增加的存款也就越少。反之，准备金率越小时，银行创造的货币存款就越多。如果中央银行增发一笔货币供给，流入公众手中并转存在支票账户上，这笔新增货币量会创造出新货币来，因此，存款创造乘数亦被称为"货币创造乘数""货币供给乘数""货币乘数"等。

（4）复杂的存款创造乘数

但是，这里分析的隐含有两个假定：第一，商业银行没有超额储备。第二，银行客户将一切货币存入银行，支付完全以支票进行。在现实经济生活中，每一位银行客户都会考虑到日常生活中的零星支付而保留一部分现金；每一个商业银行考虑到要应付客户的经常性的提取现金而保留有一部分超额储备。这样的结果必须使货币乘数下降。

① 现金漏损。

所谓现金漏损是指银行的客户得到贷款后并不是全部存入银行，而提留一部分现金后再存入银行，从而使得存款创造的乘数下降。设定现金漏损率为 a，即每一所得贷款中按 a 的比率扣除后再存入银行。则存款创造的乘数为：

$$存款创造乘数 \approx 1/(r+a)$$

② 超额储备。

各商业银行为了维持其日常业务的正常进行，一般都保留有一定的数额的超额储备金。这种现象，必须使货币创造的乘数进一步缩小，因为银行可用来贷款的货币的数量下降。若以 β 表示商业银行的超额储备金率，则货币创造的乘数为：

$$存款创造乘数 \approx 1/(r+a+\beta)$$

从上式可知，一笔新增的原始存款，最终产生的存款总和为 $D=R/(r+a+\beta)$。因此，上式可改为：

$$D/R \approx 1/(r+a+\beta)$$

3. 货币政策工具

尽管货币供给量的货币并不完全由政府（中央银行）决定，并不完全等同于政府印刷的钞票，但是政府可以通过各种手段来强有力地影响货币供给量。中央银行影响货币供给主要通过下述几种方式。

（1）再贴现率

贴现政策是指中央银行直接调整对合格票据（如短期商业票据、短期政府债券等）的贴现率（Discount Rate），以影响利率水平，实现对贷款规模和货币供给量的调节。贴现率实质上是中央银行向商业银行的放款利率。再贴现政策是指中央银行对商业银行持有未到期票据向中央银行申请再贴现时所做的政策规定。包括两方面的内容：一是再贴现率的确定与调整；二是规定向中央银行申请再贴现的资格。当出现通货膨胀压力的时候，中央银行就提高再贴现率，这使商业银行因借贷成本提高而缩小准备金和放款规模，从而使价格得以稳定或者回落；反之，中央银行也可以降低再贴现率，而使商业银行以至工商企业增加借贷，增加总需求。

再贴现政策效果体现在：第一，再贴现率的调整可以改变货币供给总量。中央银行提高贴现利率，商业银行就会因融资成本上升而提高放款利率，从而减少社会对借款的要求，最终达到收缩信贷规模及货币供给量的目的。降低贴现率，则会出现相反的结果。第二，对再贴现资格条件的规定可以起到抑制或扶持的作用，并能够改变资金流向。再贴现政策的局限性体现在：第一，主动权并非只在中央银行，甚至市场的变化可能违背其政策意愿；第二，再贴现率的调节作用是有限度的；第三，再贴现率易于调整，但随时调整引起市场利率的经常波动，使商业银行无所适从。

（2）公开市场业务

所谓公开市场业务，是指中央银行以某一时期的货币供给量指标为依据。在金融市场上对社会公众、企业以及中央银行以外的各种金融机构买卖政府债券，通过提供或收缩非借贷性质资金的办法，来扩张或紧缩货币供给量及影响利率水平。

当整个市场价格水平上升，需要加以抑制的时候，中央银行就卖出证券，使得商业银行的准备金下降，贷款规模缩小，从而使投资以及物价总水平的上升得到控制或逆转。当经济呈现萧条迹象时，中央银行就买进证券，使商业银行的准备金增加，信贷规模扩大，从而使投资需求和收入水平上升。由于中央银行通过这种办法控制银行准备金非常准确、有效，所以公开市场业务在西方国家中被当作最重要的货币政策工具。

中央银行公开市场业务的另一种作用是影响市场利率。中央银行公开市场业务，买卖债券的数量十分巨大。中央银行大量出售债券，会使债券的价格下跌，市场利率提高，增大借入资金的费用，减少社会投资，抑制国民经济发展过程中过旺的投资和消费势头。反之，中央银行大量购买债券，则会提高债券价格，降低市场利率，增加货币供给量，刺激国民经济的扩展。

公开市场业务的优点为：第一，主动性强，它可以按照政策目的主动进行操作；第二，灵活性高，买卖数量、方向可以灵活控制；第三，调控效果和缓，震动性小；第四，影响范围广。公开市场业务的局限性体现在：第一，中央银行必须具有强大的、足以干预和控制整个金融市场的金融实力；第二，要有一个发达、完善的金融市场，且市场必须是全国性的，市场上证券种类齐全并达到一定规模。只有有了发达的金融市场，中央银行买卖政府债券才有市场，才能在买时有人卖，卖时有人买；只有政府债券达到了相当大的规模，中央银行系统才能通过对它的吞吐来影响全国的银根松紧情况，左右整个金融市场的局势；第三，必须有其他政策工具的配合。

（3）法定准备率

法定储备金率是指中央银行在法律赋予的权限内，规定商业银行对于存款所必须保持的最低储备金的比率。按规定，法定储备金必须存入中央银行的户头，因此，它是商业银行的资产，中央银行的负债。其目的就是以此来改变商业银行持有的储备金额数，使商业银行的信贷规模发生变化，达到金融控制和调节货币供给量的目的。假定商业银行的准备率正好达到了法定要求，这时中央银行降低准备率就会使商业银行产生超额准备金，这部分超额准备金可以作为贷款放出，从而又通过银行创造货币的机制增加货币供给量。相反，中央银行提高准备率就会使商业银行原有的准备金低于法定要求，于是商业银行不得不收回贷款，从而又通过银行创造货币的机制减少货币供给量。

法定准备率的效果体现在：第一，即使准备率调整的幅度很小，也会引起货币供应量的巨大波动；由于它直接影响到各商业银行利润，因而效果非常猛烈，一般情况下不常使用。第二，其他货币政策工具都是以存款准备金为基础；第三，即使商业银行等金融机构由于种种原因持有超额准备金，法定存款准备金的调整也会产生效果；第四，即使存款准备金维持不变，它也在很大程度上限制商业银行体系创造派生存款的能力。法定准备率的局限性体现在：第一，法定存款准备率调整的效果比较强烈，致使它有了固定化的倾向；第二，存款准备金对各种类别的金融机构和不同种类的存款的影响不一致，因而货币政策的效果可能因这些复杂情况的存在而不易把握。

这三种工具是政府最常采用的货币政策工具，可以归纳为表 11-6。

表 11-6 三大货币政策工具

货币政策	政策的变动	变动的结果	政策归类紧缩
1. 公开市场业务	卖出政府债券	货币供给量减少	紧缩性
	买入政府债券	货币供给量增加	扩张性
2. 法定储备金率	提高	货币供给量减少	紧缩性
	降低	货币供给量增加	扩张性
3. 贴现率	提高	货币供给量减少	紧缩性
	降低	货币供给量增加	扩张性

（4）其他工具

除了上述三种主要工具外，中央银行还有其他一些次要的货币政策工具。例如，道义上的劝告，即中央银行运用自己在金融体系中的特殊地位和威望，通过对银行及其他金融机构的劝告，影响其贷款和投资方向，以达到控制信用的目的。这种劝告没有法律上的约束力，也不同于强制性行政手段，但也能起作用。同时，依照法令，中央银行对商业银行的信贷活动实施直接干预和控制也是必不可少的一种选择工具。

扩展阅读：2016年货币政策 这十件大事要知道

首席评论 宏观经济政策转向了吗？半点不由人

11.3 案例分析

11.3.1 案例一

财政政策的实践

20世纪60年代，肯尼迪总统采用凯恩斯主义经济学的观点，使财政政策成为美国对付衰退和通货膨胀的主要武器之一。肯尼迪总统提出削减税收来帮助经济走出低谷。这些措施实施以后，美国经济开始迅速增长。但是，减税再加上1965—1966年在越南战争中财政扩张的影响，又使得产出增长过快，超过了潜在水平，于是通货膨胀开始升温。为了对付不断上升的通货膨胀，并抵消战争所增开支的影响，1968年国会批准开征了一项临时性收入附加税。不过，在许多经济学家看来，这项税收增加的政策力度太小、也太迟。

20世纪80年代美国是另一个典型例子。1981年国会通过了里根总统提出的一揽子财政政策计划，包括大幅度降低税收，大力扩张军费开支而同时并不削减民用项目。这些措施将美国经济从1981—1982年的严重衰退中拯救出来，并进入1983—1985年的高速扩张。

克林顿总统一上台，就面临着一个两难困境：一方面高赤字依然顽固地存在着；另一方面经济不景气且失业率高的难以接受。总统必须决定财政政策应从何处着手，是应该先处理赤字，通过增加税收、降低支出来增加公共储蓄，进而靠储蓄水平提高来带动国民投资的增长呢？还是应该关注财政紧缩会减少并排挤投资，而税收增加和又会降低产出？最后，总统还是决定优先考虑削减财政赤字。1993年预算法案决定，在其后5年中落实减少赤字1500亿美元的财政举措。（资料来源：萨缪尔森著《经济学》）

案例思考题

1. 什么是财政政策？

2. 根据上面的资料，说明利用财政政策对付经济衰退的手段有哪些？

3. 财政政策实施中有哪些制约因素？

11.3.2　案例二

IS—LM模型与我国宏观经济政策选择

人们通常运用IS—LM模型来分析宏观经济政策的效力，并以该模型所体现的经济思想作为政府宏观经济政策选择的理论依据。但我国宏观经济学的实践表明，以IS—LM模型为依据的扩张性宏观经济政策尤其是扩张性货币政策并没有取得预期的效果。

IS—LM模型的形状取决于IS曲线和LM曲线的斜率。以我国投资的利率弹性对IS曲线斜率的影响看，由于市场经济体制在中国还没有完全确立，政府在企业投资中还起着一定的作用，企业自身还不能自觉地按市场经济原则办事，这必然导致企业投资对利率的反应没有一般市场经济国家敏感，从而导致中国的IS曲线比一般市场经济国家的IS曲线陡峭。从边际消费倾向变化对IS曲线的影响看，储蓄的超常增长表明，中国的边际消费倾向已经远远低于在目前收入水平应具有的水平，收入与消费之间已出现了严重的失衡，这种失衡必然导致我国的IS曲线比在正常情况下陡峭。

那么，中国的LM曲线的斜率如何呢？首先，中国正处于新旧体制交替的过程中，中国居民对货币的预防性需求急剧膨胀，从而打破了收入与消费之间的稳定关系，使中国的货币交易需求的收入弹性不再稳定，导致LM曲线不断趋向平坦。其次，从货币投机需求的利率弹性对我国LM曲线斜率的影响看，在目前的中国，由于金融市场、资本市场尚不十分完善，广大居民缺乏多种投资渠道，利率的变化对人们的投机性货币需求影响并不大，投机需求的利率弹性较小，其对LM曲线的影响是使LM曲线比较陡峭。

案例思考题：对我国的宏观经济状况，在进行政策选择时如何考虑？

课后习题

1. 假定政府没有实行财政政策，国民收入水平的提高可能导致（　　）。
   A. 政府支出增加　　　　　　　　　B. 政府税收增加
   C. 政府税收减少　　　　　　　　　D. 政府财政赤字增加

2. 扩张性财政政策对经济的影响是（　　）。
   A. 缓和了经济萧条但增加了政府债务　B. 缓和了萧条也减轻了政府债务
   C. 加剧了通货膨胀但减轻了政府债务　D. 缓和了通货膨胀但增加了政府债务

3. "挤出效应"发生于（　　）。
   A. 货币供给减少使利率提高，挤出了对利率敏感的私人部门支出
   B. 私人部门增税，减少了私人部门的可支配收入和支出
   C. 政府支出增加，提高了利率，挤出了对利率敏感的私人部门支出
   D. 政府支出减少，引起消费支出下降

4. 市场利率提高，银行的准备金会（　　　）。

    A. 增加   B. 减少   C. 不变   D. 以上几种情况都有可能

5. 中央银行降低再贴现率，会使银行准备金（　　　）。

    A. 增加   B. 减少   C. 不变   D. 以上几种情况都有可能

6. 中央银行在公开市场卖出政府债券是试图（　　　）。

    A. 收集一笔资金帮助政府弥补财政赤字

    B. 减少商业银行在中央银行的存款

    C. 减少流通中的基础货币以紧缩货币供给

    D. 通过买卖债券获取差价收益

7. 假设某银行吸收存款100万元，法定准备金率为10%，请计算。

    （1）按规定银行要留多少准备金？

    （2）通过银行信贷能创造出多少货币？

    （3）如准备率下调至5%，能创造出多少货币？

    （4）结合（2）和（3）的计算结果，对中央银行调整法定准备金率的政策效果做出评价。

8. 假定货币需求为 $L=0.2Y$，货币供给为 $M=200$，消费 $C=90+0.8Y_d$，税收 $T=50$，投资 $I=140-500r$，政府支出 $G=50$，求：

    （1）均衡收入、利率和投资；

    （2）若其他情况不变，政府支出 G 增加20，那么收入、利率和投资有什么变化？

    （3）是否存在"挤出效应"？

9. 已知某经济社会中消费函数 $C=200+0.5(Y-T)$，投资函数 $I=150-100r$，货币需求 $MD=0.25Y-200r+50$，货币供给 $M_s=200$。试求：

    （1）在不含政府部门条件下的国民收入和利率水平；

    （2）在 $G=T=50$ 条件下（即平衡财政）国民收入和利率水平。

10. 假设货币需求为 $L=0.2y-10r$，货币供给为200亿美元，$C=60$ 亿美元 $+0.8y_d$，$t=100$ 亿美元，$i=150$ 亿美元，$g=100$ 亿美元。

    （1）求 IS 和 LM 方程。

    （2）求均衡收入、利率和投资。

    （3）政府支出从100亿美元增加到120亿美元时，均衡收入、利率和投资有何变化？

11. 宏观经济政策的目标有哪些？

12. 什么是凯恩斯主义的极端情况？与古典极端主义的差别是什么？

13. 财政政策的挤出效应主要表现的表现是什么？

14. 什么是财政政策和货币政策，为什么财政政策和货币政策可以用来调节经济？

15. 政府购买和转移支付这两项中哪一项对总需求变动影响更大些？朝什么方向变动？

16. IS 曲线和 LM 曲线的斜率对财政政策和货币政策的效果有何影响？

17. 叙述并比较货币政策的三个主要手段。

18. 什么是货币创造乘数？其大小主要和哪些变量有关？

第12章 | 宏观经济问题

12.1 | 失业与通货膨胀

12.1.1 失业问题

1. 概述

（1）失业的概念

失业（Unemployment）是指在一定年龄范围内、有工作能力且愿意按现行工资率工作（在最近一段时间内寻找过工作）且没有工作的现象。

失业者其实是劳动力当中没有工作的人。我们可以把一个国家的劳动力总数表示为失业人数和就业人数之和，那么一个国家的劳动力实际上只是该国总人口的一部分，而非全部。例如我们必须将家庭妇女、学生、病人等排除于劳动力之外。

（2）失业率（Unemployment Rate）

失业人数在劳动力总数中所占的比重。用 N 表示就业人数，U 表示失业人数，L 表示劳动总数，n 表示就业率，u 表示失业率，那么有：

$$n = \frac{N}{L}, u = \frac{U}{L}$$

这样，失业率 u 可以通过就业率 n 得到，因为 $u=1-n$。同样，知道了失业率 u，也可以得到就业率 n。因此，研究失业问题，实际也是研究就业问题。失业率随着就业量的提高而下降，但失业率从来不会降到零。在社会经济发展正常的条件下，仍然存在着失业，此时的失业率叫作自然失业率，与自然失业率相对应的就业量叫作潜在就业量。如果存在的失业率是自然失业率，那么就业量就是潜在就业量。只存在自然失业率的就业状况，也就是充分就业。

2. 失业的种类

（1）自愿失业与非自愿失业

所谓自愿失业是指工人不愿接受现行的工资率水平从而导致的失业。这种失业是由于工人主观上不接受现行的收入条件，自愿选择不工作而造成的，所以称为自愿失业。这种失业无法通过相应的经济政策加以消除。

非自愿失业是指有劳动能力、愿意接受现行工资水平但仍然找不到工作的现象。这种失业是由于客观原因所造成的，因而可以通过经济手段和政策来消除。经济学中所讲的失业是指非自愿失业。

（2）摩擦性失业、周期性失业、结构性失业

摩擦性失业（Frictional Unemployment）是劳动者在正常流动过程中所产生的失业，即由生命周期、人口迁移以及努力想得到更好工作等原因而产生的失业。摩擦性失业是充分就业下的失业，此

时，不仅劳动供求总量相等，而且劳动供求结构相适应。一般来说，决定摩擦性失业大小的因素主要有：①劳动力流动性的大小（劳动力流动性的大小在很大程度上是由制度性因素、社会文化因素和劳动力的构成状况决定的）。②寻找工作所需要的时间：主要取决于有关就业信息的掌握程度、寻找工作的成本、失业者承受失业的能力等因素。如果人们的生活有一定保障，他们就可能花更多的时间去寻找工作：失业救济等社会保险制度和家庭中其他成员的收入都可为摩擦性失业者花更多的时间寻找工作提供支持。

结构性失业（Structural Unemployment）是由于经济结构（产业结构和地区经济结构）变化，使劳动力供给和需求在产业、地区分布等方面不一致引起的失业。结构性失业往往属于非自愿失业。其特点是既有失业，也有职位空缺。当经济结构变化时，比如有些部门或产业迅速发展，一些地区正在开发，同时，某些部门或产业正在衰落，这就使得对劳动的需求发生了变化。当劳动力因技术、性别、心理等原因而不能适应劳动需求的变化时，就会出现工作岗位与劳动人口的非均衡，从而形成结构性失业。在结构性失业出现后，劳动的供给结构必须根据产业结构和产品结构去调整。在这种调整中，年长者调整的速度低于年轻者，因为年长者接受新知识的主动性及经济行为的灵活性低于年轻者。所以，结构性失业人口中，年长者高于年轻者。

周期性失业（Cyclical Unemployment）又称需求不足的失业（Deficient—Demand Unemployment），是指由于经济衰退中有效需求不足引起劳动力需求小于劳动力供给时的失业，是一种非自愿失业。一国的宏观经济总是会经历周期性波动，在经济不景气时，经济中的消费需求和投资需求会出现不足，也就是会小于经济中的总供给，所以此时生产缩减，企业对劳动的需求减少，劳动的需求就会小于劳动的供给。并且由于劳动力市场存在着工资的刚性，工资率在劳动供过于求的情况下很难下降，所以就会有一部分工人处于失业状态，这就是周期性失业。

失业率

3. 自然失业率

充分就业是宏观经济学的首要目标，但现实生活中永远达到不百分之一百就业，因为即使有足够的职位空缺，失业率也不会等于零，也仍然会存在摩擦性失业和结构性失业。在一个变化快速的现代社会中，永远存在着职业流动和行业的结构性兴衰，所以，总有少部分人会处于失业的状态。因此，现代经济学认为，当一个社会中的周期性失业被消灭，只剩下摩擦性失业和结构性失业等失业类型时，这个经济社会就实现了充分就业。与充分就业相对应的一个概念是自然失业。

（1）自然失业率的定义（Natural Rate of Unemployment）

自然失业率是指劳动市场和产品市场均衡时的失业率（劳动市场均衡，则货币工资率不变；产品市场均衡，则价格不变。两市场的均衡意味着实际工资率不变，实际就业量正好就是充分就业量），即充分就业时的失业率，也是一国长期可维持的最低失业率。

（2）自然失业率并不是一成不变

自然失业率不仅受客观经济条件的影响，而且受许多制度性因素（失业救济制度）和政策性（最低工资法）因素的影响。因此，自然失业率并非自然而不能改变，政府可以通过某些措施降低自然失业率。而且，自然失业率也不是最优失业率。对西方许多国家来说，目前的自然失业率是偏高的，降低自然失业率可以增加国民产出，增加社会福利。

4. 失业的影响与奥肯定律

（1）失业的影响

失业会产生诸多影响，一般可以将其分成两种：社会影响和经济影响。失业的社会影响虽然难以估计和衡量，但它最易为人们所感受到。失业威胁着作为社会单位和经济单位的家庭的稳定。家庭的要求和需要得不到满足，家庭关系将因此而受到损害。西方有关的心理学研究表明，解雇造成的创伤不亚于亲友的去世或学业上的失败。此外，家庭之外的人际关系也受到失业的严重影响。

失业的经济影响可以用机会成本的概念来理解。当失业率上升时，经济中本可由失业工人生产出来的产品和劳务就损失了。衰退期间的损失，就好像是将众多的汽车、房屋、衣物和其他物品都销毁掉了。从产出核算的角度看，失业者的收入总损失等于生产的损失，因此，丧失的产量是计量周期性失业损失的主要尺度，因为它表明经济处于非充分就业状态。

（2）奥肯定律

20 世纪 60 年代，美国经济学家阿瑟·奥肯根据美国的数据，提出了经济周期中失业变动与产出变动的经验关系，被称为奥肯定律。奥肯定律的内容是：失业率每高于自然失业率一个百分点，实际 GDP 将低于潜在 GDP 两个百分点。换一种方式说，相对于潜在 GDP，实际 GDP 每下降两个百分点，实际失业率就会比自然失业率上升一个百分点。

奥肯定律主要适用于没有实现充分就业的情况，即失业率是周期性失业率。在充分就业情况下，自然失业率与实际国民收入增长率的这一关系就要弱得多。一般估计在 0.76 左右。举例：美国在 1979～1982 年的三个经济停滞时期，实际 GDP 没有增长，而潜在产出每年增长 3%，三年共增长 9%。相对潜在产出，实际产出下降了 9%。如果奥肯定律的系数为 2，则失业率应该上升 4.5%。1979 年的失业率为 5.8%，1982 年的预期失业率为 10.3%。官方统计显示，1982 年的实际失业率为 9.7%。

奥肯定律表明，实际产出必须保持与潜在产出同样的速度增长，以防止失业率的上升。如果要降低失业率，必须使实际产出的增长快于潜在产出的增长。

扩展阅读：美国失业率跌破5%创八年新低 奥巴马：从经济危机中恢复了

12.1.2 通货膨胀

1. 通货膨胀的基本情况

（1）通货膨胀的定义

通货膨胀（Inflation）是指一般价格水平持续和普遍的上升。理解通货膨胀要注意两点：一是少数几种商品的价格上涨不能称为通货膨胀，必须是大部分商品的价格同时上涨；二是偶尔的价格上涨也不能称为通货膨胀，必须是物价在一段时间内持续的上涨。

（2）通货膨胀的衡量

衡量通货膨胀的指标是物价指数。物价指数是表明商品价格从一个时期到下一个时期变动程度的指数。物价指数一般采用加权平均的方式，即根据某种商品在总支出中所占的比重来确定其价格的加权数的大小。物价指数的计算公式如下。

$$物价指数 = \frac{\sum P_t Q_t}{\sum P_0 Q_t} \times 100\%$$

式中，P_0，P_t是基期和本期的价格水平，Q_t是本期的商品量（注：上式中采用的是报告期加权平均法，计算物价指数还有一种方式，即采用基期加权法，即用基期的商品量作为权数来计算物价指数）。

根据计算物价指数时包括的产品和劳务种类的不同，可以计算出三种主要的物价指数。

① 消费者价格指数（简称 CPI），也称零售物价指数或生活费用指数，是衡量各个时期居民个人的日常生活用品和劳务的价格水平变化的指标。这是与居民个人生活最为密切的物价指数，因为这个指标最能衡量居民货币的实际购买力水平。

② 生产者价格指数（简称 PPI），又称批发价格指数，是衡量各个时期生产者在生产过程中用到的产品的价格水平的变动而得到的指数。通常这些产品包括产成品和原材料。

③ GDP 折算指数，是衡量各个时期所有产品和劳务的价格变化的指标。

可以根据物价指数计算出一时期内物价上升或下降的精确幅度，也就是通常所说的通货膨胀率，所谓通货膨胀率是指从一个时期到另一个时期内价格水平变动的百分比。其计算公式为

$$通货膨胀率 = \frac{P_t - P_{t-1}}{P_{t-1}} \times 100\%$$

式中，P_t和P_{t-1}分别为t时期和（$t-1$）时期的价格水平。假定某国去年的物价水平为102，今年的物价水平上升到108，那么这一时期的通货膨胀率就为（108−102）÷102=5.82%

（3）通货膨胀的类型

a．按照价格上升的速度划分。

Ⅰ．温和的通货膨胀（Moderate Inflation）。指每年物价的上升率在10%以内。

其中3%以下的物价上升称为爬行的通货膨胀，是经济发展的润滑剂。因为通常人们感觉不到这种价格上升，从而会将任何小于物价上升幅度的货币工资的上升当作实际工资的上升。这样，一方面，工人增加劳动供给；另一方面，厂商增加劳动需求（实际工资下降），最终使就业量和收入增加。

Ⅱ．奔腾的通货膨胀（Galloping Inflation），即指年通货膨胀率在10%以上和100%以内。

Ⅲ．超级通货膨胀（Hyperinflation）又称恶性通货膨胀，即年通货膨胀率在100%以上。德国在1922 年1 月到1923 年1 月价格指数从100 上升到10000 亿，是原来的100 亿倍。

b．按通货膨胀的表现形式划分。

Ⅰ．公开的通货膨胀（Open Inflation），即完全通过一般物价水平上升的形式表现出来的通货膨胀；

Ⅱ．隐蔽的通货膨胀（Hidden Inflation），即不以物价水平的上升而以物品短缺表现出来的通货膨胀。

c．按照公众对通货膨胀是否可预期划分。

Ⅰ．预期的通货膨胀（Perfectly Anticipated Inflation），即公众正确地预期到的通货膨胀。由于人们都会将预期到的通货膨胀考虑到交易契约中去，故预期到的通货膨胀常常变成有惯性的通货膨胀，会年复一年地持续下去。

Ⅱ．非预期的通货膨胀（Imperfectly Anticipated Inflation），即公众没有正确地预期到的通货膨胀，即价格上升的速度超出人们的预料，或者人们根本没有想到价格的上涨问题。非预期到的通货

膨胀没有惯性。

d．按所有物价是否均等的上升划分。

Ⅰ．平衡的通货膨胀。此时，商品的相对价格不变，跟没有发生通货膨胀一样。

Ⅱ．不平衡的通货膨胀。此时，商品的相对价格改变。

2．通货膨胀的形成原因

形成通货膨胀的原因是多方面的。宏观经济主体及其行为、微观经济主体及其行为，都会从货币供给量、总需求、总供给、经济结构等方面促成通货膨胀。

（1）货币供给的增加形成通货膨胀。

把通货膨胀与货币供给联系起来的经济理论是以货币数量论为理论依据的。货币数量论用交易方程作为分析工具，提出了商品价格决定于货币供给量的理论。

货币数量论者提出的交易方程是

$$MV=PY$$

式中的 M、V、P、y 分别表示货币的供给量、货币的流通速度、商品价格水平和实际国民收入。等式的左边，是经济中的总支出，等式的右边，是名义收入。货币数量论认为，在这个等式中，货币流通速度 V 和实际国民收入 y 在短期内都是常数，因此，物价水平 P 就随着货币供给量的变动而变动。当货币供给量增加时，物价水平就上升，形成通货膨胀。

传统货币数量论和现代货币数量论在通货膨胀的原因上，具有相同的观点，但是，它们也有一个值得注意的区别，即传统货币数量论认为货币供给量的变动只是影响物价的变动，而现代货币数量论则认为货币供给量的变动会影响总产量或国民收入的变动。

（2）需求拉动型通货膨胀。

需求拉动型通货膨胀又称超额需求型通货膨胀，是指总需求超过总供给所引的一般物价水平普遍而持续的上涨。通俗的说，这种通货膨胀是"过多的货币追逐过少的商品"，因而物价上涨。可用图 12-1 来说明总需求是如何拉动物价上涨的。在图中，横轴 Y 表国民收入，纵轴 P 表示一般物价水平，AD 为总需求曲线，AS 为总供给曲线，总供给曲线 AS 起初为水平状态，这表示在国民收入水平较低时，总需求的增加不会引起价格水平的上涨，图中总需求从 AD_0 增加到 AD_1，国民收入也从 Y_0 的水平上升到 Y_1，但价格水平仍保持在 P_1 水平；当国民收入增加到 Y_1 时，总需求继续增加，此时将导致国民收入和一般价格水平同时上升，图中总需求从 AD_1 增加到 AD_2 时，国民收入从 Y_1 增加到 Y_2 的水平，价格也从 P_1 上升到 P_2 的水平。也就是说，在这个阶段，总需求的增加，在提高国民收入的同时也拉升了一般价格水平；当国民收入增加到潜在的国民收入水平即 Y_f 时，此时国民经济已经处于充分就业的状态，在这种情况下，总需求的增加只会拉动价格上升，而不会使国民收入增加。图中总需求从 AD_3 上升到 AD_4，国民收入仍然保持在 Y_f，但物价水平从 P_3 上升到 P_4 水平。

也就是说，当经济体系中有大量资源闲置时，总需求的增加不会引起物价上涨，只会导致国民收入增加；当经济体系中的资源接近充分利用时，总需求的增加会同时拉升国民收入和一般价格水平，当经济体系中的资源利用达到充分就业状态时，总需求的增加不会使国民收入增加，而只会导致一般价格水平上升。

构成总需求增加的因素是多方面的。我们将其分成实际因素与货币因素。

① 实际因素造成的通货膨胀：G、I、X 的增加和 T、M、S 的减少即 IS 曲线右移造成的通货膨胀。

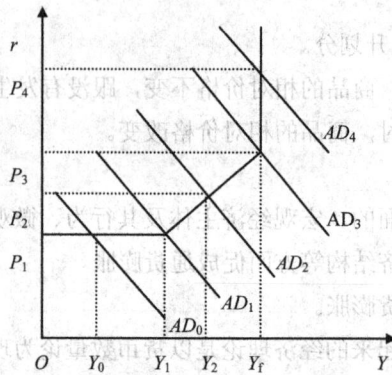

图 12-1　需求拉动的通货膨胀

a．实际因素变动引起通货膨胀。实际因素变动引起通货膨胀的机制为：政府购买增加使 IS 曲线右移，导致总需求增加，总需求大于总供给，价格上升。价格上升又使 LM 曲线左移，减少总需求量，恢复供求均衡。实际因素变动引起的通货膨胀的机制，如图 12-2 所示。

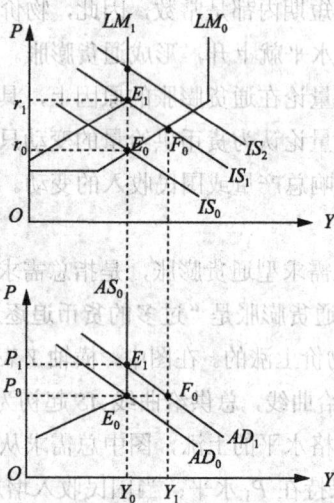

图 12-2　实际因素变动引起的通货膨胀的机制

b．实际因素变动不会引起持续的通货膨胀。

在充分就业条件下，如果其他条件不变，由实际因素导致的价格水平上升，不会持续下去。这是因为价格上升使 LM 曲线左移。价格的一次又一次的上升，使 LM 曲线一次又一次地左移，LM 曲线终将左移到这一点：其垂直部分正好位于充分就业收入水平上。此时，进入古典区域，财政政策具有 100%的挤出效应，IS 曲线的右移再也不能扩大总需求，从而不能右移总需求曲线，故价格将不再上升。

② 货币因素造成的通货膨胀。

a．货币因素变动引起通货膨胀，货币因素变动引起的通货膨胀机制为：货币供给增加使 LM 曲线右移，导致总需求增加，总需求大于总供给，使价格上升。价格上升又使 LM 曲线左移，减少总需求量，恢复供求均衡。

b. 货币因素变动会引起持续的通货膨胀。

如果货币供给不断增加，LM 曲线连续右移，则上述过程将不断重复，价格可以持续上升。LM 曲线的持续右移来源于货币供给的不断增加，如图 12-3 所示。所以通货膨胀本质上是一种货币现象（弗里德曼）。

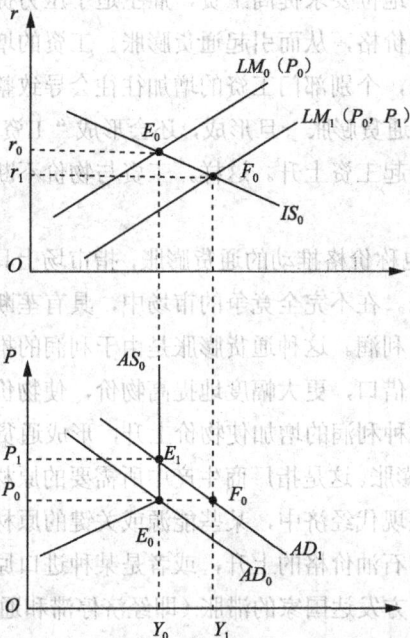

图 12-3　货币因素变动引起的通货膨胀

（3）成本推动型通货膨胀，又称成本通货膨胀或供给通货膨胀，是指在没有超额需求的情况下由于供给方面成本的提高所引起的通货膨胀。成本的增加意味着只有在高于以前的价格水平时，才能达到与以前同样的产量水平，即总供给曲线向左上方移动。在总需求不变的情况下，总供给曲线向左上方移动使国民收入减少，价格水平上升，这种价格上升就是成本推动的通货膨胀，可以用图 12-4 来说这种情况。

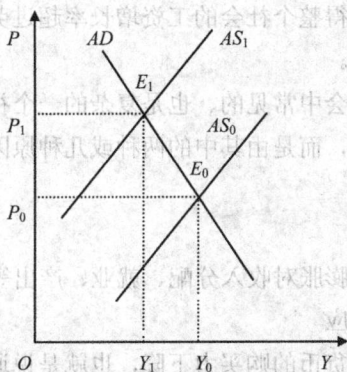

图 12-4　成本推动的通货膨胀

在图中，原来的总供给曲线 AS_0 与总需求曲线 AD 决定了国民收入水平为 Y_0，价格水平为 P_0，成本增加后，总供给曲线向左上方移动到 AS_1，总需求保持不变，从而决定了新的国民收入为 Y_1，

价格水平为 P_1，价格水平由 P_0 上升到 P_1 是由于成本的增加所引起的，这即是成本推动的通货膨胀。

成本推动的通货膨胀又可以根据其原因的不同而分为以下几种。

① 工资成本推动的通货膨胀。工资是厂商成本中的主要构成部分之一，工资水平的上升会导致厂商成本增加，厂商因此提高产品和劳务的价格，从而导致通货膨胀。在劳动市场存在着工会的卖方垄断情况下，工会利用其垄断地位要求提高工资，雇主迫于压力提高了工资后，就会将提高的工资加入成本，提高产品和劳务的价格，从而引起通货膨胀。工资的增加往往是个别部门开始的，但由于各部门之间工资的攀比行为，个别部门工资的增加往往会导致整个社会的工资水平上升，从而引起普遍的通货膨胀。而且这种通货膨胀一旦形成，还会形成"工资—物价螺旋式上升"，即工资上升引起物价上升，物价上升又引起工资上升。这样，工资与物价不断互相推动，形成严重的通货膨胀。

② 利润推动的通货膨胀。也称价格推动的通货膨胀，指市场上具有垄断地位的厂商为了增加利润而提高价格所引起的通货膨胀。在不完全竞争的市场中，具有垄断地位的厂商控制了产品的销售价格，从而可以提高价格以提高利润。这种通货膨胀是由于利润的推动而产生的，尤其是在工资增加时，垄断厂商以工资的增加为借口，更大幅度地提高物价，使物价的上升幅度大于工资的上升幅度，其差额就是利润的增加，这种利润的增加使物价上升，形成通货膨胀。

③ 原材料成本推动的通货膨胀。这是指厂商生产中所需要的原材料价格上升推动产品和劳务的价格上升而形成的通货膨胀。在现代经济中，某些能源或关键的原材料供给不足，会导致其价格上升，进而引起厂商成本上升，如石油价格的上升，或者是某种进口原材料价格上升等，最典型的事例是 20 世纪 70 年代覆盖整个西方发达国家的滞胀（即经济停滞和通货膨胀同时并存），其主要根源之一就在于当时石油价格的大幅上升。

（4）结构性通货膨胀

结构性通货膨胀是指在没有需求拉动和成本推动的情况下，由于经济结构因素的变动，引起的一般价格水平的持续上涨。

社会经济结构一般存在着这样的特点，即一些部门生产率提高的速度快，另一些部门生产率提高的速度慢。一般来说，生产率提高速度快的部门工资水平提高快，而生产率提高速度慢的部门工资水平提高慢，但是处于生产率提高速度慢的部门的工人要求"公平"，由于工会的存在，他们要求提高工资水平往往会实现，从而使得整个社会的工资增长率超过劳动生产率，从而引起通货膨胀，这种通货膨胀即是结构性通货膨胀。

当然，通货膨胀是现代经济社会中常见的、也是复杂的一个社会经济现象，其产生的根源往往不仅仅是上述四种原因中的某一种，而是由其中的两种或几种原因共同交织在一起，这就需要根据不同的情况进行具体分析。

3. 通货膨胀的经济效应

通货膨胀的经济效应是指通货膨胀对收入分配、就业、产出等经济变量的作用。

（1）通货膨胀的收入再分配效应

通货膨胀意味着人们手中持有货币的购买力下降，也就是说通货膨胀会导致人们的实际收入水平发生变化，这就是通货膨胀的再分配效应，但是通货膨胀对不同经济主体的再分配效应是不同的。

① 通货膨胀不利于靠固定货币收入维持生活的人。对于固定收入阶层来说，其收入是固定的货币数额，落后于上升的物价水平，也就是说他们获得货币收入的实际购买力下降，其实际收入因通

货膨胀而减少。

在现实生活中，靠政府救济金维持生活的人比较容易受到通货膨胀的冲击。此外，工薪阶层、公务员以及其他靠福利和转移支付维持生活的人，都比较容易受到这种冲击。而那些收入能随着通货膨胀变动的人，则会从通货膨胀中得益，例如，受到强大的工会保护的工人。

② 通货膨胀对储蓄者不利。随着价格上涨，存款的购买力就会降低，那些持有闲置货币和存款在银行的人会受到严重打击，同样，像保险金、养老金以及其他固定价值的证券财产等，它们本来作为防患未然和养老的，在通货膨胀中，其实际价值也会下降。

③ 通货膨胀还会在债务人和债权人之间产生收入再分配的作用。具体地说，通货膨胀牺牲了债权人的利益而使债务人得益。例如，A 向 B 借款 1 万元，约定一年以后归还，假定这一年中发生了通货膨胀，物价上升了一倍，那么一年后 A 归还给 B 的 1 万元只能购买到原来一半的产品和劳务，也就是说通货膨胀使得 B 损失了一半的实际收入。

为了反映通货膨胀对于借贷款人实际收入的影响，一般用实际利率来代替名义利率，实际利率等于名义利率减去通货膨胀率，假设银行存款利率为 5%，而通货膨胀率为 10%，则此时存款的实际收益率为负 5%（5%-10%=-5%）。

实际研究表明，第二次世界大战以来，西方国家政府从通货膨胀中获得了大量的再分配的财富，其来源有两点。第一，政府获得了通货膨胀税收入。因为政府税收中有部分税收是累进的，如个人收入所得税，在通货膨胀期间，一些个人的名义收入增加了，原来不用交税的，现在需要交税了，另一些本来交税的人则进入更高的纳税级别，政府因而获得了更多的税收。因此，有些西方的经济学家认为，希望政府去努力制止通货膨胀是比较难的。第二，现代经济中，政府都把发行公债作为筹集资金手段和政府调控经济的手段，从而使得政府都负有较大数额的国债，通货膨胀使得政府作为债务人而获益。

（2）通货膨胀的产出效应

一般认为，温和的通货膨胀对经济发展比较有利。因为人们消费时有"买涨不买跌"的倾向，即当人们认为物价会涨时，会采取及时消费的策略，消费增加会刺激厂商扩大生产规模，从而就业增加、国民收入上升；而当人们认为物价将下跌时，会采取持币等待的策略，消费减少会导致厂商缩小生产规模，从而失业增加、国民收入下降。当然，这只是一般的分析，通货膨胀的产出效应有三种情况。

① 随着通货膨胀出现，产出增加。当一个经济体系有一定的资源闲置的情况下，物价温和的上涨会刺激人们的购买欲望，从而消费增加，拉动就业和产出水平提高。

② 成本推动的通货膨胀引致失业，也就是说通货膨胀引起就业和产出水平的下降。这种情况产生的前提条件是经济体系已经实现了充分就业，如果发生成本推动的通货膨胀，则原来总需求所能购买的实际产品的数量将会减少，也就是说，当成本推动的压力抬高物价水平时，既定的总需求只能在市场上支持一个较小的实际产出。所以，实际产出会下降，失业会上升。如 1973 年，石油输出国组织的石油价格翻了两番，从而引发了成本推动的通货膨胀，1973—1975 年美国等主要发达国家的物价水平迅速上升，与此同时，美国的失业率从 1973 年的不到 5%上升到了 1975 年的 8.5%。

③ 超级通货膨胀导致经济崩溃。首先，当物价持续上升时，居民户和企业都会产生通货膨胀的预期，即估计物价会再度升高。在这种情况下，人们就不会让自己的储蓄和现行的收入贬值，

而宁愿在价格上升前将货币花掉，从而产生过度的消费购买，导致储蓄和投资都减少，产出水平下降。其次，随着通货膨胀而来的是生活费用的上升，劳动者会要求提高工资，企业成本上升，导致企业生产规模缩小，产出水平下降。再次，企业在通货膨胀率上升时会力求增加存货，以便在稍后按高价出售以增加利润，从而使得市场可供销售的货物可能减少，物价将进一步上升。最后，当出现恶性通货膨胀时，情况会变得更坏，经济体系极有可能陷入崩溃。

通货膨胀和居民消费指数

12.1.3　菲利普斯曲线

失业与通货膨胀是短期宏观经济运行中存在的两个主要问题，经济决策者在解决这两个问题的时候，往往会碰到这样一个矛盾，即降低通货膨胀与降低失业率这两个目标是互相冲突的。利用总供给—总需求模型来分析，当政府希望通过财政政策或货币政策扩大总需求来增加就业的时候，客观上得到的结果是产出增加、就业增加、一般价格水平上升，也就是说就业的增加是以物价上升为代价的。相反，如果政府紧缩总需求的话，则会使得通货膨胀下降了，而失业却又增加了。在宏观经济学中，失业和通货膨胀的关系主要是用菲利普斯曲线来说明的。这里由于篇幅所限，不再展开。

扩展阅读：逃不掉的经济周期：细数中国历次通胀通缩

12.2 经济增长与经济周期

自有人类以来，经济增长就是学者们所关心的问题了，经济学创始人亚当·斯密的代表作是《国民财富的原因与性质的研究》，其主题即是如何增加国民财富。因此，说经济增长是宏观经济学最古老的主题之一并不过分。本节将介绍有关经济增长及经济周期的有关内容。

经济学五十讲之经济增长

12.2.1　经济增长理论

1. 经济增长的定义与特点

（1）经济增长的定义

一般说来，经济增长是指一个国家或一个地区生产商品和劳务能力的增长。如果考虑到人口增加和价格的变动情况，经济增长还应包括人均福利的增长。美国经济学家 S·库兹涅茨给经济增长下了一个经典的定义："一个国家的经济增长，可以定义为给居民提供种类日益繁多的经济产品的能力长期上升，这种不断增长的能力是建立在先进技术以及所需要的制度和思想意识相应调整的基础上。"这个定义由三个部分组成：第一，提供产品和劳务能力的长期上升，因而不断提高国民生活水平，是经济增长的结果，也是经济增长的标志。经济增长首先是存量产品和劳务的增长，但更重要的是生产产品和劳务的能力增长，类似于我国古人所说的"授人以鱼，不如授人以渔"，也就是说财富的生产能力比财富本身更重要；第二，先进技术是经济增长的基础或者说必要条件；第三，制度与意识的调整是技术得以发挥作用的充分条件。

（2）经济增长的特点

从这个定义出发，库兹涅茨认为现代社会的经济增长具有以下六个方面的特征。

第一，按人口计算的产量的高增长和人口的高增长。这一个特征在经济增长过程中是十分明显的，可以从统计资料中得到证明。

第二，生产率本身的增长也是迅速的。这包括所有投入生产要素的产出率是快速提高的，如劳动生产率和其他要素生产率的迅速提高，这反映了由于技术进步所引起的生产效率的提高，这也是产量高增长率和在人口增长迅速的情况下，人均产量高增长率的原因。

第三，经济结构的变革速度是快的。这包括从农业转移到非农业上，以及从工业转移到服务业，还包括生产规模的变化、劳动职业状况的变化和消费结构的变化等。

第四，社会结构和意识形态的迅速改变，如城市化、传统风俗习惯的改变等。

第五，增长在世界范围内迅速扩大，经济发达国家要向其他国家争取市场和原料。

第六，世界各国经济增长不平衡。发达国家与不发达国家之间的人均产出水平有很大差距，贫富差距在国际范围内拉大，表 12-1 给出 1960—1990 年间按可比较的价格和汇率计算出来的世界不同国家和地区的 GDP 增长率。

表 12-1　　　　　　　　　　　不同国家的 GDP 增长率(1960—1990 年)

美国	法国	英国	日本	新加坡	乌干达	委内瑞拉	马里
1.40%	2.70%	2%	5%	5.3%	−0.20%	−0.50%	12.0%

数据来源：琼斯，《经济增长导论》，北京大学出版社，2002 年。

在这个六个特征中，前两个数量特征属于总和的比率，中间两个属于结构的变化，后两个属于国际间扩散。

2. 经济增长的源泉

（1）增长核算方程

如果宏观生产函数表示为：$Y_t = A_{ff}(L_t, K_t)$，式中 Y_t、L_t、K_t 分别为 t 时期的总产出、投入的劳动量和投入的资本量，A_t 为 t 时期的技术状况。从式中可以得到一个表达投入要素增长率、产出增长率与技术进步增长率之间关系的方程，即经济增长率的分解式：$G_Y = G_A + \alpha G_L + \beta G_K$，式中 G_Y 为经济增长率，G_A 为技术进步增长率，G_L、G_K 分别为劳动和资本的增长率，α、β 为参数，分别是劳动和资本的产出弹性。

从经济增长率的分解式中可知，产出由劳动、资本和技术进步决定，或者说经济增长的源泉是劳动、资本和技术进步。

（2）丹尼森对经济增长因素的分析

美国经济学家丹尼森把经济增长因素分为两大类，一类是生产要素投入量，一类是生产要素生产率。经济增长是生产要素劳动、资本、土地投入的结果，其中劳动、资本是可变的，土地是不变的。要素生产率是产量与投入量之比，即单位投入量的产出量。要素生产率取决于资源配置状况、规模经济与知识进展。具体讲，影响经济增长的因素包括六个：劳动、资本存量的规模、资源配置状况、规模经济、知识进展和其他因素。

丹尼森分析经济增长因素的目的在于确定各个影响因素对经济增长所做的贡献，以此来比较各个影响因素的相对重要性。

丹尼森根据美国1929—1982年的历史统计数据，对经济增长因素进行了考察与分析。经过计算与分析，劳动力增加对经济增长的贡献相当大，部分原因在于劳动的产出弹性相对较大，劳动增长率就占有较大的权重。资源配置状况对经济增长也做出了重要贡献，比如劳动者转换工作、农村劳动力的流动等，都导致了产量或收入的增加。在收入的年平均增长中超过10%的部分来自于规模经济，因为规模的扩大使得单位产量的投入更少，可以节约生产资源，从而带来规模经济效应。在所有因素中，知识进展对经济增长的贡献约为2/3。

据此，丹尼森的结论是：知识进展是发达资本主义国家最重要的增长因素。丹尼森所讲的知识进展包括的范围很广，包括技术知识、管理知识的进步和由于采用新知识而在结构与设备方面产生的更有效的设计，还包括从经验与观察中得到的知识。丹尼森认为，技术进步对经济增长的贡献是明显的，但也不能把生产率的增长主要归因于技术知识，因为管理知识也是非常重要的。管理知识更有可能降低生产资本、增加国民收入，它对国民收入增长的贡献比改善产品物理特性而产生的影响更大。因此，管理知识与技术知识都是很重要的，不能只重视技术知识而忽略管理知识。

表12-2显示了不同的生产要素对1948—1984年美国实际GDP的贡献。

表 12-2　　　　　　　不同生产要素对1948—1994年美国实际GDP的贡献

	增长速度（%）	所占比重
实际GDP的增长	3.4	100
投入品的贡献	2.1	62
资本	1.1	32
劳务	1.0	30
时间	0.8	24
构成	0.2	6
总要素生产率的增长	1.3	38
教育	0.4	12
研究和开发	0.2	6
知识和其他资源的进步	0.7	21

资源来源：丹尼森，《美国经济增长的趋势，1929—1982》，华盛顿，布鲁金斯研究所。转引自萨谬尔森，《经济学》（第十六版），北京，华夏出版社，1999年。

3. 哈罗德—多马经济增长模型

（1）哈罗德—多马经济增长模型假定

① 经济社会生产单一产品。② 只有劳动和资本两种生产要素。③ 在一定时期内技术水平不变，故资本—产量比率不变，规模报酬也不变。④ 边际消费倾向不变的条件下，储蓄率不变。

在这些假定基础上，哈罗德—多马经济增长模型集中考察了社会再生产过程中的几个变量以及它们之间的相互关系，提出了一个国家在长期内实现经济稳定、均衡增长所需具备的条件。

（2）哈罗德经济增长模型。

哈罗德模型是从国民收入、资本—产量比率和储蓄率三个经济变量及其相互关系的分析中来考察决定经济增长的因素。用G表示经济增长率，Y表示国民收入，ΔY表示国民收入的增量，则有：

$$G = \frac{\Delta Y}{Y}$$

用 v 表示资本－产量比率，则有 $v = \dfrac{K}{Y} = \dfrac{\Delta K}{\Delta Y} = \dfrac{I}{\Delta Y}$

用 s 表示储蓄－收入比率（储蓄率），则有 $s = \dfrac{S}{Y}$

把 $v = \dfrac{K}{Y} = \dfrac{\Delta K}{\Delta Y} = \dfrac{I}{\Delta Y}$ 式和 $s = \dfrac{S}{Y}$ 式作些变化，分别变成 $I = \Delta Y \cdot v$、$S = s \cdot Y$ 的形式，使 $I = S$，经整理，并用 G 表示 $\Delta Y / Y$，于是得到 G、v、s 三者之间的如下关系：$G = \dfrac{s}{v}$

$G = \dfrac{s}{v}$ 式就是哈罗德模型的基本公式，它说明：第一，经济增长率与储蓄率成正比，储蓄率越高，经济增长率也越高。第二，经济增长率与资本－产量比率成反比，即资本－产量比率越高，经济增长率越低。

哈罗德经济增长模型是以凯恩斯收入理论为基础的动态经济分析。

（3）多马经济增长模型

多马经济增长模型研究的是三个变量及其相互关系，这三个变量是：收入增长率（G）、储蓄在收入中的比例（s）、资本生产率（又称投资效率），即每单位资本的产出或收入，由 σ 代表。前两个变量与哈罗德公式中的两个变量是一致的，后一个变量即资本生产率 σ 实际上就是哈罗德的资本－产量比率的倒数。

多马的基本公式是 $G = s\sigma$

将 $G = \dfrac{\Delta Y}{Y}$、$s = \dfrac{S}{Y}$、$\sigma = \dfrac{\Delta Y}{I}$ 代入 $G = s\sigma$ 中，得

$$\frac{\Delta Y}{Y} = \frac{S}{Y} \cdot \frac{\Delta Y}{I}$$

即 $S = I$

由于多马模型的基本公式 $G = s\sigma$ 与哈罗德的基本公式 $Gv = s$ 是完全一致的，因此，西方经济学家一般把两个模型相提并论，称作"哈罗德－多马模型"。

从以上分析可以看到，哈罗德－多马经济增长模型是建立在凯恩斯储蓄－投资理论基础上的，是凯恩斯理论的发展。但是，哈罗德－多马经济增长模型与凯恩斯理论又有明显的区别。首先，凯恩斯理论是从短期的角度、静态的方法来说明投资和储蓄的均衡以及由此实现的国民收入均衡。哈罗德－多马经济增长理论则将凯恩斯的储蓄－投资的分析加以长期化、动态化。所谓长期化，就是将人口、资本和技术等关系经济增长的因素看作随着时间的推移而变动的变量；所谓动态化，就是阐述长期内投资和储蓄的均衡及其对国民收入均衡变动的影响。其次，凯恩斯短期静态的投资－储蓄分析理论，只注意增加投资对刺激收入增长的重要作用，而哈罗德－多马经济增长理论则强调投资既增加需求又增加供给的双重作用。

（4）均衡增长率、实际增长率和自然增长率

① 均衡增长率。

均衡增长率是指经济在实现充分就业条件下均衡的、稳定的增长所需的增长率。在经济稳定增长条件下，只有保证使增加的储蓄能全部转化为投资，才能使总供给和总需求相等，实现均衡增

长。假设在充分就业条件下人们愿意的储蓄率为 s_w（称为合意的储蓄率），用 v_w 表示合意的资本一产出比率（用投资一收入增量比率 $I/\Delta Y$ 表示），为了必须使投资者在保证实现最大利润条件下愿意按资本一产出比率增加投资，实现充分就业的有保证的均衡经济增长率（G_w）应是

$$G_w = \frac{s_w}{v_w}$$

实际的资本存量等于合意的资本存量、实际的与合意的资本存量增长率等于投资增长率亦等于储蓄增长率，同时总供给等于总需求（储蓄＝投资）时，经济就能在保持充分就业条件下获得均衡增长。

② 实际增长率及其与均衡增长率之间的关系。

实际增长率就是在事后统计的实际达到的增长率。$G=s/v$ 中的数字 s、v 如果是实际的统计数字，则 G 就是实际增长率，此时的 G 可表达为 G_A。实际增长率可能大于均衡增长率，亦可能低于均衡增长率。

在均衡增长率高于实际增长率条件下，实际资本存量超过合意的资本存量（企业家所需要的资本存量），表示有过剩的资本存量。这是因为，较低的经济增长率造成的商品滞销，必然导致库存增加、生产能力过剩。在这种情况下，企业家就要用逐步削减投资的办法来减少库存，使实际资本存量降低到与合意的资本存量相当的水平。由此造成的实际投资下降，会通过乘数和加速系数作用而引起经济过程的累积性收缩，其结果是经济的衰退与萧条。

反之，如果实际增长率大于均衡增长率，就会有实际资本存量小于合意资本存量的情况出现。在资本不足的情况下，企业家就会通过增加投资使实际资本存量同合意资本存量相当。这就意味着实际的储蓄率或实际的投资率会大于合意的储蓄率或合意的投资率，从而使实际的需求大于合意的供给。这样就会形成经济的累积性的扩张，可能导致通货膨胀。

以上两种情况都会导致社会经济发生短期性的周期波动，经济就处于收缩与扩张的不断交替中。只有当实际增长率等于合意的增长率时，经济才能保持在充分就业条件下的长期、稳定的增长。

③ 自然增长率与均衡增长率的关系。

自然增长率是指与人口增长率相对应的经济增长率。从长期的经济发展来看，人口的增长和技术的进步对经济增长的影响是极其重要的。哈罗德的增长模型中引进了这两种因素，把人口增长归纳为劳动力增长、把技术进步归为劳动生产率增长。用 n 代表劳动力增长率，ε 代表劳动生产率增长率，则经济的自然增长率（G_n）等于两者之和，即：$G_n=n+\varepsilon$。

如果劳动力增长率 $n=1\%$，劳动生产率增长率 $\varepsilon=5\%$，则自然增长率为 6%。这样，保证实现长期充分就业的均衡增长率就是 6%。如果均衡增长率偏离自然增长率，就会使经济过程出现波动。

当均衡增长率大于自然增长率，说明储蓄和投资的增长率超过了人口增长与技术进步所能允许的程度，这时的生产增长受到劳动力的不足与技术水平的限制，将会出现储蓄与投资过度现象，也就是社会总供给大于社会总需求，从而使经济呈现长期停滞的趋势。反之，当均衡的增长率小于自然增长率，说明储蓄和投资的增长率还没有达到人口增长同步所允许的程度。这时，生产的增加不会受劳动力不足与技术水平的限制，生产者将增加雇佣工人以扩大再生产，从而使经济出现长期繁荣、扩张的趋势。

哈罗德认为，只有实际增长率、合意增长率、自然增长率这三个增长率相等，即：$G_A=G_w=G_n$，经济社会才能实现合乎理想的长期均衡增长，$G_A=G_w=G_n$ 也就是理想的、长期的均衡增长条件。但

是，事实上要达到实际增长率、合意增长率、自然增长率三者一致是极其困难的，因为三个增长率取决于其他六个要素。三个增长率常常不一致，经济往往处于长期波动状态。

综上所述，哈罗德－多马经济增长模型得出的结论是：尽管经济在长期中均衡增长的可能性是存在的，但经济长期、均衡增长的可能性极小；一般情况下，资本主义经济很难稳定在一个不变的增长速度上，表现出的是或者连续上升或者连续下降的剧烈波动状态。这个结构被称为哈罗德不稳定原理。

4. 新古典增长模型

（1）新古典经济增长理论的假定

新古典增长模型有如下几个假定。① 社会储蓄函数为 $S=sY$，s 为储蓄率。② 劳动力按照一个不变的比率 n 增长。③ 技术水平不变。④ 生产的规模报酬不变。⑤ 在完全竞争市场条件下，劳动和资本是可以通过市场调节而充分地相互替代。

根据以上四个假定，生产函数可以表示为人均形式：$y=f(k)$，式中 y 为人均产量，k 为人均资本量，$y=f(k)$ 表示人均产量取决于人均资本量，人均资本量的增加会使人均产量增加，但是，由于报酬递减规律，人均资本量会以递减的速度增长。图 12-5 是人均生产函数的图示。

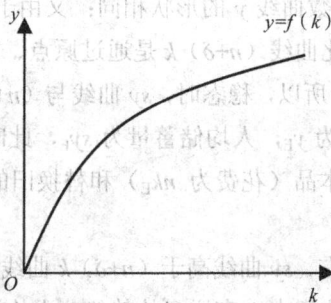

图 12-5　人均生产函数曲线

（2）新古典经济增长模型的基本方程

$$sy= \Delta k+ (n+\delta) k$$

上式就是新古典增长模型的基本方程，式中，sy 为人均储蓄，Δk 为人均资本增量。$(n+\delta) k$ 由两部分组成，一部分是 nk——人均储蓄中用于装备新增劳动力的花费，另一部分是 δk——人均储蓄中用于替换旧资本的花费，即人均折旧量，$(n+\delta) k$ 被称为资本的广化。人均储蓄中超过资本广化的部分会使得人均资本增多，即 $\Delta k>0$，Δk 就是资本的深化。因此，新古典增长模型的基本方程可以表述为：人均储蓄是资本深化与资本广化之和，或者说，人均储蓄用于资本深化与资本广化两部分。

（3）稳态分析

稳态是指一种长期稳定、均衡的状态，是人均资本与人均产量达到均衡数值并维持在均衡水平不变的状态。在稳态下，k 和 y 达到一个持久的水平。这就是说，要实现稳态，资本的深化为零，即人均储蓄全部用于资本的广化。因此，稳态条件是：$sy= (n+\delta) k$，稳态时，$\Delta k=0$。

虽然在稳态时 y 和 k 的数值不变，但总产量 Y 与总资本存量 K 都在增长。由于 $y = \dfrac{Y}{N}$、$k = \dfrac{K}{N}$，所以，总产量 Y 与总资本存量 K 的增长率必须与劳动力数量 N 的增长率 n 相等。这就是说，在稳态

时，总产量与总资本存量的增长率相等，且都与劳动力的增长率 n 相等，即

$$\frac{\Delta Y}{Y} = \frac{\Delta K}{K} = \frac{\Delta N}{N} = n$$

还可以用图形来分析稳态，如图 12-6 所示。

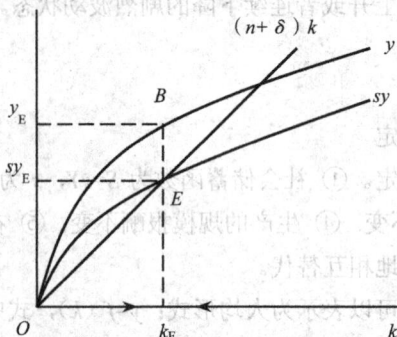

图 12-6 经济增长的稳态

图中储蓄曲线 sy 与人均生产函数曲线 y 的形状相同；又由于 $0 < sy < y$，所以储蓄曲线 sy 位于人均生产函数曲线 y 下方。资本广化曲线 $(n+\delta)k$ 是通过原点、向右上方倾斜的直线。

由于 $sy = (n+\delta)k$ 是稳态条件，所以，稳态时，sy 曲线与 $(n+\delta)k$ 曲线一定相交，交点是 E 点。稳态时的人均资本为 k_E，人均产量为 y_E，人均储蓄量为 sy_E，此时，$sy_E = (n+\delta)k_E$，即人均储蓄正好全部用来为增加的劳动力购买资本品（花费为 nk_E）和替换旧的资本品（花费为 δk_E），人均资本没有变化（即 $\Delta k = 0$）。

从上图中可以看到，在 E 点之左，sy 曲线高于 $(n+\delta)k$ 曲线，表明人均储蓄大于资本广化，存在着资本深化即 $\Delta k > 0$。这时，人均资本 k 有增多的趋势，人均资本 k 会逐步地增加，逐渐接近于 k_E。当 k 的数量为 k_E 即 $k = k_E$ 时，经济实现稳定状态。反之，在 E 点之右，人均储蓄小于资本广化，即 $sy < (n+\delta)k$，此时有 $\Delta k < 0$，人均资本 k 有下降趋势。人均资本 k 的下降会一直持续直到 k_E 达到稳态。

以上论述表明，当经济偏离稳定状态时，无论是人均资本过多还是过少，经济都会在市场力量的作用下恢复到长期、稳定、均衡状态。

（4）稳态的变化

如果储蓄率和人口增长率发生了变化，稳态也会相应变化。

先来看储蓄率的提高对稳态的影响。

图 12-7 中，由于人均储蓄曲线 s_0y_0 与 $(n+\delta)k$ 曲线相交，所以经济处于稳态均衡，E_0 点表示最初的经济稳态均衡，此时的人均储蓄为 E_0k_0、人均资本量为 k_0。当储蓄率由 s_0 提高到 s' 以后，人均储蓄曲线 s_0y_0 上升到 $s'y'$ 的位置。由于人均储蓄曲线 $s'y'$ 与 $(n+\delta)k$ 曲线相交，所以经济仍然处于稳态均衡，新的稳态均衡状态由 E' 点表示。新的稳态下，人均储蓄为 $E'k'$，多于旧均衡的 E_0k_0；人均资本量为 k'，也多于原先均衡时的人均资本量 k_0。显然，储蓄率的提高增加了稳态的人均资本量。新的稳态均衡时的人均收入大于旧稳态均衡时的人均收入。因此，储蓄率的提高还增加了人均收入。

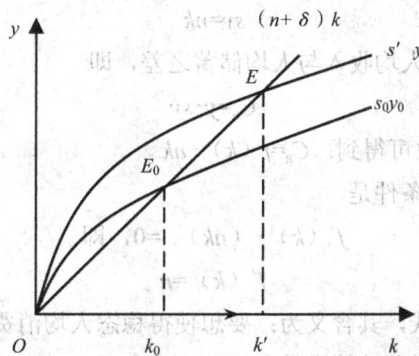

图 12-7　储蓄率提高对稳态的影响

由于 E_0 点与 E' 点都表示稳态，所以，这里所提到的稳态变化不是指由稳态到非稳态，而是指旧的稳态变化到新的稳态，经济变化前后都是稳态。这就是说，储蓄率的提高不能影响稳态增长率 n，但能提高稳态的人均资本与人均收入水平。

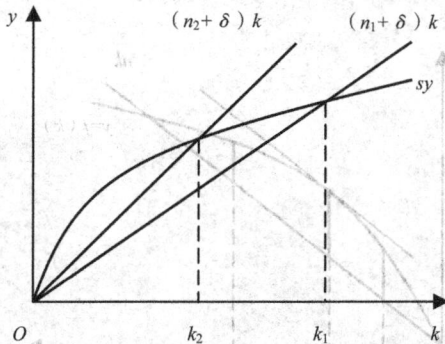

图 12-8　人口增长率的提高对稳态的影响

以上分析的都是经济按照不变的劳动力增长率 n 来增长，现在就来分析把 n 看作参数时，人口增长率提高对稳态产生的影响。

图 12-8 中，最初的经济位于 N_1 点所表示的稳态均衡，此时的人口增长率为 n_1、人均资本量为 k_1。当劳动力的增长率由 n_1 提高到 n_2 以后，$(n_1+\delta)k$ 曲线上升到 $(n_2+\delta)k$ 的位置，$(n_2+\delta)k$ 曲线与 sy 曲线相交于 N_2 点，实现了新的稳态。由于 sy 曲线向右上方倾斜，$(n_1+\delta)k$ 曲线上升后的新的均衡点 N_2 点一定低于 N_1 点。可以看到，人口增长率的增长降低了人均资本的稳态水平，人均资本由 k_1 降低到 k_2。又由于 sy 曲线的上方有一条人均收入曲线，所以，新稳态均衡时的人均收入显然低于旧稳态均衡时的人均收入。因此，人口增长率的提高又减少了人均收入，即降低了人均产量的稳态水平。这一结论揭示了发展中国家人均产量下降由人口增长率上升引起的现象，并且两个储蓄率相同的国家，人均收入会由于人口增长率不同而不同。

（5）黄金分割率

以上的稳态分析表明，储蓄率会影响稳态的人均资本水平，人均资本水平又影响人均产量。由于产量要用于积累与消费，所以需要分析经济长期增长过程中的人均消费。

假定不存在折旧，则 $(n+\delta)k$ 就变为 nk，稳态条件就变为

$$sy=nk$$

稳态时，人均消费 C_a 就是人均收入与人均储蓄之差，即

$$C_a=y-sy$$

又由于 $sy=nk$，$y=f(k)$，故可得到：$C_a=f(k)-nk$

人均消费 C_a 最大化的一阶条件是

$$f'(k)-(nk)'=0，即$$

$$f'(k)=n$$

上式就是黄金分割率表达式，其含义为：要想使得稳态人均消费最大化，稳态人均资本量的选择就应该使资本的边际产品等于劳动的增长率。

可以用图 12-9 表示人均消费最大化。图中，稳态时的人均消费就是人均收入曲线 y 与直线 nk 之间的垂直距离。最大的人均消费量出现在人均资本等于 $k*$ 的时候。因为在人均资本等于 $k*$ 的时候，y 曲线切线的斜率正好等于 n，即这条切线与直线 nk 平行。这种情况下，人均收入曲线 y 与直线 nk 之间的垂直距离 $M'M$ 最大即消费最大，$M'M$ 表示的消费量大于人均资本分别等于 k_1、k_2 时的消费 $G'G$、$H'H$。$G'G$、$H'H$ 都小于 $M'M$，这一结论与 $f'(k)=n$ 式的意思完全相同。

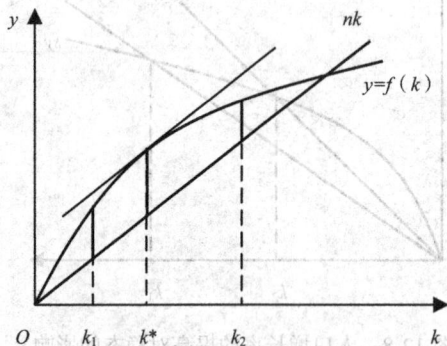

图 12-9　经济增长的黄金分割率

从黄金分割率可知，稳态时，如果人均资本量多于黄金分割的水平，则需要通过消费掉一部分资本使人均资本减少到黄金分割的水平，这就能够提高人均消费水平。反之，人均资本量少于黄金分割的水平，则需要减少消费、增加储蓄，再通过储蓄转化为资本，使人均资本增加到黄金分割的水平。

5. 内生经济增长理论

（1）新古典增长理论的缺陷

一是生产规模报酬不变的假定与事实越来越不相符合。大多数工业化国家由于资源配置合理化、部门协调效率较高、信息传递有效等，其经济资源的利用率高，产生了规模报酬递增的现象，而发展中国家则由于种种原因出现了规模报酬递减的状况。二是该模型无法对劳动力增长率和技术进步率做出解释，也未能对控制人口增长、提高技术进步速度提出相应的建议。在新古典增长模型中，稳态增长率即人口增长率是外生变量，但人口增长率与技术进步率对经济增长至关重要。所以，许多西方学者认为增长率的外生化是新古典增长模型在理论上的主要缺陷。三是新古典增长理论在解释现实方面显得无力。新古典增长理论的一个重要结论是，具有相同的技术和相同人口增长率的不同国家的增长率具有趋同性，但许多国家的增长率存在着较大或相当大差异的现实却与新古典增长

理论的趋同论相悖。

（2）内生增长理论概述

正是在这样的背景下，出现了"内生增长理论"。内生增长理论是用规模收益递增和内生技术进步来说明长期经济增长和各国增长率差异的理论总称。内生增长理论的重要特征是将增长率内生化。在规模收益递增的原因上，内生增长理论大多强调技术的溢出效应。企业采用了新技术而增加了技术知识，从而对整个社会产生了有利影响，技术的这种正的外部性就叫技术的溢出效应。内生增长理论还特别论证了知识对经济增长的极端重要性。

罗默在 1983 年题为《外部因素、收益递增和无限增长条件下的动态竞争均衡》的博士论文，标志着内生增长理论的兴起。罗默增长理论的主要内容为：

一是承认知识是一个生产要素，与获得资本一样，知识必须通过放弃当前的消费才能得到。

二是过去投入的资本可以使知识得到积累，并且知识又能刺激投资，投资的持续增长能够永久地提高一国的经济增长率。

三是知识能够提高投资收益。

四是资本、人力资本、非熟练劳动、专利等都属于生产要素，这些生产要素的组合使得规模报酬递增。

五是国际贸易有利于将新技术、新知识及人力资本引入一个国家，会促进一国的经济增长，使世界经济具有持续的增长动力，各国经济增长的差别源于不同的知识、人力资本等。

罗默的增长理论为随后出现的增长理论奠定了基础。

卢卡斯依据人力资本理论，沿着罗默的思路，进一步研究了一般的人力资本与个人的、特殊的人力资本的区别，提出"私人人力资本积累带动经济增长"的卢卡斯模式，认为必须重视人力资本的投入、重视包括在职训练、边学边干等形式的教育，不断积累人力资本，多对研究与发展进行投资。这样，一国才能实现长期、稳定、均衡的经济增长。

牛津大学经济学教授斯科特认为应当用资本即总投资的变化来说明产出的变化，他把总投资与技术进步看成是一回事，认为发明是由预期的利润所激发和促成的，这与促成投资的因素是完全相同的。

美国哈佛大学的巴罗认为，穷国追赶不上富国的原因并不是穷国缺乏投资，而在于穷国缺乏人力资本，即对教育投资不够。

在技术进步的原因方面，内生增长理论的经济学家有不同的看法，罗默认为技术进步表现为私人厂商投资于研究活动而生产出新知识，卢卡斯认为技术进步是教育部门进行人力资本投资的结果，巴罗认为技术进步表现为政府提供服务所带来的私人厂商生产率与社会生产率的提高。

另外，内生增长理论还对税收、国际贸易等影响经济增长的因素进行了分析。

从内生增长理论的内容来看，内生增长理论具有重要的政策意义。如果一个国家的政府认真考虑教育、投资、研究与发展、税收与贸易政策等问题，并实施正确的政策，就能够促进一国的经济增长。

扩展阅读：2017 年世界经济图谱：经济增长步伐缓慢 黑天鹅继续登场

12.2.2 经济周期

1. 经济周期的含义与特征

（1）经济周期的含义

经济周期（Business Cycle）是指经济处于生产和再生产过程中周期性出现的经济扩张与经济紧缩交替更迭、循环往复的一种现象。对于经济周期有两种不同的理解，古典经济学的经济周期是指实际 GDP 或总产量绝对量上升和下降的交替过程。但是现代经济发展的实际情况告诉我们，实际 GDP 或总产量的绝对量下降的情况是很少见的，所以现代宏观经济学中认为经济周期是经济增长率上升或下降的交替过程。根据这一定义，衰退不一定表现为 GDP 绝对量的下降，而主要是 GDP 增长率的下降，即使其值不是负值，也可以称之为衰退，经济学中称之为增长性衰退。

自带大姨妈属性的经济周期

在理解经济周期内涵时需要注意以下三点：第一，经济周期的中心是国民收入的波动，由于这种波动而引起了失业率、一般物价水平、利率以及对外贸易活动的波动，所以研究经济周期的关键是研究国民收入波动的规律与根源；第二，经济发展的周期性波动是客观存在的经济现象，任何国家的经济发展都无法避免；第三，虽然每次经济周期并不完全相同，但它们却有共同之处，即每个周期都是繁荣与萧条的交替。

经济波动

（2）经济周期的特征

一个完整的经济周期包括两个大的阶段：扩张阶段和收缩阶段。扩张阶段是总需求和经济活动增长的时期，通常伴随着就业、生产、工资、利率和利润的上升；而衰退阶段则是总需求和经济活动下降的时期，通常伴随着就业、生产、工资、利率和利润的下降。这两个阶段可以再细分，扩张阶段可以分为复苏和繁荣两个阶段，收缩阶段可以分为衰退和萧条阶段，其中繁荣和萧条是两个主要的阶段，衰退和复苏是两个过渡性阶段，如图 12-10 所示。

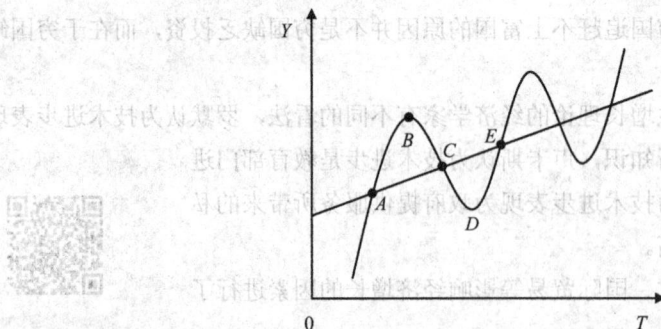

图 12-10　经济周期

在图中，向右上方倾斜的直线代表经济的长期稳定增长趋势，曲线部分则用来表示经济活动围绕"长期趋势"上下波动的实际水平，图中 A—E 部分代表了一个完整的经济周期，其中 A—B 为繁荣阶段，B—C 为衰退阶段，C—D 为萧条阶段，D—E 为复苏阶段，B 点为扩张阶段到收缩阶段的转折点，是整个经济周期的峰顶，D 点为收缩阶段到扩张阶段的转折点，是整个经济周期的谷底。

从图中可看出，经济周期波动有三个特点：第一，每一个经济周期都包括了扩张和收缩两个阶段，细分下来是复苏、繁荣、衰退、萧条四个阶段。扩张和衰退是相互交替的，在交替中有两个不同的转折点，如果经济是由扩张阶段转向收缩阶段，则转折点是峰顶；如果经济是从收缩阶段转向扩张阶段，则转折点是谷底。由于扩张和收缩是相互交替的，因此，谷底和峰顶也是相互交替的。第二，虽然经济周期的四个阶段从逻辑上肯定这个顺序排列，但它们在每次经济周期中的长度和实际形态将有很大的差异。例如，一次周期的谷底或峰顶可能仅仅持续几周，也可能持续几个月甚至是几年。第三，在一定时期内，存在着生产能力的增长趋势，所以在某一谷底阶段中，其实际的生产和就业水平有可能出现比以前周期的峰顶时期还要高的状况，这是正常的。

2. 经济周期的分类

西方的经济学者不仅分析了经济周期波动的阶段，而且还分析了经济活动中长短各异的波动现象，并根据经济周期波动的时间把经济周期划分为不同的类型，即短周期（短波）、中周期（中波）和长周期（长波）。

（1）中周期：朱格拉周期。

世界上第一个生产过剩的危机于 1825 年发生于英国，在此以后，经济学者就注意并研究了这一问题，法国经济学家朱格拉在 1860 年时提出，危机或恐慌并不是一种独立现象，而是经济周期性波动的三个连续阶段（繁荣、危机、清算）中的一个，这三个阶段反复出现形成周期现象。他对比较长的工业经济周期进行了研究，并根据生产、就业人数和物价水平等指标，确定了经济中平均每一个周期为 9～10 年，这就是中周期，也称为朱格拉周期。美国经济学家汉森认为这种经济周期是主要的经济周期，并根据统计资料计算出美国 1795 年到 1937 年间共有 17 个这样的周期，其平均长度为 8.35 年。

（2）短周期：基钦周期。

1923 年，英国经济学家基钦研究了 1890 年至 1922 年间英国与美国的物价、银行结算、利率等指标，认为经济周期实际上有主要周期和次要周期两种。主要周期即是朱格拉周期，次要周期为 3 至 4 年一次的短周期，人们把这种周期称为基钦周期。一般认为，一个朱格拉周期包含两个或三个基钦周期。

（3）长周期：康德拉季耶夫周期。

1925 年，苏联经济学家康德拉季耶夫通过研究美国、英国、法国和其他一些国家长期的时间序列资料，认为经济中存在着一个长达 50～60 年的经济周期，这种周期即是经济中的长周期，又称为康德拉季耶夫周期。

（4）另一种长周期：库兹涅茨周期。

美国经济学家库兹涅茨在 1930 年提出了一种与房地产建筑业相关的经济周期，这种周期长度在 15 至 25 年左右，平均长度为 20 年左右。库兹涅茨主要研究了美国、英国等国从 19 世纪初叶或中叶到 20 世纪初叶 60 种工、农业主要产品的产量和 35 种工、农业主要产品的价格变动的长期时间数列资料，发现主要国家存在着长度从 15 年到 25 年不等，平均长度为 20 年的长周期。这种长周期与人口增长而引起的建筑业增长与衰退相关，是由建筑业的周期性波动引起的，而且，在工业国家中产量增长呈现渐减的趋势。这个周期后又被称为库兹涅茨周期或建筑业周期。

（5）经济周期的综合：熊彼特周期。

奥地利经济学家熊彼特综合了前人的研究成果，认为经济中存在着长、中、短三种不同类型的周期，每个长周期的长度为48～60年，其中包含了六个中周期；每个中周期的长度为9～10年，其中包含了三个短周期；短周期约为40个月，三个短周期构成一个中周期，十八个短周期构成一个长周期。他以重大创新为标志，划分了三个长周期：第一个长周期从18世纪80年代到1842年，是"产业革命时期"；第二个长周期从1842年到1897年，是"蒸汽和钢铁"时期；第三个长周期是1897年以后，是"电气、化学和汽车时期"。在每个长周期中仍有中等创新所引起的波动，这就形成了若干个中周期，每个中周期中还有小创新引起的波动，这就形成了若干个短周期。

3. 经济周期的解释

经济理论分析的目的不仅存在于对人们经济行为和经济现象的描述，更重要的是对人们的经济行为和经济现象提出合理的解释与说明。对于经济周期这一个现代经济生活中的常见现象，经济学家们提出了多种解释，可以根据他们提出的原因的来源不同，将这些理论分成两大类型：即内生经济周期理论和外生经济周期理论。

（1）内生经济周期理论

内生经济周期理论认为是经济体系的内部因素导致了经济的周期性波动。这类理论并不否认经济体系外部因素对经济的冲击作用，但它强调经济中这种周期性波动是经济体系内的因素引起的。最具代表的内生经济周期理论是凯恩斯主义的乘数——加速原理相互作用理论，此外，比较有名的内生经济周期理论还包括纯货币理论、投资过度理论、消费不足理论、心理周期理论等。

纯货币理论认为，经济周期是一种纯粹的货币现象。经济中周期性的波动完全是由于银行体系交替地扩大和紧缩信用所造成的。在发达的市场体系中，流通工具主是各种银行的信用工具，商人运用的资本主要来自于银行信用。当银行体系降低利率、扩大信用时，商人就会向银行增加借款，从而增加向生产者的订货。这样就引起了生产的扩张和收入的增加，而收入的增加又引起对商品需求的增加和物价上升，经济活动继续扩大，经济进入繁荣阶段。但是银行扩大信用的能力并不是无限的，当银行体系被迫停止信用扩张，转而收缩信用时，商人得不到贷款，就会减少订货，由此出现了生产过剩的危机，经济进入了萧条阶段。在萧条时期，资金逐渐回到银行，银行可以通过某些途径来扩大信用，促进经济复苏。根据这一理论，其他非货币因素也会引起局部的萧条，但只有货币因素才能引起普遍的萧条。

投资过度理论认为，由于各种原因的存在，导致了投资的增加，这种增加会引起经济的繁荣，繁荣首先表现在对投资品（即生产资料）需求的增加以及投资品价格的上升上。这就更加刺激了对资本品的投资，资本品的生产过度发展引起了消费品生产的减少，从而形成结构的失衡。而资本品生产过多必将引起资本品过剩，于是出现了生产过剩的危机，经济进入了萧条。也就是说，过度增加投资引发了经济的周期性波动。

消费不足理论认为，经济中出现萧条与危机是因为社会对消费品的需求赶不上消费品的增长，而消费需求不足又引起对资本品需求不足，进而使整个经济出现生产过剩危机。消费不足的根源主要是由于国民收入分配不平等造成的穷困人口购买力不足和富裕人口的过度储蓄。这是一种历史悠久的理论，主要用于解释经济周期中危机阶段的出现以及生产过剩的原因，并没有形成为解释经济周期整个过程的理论。这种理论的早期代表人物是英国的经济学家马尔萨斯和法国经济学家西蒙斯第，近期的代表人物是英国的经济学家霍布森。

心理周期理论强调心理预期对经济周期各个阶段形成的决定作用，这种理论认为，预期对人们的经济行为具有决定性的影响，乐观与悲观预期的交替引起了经济周期中的繁荣与萧条的交替。当任何一种原因刺激了投资活动，引起高涨之后，人们对未来预期的乐观程度一般总会超过合理的经济考虑下应有的程度。这就导致过多的投资，形成经济过度繁荣。而当这种过度乐观的情绪所造成的错误被觉察以后，又会变成不合理的过分悲观的预期。由此过度减少投资，引起经济萧条。

（2）外生经济周期理论

外生经济周期理论认为是经济体系外部的因素导致了经济的周期性波动。这种理论并不否认经济中的内在因素（如投资、货币等）的重要性，但它们强调引起这些因素变动的根本原因在经济体系之外。比较有代表性的外生经济周期理论包括创新经济周期理论、太阳黑子理论等。

创新理论源于著名经济学家约瑟夫·A·熊彼特，熊彼特认为创新就是建立一种新的生产函数，是企业家实行对生产要素的新的组合，即把一种从未有过的关于生产要素和生产条件的"新组合"引入生产流转。实现生产要素新的结合有两条途径：一是进行技术创新，导致生产要素比例变化，如机器生产代替手工生产；二是进行制度创新，通过制度创新来激发生产要素更大的生产潜力，如实施员工持股计划或者实行年功工资制度等。

这种理论首先用创新来解释繁荣和衰退，这就是，创新提高了生产效率，为创新者带来了盈利，引起其他企业仿效，形成创新浪潮。创新浪潮使银行信用扩张，对资本品的需求增加，引起经济繁荣。随着创新的普及和盈利机会的消失，银行信用紧缩，对资本品的需求减少，这就引起了经济衰退，直到另一次创新出现，经济再次繁荣。

但经济周期实际上包括繁荣、衰退、萧条和复苏四个阶段，创新理论用创新引起的"第二次浪潮"来解释这一点。在第一次浪潮中，创新引起了对资本品需求的扩大和银行信用的扩张，这就促进了生产资本品的部门扩张，进而又促进了生产消费品的部门扩张。这种扩张引起物价普遍上升，投资机会增加，也出现了投机活动，这就是第二次浪潮。它是第一次浪潮的反应。然而，这两次浪潮有重大的区别，即第二次浪潮中许多投资机会与本部门的创新无关。这样，在第二次浪潮中包含了失误和过度投资行为，这就在衰退之后出现了另一个失衡的阶段——萧条。萧条发生后，第二次浪潮的反应逐渐消除，经济转向复苏，要使经济从复苏进入繁荣还有待于另一次创新的出现。

熊彼特根据这种理论解释了长周期、中周期和短周期，他认为重大的技术创新（如蒸汽机、炼钢和汽车制造等）对经济增长有长期的影响，这些创新引起的繁荣时间长，繁荣之后衰退也长，从而所引起的经济周期就长，形成了长周期。中等创新所引起的经济繁荣及随之而来的衰退则形成了中周期，那些属于不很重要的小创新则只能引起短周期。

太阳黑子理论是利用太阳黑子的活动来解释经济周期，由英国经济学家杰文斯父子提出并加以论证。该理论认为，太阳黑子的活动对农业生产影响很大，而农业生产状况又会影响工业生产和整个经济。太阳黑子活动的周期性决定了经济活动的周期性。具体来说，太阳黑子活动频繁就使农业生产减产，农业的减产影响到工业、商业、工资、货币的购买力和投资等诸多方面，从而引起整个经济萧条。相反，当太阳黑子活动减少时，农业会丰收，整个经济会达到繁荣。他们用中长期中太阳黑子活动周期与经济周期基本吻合的资料来证明这种理论，这种理论把经济周期的根本原因归结为太阳黑子的活动，是典型的外生经济周期理论。现代经济学家认为，太阳黑子对农业生产的影响是非常有限的，而农业生产对整个经济的影响更是有限的，因此，在现代工业社会中，这种理论没有多大的说服力。

（3）乘数—加速数模型

① 加速原理。

加速原理是关于收入水平或消费需求的变动会引起投资量变动的经济理论。其基本内容是：收入或消费的变动，要求生产部门增加商品的供给量，如果生产部门的生产能力已经得到充分利用，增加生产就要相应地增加资本存量，就要有新的投资追加到生产中去。所以，加速原理分析的是收入变化与追加投资之间的关系。

a. 自发投资和引致投资。

① 自发投资又称自动投资，是指与国民收入或消费变动无关的投资，而是由人口增长、技术进步、资源开发以及政府政策等方面外在因素的变化而引起的投资。

② 引致投资又称诱发投资，是指由收入或消费变动而引起的投资。这种投资取决于收入水平或消费需求。加速原理就是研究引致投资与收入变化之间的关系。

b. 资本—产量比率和加速系数。

资本—产量比率是指生产一单位产品所需要的资本数量，即

$$资本-产量比率=\frac{资本数量}{产量}=\frac{K}{Y}，式中，K-资本数量，Y-产量或收入$$

从资本—产量比率中可看到，在技术不变的条件下，如果要使收入增加，就必须按资本—产量比率相应地增加资本存量。资本—产量比率决定了资本增量与产量增量的比率。通常近似的认为资本增量等于投资，所以，把投资增量与收入增量之比叫作加速系数，即

$$加速系数=\frac{资本增量}{产量增量}=\frac{投资}{收入增量}$$

若以 a 代表加速系数，ΔK 表示资本增量（K_t-K_{t-1}），ΔY 表示收入增量（Y_t-Y_{t-1}），I_Y 可引致投资，则上述公式可表示如下

$$\alpha=\frac{\Delta K}{\Delta Y}=\frac{I_Y}{\Delta y}$$

c. 净投资、重置投资与总投资。

$\alpha=\frac{\Delta K}{\Delta Y}=\frac{I_Y}{\Delta y}$ 中的引致投资 I_Y 是因收入增加而引发的投资，称为净投资。除了净投资外，每年还会有一笔为弥补设备、厂房等资本设备磨损的投资，称为重置投资，其数量取决于原有资本设备的数量、构成和使用年限。净投资和重置投资之和为总投资，即

$$总投资=重置投资+净投资$$
$$I=I_a+I_Y=I_a+a\cdot(Y_t-Y_{t-1})$$

式中，I 为总投资，I_a 为重置投资。总投资一般来说大于零或等于零，即最低的总投资为零。

一般来说，净投资为负数，意味着企业将把一部分设备卖掉。但是，在正常情况下，如果出现暂时的产量下降，企业不会立即卖掉设备，而是让其暂时闲置。所以，可以将产量下降时的净投资看作零。为了进一步说明问题，下面举例说明。设资本—产出比率为 2，折旧率为 10%，则可以做出下面的加速原理举例表。

表 12-3 加速原理数字说明

年限	产量	资本量	净投资	折旧	总投资
1	100	200	—	20	20
2	120	240	40	24	64
3	140	280	40	28	68
4	160	320	40	32	72
5	160	320	0	32	32
6	150	300	−20	30	10

根据上表，可以得出加速原理的基本内容：第一，投资是产量变动率的函数，而不是产量变动的绝对量的函数。也就是说，投资的变动取决于产量变动率，而不是产量变动量；第二，投资的变动大于产量的变动。当产量增加时，投资的增加率大于产量的增长率（在表中，从第 1 年到第 2 年，产量增加了 20%，而总投资增加了 220%），当产量减少时，投资的减少也大于产量的减少（在表中，从第 5 年到第 6 年，产量减少 6.25%，而总投资减少了 68.75%），这就是加速的含义。投资的变动大于产量的变动是因为现代生产是一种"迂回生产"，即采用了大量的机器设备，这导致开始时必然引起大量的投资，同理，在产量减少时，投资也会减少得更多。加速原理所反映的正是这种现代化大生产的特点；第三，要使投资增长率保持不变，产量就必须维持在一定的增长率（在表中，第 2 年到第 3 年和第 3 年到第 4 年，要使净投资保持不变，产量的增长率应分别达到 17% 和 14%），如果产量维持原有水平，投资一定会下降（在表中，从第 4 年到第 5 年，产量没变，总投资减少了 56%），这说明经济发展到一定阶段时，要再实现高增长率就是件非常困难的事。

d. 加速原理的假设条件。

加速原理的作用以下述假设条件为前提。

第一，假设技术水平不变，资本－产量比率不变。从历史发展的观点来看，技术的进步从来没有停止过，因此，资本与产量的比率亦是不断变化的。但是，加速原理的分析必须假定技术水平不变为前提，即假定产量增加同资本存量的增加保持同步增长。

第二，假设企业没有闲置的生产设备。加速原理的主要参数加速系数是以固定的资本－产量比率为假定条件，要增加产量，必须增加资本存量，所以，一定要假设企业的设备已达到充分利用，那么，增加产量就要添置新的设备。当然，如果企业有闲置生产设备，需要增加产量时，企业只要动用闲置设备就行了，不必添置新设备，这样就不会增加净投资。

第三，假设社会上还有可利用而尚未利用的资源。这样为增加产出而增加的净投资，就能购买到新的设备。

② 乘数－加速数模型。

a. 乘数－加速数模型内容。

美国经济学家汉森和萨缪尔森认为，凯恩斯的乘数理论只说明了投资变化引起国民收入和就业的变化，而没有说明收入变化反过来又会引起投资的变化。只有将加速数原理和乘数理论结合起来，才能解释资本主义经济周期性波动的原因和波动的幅度，提出了乘数－加速数模型，又叫"汉森－萨缪尔森模型"。

乘数－加速数模型基于以下收入函数：现期收入等于现期消费、现期投资、自发支出之和，即：

$$Y_t = C_t + I_t + G$$

式中，Y_t 为现期国民收入，C_t 为现期消费，I_t 为现期投资，G 为自发支出（如政府支出、自发投资、自发消费）。

假设现期消费是上期收入 Y_{t-1} 的函数，现期投资是本期消费增量（C_t-C_{t-1}）的函数，则有消费函数 $C_t=\beta Y_{t-1}$ 和投资函数 $I_t=a$（C_t-C_{t-1}），式中，β 为边际消费倾向，a 为加速系数。

将 $C_t=\beta Y_{t-1}$ 式、$I_t=a$（C_t-C_{t-1} 式代入 $Y_t=C_t+I_t+G$ 式中，

可得：$Y_t=\beta Y_{t-1}+a$（C_t-C_{t-1}）$+G$

根据 $C_t=\beta Y_{t-1}$ 式可知：$C_{t-1}=\beta Y_{t-2}$

将 $C_t=\beta Y_{t-1}$ 式、$C_{t-1}=\beta Y_{t-2}$ 式代入 $Y_t=\beta Y_{t-1}+a$（C_t-C_{t-1}）$+G$ 式中，经整理可得

$$Y_t=（1+a）\beta Y_{t-1}-a\beta Y_{t-2}+G$$

这就是汉森-萨缪尔森即乘数-加速数模型。在下表中，假设边际消费倾向等于0.5，加速数等于1，政府每期开支为1亿元，在这些假定下，若不考虑第1期以前的情况，那么，从上期国民收入中来的本期消费为零，引致投资当然也为零，因此，第1期的国民收入总额就是政府在第1期的支出1亿元。

第2期政府支出仍为1亿元，但由于第1期有收入1亿元，在边际消费倾向为0.5的情况下，第2期引致消费 $C_2=0.5\times1=0.5$ 亿元，第2期的引致投资 $I_2=1\times(0.5-0)=0.5$ 亿元，因此，第2期的国民收入 $Y_t=1+0.5+0.5=2$ 亿元。同样可以计算出第3期收入为2.5亿元，第4期的收入为2.5亿元，以下各期的收入也都可以用同样的方法计算出。

可以看出，边际消费倾向越大，加速数越大，政府运动支出对国民收入变动的作用也越大。

表 12-4　　　　　　　　　　　　　　乘数和加速数的相互作用

t	G_t	C_t	I_t	Y_t	经济变动趋势
1	1.00	0.00	0.00	1.00	一
2	1.00	0.50	0.50	2.00	复苏
3	1.00	1.00	0.50	2.50	繁荣
4	1.00	1.25	0.25	2.50	繁荣
5	1.00	1.25	0.00	2.25	衰退
6	1.00	1.125	−0.125	2.00	衰退
7	1.00	1.00	−0.125	1.875	萧条
8	1.00	0.9375	−0.0625	1.875	萧条
9	1.00	0.9375	0.00	1.9375	复苏
10	1.00	0.96875	0.03125	2.00	复苏
12	1.00	1.00	0.03125	2.03125	繁荣
12	1.00	1.015625	0.015625	2.03125	繁荣
13	1.00	1.015625	0.00	2.015625	衰退
14	1.00	1.0078125	−0.0078125	2.00	衰退

数据来源：高鸿业，《西方经济学》（第三版，宏观部分），中国人民大学出版社，2004年9月。

b．经济波动的形式。

在乘数-加速数模型中，由于加速系数（a）、边际消费倾向（β）的不同值，将会使经济波动呈现出以下五种形式。

第一，减幅振荡，指国民收入波动幅度逐渐缩小，最后趋于消失。

第二，增幅振荡，指国民收入波动的幅度越来越大。

第三，同幅振荡，指国民收入波动的幅度在一定范围内保持不变。

第四，在某种干扰下，国民收入波动的水平以递减的速度上升或下降，没有振荡地从初始的均衡达到新的均衡。

第五，在某种干扰下，国民收入波动的水平以递增的速度上升或下降。

c．乘数与加速数原理对经济波动的解释。

汉森和萨缪尔森把乘数与加速数作用结合起来，说明经济会自动地呈现周期性的波动，并决定了经济周期的各个阶段。萨缪尔森认为，加速原理和乘数相互作用造成一个越来越严重的通货收缩（或通货膨胀）的螺旋。由于加速原理的作用，产量或销售量的增加会引起投资加速度增加；同时，因乘数原理所起的作用，即投资的增加反过来又会引起产量或销售量的成倍增加。结果，社会经济呈上升的膨胀螺旋。这时经济波动处于复苏的阶段。但是，由于边际收益递减规律的作用，在一定技术条件下，当实际产出水平接近潜在国民收入时，经济增长速度必将出现递减趋势，周期就从复苏阶段过渡到高涨阶段。根据加速原理的作用，如果产量增加速度递减，则总投资将以更快的速度下降，结果将导致社会经济呈下降的紧缩螺旋。这时经济波动处于衰退的阶段。但是，这种紧缩螺旋不会无限制地下降，亦有一个极限。这个极限就是由于重置投资的存在，使总投资不能小于零，同时，边际消费倾向也不可能等于零，这样，经济的收缩就有了一个限度。一旦经济下降到这一限度，就会停止收缩。这时经济波动处于萧条阶段。由于重置投资的乘数作用仍然起着作用，就会使收入逐渐上升。这样，经济由于收入与投资相互影响而再一次增长起来。此时，经济波动再次处于复苏阶段，一个新的周期又重新开始。

由上可知，经济的膨胀与收缩是交替出现的，尽管在某一时期，膨胀时期和收缩时期的时间跨度可能由于各种原因而发生变化，但是，这种交替为西方经济学家所主张的政府对经济进行必要的干预以缓和经济波动并维持经济长期稳定的增长建立了理论基础。

扩展阅读：对当前经济周期的理解

12.3 案例分析

12.3.1　案例一

通货膨胀降低人们的实际购买力？

如果你问一个普通人，为什么通货膨胀是坏事？他将告诉你，答案是显而易见的：通货膨胀剥夺了他辛苦赚来的美元的购买力。当物价上升时，每一美元收入能购买的物品和劳务都少了。因此，看来通货膨胀直接降低了生活水平。但进一步思考就发现这个回答有一个谬误。当物价上升时，物品与劳务的购买者为他们所买的东西支付得多了。但同时，物品与劳务的卖者为他们所卖的东西得到的也多了。由于大多数人通过出卖他的劳务，例如他的劳动，而赚到收入，所以收入的膨胀与物价的膨胀是同步的。因此，通货膨胀本身并没有降低人们的实际购买力。

人们相信这个通货膨胀谬误是因为他们没有认识到货币中性的原理。每年收入增加10％的工人倾向于认为这是对他自己才能努力的奖励。当6%的通货膨胀率把这种收入增加降低为4%时，工人会感到他应该得到的收入被剥夺了。事实上，实际收入是由实际变量决定的。例如，物质资本、人力资本、自然资本和可以得到的生产技术。名义收入是由这些因素和物价总水平决定的。如果美联储把通货膨胀从6%降到零，我们工人们每年的收入增加也会从10%降到4%。他不会感到被通货膨胀剥夺了，但他的实际收入并没有更快地增加。

如果名义收入倾向于与物价上升保持一致，为什么通货膨胀还是一个问题呢？结果是对这个问题并没有一个单一的答案。相反，经济学家确定了几种通货膨胀的成本。这些成本中的每一种都说明了持续的货币供给增长事实上以某种方式对实际变量有所影响。

案例思考题：分析我国30多年来物价与人们生活水平的关系？

12.3.2 案例二

政府促进就业的途径和手段

在社会主义市场经济条件下，劳动力市场应该在劳动力资源的配置中起基础作用，政府不再直接介入劳动力配置和工资决定，而是通过制定发展战略、实施宏观经济政策和建立有利于扩大就业的宏观政策环境来促进就业。

制定符合比较优势的发展战略。一个国家或地区实施什么样的发展战略，不仅决定其经济增长的绩效，也决定其经济增长的就业容量。对于劳动力丰富的发展中国家来说，选择符合自身比较优势的发展战略，就意味着劳动密集型产业应该成为产业的主体，这样才能最大限度地创造就业机会，并且使尽可能多的劳动者享受发展的成果。在全面建设小康社会的过程中，人均收入的提高有两种途径：一是就业人口的工资水平不断提高，但另一部分人口由于没有就业或就业不充分，收入没有提高；二是更广泛的人口参与就业，平均工资可能增长不快，但总体人均收入水平仍然可以快速提高，而且收入分配比较均等。显然，在劳动力资源丰富的国情下，人民生活水平的提高和收入差距的缩小，主要应靠后一种途径来实现。一方面，工资水平和人工成本上涨过快，不利于扩大就业；另一方面，加快城镇化进程，转移农村劳动力，进而增加农民收入、解决"三农"问题，需要创造大量就业机会。因此，在制定经济发展战略时，应按照比较优势来选择产业结构。除了在一些必要的高科技领域赶超世界前沿水平，大多数地区的主导产业都应该是劳动密集型的。实践证明，非国有经济、中小企业和服务业通常具有以较少投资吸纳较多就业的特点，应该得到更多的政策鼓励，加快其发展。

把就业纳入宏观反周期政策中。在西方市场经济国家，就业被列为货币政策和财政政策的首要目标。这些国家实施的宏观经济反周期政策，无一例外地根据就业信号做出反应，采取财政手段或货币手段降低失业率。我国过去长期认为，只要保证一定的经济增长速度，就业的增长就会自然而然地得到保障。经济增长固然是就业增长的前提和必要条件，但并不是充分条件。实际上，我国在计划经济时期推行重工业优先发展战略，由于倾斜性地对重工业投资，造成的就业量损失达40%以上。因此，把就业作为宏观经济调控的独立和优先目标，就可以更有力地保障这一目标的实现。也就是说,不仅要依靠经济总量的增长,同时要通过产业结构的调整以及适宜的技术选择战略来实现就业增长的目标。中央政府把增加就业和确保经济平稳增长作为宏观经济调控目标,有助于解决就业问题。

针对特殊困难群众的就业扶助政策。除了有劳动障碍的群体外,我国经济体制转轨初期还涉及一部分因历史原因造成的特困群众,特别是国有企业下岗职工中女性40岁以上、男性50岁以上的人群("4050"人员)。他们的困难在于很难通过市场自动解决其就业问题。因此,除了建立健全社会保障制度,还要实行积极的就业促进政策,给予特困群体以相应的政策扶持。首先,为特殊困难群众创造公共就业岗位和公益性就业岗位。在政府的公共服务中,能够提供一些就业岗位。这些公共部门的就业岗位应遵循就业最大化原则,不宜过度资本密集化。此外,还有必要根据失业状况的严重程度,额外为失业者创造一些公益性岗位,相当于以工代赈。其次,加强对下岗失业人员特别是"4050"人员的转岗培训。由于历史原因,这一代人的人力资本形成受到严重影响,直接表现为平均受教育年限短。因此,通过培训转变他们的就业观念,增强就业和创业能力,是政府的责任。第三,创建社区就业和保障平台。就业问题涉及千家万户,有效的政府管理和服务需要有一个基层平台。如何把扶助措施落实到真正的困难群众身上,把社区居民服务中蕴藏的巨大就业需求反映出来,也需要一个有效的中介环节。在我国,社区是执行这方面职能最好的层次。

建立健全社会保障体系。劳动力市场的发育和形成,有赖于社会保障功能与市场竞争标准相分离,使企业把冗员分离出来,按照实际需求使用劳动力,而把失业保险的职能交给社会执行。随着社会主义市场经济体制的建立,劳动力资源越来越多地通过市场配置;产业结构调整在创造新的就业岗位的同时,将一些部门的劳动力排挤出来;我国加入世贸组织后,在一些不具有比较优势的产业会出现就业岗位的丧失;农村劳动力继续向非农产业和城镇转移……在这些调整中,一部分劳动者将在一定时间内处于失业状态,急需失业保险制度对他们进行保障。

维护劳动力市场的弹性。在市场经济条件下,虽然宏观经济政策的实施涉及政府干预,但解决就业问题主要应该依靠劳动力市场的作用。劳动力市场发育的标志首先是工资由劳动力的供求状况决定。劳动者的报酬水平反映劳动力资源的供求状况,发挥工资的杠杆作用,有利于劳动力资源的合理配置,并形成符合我国比较优势的产业结构和技术结构。劳动力市场发育的另一个标志是劳动力的充分流动。一种生产要素只有流动起来,才能得到有效配置和充分利用。长期以来,劳动力不能在城乡之间流动,造成了资源配置的扭曲和低效率。一旦劳动力流动起来,资源重新配置产生的效应对总体经济增长具有重要意义,并有助于我国在国际竞争中长期保持比较优势。最后应强调,劳动力市场作用的发挥,以及政府对劳动力市场的规制和引导,都应该在法制的基础上进行。

(《人民日报》,中国社会科学院,蔡昉)

案例思考题

1. 谈谈就业与GDP的关系。

2. 当代中国,GDP连续高速增长,而就业却越来越困难,其中主要原因是什么?

12.3.3　案例三

世界经济周期历史及中国的经济周期

经济周期是商品经济的必然现象，又称经济危机。实际上，经济危机是经济周期中的一个阶段，是上一个经济周期结束和下一个经济周期开始的转折阶段，因而人们通常以一个经济危机来代表一个经济周期。如果从英国1788年第一次生产过剩的危机算起，经济危机已有200多年历史。自1857年发生第一次世界经济危机以后，到第二次世界大战爆发前，总共发生了12次世界性经济危机，即1857年、1866年、1882年、1890年、1900年、1907年、1913年、1920年、1929～1933年和1937年。每一个周期的平均长度为10年或8年，即每10年或8年发生一次危机。第二次世界大战以后，以美国为例一共发生了9次经济危机，时间1948—1949年、1953—1954年、1957—1958年、1960—1961年、1969—1970年、1974—1975年、1980年、1981—1982年和1990—1992年。战后美国经济周期时间缩短，每一个周期平均时间为5年。

中国改革开放以来，经历了三个经济周期；第一个周期：1982—1986年，持续五年。高峰在1984年，增长率为15.2%；低谷在1982年，增长为8.5%；振幅为6.7%。第二个周期：1987—1990年，持续四年。高峰在1987年，增长率为12.6%；低谷在1990年，增长率为3.8%；振幅为7.8%。第三个周期：1991—1998年持续八年。高峰在1992年，增长率为14.2%；低谷在1998年，增长率为7.8%；振幅为6.4%

案例思考题：经济周期有哪些类型？

课后习题

1. 以下哪种现象不伴随通货紧缩发生（　　　）。

　　A. 有效需求不足　　　　B. 经济衰退　　　　C. 失业率下降　　　　D. 物价下跌

2. 关于治理通货膨胀的对策，不可以采取（　　　）。

　　A. 冻结工资水平　　　　B. 增税　　　　C. 降低法定准备率　　　D. 增加有效供给

3. 某工人不愿意接受现行工资水平而形成的失业属于下列哪一类型（　　　）。

　　A. 摩擦性失业　　　　B. 结构性失业　　　　C. 自愿失业　　　　D. 周期性失业

4. 经济增长的标志是（　　　）。

　　A. 城市化步伐的加快　　　　　　　　B. 社会福利水平的提高

　　C. 工资水平的提高　　　　　　　　　D. 社会生产能力的不断提高

5. 根据新古典增长模型，若资本增长率小于劳动增长率，则 L/K（　　　）。

　　A. 提高　　　　B. 减少　　　　C. 不变　　　　D. 不确定

6. 根据新古典增长模型，若考虑技术进步，则资本增长率和劳动增长率的关系是（　　　）。

　　A. 提高　　　　B 减少　　　　C. 不变　　　　D. 不确定

7. 加速原理认为（　　　）。

A．消费增加导致 GDP 数倍增加   B．GDP 数量增加会引起投资数倍增加

C．GDP 增长会导致消费数倍增加   D．投资增加会引起 GDP 数倍增加

8．当经济达到繁荣时，会因（   ）而转入衰退。

A．加速系数下降   B．边际消费倾向提高

C．加速系数上升   D．总投资为零

9．摩擦性失业与结构性失业相比，哪一种失业问题更严重些？

10．说明短期菲利普斯曲线与长期菲利普斯曲线的关系。

11．能否说有劳动能力的人都有工作才是充分就业？

12．通货膨胀的经济效应有哪些？

13．说明经济增长与经济发展的关系。

14．经济增长的源泉是什么？

15．什么是新古典增长模型的基本公式？它有什么含义？

16．在新古典增长模型中，储蓄率的变动和人口增长分别对经济有哪些影响？

17．简述经济周期的不同阶段及特征。

18．假定某国某时期有 1.9 亿工作年龄的人口，其中有 1.2 亿人有工作，1 千万人在寻找工作，1 千 5 百万人放弃寻求工作，4 千 5 百万人不要工作，

试求：

（1）劳动力人数。

（2）劳动力参与率。

（3）官方统计的失业率。

（4）如果所有放弃的人也看作失业者时的失业率。

19．已知资本产出比率为 4，假设某国某年的国民收入为 1 000 亿美元，消费为 800 亿美元。按照哈罗德增长模型，要使该年的储蓄全部转化为投资，第二年的增长率应该为多少？

20．设一经济有以下菲利普斯曲线：

$$\pi = \pi_{-1} - 0.5(u - 0.06)$$

问：

（1）该经济的自然失业率为多少？

（2）为使通货膨胀率减少 5 个百分点，必须有多少周期性失业？

21．已知资本增长率 $g_k = 2\%$，劳动增长率 $g_l = 0.8\%$，产出增长率 $g_y = 3.1\%$，资本的国民收入份额 $\alpha = 0.25$，在这些条件下，技术进步对经济增长的贡献为多少？

22．在新古典增长模型中，已知生产函数为 $y = 2k - 0.5k^2$，y 为人均产出，k 为人均资本，储蓄率 $s = 0.1$，人口增长率 $n = 0.05$，资本折旧率 $\delta = 0.05$。试求：

（1）稳态时的人均资本和人均产量；

（2）稳态时的人均储蓄和人均消费。

参考文献

[1] 高鸿业. 西方经济学（第6版）[M]. 北京：中国人民大学出版社，2014.

[2] 陈钊，陆铭. 微观经济学 [M]. 北京：高等教育出版社，2008.

[3] 袁志刚，樊潇彦. 宏观经济学 [M]. 北京：高等教育出版社，2008.

[4] 保罗·萨缪尔森，威廉·诺德豪斯. 经济学（第十八版）[M]. 北京：人民邮电出版社，2011.

[5] 范里安. 微观经济学：现代观点（第8版）[M]. 上海：格致出版社，2011.

[6] 格里高利·曼昆. 经济学原理（上、下册）[M]. 北京：机械工业出版社，2003.

[7] 约瑟夫·斯蒂格利茨. 经济学（上、下册）[M]. 北京：中国人民大学出版社，2005.

[8] 迈克尔·帕金. 微观经济学、宏观经济学. 北京：人民邮电出版社，2003.

[9] 亚当·斯密. 国民财富的性质和原因研究 [M]. 北京：商务印书馆，1972.

[10] 阿尔弗雷德·马歇尔. 经济学原理 [M]. 北京：商务印书馆，1981.

[11] 约翰·梅纳德·凯恩斯. 就业、利息与货币通论 [M]. 北京：商务印书馆，1999.

[12] 小罗伯特·B. 埃克伦德，罗伯特·F. 赫伯特. 经济理论和方法史 [M]. 北京：中国人民大学出版社，2001.

[13] 马克·斯考森. 现代经济学的历程：大思想家的生平和思想 [M]. 长春：长春出版社，2006.

[14] 亨利·威廉·斯皮格尔. 经济思想的成长（上、下册）[M]. 北京：中国社会科学出版社，1999.

[15] 胡代光. 西方经济学说的演变及其影响 [M]. 北京：北京大学出版社，1998.

[16] 梁小民. 西方经济学导论 [M]. 北京：北京大学出版社，2003.

[17] 蔡继明. 宏观经济学 [M]. 北京：人民出版社，2002.

[18] 茅于轼. 生活中的经济学 [M]. 广州：暨南大学出版社，2003.

[19] 晏智杰. 西方经济学说史教程 [M]. 北京：北京大学出版社，2002.

[20] 王志伟. 现代西方经济学流派 [M]. 北京：北京大学出版社，2002.

[21] 潘新兴，唐侠. 西方经济学 [M]. 西安：西北大学出版社，2009.

[22] 刘易斯. 经济增长理论 [M]. 上海：上海三联书店、上海人民出版社，1994.

[23] 张培刚. 发展经济学教程 [M]. 北京：经济科学出版社，2001.

[24] 吴易风. 关于西方经济学的几个问题（上、下）[J]. 经济学动态，1999，2-3.

[25] 郑秉文. 20世纪西方经济学发展历程回眸 [J]. 中国社会科学，2001，3.

[26] 张延. 西方经济学中的危机、革命和综合 [J]. 经济科学，1998，1.

[27] 谢识予. 经济博弈论 [M]. 复旦大学出版社，2014.

[28] 尹伯成. 现代西方经济学习题指南（微观、宏观分册，第八版），2014.